U0659120

兰州大学中央高校基本科研业务费专项资金资助

项目编号
2021JBKYJD007

兰州大学
一带一路
丛书

兰州大学印度研究中心
印度文化系列

孟昭毅——著

丝路重驿 印度的再发现

人民东方出版传媒
东方出版社

图书在版编目（CIP）数据

丝路重驿印度的再发现 / 孟昭毅著 .—北京：东方出版社，2022.6
ISBN 978-7-5207-2521-7

Ⅰ . ①丝… Ⅱ . ①孟… Ⅲ . ①文化史—研究—印度 Ⅳ . ① K351.03

中国版本图书馆 CIP 数据核字（2022）第 066095 号

丝路重驿印度的再发现
（ SILU ZHONGYI YINDU DE ZAIFAXIAN ）

作　　者：孟昭毅
策划编辑：李志刚
责任编辑：黄彩霞　李志刚
出　　版：东方出版社
发　　行：人民东方出版传媒有限公司
地　　址：北京市西城区北三环中路 6 号
邮政编码：100120
印　　刷：北京联兴盛业印刷股份有限公司
版　　次：2022 年 6 月第 1 版
印　　次：2022 年 6 月北京第 1 次印刷
开　　本：710 毫米 ×1000 毫米　1/16
印　　张：22
字　　数：336 千字
书　　号：ISBN 978-7-5207-2521-7
定　　价：88.00 元
发行电话：（010）85924663 85924644 85924641

版权所有，违者必究
如有印装质量问题，请拨打电话：（010）85924725

目录
CONTENTS

文 学 篇

交 流 篇

绪 论

丝路视域下的印度

"一带一路"是"丝绸之路经济带"和"21世纪海上丝绸之路"的简称。中国提出"一带一路"倡议旨在借用古代丝绸之路的历史符号，积极发展与沿线国家的经济合作伙伴关系，共建政治互信、经济互通、文化互容的命运共同体。从"丝路"视域考察，通过对历史和现实的分析，我们知道无论是陆上丝绸之路，还是海上丝绸之路，印度都是一个重要的节点，一个绕不过去的接合点。印度地处南亚次大陆，北依西藏高原，南临印度洋，西靠阿拉伯海，东揽孟加拉湾，地理位置十分重要。没有哪一个国家能像印度一样可以成为丝路经济文化建设的重要参与者和受益者。构建人类命运共同体离不开形成利益共同体，其中也不能没有印度的位置，因为它是一个拥有世界五分之一人口的大国。从未来的发展看，印度有巨大的人力资源和文化潜力。

"一带一路"无论是陆上丝绸之路，还是海上丝绸之路，中古以前总的走向是从东向西，呈线性网络状，其中心区域就是喜马拉雅文化圈及其辐射区域。陆上丝绸之路和海上丝绸之路两种不同文化的矢量发展，形成两种不同的区域研究。如果说"一带一路"的起始点是东亚的中国，那么它的必经之路就是陆上的南亚次大陆和海上的印度洋，所以才有了张骞凿空西域的壮举、玄奘西天取经的伟业、郑和下西洋的辉煌。"一带一路"三次重大的从东向西的拓展，无不与南亚次大陆和印度洋有着千丝万缕的联系。这清楚地表明，在中国历史上以中华文化为重大根基的汉、唐、明三大王朝的商业贸易、文化交流、政通人和的重要对象中都能发现印度的身影。由此看来，由于"一带一路"的穿针引线，中国和印度在古代就已形成"海内存知己，天涯若比邻"的关系。但或许是由于喜马拉雅山的阻隔,抑或是其他原因,中印两国之间的了解并不全面、深刻。因此,两国在"一带一路"倡议的感召下,增进了解,加强互信,添益互利,共同进步,是大势所趋。

综合考察"一带一路"的历史,其主要表现出以下特点:元代以前,从汉代开始的陆上丝绸之路远比从宋代开始的海上丝绸之路作用突出。元代时的陆上丝绸之路和海上丝绸之路并举,几乎具有同等重要的地位。明代以后,陆上丝绸之路逐渐式微,而海上丝绸之路发展迅猛,至清代末年发展趋于平静。当前,陆上丝绸之路和海上丝绸之路几乎又恢复了同等重要的地位。在这种螺旋式上升又重复发展的过程中,"一带一路"有时表现为经济贸易民生热,政治军事外交冷;有时则表现为政治军事外交热,经济贸易民生冷。无论表现出哪种倾向,一个明显的缺憾是对文化建设的忽视。应该清醒地认识到"一带一路"不仅仅是物流通道,更是一种有远见的世界观。其建设的主体功能固然离不开政治、经济的相互促进与融合,但是这一倡议的进一步推进有待于文化建设。而具有世界眼光的文化先行,重构国际关系的大格局才是"一带一路"总体建设中"民心相通"的根本保障。只有"民心相通",接地气,与民生息息相关,才能实现不同文化之间的互学互鉴,才能在多层面、多领域、多地区实现文化成果的"互利共赢"。这种文化交流实质上是一种双向融通的过程。与历史上传统的"一带一路"相比,现今的交流已不再局限面对面的沟通和实物的交换,更多的是思想和创意的碰撞。因此,"一带一路"不仅是商贸之路,更是关系到民生的文化互惠之路。世界视野里的文化产业在"一带一路"整体布局中突显其战略价值,主要涉及以下几点。

第一,"一带一路"涉及 65 个国家和地区,近 40 亿人口。"一带一路"沿线国际关系复杂,民族身份多样,宗教信仰各异,发展道路不同,文化差异巨大。要想将这么复杂多元的地缘政治体纳入一个利益范畴,就需要共同的价值取向,即共同开创一个包容性的全球化的新时代。其包容性主要体现在文化上的"开放包容"、经济上的"平等互利"。这两个理念的建设,基础是"共商、共建、共享"原则。在维护文化多元性的基础上,共谋发展、共求繁荣、共享和平体现了"和而不同"与"仇必和而解"的价值观。历史上的"一带一路"主要是一个密集的贸易网络,而不是数条陆上和海上简单固定的物质交换路线。今天人们理解"一带一路"主要应该是沿线国家共享这一历史文化遗产资源，向世界传递"和平、发展、合作、共赢"的发展理念。"一带一路"建设不要简单地理解为只是恢复古代那些贸易线路，而是要搭建一个中国与沿线国家共谋发展、共享繁荣的国际合作的平台，并将其发展为最惠民、最繁华的物流和信息交往的大通道。印度从自身利益出发，应该做出上述理性判断。

第二，从历史地理学的角度分析，"一带一路"已成为新的地缘文化和区域经济的发展引擎。从历史和地理两个维度观察，它始终处于多种文化体系中，并形成以地缘利益为标志的文化区域。这种文化区域因为具有独特的跨越异质体系的性质，所以需要具有包容性和普遍性的意识形态来支撑。只有尊重历史和传统，正视现状与发展，包容异质文化和同质文化的多样性，才能平等互利、相互尊重、和平共处，发展好区域经济。在此过程中，文化交流与合作是不容忽视的力量，它犹如一种黏合剂，将不同的政治经济利益的共同体黏合在一起。地缘文化使"一带一路"既成为经济贸易民生之路、政治军事外交之路，又成为不同文化的融合互动之路，也是其沿线各国、各地区、各民族共同的文化记忆和文化符号。它使不同文化背景的各国各民族之间的官方或民间交流更为密切，为各种优秀文化成果的传播提供了更多更便利的途径，为文化产业跨越国界和民族界限开辟了更为广阔的道路。印度从历史和地理以及利害关系上都应该成为"一带一路"的重要一员。

第三，"一带一路"在形成与发展过程中，古代世界性的几大宗教和具有代表性的文化圈都曾借此进行了各种形式的沟通与融合，留下了弥足珍贵的文化遗产。当前在国际社会大力提倡保护文化遗产的同时，对"一带一路"这种"文化线路"的保护与研究自然也成为一种新的发展理念。历史上，人们通过陆路、海路或二者交替的方式，进行有目的的迁徙、流动，使得在特定的时间上和地点上形成了多种动态的文化遗产。这种经济、政治、军事和文化方面持续不断的多向度流动的成果，又通过物质或非物质遗产的形式表现出来，形成一种依稀可辨的"文化线路"。而"一带一路"无疑就是现今历史上规模最大又最具有鲜活生命力的"文化线路"。其重要的文化价值早已超越了时空概念上的普通道路，上升为跨越异质文化，进行共享共赢活动的交际工具。由此产生的物质遗产和文化成果，以及因此而形成的巨大而深远的影响，才是"一带一路"真正的价值所在。"一带一路"沿线的重要遗址由于历史久远，很多已面目全非，大多数遗存的物理特征与社会功能也基本消失，但这并不能否定其作为"文化线路"遗存的价值。尤其是那些物质和非物质文化遗产的典型代表，比如城镇、关隘、驿站、寺庙、石窟；技艺、艺术、民俗、歌舞、服饰、典籍、管理制度、礼仪等文化元素，还有道路、河流、山脉、植被等与交通路线紧密相连的自然元素，等等。当前"一带一路"沿线各国在尽享这一"文化线路"不朽荣耀的同时，也都试图从中发掘出它在当前依然存有的独特价值与意义，努力阐释其和平性、包容性、开放性、互补性、互利性、共建性和发展性的深邃内涵。因此，这一切皆成为"一带一路"可持续发展的精神动力。印度在这些方面有着极其丰厚的文化资源，具有得天独厚的历史优势，不可小觑。

第四，现代"文化线路"的"一带一路"建设能否成功，很大程度上取决于文化的认同，尤其是沿线国家和地区、民族对中国文化的认同，而不完全取决于经济利益关系的一致性。虽然经济融合与促进是文化认同的根本基础，但它绝不是全部。文化认同的基础是物质，是生产力，即物质文明的先进性，尤其是科学技术的先进性。中国历史上文化的输出多于吸收，主要是因为其有较为发达的物质文明，如农业、手工业和建筑业等。古代罗马博物学家普林尼在《自然史》一书中将中国称为"赛里斯"，而"赛里斯"在希腊古语中的意思就是"丝"。中国古代传入西方的主要商品，除丝绸以外，还有茶叶、香料、瓷器、漆器等。其他重要的还有"四大发明"，它们在欧洲近代文明产生之前就已传入欧亚地区，对东西方世界都产生了重要影响。明代郑和七次下西洋，用丰富的物产与东南亚、南亚、西亚、北非和欧洲部分地区进行经济和文化交流，广泛传播了中国先进的科技文化。古代中华文化之所以能够得到"一带一路"沿线国家和地区的广泛认同，除却辉煌的物质文明，还在于它的精神文明，即以儒释道三家并存融合的中华道德，以及各种社会制度的体系。我们有理由相信，现代中国的科技文明和各种制度文明，包括经济制度等，在不远的将来，也会成为"一带一路"沿线国家和地区文化认同的重要内容。在这一点上，取得印度的认同至关重要，意义非同小可。

第五,"一带一路"文化建设过程中的古代经验具有现代意义。"一带一路"无论是陆上交通,还是海上交通,都蕴含着极其丰富的文化价值,是沿线各个国家和地区的民族风情、人文地理、历史文化的总汇。它告知世界古代欧亚非大陆之间各自文明发展、交融的"时间必然"和"机遇必要",揭示出这些同质或异质文明之间交流的历史轨迹和变化规律。由于事过境迁,物是人非,遗存难寻,所以对这些文化价值的发现和开掘还远远不够深广,还有许多值得人们思考的空间和余地。尤其要注意的是,陆上和海上两大交通网络是联通的、盛衰互补并互有消长的。它们之间的相互作用与规律对现代"一带一路"重要倡议具有启迪意义,对文化遗产、文化交流的理念都有建设性的借鉴意义。中印两国在这一点上还有更多的开发潜力。

第六,中国作为"一带一路"的倡导者与发起人,应该清醒地认识到,在文化交流互鉴中促进沿线国家和地区、民族的人心紧紧相通,是"民生息息相关"这一目标成功实现的重要保障。因此,我们要努力做好对外文化宣传工作。要努力梳理清楚中华文化的根基和脉络,在"剪不断,理还乱"的复杂文化关系中,将中华文化中那些易于被不同文化背景的民族所理解的共通性展示出来,让世人了解中国人心灵中那些一以贯之的真诚、友善、和谐;向他们展示中国思想、中国哲学中那些对人类社会的积极思考,以及对人类幸福的美好憧憬。我们还要学会在不同的国家、地区和民族中有针对性地展示中华文化中最能引起人们呼应和共鸣的精神文化元素。让这种亲和力成为一种精神纽带,将同质文化和异质文化,求同存异地融汇于同一地缘文化体内,为区域经济向一体化方向发展作出贡献。在这一方面,对印度而言还有不少的工作需要去做。

印度得名于南亚次大陆发源于现今巴基斯坦境内的印度河。印度河流域和世界许多大河流域一样,是人类文明的发祥地之一。中国汉代史籍中将印度称为"身毒"或"天竺",在唐代玄奘所著的《大唐西域记》中开始译为印度,并一直沿用至今。古代印度在地理上是指今天的南亚次大陆,印度以其文化的多元性、人种的复杂性、宗教的多样性、社会的共生性、生活的矛盾性,一直令世人叹为观止,使人难以深度理解。有关印度的一切就像一个没有答案的谜一样,让人们始终琢磨不定,难以释怀。

在我心目中，印度是人类文明的一个精神圣地，是东方文化的家园之一，是历史上古老的国度。我学习、研究、讲授东方文化40余年，必须遵循古人所说"纸上得来终觉浅，绝知此事要躬行"的道理，抓住一切机会去窥视印度生活的真实，努力触摸印度文化的褶皱，深入探究印度精神的灵魂。这本书中的"文化篇"、"文学篇"和"交流篇"就是我数年间4次去印度访学、旅行、考察的研究成果和发现。

　　抱着和唐玄奘去印度取经同样的决心，我踏上印度这块广袤、神秘的土地。唐玄奘当年走过的从中原经西域通往印度的道路，在中国的部分我几乎都去过了，只有在印度的部分我尚未涉足，于是乎我决定寻找机会去印度。如此多次地去印度对于我来说真是太重要了，这既可说是求知之旅，也可以说是圆梦之旅。当然，陆续、间断的4次行程还不足以深刻认识整个印度和印度文化，但无论如何也可视为"下马看花"吧，总比以往纸上谈兵、隔靴搔痒地宏观议论印度文化和文学的问题要有把握得多了。当我怀着激动的心情前往印度时，心中一直想着要尽快去参观雄伟的阿育王石柱、桑吉大塔的遗存、阿旃陀石窟群，要去拜谒佛祖释迦牟尼在其诞生地蓝毗尼的故居、初转法轮的鹿野苑、佛祖成佛之地菩提伽耶，以及世界上著名的寺院那烂陀等。这一切无不使人浮想联翩。只有亲自前往印度才能抚平我起伏不定的心绪，才能让我成为一个真正的发现者，也才能了却我这一生中的一大心事。

　　作为一个有着强烈好奇心的探索者，我走进了印度这个世人难以理解而又向往不已的地方。在久远的年代，马其顿国王亚历山大曾入侵过南亚次大陆，但无功而返。孔雀王朝第三代国王阿育王不仅统一了印度大部，而且大兴佛教。笈多王朝在3世纪前期也曾经统一过印度大部。7世纪初，戒日王统一过北印度，由于他的重视，唐玄奘西天取经之行才得以成功。12世纪，阿拉伯人在德里建立了第一个伊斯兰政权。16世纪，中亚的蒙古人后裔又进入印度，建立了莫卧儿王朝。1498年，葡萄牙探险家来到印度，使欧洲人知道了这块富饶的土地、这个亚洲最大的耕地国，其后，欧洲的探险者纷至沓来去寻宝。1849年，印度开始正式成为英国殖民地。这一切的一切是那么离奇而又神秘，它吸引着我一步步走进印度，去深入了解这个令人难以置信和历尽沧桑的国度。

作为一个学习、研究印度文化、文学的高校教师，我对印度的一切都充满了求知的欲望。无论是在印度，还是在中国，40余年来，我始终将印度纳入自己学术研究的视野。1982年夏，我赴西藏大学支教，任政语系古代文学教研室主任，开始格外关注古代印度与中国西藏的文化文学关系、佛教与中国古典文学的关系等。我最早的学术论文也多是关于印度文化、文学的内容，并发表在《西藏民族学院学报》和《中国藏学》上。印度这一陌生而又神圣的国度从此伴随着我的学术研究一路走来。它让我兴奋，它让我着迷，它让我永远充满研究与思考的求知欲和学术动力。

尤其是进入21世纪以来，从国家层面提出"一带一路"倡议，南亚大国印度自然而然成为这一倡议的重要一翼，并再次进入我们的学术视野。从个人学术研究的层面考虑，印度越来越成为我关注的焦点。当研究视野渐渐从东方聚焦在一个热点区域，即南亚次大陆时，印度则是重中之重。这两个现实需要，终于顺理成章地相交在了一个点上、一个国家上。印度在"一带一路"整体构想中是丝路重驿，不可或缺。在个人的学术史上，它是学业重点，不能失语。总之，印度于公于私都成为我最感兴趣的国家。

当下的印度正在以一种奇葩式的形象展现在世人面前。在许多重大问题的表现与处理方面，它时不时地让人产生出一些匪夷所思的想象，使人感到莫名其妙的震撼，甚至令人觉得难以名状的激动。正是在这一切看起来是那么复杂的现象之下，一个真实的印度，一个重要的印度，一个令人难忘的印度，正冉冉升起在现代东方丝路的地平线上。它是那么不可思议，但又是那么令人心驰神往，始终散发着诱人的魅力。

文化篇

古代印度河流域的文明与影响

————

印度得名于发源于现今巴基斯坦境内的印度河。它和世界许多大河流域一样，是人类文明的发祥地之一。中国汉代史籍称印度为"身毒"或"天竺"，在唐玄奘所著的《大唐西域记》中始改译为印度。古代印度基本上包括现代的印度、巴基斯坦和孟加拉等国的领土。因此，文中所述的古代印度河流域的文明主要是上述三国的古代文明。

一、印度河流域文明

印度河流域文明和美索不达米亚文明、埃及文明、中国文明并称为世界上最古老、最辉煌的"四大文明"。据印度国内外考古学家和专家学者的多方探察、考证，一般认为印度河文明是达罗毗荼人创造的。经过漫长的繁衍生息，在公元前2500年至前1700年左右（此断限与放射性碳测定的年代基本符合），这块肥沃的土地上生成了以较为发达的农业文化和较为完备的城市文化为代表的璀璨壮观的"印度河流域文明"。由于这一文明的哈拉巴城遗址被首先发现，最为著名，故有些学者又称之为哈拉巴文化。[①]

早在1853年，被称为"印度考古学之父"的坎宁汉姆就曾在位于今巴基斯坦旁遮普省哈拉巴地区的古文化遗址进行大规模发掘，虽有收获但结论不清晰。1875年，又有人在此地挖掘废弃的砖块，并发现了刻有动物图案的印章，但也未引起学界足够的重视。直至20世纪20年代初，印度考古学家

---

① ［澳］A.L.巴沙姆主编：《印度文化史》，闵光沛等译，涂厚善校，商务印书馆1997年版，第12、19页。

拉·巴涅尔吉和英国考古学家约翰·马歇尔相继在印度河流域的摩亨佐·达罗（今巴基斯坦信德省境内）和哈拉巴两地进行发掘，终于使这一地区湮没了3000多年的古代文明重见天日。最近的考古挖掘又发现了一系列的城市文化遗址，主要有柯特·迪齐（在信德）、迦盘甘（在拉贾斯坦）、路巴尔（在旁遮普），以及洛塔尔的城港（在古吉拉特）等。但唯有哈拉巴和摩亨佐·达罗是迄今为止发现的最大最古老的两处遗址。

在这两大遗址上，均可分辨出有卫城和下城两个区域。卫城地势较高，建筑牢固，内有大谷仓，是统治者居住的区域。哈拉巴的卫城墙体高厚，像坚固的城堡。摩亨佐·达罗的卫城四周有塔楼，中间有一处给排水系统完善的大浴池等建筑。两处遗址的下城部分地势都较低，而且土地平广，街道整齐，但房屋大小不一，显然是普通居民区。它表明当时的社会形态已有了贫富差别和国家雏形，而且出现了以种植麦子、棉花等农作物为主，以农业生产为依托的城市文化。在遗址中出土的青铜工具有斧、镰、锯等，武器有匕首、箭头、矛头等，工艺品有铜像等。这都说明当时已属青铜文化时代。尤为值得提出的是，在出土的印章上可以看到一些铭文符号，但它们作为文字始终未被后人破译释读。20世纪70年代，有芬兰学者声称已将这些文字符号释读成功，但未见正式发表的文章。

以哈拉巴和摩亨佐·达罗等城市文化为代表的印度河流域文明，初兴于公元前2500年左右，在公元前2300年前后开始进入鼎盛时期。至公元前1750年左右，印度河流域的许多城市遭到破坏，这一地区的文明也随之迅速衰落。一些学者认为，这是异族雅利安人入侵所致，根据是在摩亨佐·达罗遗址中不仅留有被杀戮的男女老幼的遗骨，而且其中有些人还戴着手镯、戒指和串珠，明显是突然死亡。也有些学者认为，是洪水泛滥造成了这一文明的突然衰落。近年来，有些美国学者针对这一问题，从地质水利的角度考察分析，认为是海岸隆起，使海水后退、河流改道等，致使商业城市断掉了经济命脉。其他观点也很多，如有的学者认为是地震、沙漠侵蚀、大旱等自然灾害所致；有的学者认为是当时社会内部矛盾尖锐，以及争霸斗争激烈造成其衰亡；等等。但无论是哪一种原因，或是未知的原因，都不可能彻底消灭印度河流域的文明，只能使其"非城市化"，即在广大农村扎根、发展。这一文明只是迫于某种外力而变换了一种生存方式而已。因为任何古老的历史文明都不可能突然灭绝，文明自有它生存的延续性，古代印度河流域文明也不例外。随着人类文化的进步，历史将会对它做出更令人满意的解释。

二、雅利安人文化

雅利安人原系部落集团，自称"雅利阿"，主要从事畜牧业，擅长骑射，崇拜多神。其故乡一般认为在中亚一带。其中一支约于公元前 2 千纪中期进入印度河流域，便得名印度雅利安人，以区别于另一支进入伊朗的伊朗雅利安人。其语言也称雅利安语。19 世纪，雅利安语一名被用作"印欧语"的同义语。19 世纪中期，戈比诺伯爵及其门徒 H.S. 张伯伦积极鼓吹凡是讲印欧诸语言的人都是"雅利安人种"。

雅利安人皮肤白皙，身材高大，体格强健。自进入印度河流域这个水草丰盛、气候温暖的"大花园"以后，雅利安人蔑称先前就居于此地的达罗毗荼人等为"达萨"或"达休"，意即敌人，并将其视为黑皮肤的"没有鼻子的"恶人。经过长期征战，雅利安人征服了达罗毗荼人。他们或被俘成了奴隶，或被驱赶到印度南部德干高原的山地里。[①]由于受印度河流域农业文化的影响，雅利安人放弃游牧生活而学会了耕种土地，发展了木、铁、陶、织等各种工艺。公元前 1 千纪前半期，雅利安人已占据了整个恒河流域，并逐步发展了自己的文化。

在雅利安人入侵之后的 1000 余年的时间里，印度的社会状况不太清晰，但是被征服者达罗毗荼人的文化对征服者雅利安人的影响，无疑是很深刻的。雅利安人创造的长久的、丰富多彩的文化，由于迁入后 1000 余年才有文字体系，所以可靠的史料记载很匮乏，只能从一些文学遗产中去寻找蛛丝马迹。其中最早的文献是宗教诗和圣歌的汇编，被称为"吠陀"。其本意即"知"，是知识、学问和智慧的意思，主要是宗教知识，分为《梨俱吠陀》《娑摩吠

---

① ［印］R. 塔帕尔：《印度古代文明》，林志译，张荫桐校，浙江人民出版社 1990 年版，第 23、27 页。

陀》、《耶柔吠陀》和《阿闼婆吠陀》4 部，其中大量保存了反映当时社会生活的资料。《梨俱吠陀》是世界上最古老的诗歌集之一，传达出印度早期哲学思想的信息。"梨俱"是书中诗节的名称，其成书时间大致在公元前 2000 年至公元前 1500 年。诗集中既有雅利安人入侵印度以前的作品，也有他们定居印度后的新作品。婆罗门教产生以后，它即成为婆罗门教的根本圣典。诗集描绘出印度历史初期雅利安人与自然的斗争、对异族的征伐，表现了他们的社会生活和思想形态，具有较高的文献史料价值和文学价值。在另外 3 部吠陀中，《娑摩吠陀》是可配曲演唱的、祭祀用的歌词集，"娑摩"指祭祀用的歌曲。《耶柔吠陀》是讲祭祀的书，"耶柔"的意思即是祭祀。《阿闼婆吠陀》是成书较晚的一部诗集，主要记录了驱邪禳灾用的诗。"阿闼婆"意义不明，可能是最初传授这种吠陀的家族的名称。

当《吠陀》被视为神圣的宗教经典之后，即成为神秘的著作，不同的家族在传授过程中形成不同的派别。各派别所编订的一些文献，称为《梵书》。它是祭祀的指导性作品，主要记载了举行各种祭祀的规定和论述，也吸收了一些神话传说。各派《梵书》之后，附有各派的《森林书》。据说这些书只在森林中秘密传授，其内容不是讲祭祀，而是讲神秘主义的理论。附在各派《森林书》之后的是各派的《奥义书》。书中除神秘主义说教以外，还讨论了一些哲学思想问题。《奥义书》出现时，《吠陀》时代已临近结束，因此，《奥义书》又被称为"吠檀多"，意即"吠陀的终结"或"吠陀的究竟"。《奥义书》中较古的部分开始提出"梵"和"我"的哲学问题和哲学理论，后来又大有发展，以至于长期以来，东西方学者和哲学家都被其显著特点，如细致的探究、广泛的想象和唯心主义观念等深深地吸引。

三、巨大的科学成就

印度古代在自然科学领域里，无论是具有世俗性的医学，还是出于宗教需要而产生的天文学、数学等方面，都取得了很大的成绩，在世界科技史上具有举足轻重的地位。

印度古代的天文学是出于祭祀需要而产生的。古代吠陀时期的祭典需要正确测定季节，于是一年被分成寒暑等 6 至 12 个季节。笈多王朝时期，又对天体 28 星宿进行了比较准确的观察。在历法方面，将一年分为 12 个月，每个月分为 30 天，每隔 5 年加一个闰月，以调整岁差，并将季节分为春夏秋冬四季等。

印度古代的数学也很发达，宗教仪轨促进了几何学的形成和发展。印度古代很早就知道了指算和定位计数的进位法。笈多王朝时期，天文学家兼数学家阿耶波多曾记述了有关开平方、开立方等问题。这一时期开始出现了"0"的符号，"0"的运用使十进位法臻于完善。其他如无穷大、解方程、求圆周率等知识，经由阿拉伯人略加修改传入欧洲。阿拉伯数字的发明，是古代印度人民对人类文化的一大贡献。

印度古代的医学知识早在《吠陀》中就有发现，后佛经中也有记载。随着医学的发展，出现了著名的医学专著《恰罗迦本集》。其中论述了疾病、饮食、医药、病理学、解剖学和胚胎学等问题，还探讨了 100 多种动物的药物作用。尤为难能可贵的是，书中还提出保持身体健康、预防疾病的思想，认为营养、睡眠、节食是保障身体健康的三大要素。这部著作于 8 世纪被译为阿拉伯文。另一部著名医典是《修罗泰本集》，书中论及病理学、解剖学、胚胎学、治疗学和毒物学等问题，表现了当时人们格外注重科学研究的风尚，以及医学领域里丰富的实践经验。这部医著于 9 世纪时传到阿拉伯，产生了不小的影响。在医疗方面，人们已经知道使用药物治疗疾病的方法，如乌贼骨可用于开胃，鹿角、羚羊角、犀角等也皆可入药等。

1890 年，在中国新疆还发现过被称为"鲍威尔手稿"（以发现者英国人鲍威尔的名字命名）的梵文医学著作的残卷。据学者考定，它流行于公元 4 世纪，其中提及大蒜的特性、长生不老药、外敷和内服的药方等问题。由此可见印度古代医学内容之丰富、影响之广泛。

此外，古代印度人还学会了栽培棉花和驯养大象的技术，使印度河流域成为世界上最早的植棉地区之一。他们还懂得从茜草中取得紫色染料的方法，并在土壤的选择与分类、轮种制、选种、施肥、饲养牲畜等方面都积累了很多宝贵的经验，对世界文化作出了巨大的贡献。

四、古代印度文化走向世界

印度西北部是东西文化交流的重要地区，不同文化体系之间的相互往来，既给予又接受，从而达到既丰富了自己的文化，又丰富了世界文化的目的。在这种文化交流的大潮中，借佛教的东风，印度文化传遍了许多地区。

佛教向亚洲各地传播，大致可以分为南北两条通道。向南最先传入斯里兰卡，由此又传入缅甸、泰国、柬埔寨、老挝等国。向北经帕米尔高原、青藏高原传入中国，又由中国传入蒙古、朝鲜、日本、越南等国。南传的主要是小乘佛教，北传的主要是大乘佛教。随着海运的发达，大约从 5 世纪起，僧人和商人等又将佛教的小乘、大乘两派，先后传入印度尼西亚的苏门答腊、爪哇、巴厘等地。据中国高僧义净的记述，7 世纪中叶印度尼西亚诸岛小乘佛教盛行，以后的诸王朝都信奉大乘佛教与印度教。至 15 世纪后，伊斯兰教开始盛行。7 至 8 世纪，佛教金刚乘（密教）由印度、尼泊尔等地传入中国西藏。10 世纪中叶以后，北传佛教中的藏传佛教（俗称喇嘛教）又辗转经青海、甘肃等地进入蒙古地区以及俄国布利亚特蒙古族居住地。佛教既是印度文化的组成部分，又是印度文化的重要传递者，它依附宗教影响，使印度文化传遍四面八方。

印度的文学艺术在国外影响最大、传播最广的作品莫过于两大史诗《摩诃婆罗多》和《罗摩衍那》。其所到之处，无不留下美丽动人的艺术精品。在南亚地区的巴基斯坦、孟加拉、斯里兰卡、尼泊尔等国，两大史诗几乎和在印度一样家喻户晓。在东南亚地区，无论是缅甸的戏剧、泰国的舞蹈，还是柬埔寨的吴哥窟浮雕、印度尼西亚爪哇的"皮影戏"等，从中都可以发现两大史诗的影响。中国古典名著《西游记》中的孙悟空，就有《罗摩衍那》中神猴哈奴曼的影子。此外，在印度佛教文化的影响下，中国、日本、斯里兰卡等国的许多文学都在继承本国文学艺术传统的基础上，逐渐形成一种具有独特风格的新文学。如以《本生经》为蓝本的故事集，就在日本民间广为流传。优美的佛教文学作品给中国文学带来新的意境、新的命意遣词方法等。《维摩经》《百喻经》等鼓舞了中国晋、唐小说的创作。俗讲、变文对后来的评话、小说、戏剧等中国通俗文学的形成，都有某种源流影响。禅宗语录不仅为宋明理学家所效仿，其影响也波及后世的民间文学创作。印度古代著名的寓言和童话故事集《五卷书》在 6 世纪通过波斯文、阿拉伯文以《卡里莱和笛木乃》之名传遍欧亚大陆，对包括中国文学在内的世界多国文学产生了直接或间接的深远影响。

近代以来，印度文化，尤其是印度的哲学、宗教、瑜伽修习等方面的知识，对西方部分学者和青年都产生了强大的吸引力，并对西方哲学与自然科学的发展产生了一定的影响。

古代印度文化的主要特征

————

古代印度基本上包括现代的印度、巴基斯坦和孟加拉等国的领土。因此，文中所述的古代印度文化主要是上述 3 国的古代文化。

一、种姓制度和宗教

种姓制度和婆罗门教是古代印度文化的重要特征，是了解古代印度文化的重要前提。没有种姓制度和婆罗门教，就难以想象印度社会的演进过程。几千年来，种姓制度始终存在，尽管现今的印度政府已经颇为严肃地正式宣布废除种姓制度，但是种姓之间的差别并未完全被消灭。长期以来，婆罗门教占据了印度社会的首要地位，成为"印度宗教之母"。尽管婆罗门教于公元4 世纪逐渐衰落，但是它仍以顽强的生命力渗透进印度教中，使印度长期成为宗教性很强的国家。种姓制度和婆罗门教是古代印度雅利安人的双胞胎，孕育了印度几千年来的精神文明。

种姓的梵语词语是"瓦尔纳"，意即"颜色""品质"。雅利安人肤色白皙，自诩为高等种姓，而被统治的达罗毗荼人肤色黝黑，被视为卑贱种姓。这种强调肤色因素的思想意识，慢慢被植入印度北部的雅利安文化。雅利安人刚刚进入印度时，并无明确的种姓意识，但是由于印度逐渐进入阶级社会的演进阶段，其内部开始分化出 3 个雏形的阶层，即执掌宗教事务的僧侣贵族、行使行政与军事权力的世俗贵族和从事各种生产活动的平民。当雅利安人与非雅利安人分离，雅利安人就将被征服、被统治的原地居民称为"达萨"或"达休"，这样种姓制度逐渐形成。主持宗教事务的祭司被称为"婆罗门"；武士和世俗贵族被称为"刹帝利"；农工劳动者被称为"吠舍"；被统治的当地人被称为"首陀罗"，他们只能从事最卑贱的工作。处于首陀罗之下的还有被称为"不可接触者"的"贱民"。种姓为职业世袭、内部通婚、不与外人杂糅的社会等级群体。它从属于父母、肉身传承，永世不得改变。每个种姓都有各自的社会职责和义务，包括传统的职业、特定的生活方式和公序良俗等。

婆罗门教由公元前2千纪中期左右生活在印度西北部雅利安人游牧部落信仰的吠陀教演化而来。吠陀教信仰多神，崇拜各种被神化的自然力以及部族的祖先和英雄等。日月星辰、雾雨雷电、草木山川以及各种动物几乎都被幻化为神，且根据这些神所处的位置，分为天、空、地三界。在天界有天神伐楼拿、太阳神苏利耶、黎明神乌莎斯，在空界有雷神因陀罗、风神伐由、雨神帕阇尼耶，在地界有火神阿耆尼、酒神苏摩、河神婆罗室伐底等。其中因陀罗神最受崇拜，此名原意不清，据说他发现了光，给太阳开了一条路，创造了闪电。他是雅利安人的超人、力量之神，最重要的是他还以战神的姿态，随时准备打击恶龙与魔鬼的侵扰，并可摧毁城池，被视为雅利安武士的理想偶像。他作为超过雅利安人所能征服的力量的胜利者，反映了当时雅利安人对游牧征战生活的渴望。上述提到的诸神，大多为男性神，是父系社会状况的反映，具有男权社会色彩。

大约在公元前7世纪，以《吠陀》为最古老的经典的婆罗门教在雅利安人吠陀教的基础上形成了。它也信仰多神，奉梵天、毗湿奴和湿婆为三大主神，并认为它们分别代表了宇宙的"创造"、"护持"和"毁灭"。婆罗门教主张吠陀天启、祭祀万能、婆罗门至上三大纲领，将人分为婆罗门、刹帝利、吠舍、首陀罗四个种姓。婆罗门教将前三个种姓称为"再生族"，意即婆罗门教使他们获得了第二次生命，而将第四个种姓称为"一生族"。婆罗门教主张善恶皆有因果，人生有轮回之说，认为人和一切有生命的东西都有灵魂，躯体死后，灵魂还可以在另一躯壳中复活。人转世的形态是幸福还是悲哀，取决于他本人在现世的行为，即主要取决于他信奉婆罗门教的虔诚程度。这种规范人的一切身心活动的"业"的思想，在相当长的时间里主宰着印度人的行为。婆罗门教还认为，达到"梵我合一"，即可使人获得解脱。"梵"意为"清净""寂静""离欲"等。婆罗门教认为它是修行解脱的最后境界，是不生不灭的、常住的、无差别的、无所不在的最高实体，也是宇宙的最高主宰。

他们认为"梵"创造了世界，也创造了人，因此，人这个小宇宙与梵所创造的大宇宙是共通的。人与"梵"在本质上是等同的，即对于人自身而言，我就是梵，是梵的异名，梵是最高的我。

有关上述婆罗门教最本质的思想（基本教义），集中反映在《奥义书》中。"奥义书"原意为"近坐"，引申为"师生对坐所传的秘密教义"，意即"吠陀的终结"。一般认为《奥义书》有200多种，现存100多种。虽然《奥义书》在内容上很庞杂，但其基本观点相当一致。主要可以归纳为以下四点：一是认为世界的灵魂或绝对的存在物"梵"是主宰世界的最高实在。二是认为物质世界是虚幻的、不真实的，只有灵魂和精神才是真实的实在。三是认为灵魂可以转世，人生可以轮回。一个人前生的所作所为可以决定他后世种姓的升高或降低。四是认为只有与绝对的存在物合为一体，即梵我合一，才能摆脱轮回而得到安宁。

婆罗门教是古代印度由原始社会向奴隶社会过渡时期的一种精神产物，现实社会中的种种不平等现象，如种姓差别、劳逸不均等，促使人追求一种虚幻的天国幸福，而厌弃尘世间的一切。这些思想特征，作为印度历史文化积淀的一个重要因素，不仅对后世的印度宗教产生过这样或那样的影响，而且其哲学内核在后世的各种哲学流派中也都能发现印痕。

公元前6世纪左右，印度开始出现向封建领主统治的农业社会转化的趋势。贸易的发展、手工业的繁荣、城镇的兴起、文字的使用，使当时印度的社会和经济生活开始发生变化，随之而来的是人们对宗教和哲学的思考，在思想上形成了百家争鸣的局面。当时，印度传统的吠陀天启、祭祀万能、婆罗门至上等信仰受到质疑。以婆罗门教为代表的正统思想开始动摇，并逐渐衰落。在这种情况下，有些激进的思想家起初采取了一种异教的甚至是反宗教的形式挑战正统思想，其中影响最大、流传久远的就是耆那教和佛教。它们同源于恒河以北的东印度地区，均以印度人的哲学传统为基础。倡导者几乎都是贵族，即刹帝利种姓的成员，并且在道德上都是极其严谨的独立的宗教信仰者。

"耆那"，原意为"胜利者""完成修行的人"，该教又称为"胜利者的宗教"。"胜利者"即大雄，又称筏驮摩那，耆那即是他的称号。据说他30岁时

（即公元前510年左右）弃绝家庭成为苦行者，云游12年（一说13年），寻求真理，最终悟道，并在恒河流域传播教义。耆那教的基本教义有业报轮回、灵魂解脱、非暴力和苦行主义等。耆那教反对吠陀权威和祭祀，提出只有遵循3条解脱之路，纯洁的灵魂才能从躯体中脱出，然后存于幸福之中。在耆那教提倡的守五戒中，第一戒为不杀生，第二戒为不妄语，都对印度人民形成自己的文化心理素质产生了重大影响。

耆那教过分强调非暴力，注定不能在农民和手工业者中得到支持。而耆那教提倡俭朴，坚持说实话等戒律，与商贸活动中的许多行为和理念不谋而合，得到了商人和城市居民的大力支持，于是它逐渐与城市文化扩展紧密联系在一起。4世纪至13世纪，耆那教曾在印度广为流行，后由于伊斯兰教在印度强势传播，它的势力受到很大打击。17世纪后，耆那教又出现过数次改革运动，一直延续至现代。据统计，至19世纪末，印度民族资本的大半都掌握在仅占印度人口5%的耆那教教徒手中。印度耆那教教徒目前数量已经很少，但由于和商贸业悠久的历史渊源关系，其在当今社会仍有不可忽视的影响。据统计，现在耆那教教徒只占印度人口的不足1%了。

佛教创始人释迦牟尼，意为释迦族的智者、圣人。释迦牟尼是佛教徒对他的尊称。他名悉达多，姓乔答摩。关于他的生卒年月，在南传和北传的佛教中，至今说法仍不统一，但一般认为他生活于公元前6世纪至公元前5世纪，出生在古印度北部的迦毗罗卫国，现今尼泊尔南部提罗拉科特附近。他原是净饭王的太子，青年时即感到人世变幻无常，深思解脱人生苦难之道，29岁时出家修行，静心冥思，后"大彻大悟"，得道成佛（佛即佛陀，意译为觉者）。他第一次传教讲述悟道经过是在萨尔纳特（离贝拿勒斯10公里）的"鹿野苑"，佛家称之为"初转法轮"。此后，他在印度恒河流域中部地区的信徒中宣传自己证悟的真理，"说法教化"，并开始组织教团，佛教由此形成。他80岁时在拘尸那迦逝世，佛家称为"涅槃"（意译圆寂，即指佛教圣者逝世后进入的最高理想境界）。

佛陀在中国古代典籍中又译为"佛驮"、"浮陀"、"浮屠"和"浮图"等，简称"佛"。中国人有"如来佛""阿弥陀佛"等称谓。小乘佛教讲的"佛"，一般用作对释迦牟尼的尊称；大乘佛教讲的"佛"除指释迦牟尼以外，还泛指一切觉行圆满者，并宣称三世十方处处有佛，其数如恒河之沙砾。史家一般认为佛陀确有其人，但得道成佛的传说中不无虚构成分。佛陀释迦牟尼本没有创立宗教的打算，其思想虽然取决于他的印度宗教传统，但并不是宗派性的。其学说包括系统的哲学、心理学、伦理学，其中伦理学最为重要。这表明他是一个非常博学的人。

佛教是当时反婆罗门教思潮的一种产物。早期佛教反对创世神的说法。佛陀的信徒们也只把释迦牟尼视为教主，而不是神。其基本教义是将现实人生断定为"无常"、"无我"和"苦"。"苦"的原因既不在超现实的梵，也不在社会环境，而是由每个人自身的"惑""业"所致。"惑"指人的贪、嗔、痴等烦恼，"业"指人的身、口、意等活动。以"惑""业"为因，形成生死不息之果，依据人的行为善恶，得到轮回报应。想要摆脱痛苦就只有依照经、律、论三藏，修持戒、定、慧三学，彻底转变自己的世俗欲望和认识，超出生死轮回的范围，达到这种转变的最高目标，即"涅槃"或"解脱"。佛教的上述主张，主要包含在"三法印"、"四圣谛"和"八正道"等最基本的教理之中。

所谓"三法印"，即"诸行无常"、"诸法无我"和"涅槃寂静"。"诸行无常"是说世界上的一切现象都是变化着的，都不是永恒的，而是有生灭变化的。"诸法无我"是说客观世界并不存在一个独立的实体和一个主宰者（我），世间的物质环境和精神现象都是各种因缘相互结合而存在的。"涅槃寂静"是佛教追求的最终目标。所谓涅槃即指一种绝对宁静的神秘主义状态或境界。在涅槃中，人们既摆脱了外在的事物，又摆脱了主观感觉和理性思维等，从而进入一个完全超然的状态中。

所谓"四圣谛"，即为"苦"、"集"、"灭"和"道"。它集中体现了佛教的伦理道德观，反映了佛教的基本教义和原理。苦谛，主要说明人们现实生活中充满了种种痛苦的现象，如生、老、病、死等。集谛，主要指出了造成世界种种痛苦的原因和根据，即欲望和渴望，人的痛苦来源于个人企图获得不能得到的东西。灭谛，是说只要克制欲望，消灭苦因，就能达到佛教的最后理想，即无苦境界涅槃。道谛，指的是要实现佛教的最后理想，达到涅槃，所应遵循的方法和道路。

"八正道"是佛教指出的要实践四圣谛，通向涅槃解脱的八种正确道路和方法，即正见、正思、正语、正业、正命、正精进、正念、正定。正见指对佛教真理的四圣谛等的正确见解。正思（正志）是指对四圣谛等佛教教义的正确思维、正确意志。正语指修口业，不作一切非佛理之语。正业是指要作清净之事业，即正确的行为。正命即过符合佛陀指导的正当生活。正精进是指勤修涅槃之道法，即正确的努力。正念是说要明记四圣谛等的佛教"真理"，才是正确的思想意识。正定是指修习佛家禅定，心专注于一境，观察四圣谛之理，亦即正确的精神集中。

佛教在印度经历了 1800 多年的历史，大致可分为 4 个阶段：原始佛教时期（公元前 6 世纪或前 5 世纪至公元前 4 世纪或前 3 世纪）、部派佛教时期（公元前 4 世纪或前 3 世纪至公元元年前后）、大乘佛教时期（公元元年前后至 7 世纪）和密教时期（约公元 7 世纪至 13 世纪）。

原始佛教时期，即释迦牟尼及其弟子传教时期。这二三百年的时间是佛教的初创时期。他们主要致力于确立教义和教团基础，重点宣传佛教的基本教义，即四谛说、缘起说、五蕴说、无常说、无我说。部派佛教时期，是指佛陀逝世后的百余年左右，由于对佛教教义的不同理解，佛教分裂为上座部和大众部两大派。高级僧侣（因在说法大会上一般坐在台上，所以被称为上座部）坚持原旨教义，主张"自度"，并不认为人人皆能成佛；而一部分下层僧侣则认为人人皆能成佛（即人们常说的"普度众生"），主张修行时自利与利他并重，人称大众部。大乘佛教时期，大约兴起于公元元年前后的大乘佛教将原始佛教和部派佛教贬称为"小乘"。"乘"在这里有"运载"或"道路"之意，指佛家认为的到达彼岸世界的方法。小乘重在利己，大乘重在利他。密教时期是佛教发展的一个特殊时期。密教指佛教的密宗，又称"金刚乘"。它是大乘佛教、婆罗门教和印度崇拜女神及生育力等信仰的混合物。它以高度组织化的咒术、仪礼等为特征，宣扬口诵真言咒语（"语密"）、手结契印（"手式""身密"）和心作观想（"意密"），三密同时相应，便可以"即身成佛"。

从 11 世纪起，伊斯兰教逐渐传入东印度各地。至 13 世纪初，许多重要寺院被毁，僧徒星散。佛教式微并逐渐在南亚次大陆隐避。但它并未消亡，而是又远离故土，在亚洲许多国家扎根开花，发展成为世界性宗教。佛教向亚洲各地传播，大致可以分为两条路线：向南最先传入斯里兰卡，又转而传入缅甸、泰国、柬埔寨、老挝等国；北传经帕米尔高原、青藏高原进入中国，再由中国传入蒙古、朝鲜、日本、越南等国。

二、艺术与梵文作品

古代印度的艺术特征主要反映在雕刻、美术和建筑等方面。早在对印度河流域的哈拉巴和摩亨佐·达罗两地进行考古发掘时，人们就发现了有些石块上面刻有文字和图案，不少石块上面还刻有形象极其生动的浮雕，如各种牛、象、虎、鳄鱼、羚羊等，也有如独角兽、多头兽之类的神奇动物。雕刻线条平滑有力、浑厚古朴。在出土的艺术品中，有一尊裸体的舞女青铜雕像格外引人注目，其身材苗条，神态安详，姿态优美，给人一种动态美，不足之处在于手臂和腿较长，与身体的比例不是很协调，但这尊雕像足以表明古代印度艺术家敏锐的观察力和丰富的艺术表现力。[1]

古代印度的艺术在婆罗门教时期并不十分发达。它随着佛教的兴盛，并作为佛教文化的一部分展现于世人眼前而达到鼎盛时期，时间大约在公元前3世纪阿育王统治孔雀王朝的时期至公元五六世纪。而印度教的艺术则从公元5世纪前后才有真正的作品问世，其鼎盛时期则是在笈多王朝以后的13世纪。相比较而言，佛教艺术比印度教艺术成就要大。

佛教艺术由于阿育王对佛教情有独钟而得到长足发展。据说当时曾建立佛塔84000多个。这些佛塔由于后来伊斯兰教的入侵而遭到破坏，目前几乎荡然无存，但是当年所建的巨大石柱依然屹立。这些高10米左右的石柱内外无接缝，柱身上镌刻着国王的诰文，柱顶有狮子、大象、牛、马、宝轮等雕刻，庄严华美，其中尤以贝拿勒斯附近的"萨拉那特狮子柱头"最为有名。[2]在孔雀王朝的石雕艺术中，男女"药叉（夜叉）像"也有重要的美学价值，

---

① 毛小雨：《印度艺术》，江西美术出版社2003年版，第6页。
② 毛小雨：《印度艺术》，江西美术出版社2003年版，第26页。

其中巴尔胡特的药叉女像尤为精美，其乳部和腰部的夸张，充分表现出当时印度雕刻的特色。

阿育王时期建造的诸多佛塔（即窣堵波）反映了印度宏伟建筑的精湛艺术水平。这些佛塔本为珍藏佛舍利而建，外绕石柱，浮雕图案多取自佛教题材。巴雅、贝德萨、巴尔胡特、桑奇等地早期的佛教建筑和雕刻都很精美。在桑奇地区保存下来的大窣堵波是古代印度建筑艺术的标志之一。它在阿育王时代用砖建成，继后加以扩大，并砌上一层石块。现在它呈半圆球形的"覆钵"状，直径约 36 米，周围有环行道路。大窣堵波的 4 个大门雕刻异常精致。①

佛像的塑造是东西方文化交流的产物。当时印度西北部边界，由于希腊化的西亚人侵入，形成了一种被称为犍陀罗的希腊式佛教艺术。它汲取了古希腊、罗马艺术的精华，创造出释迦牟尼的各种形象，刚健丰盈、褶皱细腻，颇具特色。诸菩萨像和世俗人物的雕像则更接近于现实生活。犍陀罗艺术风格延续了很长一段时间，并对中国等周边国家的雕刻艺术产生了很大的影响。

佛教艺术的另一个特征表现在石窟壁画上，无论就其工程之浩大、雕刻之精细，还是绘画之优美而言，都令人叹为观止。其中位于印度西部马哈拉施特拉邦温德亚山中的阿旃陀石窟最为著名，它从被发现至今始终被人争相传颂，是令印度人民甚为骄傲的"艺术之宫"。它大约开掘于公元前一二世纪，约六七世纪时完成。石窟位于德干高原温德亚山的一处新月形的悬崖上，共有 29 个洞窟，保存了大量的以佛教为题材的精细雕刻和优美绘画。其中最大的第 10 窟深约 29 米、宽约 12 米、高约 11 米，艺术成就之高，足令后人惊叹不已。

古代印度的美术成就辉煌璀璨，具有独特的艺术个性。它在历史的发展中，不断充实着自己艺术美的内涵，并在人类有了宗教信仰以后，又努力去表现各种信仰和宗教生活。尤其是随佛教产生和发展而兴起的佛教文化艺术，取得了令世人瞩目的成就。它随佛教的传播而传向世界各地，并与当地文化艺术相结合，成为各地民族文化的一部分。古代印度艺术的这种开拓之功和

---

① 毛小雨：《印度艺术》，江西美术出版社 2003 年版，第 38—39 页。

承前启后的作用，是人类文化史上值得大书特书的一页。

印度现存最早的文献是 4 部吠陀本集，约产生于公元前 1500 年至公元前 1000 年，使用的语言是吠陀语。继后阐述 4 部吠陀的各种梵书、森林书和奥义书约产生于公元前 1000 年至公元前 400 年，使用的语言是由吠陀语演变而成的古梵语。直至大约 12 世纪以前，印度古代许多作品都是用梵语写成的。这以后，用梵语写作的文学作品日益落伍、僵化。各种地方语言的文学先后兴起，除婆罗门教徒仍将梵语作为宗教语言之外，梵语在一度辉煌之后，逐渐消亡了。

在用梵文写成的作品中，最具特色的是印度两大史诗《摩诃婆罗多》和《罗摩衍那》。它们在印度古代文化中居于极其重要的地位。有评论家认为，如果排除这两部史诗和受过两部史诗影响的文学作品，那么梵语文学中所剩的作品就寥寥无几了。现存的两大史诗抄本，《摩诃婆罗多》约有 10 万颂（每颂 2 行），《罗摩衍那》有 24000 颂。其篇幅之长在世界各民族史诗中实为罕见。两大史诗形成于公元前 400 年到公元 400 年的 800 年间，主要颂扬了传说中的民族英雄，表现了光明战胜黑暗、正义战胜非正义以及合久必分、分久必合等主题。

"摩诃婆罗多"意即"伟大的婆罗多族的传说故事"。全诗共 18 篇，讲述堂兄弟关系的般度族 5 个王子和俱卢族 100 个王子之间，因继承王位而进行的 18 天的鏖战。最后，俱卢族 100 个王子全部阵亡，军队除 3 人外，也全军覆没。般度族全军虽然胜利了，但除了 5 个王子幸存外，也仅有 7 人得以存活。这部史诗以部族分合为主题，描绘出印度古代一幅极其生动残酷的战争图画。它深刻反映了当时社会各方面的生活场景，鲜明地表达出人们对强暴、奸诈的厌恶，对公正善良的同情，以及对和平的渴望。《摩诃婆罗多》中包含了印度古代的历史、宗教、政治、哲学、人伦等多方面的情况，全面反映了当时人民的生活价值标准和审美观，几乎概括了当时印度人民全部的文化意识。

《摩诃婆罗多》的中心故事至多占全诗篇幅的一半，另一半篇幅是各种插话和其他形式的插叙。其中，有关于古代国王和武士的英雄传说和情感故事，比如《沙恭达罗传》《那罗传》《罗摩传》《莎维德丽传》，也有掺杂哲理性说教成分的综合性的哲学诗，如第六篇《毗湿奴篇》中的《薄伽梵歌》。《薄伽梵歌》共有 18 章、700 颂，是崇拜薄伽梵（黑天的尊称）的最早哲学解说，其中心内容是黑天向阿周那阐明达到人生最高理想——解脱的 3 条道路：业（行动）瑜伽、智（知识）瑜伽和信（虔诚）瑜伽，这 3 种瑜伽相辅相成。正是《薄伽梵歌》中宣扬的这种崇拜黑天的倾向，开创了后世中古印度教的虔信运动，以至它后来成了印度教的重要圣典。《摩诃婆罗多》成为后人创作戏剧和诗歌的重要来源，其中的许多章句都被印度最古老最有系统的法典——《摩奴法典》引用。

"罗摩衍那"意即罗摩的漫游。全诗共 7 篇，被称为"梵语的最初的诗"。《罗摩衍那》主要叙述英雄罗摩一生的光辉业绩，尤其是他为寻回爱妻悉多而远征楞伽国（锡兰，现今的斯里兰卡）的故事。诗中借罗摩南征来表现雅利安人向南印度扩张的情景。《罗摩衍那》既是一部史诗，也是印度文化、文明和思维方法取之不尽、用之不竭的知识宝库。此外，《罗摩衍那》将罗摩作为毗湿奴的化身而加以崇拜，对印度教的发展起到了很大作用。

在梵语文学中，除了两大史诗，活跃于公元 1—2 世纪的佛教诗人马鸣的作品具有很强的开拓性。他写的《佛所行赞》和《美难陀传》两部叙事诗，是印度古代叙事文学从史诗阶段进入古典梵语叙事诗阶段的重要标志。而他描写佛陀及其弟子的《舍利佛传》等 3 部戏剧残卷则表明当时印度古典梵语戏剧已达到成熟阶段。马鸣的文学成就，上承史诗，下启迦梨陀娑，堪称古典梵语文学的序曲，具有典范意义。

迦梨陀娑是印度国内外享有极高声誉的古典梵语诗人和戏剧家，被西方评论家称为"印度的莎士比亚"。1956 年，世界和平理事会将其列为当年纪念的世界文化名人。其长篇叙事诗《云使》在当时就是人们交口称誉的流行之作。代表作剧本《沙恭达罗》通过歌德的推崇，影响遍及欧洲。剧中通过女主人公沙恭达罗和国王豆扇陀曲折的爱情故事，颂扬了下层人民的正直善良，以及他们对美好生活的向往，并婉转隐晦地批判了上层统治者喜新厌旧的本质。全剧洋溢着诗情画意，人物心理刻画细腻，场景变幻神奇，表现出当时古典梵语文学的高超水平。

三、主要特征及其成因

印度古代文化是多样化的，不但其历史发展扑朔迷离，过程复杂，而且其自身从一开始就是包含了诸多对立面的复合体。因此，印度古代文化表现出由多源性与包容性形成的外部形态的多样性，以及由宗教性与各异性形成的内部形态的统一性等特征。但是印度古代文化能以其博大精深的内涵、上天入地的外延将两者的矛盾高度和谐地融为一体，在世界文化史上实属罕见。具体而言，印度古代文化表现出以下几个表征性的特点。

首先，追求"法""利""欲""解脱"的宗教性。印度素有"宗教博物馆"的盛誉和"宗教王国"的美称。印度古代文化的宗教特质十分明显，渗透于文化的各个领域。印度主要宗教有婆罗门教（印度教）、佛教、耆那教、伊斯兰教、锡克教、帕西教（旧译祆教或拜火教）、基督教等，堪称诸多宗教孵化的温床、生成培育的沃土。因此，印度古代的音乐、美术、舞蹈、文学、戏剧等领域无不受到宗教的影响。古代印度人一般认为"法、利、欲、解脱"是人生的四大目的。"法"（或"正法"）含义大体上比较接近汉语中的天道、大道、天理、天职等词的词义，[①]实际上成为印度人生活的一种社会准则。他们普遍认为"法"是人生的四大目的之首，只有在法的指引下，才能去追求现世的欲和利，而最高的人生目标是达到永恒的解脱。于是乎，"'法'的信仰转而成为宇宙的本源、社会的基础，成为伦理道德体系的中心。这就是说，传统的社会中人的结构关系即风俗习惯规定是不可动摇的。'法'就是一切。这是宗教，也是道德。'法'是达到并保持最高价值标准的规范"[②]。所以，印度古代文化中的许多宝贵的文学遗产和艺术珍品都是表现宗教题材的，或借助于宗教的主旨喻意，或寄寓于宗教典籍的著述之中才得以保存并流传后世。

印度古代文化可分为宗教文化和世俗文化两部分。宗教文化的传统思想认为整个世界出自同一本源，因此整个世界在本质上是相同的。比如，耆那

---

① 刘安武：《剖析印度大史诗〈摩诃婆罗多〉的正法论》，载姜景奎编：《印度文学研究集刊》第5辑，上海译文出版社2002年版，第3页。

① 刘安武：《剖析印度大史诗〈摩诃婆罗多〉的正法论》，载姜景奎编：《印度文学研究集刊》第5辑，上海译文出版社2002年版，第3页。
② 金克木：《印度文化余论——〈梵竺庐集〉补编》，学苑出版社2002年版，第170页。

教认为，生命存在于动物、植物，乃至地、水、火、风等一切元素中；吠檀多派则认为，世界的一切都是梵的显现，因此，世界的一切都内含着"梵"的因素，而"我"是梵的一部分，本质上与梵完全一致，即"梵我一如"。这种人与自然同具"梵性"的观念，形成了印度文化中人与自然的和谐观。人们往往通过感受花草树木的兴衰荣枯，来体味青春和生命的来去流逝；通过观察高山细水的错落有致，来发现阳刚与阴柔的相辅相成；通过春夏秋冬的四季变化，来悟出人生和自然的循环轮回。这些场景使人与自然、宗教与世俗完美融合。世俗文化在哲学思想上的代表是顺世论，其意为流行于民间的观点。它是印度唯物主义传统的代表。顺世论坚持朴素主义的自然观，从感觉经验出发认为物质是第一性的，并认为世界上的一切都是自然产生、自然消亡的，没有什么主宰和终极原因。顺世论注重今世，反对来世，认为幸福只能在现世中去争取，去寻找。这些观点不仅是对世俗文化现象的总结，无疑也为世俗文化的进一步发展提供了理论依据。[①]因此，印度古代文化既表现出无处不在的宗教性的一面，又表现出随遇而安的世俗性的一面。而这种世俗性又往往通过文学艺术中的柔美抒情风格来展现。

其次，表现柔美抒情的世俗性。文学艺术作品充满了浪漫的想象。古代印度人民生活在气候变幻莫测的南亚次大陆，高山蓝天、海洋平原为他们在作品中驰骋自己丰富的想象力提供了广阔的空间。在民间广为流传着想象奇特、生动活泼、语言精辟、深入人心的民间寓言故事，其后被人收集整理，编订成集，也有的经增删改造进入经典，如《五卷书》、《益世嘉言集》和《百喻经》等。吠陀文献中《梨俱吠陀》赞歌的吟咏需要有音乐知识，《婆摩吠陀》更是以歌唱为目的而形成的，其中不乏浪漫抒情的成分。在古代印度被称为"历史传说"的《摩诃婆罗多》和被称为"最初的诗"的《罗摩衍那》这两大史诗中，不仅有不少神话、传说、寓言故事等非现实成分，而且多次提及与音乐的音阶和乐器有关的抒情描述。至于印度古代文化中成就突出的古典戏剧艺术，则绝大多数取材于古代的神话传说，缺少反映社会现实生活的内容。

---

① 方广锠：《印度文化概论》，中国文化书院自编教材"中外比较文化教学丛书"之一，第54页。

因此，剧情通常以"大团圆"收场，戏剧类型多属于喜剧和悲喜剧，浪漫想象的成分溢于言表。

文学艺术作品的爱情主题鲜明，抒情性浓郁。爱情是人类文化中表现最多的永恒主题，在印度古典作品中，它表现得尤为突出。两大史诗的恋爱场面很多，相恋男女的感情纠葛也不少。这种爱情在戏剧中被描摹得淋漓尽致，即使是表现两情相悦的场面也毫不隐讳。围绕爱情这一中心主题，作品又纷纷表现出浓郁的抒情性。无论是触景生情、情景交融，还是叙述中的抒情，都抒发了诗人强烈的情感体验，十分动人。而诸多作品所采用的散文与韵文杂糅的抒情方式，无疑也增加了其中的艺术感染力。在印度古代，雕刻的内容既是宗教的又是世俗的。佛像的旁边会有情侣的雕像，既有众神和佛陀及弟子的生活内容，也有俊美的男性和曼妙的女体，二者相得益彰。

印度古代的舞蹈多姿多彩，抒情性很强。著名的古典舞蹈中表现爱情的内容很多。其中，婆罗多舞伴唱的著名歌词是："噢！克里希纳，快来吧，别让我虚度一生！"克里希纳又名黑天，印度大神毗湿奴的化身之一，少年时呈牧童形象，多情善舞，是众多女孩的偶像。这句歌词是女孩假装嗔怪黑天不来的昵语，充满世俗气息。卡塔克舞中克里希纳同他的情人罗陀相恋时的双人舞也是著名片段。卡塔克是以讲唱两大史诗为业的民间艺人，他们边讲边唱，再配上动作发展成卡塔克舞。跳曼尼普利舞是曼尼普尔地区人民生活中重要的组成部分，也是女性必备的美德之一。表现克里希纳和高比族姑娘们之间爱恋和嬉戏情景的舞蹈是曼尼普利舞的主要内容，以世俗惊艳著称。卡塔卡利舞乡土气息浓郁，古朴开朗，故事性强，且有伴歌，具有舞剧的特点。总之，这些古典舞蹈都未脱离宗教的题材，但是又表现出了很强的世俗性，既有爱情的主题，也充满抒情色彩。正如金克木先生指出的："世俗文化是非常注重实际的，不管涂上多少'婆罗门'或'沙门'的色彩也遮盖不完全。不但《利论》《欲经》是无所顾忌地不讲'道德'，连各派'法论'（法典）也是残酷无情的。"①

最后，具有历史文化背景的不确定性。印度古代在宗教、哲学、语言学、

---

① 金克木：《印度文化余论——〈梵竺庐集〉补编》，学苑出版社2002年版，第143页。

文学、艺术、科学技术等方面，均给人类留下丰饶的文化遗产，并在世界各地产生过广泛而深远的影响。但在历史学方面的研究，由于诸多的原因，则不尽如人意。许多作家作品的历史文化背景模糊不清，表现出一种难以明确说明的倾向。究其原因，主要有主客观两种。

从主观上分析，印度是世界多种宗教的发祥地，至今印度绝大部分人崇信各式各样的宗教。这种文化氛围洋溢着一种明显的出世因素，一种轻视此时此地具体的社会实践的倾向。他们轻视对有因果关系事物的追求，尤其缺乏对具体的此岸世界物质性的欲望。他们重视彼时彼地抽象的永恒超验，重视对超因果关系事物的想象，尤其是对彼岸世界精神性的追求。这就使得他们忽视当下发生的具体历史实践，不注意系统记录自己的历史，即对往事不那么感兴趣而对来世感兴趣。这就逐渐形成了印度人的一种内在世界大于外在世界的错觉。因此，印度古代哲学所追求的最高境界是"梵我一如"。因为他们认为每个人内心深处有一个与世界本源"梵"同等同质的"我"。只要通过履行祭祀、布施、善行及种姓义务等，内证"我"的存在，就能亲证"梵我一如"。为了内证"我"的存在便对人的感觉、思维等精神活动做了许多细微的分析，并划分出许多层次，这种极端重视"向内追索"性的思维倾向，必然使人们轻视包括以往历史在内的外界事物。

从客观上分析，印度古代没有把纸作为记录历史的载体，只能用一种被称为"贝叶"的贝多罗树叶和一种被处理过的树皮记载保存历史文献。印度古代书写资料有时用木板和竹片，有时用棕榈树叶，更多的时候是用贝叶，即一种被特殊处理过的贝多罗树叶记事。古代印度人总喜欢讲故事，多以神话故事证释佛典。读书授受，全靠师徒口传，所以古代印度很难留下真正的历史著作。历史人物与历史事件都混杂在宗教传说之中。很长一段时间，印度人是不知道纸的。中国的纸传到西域后，居留在那里的印度人首先使用了纸。至于印度本土是什么时候开始使用纸的，目前还不清楚。据季羡林先生考证，"《摩诃僧祇律》11 有一段话：'时六群比丘在一聚落夏安居。初安居时，晨朝著入聚落衣，捉纸笔入聚落中，语诸优婆塞言。'（《大正大藏经》，22，231C）可惜这一部律的产生时间无法确定。法显《佛国记》、玄奘《大唐西域记》等书都没有印度使用纸的明确记载。""总之，印度古代没有纸。义净①《大唐西域求法高僧传》卷下讲到他在佛逝向广州求纸和笔，以写佛经。他的《南海寄归内法传》卷四说：'咸悉口相传授，而不书之于纸叶。'可见到了义净时代，纸在印度还不流行。中国造纸法传入印度，那是更晚的事情了。"②由此可见，印度古代历史文化背景很模糊是由多种原因造成的。因此对于作家的生平和作品的年代，都缺乏确切可信的文字材料进行辨析，也很难准确地对作家作品作出十分恰当而无争议的价值判断和美学判断。

　　总之，印度人相对于其他东方民族，在人生追求上表现出多样性，因此，其文化才表现出上述特征。所谓人生追求的多样性，主要指印度人人生目的的复杂性，亦即追求人生真谛的层次性。首先，他们普遍认为遵"法"完成"欲"的追求，是基本的人生追求，即食色性也。这是几乎所有印度人都表现出的人生愿望。他们满足于自己的现状，少有攀比的思维习惯，不想抱怨生活的平庸与无聊。平淡的生活带给他们的是普通人的烦恼，但他们安于现状，喜欢这种与世无争的、简单的物质生活。其次，也有不少人遵"法"完成"利"的要求，追求探索文学艺术、科学技术的人生。他们或者竭尽全力地投入全身心的力量，从事文学艺术的创作与欣赏；或者将自己的血汗溶注于自己所从事的科学技术的研究中。其本质是追求"利"，即"利益"，努力发掘自己的才能，以求得精神上的满足。最后，还有一些"人生欲望"很高的人，他们在遵"法"的规范之内，追求信仰。他们有的出家为僧徒，有的居家为修士，无论独乐，还是众乐，都向往解脱。更有一些苦行僧为完成灵魂的修行而成为人们尊敬的"圣人"。他们都追求有信仰的生活，企盼灵魂有个美好的归宿。这些人生追求使印度文化表现出令人钦羡的广度和深度。恰恰是印度古代文化中这些重要的美学特征，才使得其中的精髓能够超越时空，成为人类文化遗产的重要组成部分，并永葆震撼人类的艺术魅力。

---

① 义净（635—713年）于唐高宗咸亨二年（671年）由海道往印度求法，咸亨四年（673年）自室利佛逝至东天竺。
② 周一良主编：《中外文化交流史》，河南人民出版社1987年版，第142页。

印度两大史诗成因的文化意蕴

————

"史诗"一词最初源于欧洲，其希腊文原意为"说话""谈话"，积习相沿，这个词逐渐与以诗体写的关于英雄冒险事迹联系在一起。印度"史诗"一词的原意是"过去如是说"，即历史传说。二者都重在颂扬古代社会中的英雄的丰功伟绩，并通过这样的述说长期缅怀古代英雄及先祖的显赫威名，向后人提供理想的行为榜样，激励他们做出同样惊天动地的举动。因此，史诗一般具有"包含历史"与"超越现实时空界限"两个特征。

一、两大史诗成因

印度两大史诗《摩诃婆罗多》和《罗摩衍那》的核心内容是讲述印度古王国的兴衰、上层人物的冲突斗争、王公勇士的伟业、英雄美人的悲欢离合。"包含历史"是说史诗反映了广阔的社会历史生活。其基本素材来自历史上的重大事件、重要历史人物，以及由这些事和人演变成的英雄传说。它既不是史诗作者海市蜃楼般的凭空虚构，也不是历史事实的简单模拟与翻版。因此，印度传统认为《摩诃婆罗多》是"历史传说"。而"超越现实时空界限"在这里更多的是说史诗同时又重在叙述具有娱乐和教育性质的故事。一代又一代作者凭借丰富的想象力和高超的叙事技巧，对历史传说进行艺术加工，创造成文学作品。《罗摩衍那》在印度又被誉为"最初的诗"。正是这两个特征和谐地统一于一体，才使两大史诗成为"包含历史的诗歌"。从史诗中发现的已不是某个历史时期的某位英雄人物，而是历史长河中英雄人物的缩影，于是听众或读者才会情不自禁地参与到他们的经历中去，与之休戚与共。

两大史诗既然是"包含历史的诗歌"，其产生必然要以一定的社会历史事实为坚实基础，并具有一定的可信度。两大史诗产生于公元前五六世纪左右，正值印度奴隶社会开始向封建社会过渡时期。社会的进步和经济的发展需要一种"文化精神"作为动力，这种"文化精神"的结晶就是两大史诗，这种文化动力就是史诗中所表现出的一种人文精神。当时是列国纷争的时代，也是呼唤英雄的时代。为了生存和发展的功利目的，各个氏族、部落、族群乃至民族之间经常发生规模或大或小的战争。为了保护个人生命和集体财产的安全，人们渴求英雄和勇士出现，以便寄托自己的希望和理想。他们身上不仅反映出了不同的人生价值与追求，而且在抒发不同的人生理想的同时，重在表现人性和理性在迷惘与困惑的年代里不间断的胜利。它预示着印度即将告别纷争、野蛮与屠杀的时代，走进统一、文明与自由的王国时代。

《罗摩衍那》主要描写罗摩的英雄事迹和爱情故事。研究吠陀和往世书等著作的学者现在几乎都认为，在古印度曾有一个甘蔗族统治过的阿逾陀地区，该族曾出现过一个叫罗摩的英雄人物。印度20世纪80年代的报纸刊登了印度考古工作者在阿逾陀遗址、难提羯罗摩遗址、巴里雅尔、阿拉哈巴德的婆罗杜波迦净修林等地的考古发现，证明《罗摩衍那》是有历史基础的。印度学者斯·格·夏斯德利也曾断言："不管怎样，《罗摩衍那》中的罗摩是历史人物，尽管其全部故事不一定是历史事实。"[1]《摩诃婆罗多》描写的是伟大的婆罗多族的故事。印度最古老的诗歌集《梨俱吠陀》曾提及好战的婆罗多族。其后的《梵书》提到俱卢族是婆罗多族的一个分支。不过，只有在波颠阇利（公元前2世纪）的《大疏》中才明确记载了俱卢族和般度族之间的战争故事。尽管目前还缺乏足够的证据，但一般学者都趋于认为这次战争是历史事实。季羡林先生主编的《印度古代文学史》中也认为："应该说，这部英雄史诗是印度列国纷争和帝国统一时代的艺术反映。"[2]事实是，这两部有历史依据的史诗，经过长期艺术加工，已经被传说化和神话化了。对两大史诗颇有研究的印度大诗人泰戈尔也指出：《罗摩衍那》和《摩诃婆罗多》不仅配称史诗，

---

[1] 季羡林、刘安武编选：《印度两大史诗评论汇编》，中国社会科学出版社1984年版，第23页。

[2] 季羡林主编：《印度古代文学史》，北京大学出版社1991年版，第59页。

它们也是历史。""其历史的价值在各个时代里都发生了变化，然而这部历史的价值没有任何变化"。[①]有了可以形成史诗的素材，并不等于具备了产生史诗的必然性。史诗作者与素材之间的关系是复杂的。它要求那些具有透视历史意识的作者，利用早已形成的史诗叙事形式，对那些素材进行有目的的筛选并提炼成题材。他必须具备驾驭和组合这些题材的能力，运用自己丰富的想象和再创造的技巧，努力去迎合听众或观众的种种欲望，于是这些题材被编织并创作成最初的传说故事。因为是口头传承的作品，它们还不可能被阅读。史诗最早的作者是许多学者或史诗中所称的"苏多"。《摩诃婆罗多》中的"苏多"与《摩奴法典》所说的一致，是婆罗门女子与刹帝利男子的婚生子。而在《罗摩衍那》中，"苏多"是支持刹帝利的婆罗门，其职责主要是担任帝王的御者和歌手。他们编纂史诗主要是为了颂扬自己所依附的帝王，但也努力取悦其他听众。这些既和人民有密切联系，又了解国王、贵族、武士等的政治斗争和日常生活的自由人，将许多历史传说的相关题材搜集、加工成史诗中的主要成分，从而使历史与神话传说相混淆，许多历史事实被人为的神话化，于是人本位的史实逐渐被变成神本位的史诗。

两大史诗在长期流传过程中，不断被人增删、加工，演变的总趋势是篇幅愈来愈长，这是"伶工文学"的特点所致。中国、印度和西方的一些学者总结"伶工文学"形成史诗的过程时，主要提及两点事实。其一，四处游走的行吟诗人（即说唱某些故事的伶工）开始说唱一些与史诗内核相关的短歌、短叙事诗和赞歌、赞诗等。其二，由于是口耳相传，可以逐渐形成家族或师徒传承的形式，这最适合于史诗滚雪球式的创造与再创造。最后在逐渐成形的口头文学的原始史诗（它们由于不同伶工家族的演唱而千差万别）基础上，再经不同的文人之手写成各异的文本固定下来。现在所标明的《摩诃婆罗多》作者毗耶婆和《罗摩衍那》作者蚁垤，很可能就是两大史诗原始形式的作者，或在两大史诗形成过程中起过加工、整理作用的最重要人物。由此得知，两大史诗是在一定历史事实的基础上，集世代伶工和文人智慧的集体创作，是

---

① ［印］泰戈尔：《泰戈尔论文学》，倪培耕等译，上海译文出版社1988年版，第
   145页。

印度古代历史、神话、传说、故事、歌谣、民谚等民间口头文学与文人书面文学的集大成。

二、想象丰富的产物

具备上述诸条件的民族或国家是否就能够像印度一样，产生两大史诗那样极富艺术魅力的文学珍品呢？答案显然是否定的。因为两大史诗还是印度古代人民企图用想象或借助想象去征服自然力、支配自然力，并把自然力加以形象化的艺术结晶。而印度始终被认为是神话传说丰富的国度，印度人民是一个充满浪漫幻想的民族，这又和印度的人文自然地理环境的影响是分不开的。

对于印度人自古而来的富于想象的传统，中印两国学者的论述不乏其例。印度当代学者瓦·盖罗拉在论及两大史诗主题的原始来源时，就曾引用周祥光在《中国佛教史》中的观点说："印度的想象丰富的文学解放了深奥而又缺乏幻想的中国文学。"[1]其要点重在说明印度文学想象力丰富。其实这种观点在中国也有传统，胡适就曾指出："中国固有的文学很少是富于幻想力的；像印度人那种上天下地毫无拘束的幻想能力，中国古代文学里寻不出一个例。"[2]他的观点尽管有偏颇之处，但中印文学在想象力的表现方面有较大的差别毕竟是一个事实。季羡林也针对印度文学的成因写道："印度人民是十分富于幻想力的。从很古的时代起，他们就创造了不少的既有栩栩如生的幻想又有深刻的教育意义的神话、寓言和童话。"[3]古代印度人民这种丰富的想象力，使两大史诗能够以容纳百川的博大胸怀，将印度古代历史传说、英雄传说、神话传说融为一体。史诗产生的过程就是古代印度人民充分发挥自己的想象力，长期将各种古老的传说幻想化、诗歌化的过程。

印度具有多样性的自然条件，向来有"世界的缩影"之称。它有各种各

---

[1] 季羡林、刘安武编选：《印度两大史诗评论汇编》，中国社会科学出版社1984年版，第115页。

[2] 胡适：《白话文学史》上卷，东方出版社1996年版，第140页。

[3] 季羡林：《中印文化关系史论文集》，生活·读书·新知三联书店1982年版，第145页。

样的温度、气候、雨量、植物和动物，既有喜马拉雅山的干燥寒冷，又有科罗德海岸的潮湿酷热，兼具寒带、温带、热带气候。印度一年的季节有二季、三季、四季、五季、六季、七季、十二季、十三季、二十四季之分，可见其气候的多样化。最普通的是将一年划分为六季。印度古代大诗人迦梨陀娑的抒情诗集《时令之环》因将一年分为六季而又被译作《六季杂咏》。它共分六章，每章为一组抒情短诗，分别描绘印度六季（夏、雨、秋、霜、寒、春）的自然景色。诗人见景生情地描写了男女间的欢爱和相思之情，有的成为抒情名篇。两大史诗中对于各个季节也都有精心出色的描绘，表现出印度人民对大自然的敏锐感受力。

印度的地理条件也很独特，山高天蓝，海洋辽阔，平原肥沃。这样多彩多姿的自然地理环境培养了印度人民的想象力和形象思维，为他们的美妙幻想提供了一个可以随心所欲驰骋的空间。他们为了表达对恋人的痴情和思念，利用自然万物写了不少"信使诗"，如《云使》《风使》《月使》《鹦鹉使》《蜜蜂使》《天鹅使》《杜鹃使》《孔雀使》等。他们凭借自己非凡的幻想力、活跃的形象思维，出于幻域，遁入人间，打破感官束缚，超越时空界限，在神话化的世界里自由遨游。因此，两大史诗中，天上、人间、地府相通，神、人、鬼共处，亦真亦幻，浪漫瑰丽，变幻无穷。现今被视为虚构的"天方夜谭"，在古代印度先民心目中却不是无稽之谈，而是令人肃然起敬的"学问"。他们怀着敬畏的心理，带着充满奇妙的幻想去探寻其中的奥秘。这事关他们的信仰，涉及他们的历史，反映他们的人生追求，表现了他们古朴的宇宙观。

印度素有"人种学博物馆"之称。从远古时期起，这块美丽富饶的土地就一直敞开胸怀收容着各个种族的移民。两大史诗从雏形到定型的时期，正是雅利安人逐渐从西北向东南进入印度的时期。在这个移民、征服、殖民、渗透的漫长历史进程中，由半游牧转为农业定居的雅利安人开始过上了村落生活。社会组织是以家族长老为中心的大家庭生活，具有血缘家族的色彩。当时并没有种姓意识，在逐渐进入演进中的阶级社会以后，内部开始分化出僧侣贵族、世俗贵族和平民三个阶层。当雅利安人与非雅利安人分离后，被征服与被统治的原地居民便成了第四等级，种姓制度在此基础上开始形成。这种以种姓划分社会分工的小国寡民政治，逐渐形成了以地域为主的密集的城邦制。由于种姓制度的成熟，社会分工的进一步深化，一部分有钱又有空闲时间的人成为伶工文学发展的基础。史诗的演唱者为取悦这些听众，根据不同地区人的不同反映，临时即景生情，增加一些新的诗歌内容，如自然景色的描绘、战斗场面的渲染等，企图打动听众的心弦。于是史诗逐渐变长，内容也不尽相同，逐渐形成了现在鸿篇巨制的规模。

印度古代如此得天独厚的人文自然地理环境对那些想对两大史诗进行补充、修改的文人（婆罗门）来说，也是如鱼得水。印度许多地方雨量充沛，草木繁茂，森林中的野草、野果以及植物的根茎，可做这些苦修、苦行者的生存之资。他们在不愁吃穿的心境中，面对山泉林木、鸟语花香的大自然美景，会产生出许多耳目视听之娱，也会油然生出丰富的想象力。于是自然现象被大量人格化、神化，形成有众多自然神的神话世界。在史诗流传的漫长过程中，这些努力想在创作上施展想象力的文人，不断地将这些人格化的自然神与神化的英雄杂糅其间，使之成为长期给印度人民以艺术享受并为后世文学作品所难以企及的"范本"。

三、文化心理结构的产物

古代印度人独特而奇异的文化心理结构是两大史诗出现的又一种催生剂。古代印度人多追求出世生活，他们将人生分为学道、家居、林居、出家四个阶段。一些被称为仙人而实际是保存和传播传统文化的人，可以在森林中建立道院，广收门徒，传道授业。这些门徒被称为"青年修道人"，不结婚，修"梵行"。如果他们坚持修炼种种苦行，可以成为仙人。这些修行者也可以在修道之后归家结婚生子，至老年再来森林道院修道，成为"林居者"，最后做"出家人"。这种文化教育方式在印度流传了几千年，至今仍没有完全消失。两大史诗就大力宣扬了这种理想生活，给后人提供了传统的生存模式。在古代，这些修道仙人的生活一方面依靠自给自足，另一方面也靠统治者供养。国王需要他们的文化支持，他们也愿意为国王服务。因此，这些仙人为迎合统治者的好恶而对两大史诗进行种种修改、充实，也在情理之中。由于古代印度人普遍存在的追求"出世"的心理造就了他们淡泊名利、不重视现世生活的特点。这对两大史诗的成书而言，形成了历史背景模糊、作者生平不可考、产生年代缺乏可信的文字材料等重要的不确定因素。

印度自古形成的出世思想，使各种宗教信仰大行其道，印度因而被称为"宗教博物馆"。宗教思想浸入史诗，使之更易被人接受，史诗借助宗教成分而得以广泛传播，二者相得益彰。两大史诗形成的过程正处于吠陀教发展为婆罗门教进而又演化为印度教时期。当时教派林立，信仰的主神很多，每个宗教甚至教派都需要有自己系统的神话传说，需要有与自己有血缘关系或师承关系的英雄。于是在史诗由口头伶工文学发展为文人书面文学的过程中，各宗各派竭力宣扬自己的学说，互相攀比竞争，形成了后来史诗内容驳杂繁芜的局面。可见，宗教成为史诗的摇篮，史诗成为宗教的温床，二者各取所需，共同繁盛。

古代印度人不仅追求一种出世生活，而且重视追求理想。两大史诗是印度古代社会发展到转折时期的产物，面对动荡、变革的社会现实，人们的精神生活中有许多新的向往与构想。相应地，在意识形态和文学艺术领域也必然会产生飞跃性巨变，因此，史诗中表现出的理想美也给人以鼓舞、激情、信心和力量。它通过宏大的历史画面，反映出古代印度人民不同的价值观与美学观，在抒发不同的人生理想的同时，突出了理性的胜利。因此，印度现代文学巨匠普列姆昌德针对两大史诗中人物的崇高精神境界评价道："罗摩无疑是人类最高的典范；而悉多则是妇女中履行神圣职责的圣洁的化身；坚战无疑是公正的典型；而老祖父毗湿摩的英勇和自我牺牲在世界历史上是独一无二的；黑天是瑜伽得道者和人类光辉品德的楷模。""是蚁垤仙人和广博仙人的诗歌的美使得他们这些人物在我们的心目中由人上升为神，是这两位诗人的笔的赐予，使得今天每一个印度教徒认为他们的名字是值得崇拜的。"①两大史诗所表现出的对生活理想的追求，不应被视为宗教，也不能被肤浅地认为是超越时空地存在于人心目中的一种信仰，抑或是一种纯粹意义上的道德诉求，而是古代印度人民生活品德中的一种良知，也是来自哲学和美学的一

---

① ［印］普列姆昌德：《普列姆昌德论文学》，唐仁虎、刘安武译，漓江出版社1987年版，第16页。

种思考。这种理想中所包含的人文精神的底蕴，是结合了科学和伦理学来表达的一种积极、正面、向上的宇宙观和人生态度，以及用这种睿智来指导人生的一种精神境界。

两大史诗都渲染了由于对女性非礼所引起的大战，以及英雄美人、王国政治、流放生涯、林中遇妖等情节，结局都是主人公获得了圆满。透过这些硝烟迷雾，可以发现史诗中洋溢着一种理性精神。它集中地表现在古代印度人称为"法"或"正法"的生活理想中。两大史诗竭力歌颂"法"或"正法"，歌颂正义战胜邪恶，正法战胜非法。在当时人的心目中，现实中的"法""利""欲"和非现实中的"解脱"，是人生追求的最高的、至福极乐的目标。因为只有极少数人在特殊的生活方式中才能达到"解脱"，所以"法""利""欲"便成了人们在现实生活中努力争取实现的理想。在三者不可兼得的情况下，人们首先要选择"法"，于是"法"在两大史诗中成为理性的代名词。

"法"又称"正法"，梵文音译"达磨"，曾在两大史诗中多次出现。约公元前2世纪至公元2世纪之间成书的印度著名法律书《摩奴法典》指出："吠陀、传承、良习、知足，被贤者宣布为义务体系的四源。"[①]这个"义务体系"就是"法"。它是古代印度人信奉的人类社会赖以生存的永恒道德价值与人生追求。《摩诃婆罗多》中的坚战说："我把法看得比生命本身，甚至比进天堂更重要。"他遵奉达磨、服从达磨最坚定、最彻底，所以达磨给了他名誉和力量，使他成为战无不胜的英雄。而难敌虽然臂力过人，武艺超群，但他肆无忌惮地践踏达磨，致使他成了史诗中最坏的顽凶。《罗摩衍那》中的罗摩依傍达磨、躬行达磨才完善了自己的德行，受到人民拥戴并获得王位。悉多则"依法"忠于丈夫，屡受折磨与考验，最终才成为后世传颂的贤妻良母。罗什曼那信奉"世界上好人的达磨就是弟弟要听从哥哥的吩咐"，所以他被称为"知法的贵人"。在两大史诗中，"法"如同真理一样至高无上，遵循者能成正果，违反者没有好下场。它寄托了人们在日常生活中努力认识事物本质的美好愿望。其中虽不乏阶级社会的思想意识，但以人的理性和理智判断是非，

---

① ［法］迭朗善译：《摩奴法典》第2卷，马香雪转译，商务印书馆1982年版，第26页。

择善而从，仍不失为当时印度人民的美德标准。

总之，两大史诗作为人类童年时代创造出来的充满神话传说内容的史诗，之所以像荷马史诗一样具有"永久的魅力"，是因为在它形成过程中所表现出的不同凡响的文化底蕴。正如马克思在《〈政治经济学批判〉导言》中针对神话和史诗的产生所作的著名论断："埃及神话决不能成为希腊艺术的土壤和母胎"，因为"不是随便一种神话，就是说，不是对自然（这里指一切对象的东西，包括社会在内）的随便一种不自觉的艺术加工"，就能成为希腊艺术的土壤和母胎的。①对印度两大史诗而言，作为艺术，它们的产生也必须有适应其生长和生存的"土壤"和"母胎"。其中不仅有"同一定社会发展形式结合在一起"的先决条件，②还必须具备人文、自然、地理环境那样的"土壤"条件，最重要的条件应该是孕育、创造史诗的"母胎"，即人的文化心理结构。这三者缺一不可。

马克思在《〈政治经济学批判〉导言》中针对神话和史诗的产生问题，还提出了人类童年时代存在"粗野的儿童"、"早熟的儿童"和"正常的儿童"，并指出了三者的区别。③正是由于这些区别才得以产生异彩纷呈的神话和史诗。与古希腊人是"正常的儿童"的比喻相对应，可以认为古代印度人是"早熟的儿童"。如果认为古希腊人以正常儿童的心态创造出充满希腊神话的荷马史诗，那么充满印度神话的两大史诗就应该被理解为是古代印度人在早熟儿童的心态中创造出来的。因为两大史诗所表现出的印度人民对理想的追求、对理性的理解，已经具有早熟儿童的特征。作者和史诗中的人物善于理性思考，对生活充满信心和理想，处理问题从人性出发，抒发感情注意把握"度"。人物在矛盾中也表现得深沉、成熟，不仅遵法行事，而且守法、护法，具有一种内外和谐统一的人性美。他们在神的光环下，更注重人的自我表现，充分显示出在私有制条件下，人类童年时代的"早熟的儿童"那种冷静观察世界，不事喧哗、老成持重、善于思考，努力追求道德完善的精神境。

---

① 《马克思恩格斯选集》第 2 卷，人民出版社 1995 年版，第 29 页。
② 《马克思恩格斯选集》第 2 卷，人民出版社 1995 年版，第 29 页。
③ 《马克思恩格斯选集》第 2 卷，人民出版社 1995 年版，第 29 页。

印度《欲经》之"欲"的多元文化解读

————

印度古代丰富、灿烂、复杂多样的性文化与宗教信仰紧密结合在一起，产生了不可思议的审美效果。印度的性文化自 2000 多年前就有文字和图像记载，其中争议最大的就是《欲经》。《欲经》是一部奇书。阳春白雪，下里巴人，不同文化背景的人，在不同的视域内，可以读出一部内容迥异的《欲经》。

《欲经》原名为 Kāmasūtra，Kāma，汉译为"爱""欲""欲乐""爱欲""爱乐"等，意指男女情爱和由此产生的喜乐；Sūtra，汉译为"线""纲"，引申为"经""经典"。Kāmasūtra 又可译成《爱经》或《欲乐经》。英文一般译为"The Arts of Love"，即《情爱之术》。《欲经》是 1700 余年前用古代印度梵文写成的偈颂体作品，共 1250 偈，[①] 是一部专门讨论男性、女性交往的人伦精品，而绝非低俗的色情之作，也是一部浸润着人本精神的劝诫箴言式古代典籍，表现了古代印度人民对于多元人生目标与身心和谐的追求。

《欲经》的原作者筏蹉衍那据称是婆罗门种姓的宗教人士。其内容也符合宗教规范，但书中少有宗教说教，主要写的是在不违背家庭伦理、社会道德的前提下，利用 64 种情爱之术达到男女性爱最大喜乐的建议与指导。从中我们可以窥见印度古代社会风貌、文化习俗、人生百态。由于是供社会上层人士阅读的，《欲经》中也有不少涉及妓女的描述。在文明社会的公序良俗中，夫妻的性生活是正当的，其他的性关系是不正常的、卑鄙的。《欲经》则淡化这种认识，主要体现了印度古代的一种认知，即两性在最狂热时通过适当的

————

① 偈（jì）即梵语偈陀的简称，多用三言、四言、五言、六言、七言以至多言为句，四句合为一偈。

沟通，进行性生活，才能体会到性的真正内涵。其中将男性比作雄鹰，象征着精力旺盛、雄伟、尊严。男性是顶天立地的大树，女性则是树根下的阴凉地，象征着隐蔽的空间、隐私，有润滋万方的生命力。书中无论是直露式的描述，还是隐喻性的摹写，最重要的发现是女性在两性社会中的作用和地位。《欲经》引起人们的普遍兴趣，尤其是女性的极大关注，原因恐怕也就在此。

《欲经》源于《欲乐论》。约公元前 7 世纪，古印度出现了《法论》《财利论》和《欲乐论》三部法典性质的书，对应了人生追求的"法""利""欲"三大现实目标。其分别从善行、财利、欲乐三方面对人的行为进行了种种规范。其中《欲乐论》据说是古印度湿婆神的守门人难敌（Nandi）所传。难敌在印度古代传统故事中被视为一头通灵公牛，在偷听了湿婆和其妻做爱后因大受感动而情不自禁地发出了仙界才有的响声。为了利乐世界众生，他将这些响声记录下来，遂有了指导世人享受喜乐的《欲乐论》。大约公元 4 世纪，即印度历史上笈多王朝时期，一位名叫筏蹉衍那的婆罗门教学者，收集整理了当时几近失传的《欲乐论》，编写成这部广为流传的《欲经》。

一、《欲经》之"欲"与"法""利""欲"

古印度人认为人的一生有"法"、"利"、"欲"和"解脱"四大目标。"法"即"达磨"，指精神和道德的责任，尤指善行、美德。《薄伽梵歌》将"法"解释为履行自己的社会职责和道德规范。每个人都必须遵守属于自己的法。"利"指财利和智慧的收益，尤指知识和物质的财富。"欲"指人生爱欲、欲乐的满足，尤指官能快感和享受。"解脱"指脱离轮回，实现永远出世的理想。这四者中间，"法""利""欲"是世俗之物，只有"解脱"是宗教神学之理。在现世的"法""利""欲"三大目标中，前者总是优于后者，即法优于利，利优于欲。但对不同种姓的人而言，其顺序可以变换。三者缺一不可，人应该努力去追求，否则人生不圆满。所以，只要无损于"法"，人就可以唯利是图。同样，只要无损于"利"，人就可以尽享男欢女爱之乐。

《欲经》即以讨论"法""利""欲"开篇，这说明《欲经》与"欲"有密切关系。"欲"在古印度人追求的三大人生目标中，虽然位列最后，却与人自己的身心健康最有关联，它主要表现为人的情欲、爱欲、占有欲等一切私欲，属于个人私生活范畴，包括私欲外化为身体感官的快感及精神和情感方面的心理快乐等。因此，它往往会和个人的好恶，自身的服饰、饮食等联系在一起。

"欲"既然是印度人生的三大目的之一，就表明在古代印度的公序良俗中，并不排斥由"欲"所引起的一切私密行为，自然也包括男女之爱欲。于是爱欲就成为个人合情合理又合法的享乐欲望中的重要组成部分。由于这种爱欲是人性的本能之一，又担负着繁衍生命的社会责任，所以在物质生活和精神生活都极度匮乏的古代，爱欲往往以一种激情的表现形式，成为完善人生享乐的最原始、最重要的一种方式。爱欲不是现代人的发现，古代印度人的爱欲不仅不保守，而且是复杂的。"欲"对于所有人而言，都是有意义的。无论种姓高低、财富多寡，人对"欲"的渴望与追求都胜过对于"法"和"利"的向往，因为它最本真、最普遍，是人生须臾不可离开的意念。但是对"欲"的过度追求会伤害"法"和"利"的实现，如何平衡这三者之间既相存相依又相辅相成的关系，让人生更完美，这才是《欲经》深入、全面地探讨"爱的艺术"，尤其是性爱的真正目的。正是因为《欲经》这种符合"法"的规范，又满足"利"的需要的社会功能，所以它的内涵和张力才见容于印度古代社会。

《欲经》涉及的主要是"性"和"欲"的内容，用现今的理论进行分析，是从纯粹的享乐主义范畴来谈论的。其中，为了繁衍生命和维持人际关系的叙述都不是主要成分，而直言不讳、毫无遮掩地大谈性快乐才是其目的。从遵守社会道德规范和符合自然规律的"法"的意义上讲，婚姻和家庭意义上的性欲，是人的基本的性爱方式。但是《欲经》从"欲"的角度对婚姻、家庭外的性爱进行了多方面考察。它有不少符合"利"（即各种利益）的成分。因此，《欲经》鼓励人们追求那些合乎"法"之外的性爱的快乐。它认为，囿于婚姻，家庭之外的性爱就会慢慢失去快乐的本质。为此，书中提倡有节制、顺导向、讲方法的性爱，要冷静地对待性行为，不让一时的激情损毁性爱，主张应该在控制情和欲的基础上，达到性爱的最高境界。这种情欲和性爱不等同的观点与印度教的性力派和佛教的密宗，尤其是密教的影响不无关系。

《欲经》认为，"欲"是由与灵魂连在一起的心灵和听、感、视、尝、嗅五种感觉所欣赏事物的享乐。这中间的要素是感觉器官与物体间的特别联系，由这种联系而生发的愉娱的意识便是欲。"'欲'应从爱经中学习，从市民的实践中学习。"[①] 总之，古代印度人一般不否定"欲"。

《欲经》中涉及许多性爱艺术，这是印度世俗生活的真实反映。面对矛盾复杂的社会现实，人们如何战胜"欲望"呢？苦行苦修可以战胜和约束情欲所带来的苦恼。印度中央邦东北部的卡珠拉霍神庙性爱雕塑群像，几乎就是《欲经》的图解。其具象性地表达了印度古代纵欲与苦修并行不悖的哲学。它们生动地说明了印度宗教对性爱超现实的理解。性爱不再是简单生物意义的行为，而是具有宗教实践意义的行为。它使信仰者体会到与神接近的快乐，从而达到在尘世间修炼即可以解脱的目的。

总之，《欲经》中人情味十足的处世之道，尤其是以平等、自由、泛爱、自然、喜乐为主旨的男女相爱之道，足以改变在历经佛教、伊斯兰教和维多利亚式新教三重洗礼之后，印度留给世人的禁欲者和苦行僧的印象。

印度素有"宗教博物馆"之称，印度的宗教既是自我放纵享乐主义的宗教，又是自我苦修禁欲主义的宗教。《欲经》恰恰反映了印度古代文化的这种矛盾性。宗教与性的关系在古代印度是不可避免的，尤其是对印度教而言，性行为只是性崇拜的重要内容之一。古代印度不仅不排斥性，反而认为性在这些宗教里应受到赞美和推崇。有了"法""利""欲"的三大人生目标，性自然可以被笼罩在神圣的光环里。性是爱神对他们美好生活的眷顾与祝福，使他们得以创造新的生命、繁衍后代、延续生存，完成神圣不息的职责。

虽然古代印度宗教与性的关系错综复杂，但是表现尘世男女之事的《欲经》不重在表现与宗教有关系的点。"在世界文学中，还没有像筏蹉衍那在《欲经》中这样论及过艺术鉴赏家阶级、他的日常生活和他心中灵气的。"[②] 这

---

① ［印］筏蹉衍那：《爱经》，王振华、安佳译，香港风云时代出版股份有限公司1994年版，第68页。

② ［印］帕德玛·苏蒂：《印度美学理论》，欧建平译，中国人民大学出版社1992年版，第65—66页。

里所说的"他"即具有很高的美学修养者"纳加拉卡"。"在筏蹉衍那的《欲经》中，我们对'纳加拉卡'的古代原型会有一个清晰的轮廓。"当时的人们在日常生活中追求的是一种文雅的快感，而他们在艺术中所追求的是优美的快感。"在人们尽情欢乐的这种心境中，便爆发出爱情幻想的娇嫩花朵。这种主宰一切的爱情为'纳加拉卡'这位当地的完美之人所承认，他的文化、趣味和习惯极大地影响了这种文学，他就像基思在他的《梵语文学史》中所说的那种典型的祭司，也像《梵书》和《奥义书》文献中的哲学家。"[1]实际上，《欲经》向世人展示了古代印度人在情与欲、灵与肉的分野中那种纯粹的性爱。

只要遵守"法"的规范，"欲"就可以给人带来最大的欢乐，印度古代典籍里经常提到这一点。《摩奴法论》中曾写道："他应该遵守关于佳期的同房规则，始终热爱自己的妻子，除非逢节，他可以为了她而怀着求欢的愿望去亲近她。"[2]在后吠陀时期，婆罗门教的最高道德表现为社会上层富有且不参加体力劳动，追求享乐成了他们的人生目的。在婆罗门教和种姓制度影响下，男尊女卑的思想逐渐正统化。作为《阿闼婆吠陀》中提到的"萨提"，即寡妇投身火葬堆殉夫自尽，已在某些高种姓中间流行。跋娑在《惊梦记》中塑造了仙赐为丈夫而接受莲花公主做丈夫妻子的理想女性形象。在《罗摩衍那》中，"只要她们把达磨即'法'来遵守，丈夫就是现世的活神仙"。"妇女们只要把丈夫来热爱，她们的世界就非常幸福。"[3]而"贤妇应该永远视夫若神，即使他沾染恶习、行为淫乱或者毫无优点"[4]。

印度传统中认为青年男女在婚前的恋爱行为是自由的。雅利安人《吠陀》时期的社会认为少女长期保持童贞是一种耻辱，婚前性行为被当时社会认可，否则在人早熟早亡的古代印度，人类难以存活繁衍。另外，妓女这个行当在印度古代也成为一种正常的职业。但这只是说明古代印度人对性的意识是比

---

[1] ［印］帕德玛·苏蒂：《印度美学理论》，欧建平译，中国人民大学出版社1992年版，第64页。

[2] 《摩奴法论》，蒋忠新译，中国社会科学出版社2007年版，第45页。

[3] 季羡林：《罗摩衍那初探》，外国文学出版社1979年版，第60页。

[4] 季羡林：《罗摩衍那初探》，外国文学出版社1979年版，第107页。

较淡漠的，并不能说明女性的社会地位可以和男性并驾齐驱。因为后吠陀时期，女性的活动受到越来越多的限制，尤其是在种姓制度的限制下，低种姓的女子无论在家庭还是社会中都处于无权状态。"对于一个已婚女子来说，她生活的主旨就是服侍好丈夫。忠贞于丈夫，把丈夫奉若神明，无条件服从，就是婆罗门宣扬的最高'妇道'。"[①] 季羡林先生翻译研究印度史诗《罗摩衍那》后，在评价妇女地位时，曾提及其中有一节写妇女的诗句："不管住在城中还是山林 / 不管丈夫是罪人还是歹徒 / 妇女们只要把丈夫来热爱 / 她的世界就非常幸福 / 即使丈夫邪恶淫逸 / 即使他没有什么钱财 / 品质高尚的妇女们 / 都把他当作最高的神灵看待。"[②] 这足以说明当时妇女的社会地位已大不如以前了。

"法""利""欲"在古代印度被视为人生的三大目的，其主旨是要说明与"法""利""欲"三者对应的宗教、权利和享乐三者之间的关系。《欲经》就宗教传统而言，可以说是一部极其重要的宗教信仰经典。"但从内容上看，与其说它是一部宗教文献，倒不如说它是地地道道的性爱生活宝典。"[③]《欲经》通过对性爱艺术的探讨，使得"法""利""欲"三者依次而行，各得其所。其中的"欲"已超越了性爱本身的意义，具有了合乎社会道德和自然规律的"法"的性质，以及合乎追求世俗权利和自身利益的"利"的性质。一句话，现世的"欲"在追求"解脱"的宗教出世外衣之下，变得合情合理了。

二、《欲经》之"欲"与"艳情味"

印度是个历史悠久、文化古老的东方大国，其丰富灿烂、复杂多样的古代性文化曾越过地域和民族界限，向周边地区传播。古代印度人认为，性爱是为男女双方精神和灵魂的契合，是一种回归原初宇宙平衡的行为，是他们和神之间爱的标示。在古典梵文时期，这种性爱文化传统具有了诗性的审美特征，变为一种极其优雅的情爱描写，堂而皇之地登上了文学的大雅之堂，

---

① 林承节：《印度史》，人民出版社 2004 年版，第 56—57 页。
② 季羡林：《罗摩衍那初探》，外国文学出版社 1979 年版，第 60 页。
③ 石海军：《爱欲正见》，重庆出版社 2008 年版，第 9 页。

最后形成充满"艳情味"的艳欲主义思潮。

如前所述，情爱的描写在古代印度许多梵文典籍中占有明显的地位。当时的作者在注意文学审美意蕴的基础上，不仅融入了娱乐的感性元素，而且在文化心理结构的深层将性爱视为爱的艺术。正如印度才华横溢的帕德玛·苏蒂博士在《印度美学理论》中指出："在古典梵文诗歌中，爱的传统实际上使其他所有感情相形见绌。这个传统在《大诗》及其不可避免的做爱片断中占据了极大的位置，就连处在这个时期开端的虔诚的佛教作家马鸣，对赤裸裸地描述做爱行为和感情也不厌其烦。但是这种做爱场面的反复出现，却是为了创造高雅的效果，其真正关注的不是做爱，而是爱的艺术。"[①]在这里，两性之爱已脱离情欲的层面，将文学审美化地理解为纯粹的感官技术学，从而走向人文理性与伦理关怀的深层。由此可见，在古代典籍中描写情爱甚至露骨的性爱在印度已形成书写传统。从这一点可以看出，《欲经》的出现并不是离经叛道的个案。另外，《欲经》与古典梵文作品所不同的是，它关注的不仅仅是男女做爱之事，更注重的是"爱的艺术"。人们在性爱的过程中不仅有感官的刺激，更重要的是享受了爱的艺术带给人心理的震撼。其实，《欲经》对"欲"的大书特书，与当时上层人士对"艳情味"的美学追求有直接的关系。

婆罗多牟尼曾在《舞论》中认为，艳情味产生于常情爱。"它以男女为原因，以优美的少女为本源。它的两个基础是会合和分离。其中，会合通过季节、花环、香脂、妆饰、心爱的人、感官对象、美丽的住宅、享受、去花园、感受、耳闻、目睹、游戏和娱乐等情由产生。"[②]艳情味的美学诉求在古典梵剧中表现为感官对身体的审美和心理的赤裸表白。例如在印度梵语戏剧家、诗人迦梨陀娑创作的与《欲经》大致同时代的名作《摩罗维迦和火友王》（简称《摩罗维迦》）中，火友王在近距离的现实中第一次看到摩罗维迦时，写道："修长眼秋月脸臂弯双肩，坚挺乳绷于胸似失其边，细长腰丰美臀拇趾齐

---

① ［印］帕德玛·苏蒂：《印度美学理论》，欧建平译，中国人民大学出版社1992年版，第118页。

② 黄宝生：《印度古典诗学》，北京大学出版社1999年版，第44页。

偏。"① 剧中曾多次描写如"丰厚圆臀、纤细腰肢、高耸双乳"等的女性美。②
作品中这样的情爱描写，如果脱离古代印度当时的文化语境，便难以被常人
理解。古代印度人并不认为追求情欲与享受是猥琐下流的，他们几乎从不避
讳对艳情的张扬。相反，他们往往以原始的，甚至是虔诚的心理去追求情欲
的最大满足。作者将这种价值观念置入作品之中，在兼顾审美性的同时，表
现了情欲描写的艺术美。戏剧最后，当托丽尼王后表态同意火友王娶摩罗维
迦时，她立刻获得贤妇的美誉："对丈夫温柔的忠贞妇连对手也献上，其他河
流的水也流向大海到达海洋。"她能控制自己的情感，任由丈夫满足情欲，这
是妻子对于丈夫忠贞和爱情的一种表示。剧中的艳情成分是迦梨陀婆那个时
代印度人的一种真实的价值取向，也是合乎法度的。如《摩奴法论》指出：
男人"应该娶一个身体完好的、名字优美的、步态如天鹅或者大象的，毛发
和牙齿细的，肢体柔软的姑娘"③。古代印度人认为漂亮女性人见人爱，为人妻
会给丈夫带来吉祥，给家人带来幸运，全家人都高兴、幸福。这也是当时的
社会风俗，反映在作品里很正常。

一直以来，印度文化都有艳欲主义的表现传统。早在《吠陀》时期，性
与爱欲的内容便不加隐晦地出现在一些经典文献中。从公元前 1500 年左右产
生的《梨俱吠陀》到《奥义书》，都反映了当时印度人的原始思维和想象，以
及强烈的生殖崇拜观念。这些古代典籍所反映的宗教哲学思想也与性关系密
切。宗教不避讳艳情，这成为印度文化的一大特点。文学艺术中艳情的内容
因宗教而染上了神秘主义色彩并达到了哲学修养的高度。宗教成分浓厚的印
度古代文学艺术典籍，更将这种对性的开放态度延续下来，继后的两大史诗
以及古代梵语诗歌中都不乏这种传统的因子。以迦梨陀婆为代表的印度古典
名作更是将艳情之风推到很高的地步。在印度古代的文献典籍，包括两大史
诗和古典梵剧的文本中都有关于女性在性爱方面近乎放纵的描写，显示女性

① ［印］迦梨陀婆：《迦梨陀婆诗歌戏剧选》，吴文辉编译，中山大学出版社 2005 年
版，第 198 页。
② ［印］迦梨陀婆：《迦梨陀婆诗歌戏剧选》，吴文辉编译，中山大学出版社 2005 年
版，第 208 页。
③ 《摩奴法论》，蒋忠新译，中国社会科学出版社 2007 年版，第 42 页。

在原始本能方面表现出来的特殊魅力。黑格尔发现这种情景，发出感慨："印度人所描绘的最平凡的事情之一就是生殖，正如希腊人把爱神奉作最古的神一样。生殖这种神圣的活动在许多描绘的形象里是很感性的，男女生殖器是看作最神圣的东西。"①他甚至说："这些描绘简直要搅乱我们的羞耻感，因为其中不顾羞耻的情况达到了极端，肉感的泛滥也达到难以置信的程度。"②

必须提及的是，尽管古代印度人对于艳情的表达大胆率直，但是它不低下，也不媚俗，艳而不淫，露而不秽。对艳情的诉求持有一种严肃认真的态度，是一种深层心理的真实体验。他们重视爱欲，贪恋情乐，认为人只有充分享受了人间的男欢女爱，才能真正获得解脱。因此，印度文化中纵欲和禁欲相辅相成，缺一不可，和谐相生。其文化内涵即表现出灵与肉的统一、情与欲的和谐、精神与感官的融合。印度古代作家正是在作品的题材选择、描写重点、结构安排、语言运用和精神灌输等方面，以艳情的方式将"性"传达到受众的接受界面，达到引领时尚的目的。

印度文化在自己的传统中长期保持着对本能的原始思维，而且以其为基础形成艺术思维的混成特征。对自然万物的生命力和生殖力的崇拜是艺术作品的重要表现内容，它反映出古代印度人民对旺盛生命力的向往与对永恒生命的追求，体现了强烈的生殖意识和生命意识。这些本质已经渗透到印度各种宗教、文学典籍、艺术作品的缝隙之中，成为它们赖以生存的、不可或缺的精神内涵。因此，印度文学作品中不加隐晦地描写男欢女爱的内容，甚至像《欲经》中那样淋漓尽致地大书特书性爱之术，其实这都可以理解为古代印度人民直面现实生活对生命活力和强盛生殖力直接而大胆的礼赞。

迦梨陀娑在抒情诗《云使》中不仅对女性身体中的脐、乳、股、臀等敏感部位都进行了大胆刻画，以表达对丈夫的示爱，而且通过象征性、形象性的意象，即"云雨"的细致描绘，表现了对性爱的渴望。印度人对雨有很深

---

① ［德］黑格尔：《美学》第2卷，载《朱光潜全集》第14卷，安徽教育出版社1990年版，第47页。
② ［德］黑格尔：《美学》第2卷，载《朱光潜全集》第14卷，安徽教育出版社1990年版，第54页。

的情感。由于印度独特的自然条件和地理条件，雨季的到来不仅可以使饱受酷暑之苦的古代印度人民"苦尽甘来"，而且可以使生活在印度河与恒河流域的人民拥有灌溉之源。如此，自然界万物才可以生长、繁殖，吃喝不愁，人畜两旺。另外，"云雨"从原型意义上来分析，可视为人类初民时期神话思维中的一种具有跨越异质文化而普遍存在的意象。其文化心理同构的基础是以天为父、以地为母的阴阳两极神话构思，云和雨只不过是天父地母交会时的产物而已。先有云，后有雨，先虚后实，先表后里。"雨"作为天父的精液的隐喻已为众多的神话学家所论及，而在重视以男女生殖器形状来表现生殖崇拜和自然崇拜的印度文化中，"莲花"以及花的苞蕾等因其外形与女性生殖器相似而被视为象征物。因此，雨落于花蕾便可以使人产生男女交合的联想，表现了印度人描摹两性情爱时的又一种模式。这在《欲经》中也不鲜见。

《欲经》以极其客观的笔调描了写社会上层有钱有闲的男女沉溺于诗情画意、音乐舞蹈等高雅艺术中的自在生活。他们尽情享受最富于激情、尽善尽美的性爱，并将这种持续的热情转化为艺术欣赏的品味和美学追求的情趣。于是《欲经》中的生理之"欲"和艺术审美的"艳情味"终于结缘，并成为时尚。

三、《欲经》之"欲"与宗教信仰

宗教通常强调人的心灵和精神之向往，而对人的肉体，尤其是对性欲的享乐基本上是持否定态度的。但是内涵丰富的印度宗教文化基本上分成两股潮流，一个是苦行主义，另一个是纵欲主义，犹如一枚硬币的两面。两者彼此消长，难分难解，殊途同归，都是通过对性欲的修炼得到解脱。印度的密教源于极其远古的信仰和仪式，主要从对印度河、恒河文明时的丰产女神崇拜发展而来，与女性崇拜及其性爱有关。最初密教既不属于佛教范畴，也不属于印度教信仰，而是潜藏于印度古老宗教文化中的一股暗流。原始密教信仰极其质朴达观，为生存和生育而崇拜大地的丰产和女性生殖力，并将其形象化为女神，即母亲女神。继后这种崇拜的自然属性即生殖意义逐渐消失，社会属性则增强变异出对女性性力的崇拜。而其中遗留下来的对女人本能属性的高度迷恋即形成强烈而深刻的女性性力崇拜。原始佛教原本对这些仪式和女性信仰不以为然，在继后的发展中，由于冥思玄想的修行方式不断深化，密教中女性性力崇拜的思想和修炼方式被佛教吸收，于是就开始形成佛教的密宗。而密教中的女性性力崇拜思想与印度教神学思想相结合以后，就产生了印度教的湿婆教派及性力教派。这些宗教信仰的共同点就是都很关注女性和性爱。

佛教的密宗将男女的交合欢喜作为象征，想达到极乐状态的境界。印度教的性力教派，将追求男欢女爱化为梵我合一的境地。这两种教派都将人们日常生活中的两性之爱升华到精神信仰的层次。男女双方不仅从性爱中获得肉体的满足，而且具有了崇高的宗教修为意义，以便从中得到解脱。但是密教则更进一步，它将性爱衍变成宗教仪式，还原为日常生活中的性爱体验，尽情享受尘世间的快乐，要在"此生"中得到永恒。于是在这几种教派中，男女性爱都被视为某种现世人生游戏，只是因其游戏规则不同到达来世的结果不同，或者升往天堂，或者落入地狱。

《欲经》中虽然大量谈论了性爱享乐的主题，但它毕竟反映了女性在性爱活动中的主动行为和愉悦心情。它从艳情与快感的角度将女性从纯粹动物性功能中解放出来，使之成为性爱活动的主体，尤为难能可贵。值的提出的是，《欲经》作为古代印度性爱的经典，在对古代印度社会各种有关性欲和性爱的风俗习惯和观点进行集大成式的描摹和分析时，几乎难以发现有来自佛教密宗、印度教性力派及密教的性爱方式，即是说《欲经》中的性爱描写与宗教信仰中的修身方式不可同日而语。

印度教有显、密两乘之分。在密教中盛行着轮座，对性力女神"五M"［即"五摩"：酒（Madya）、肉（Mamsa）、鱼（Matsya）、谷物（Mudra）、性爱（Maithuna）］。它们在梵语中都以字母 M 开头，是密教左道派宗教仪式中必不可少的五种东西］的祭仪等。[1]性力派是"从湿婆派分化出来的一个独立教派，以崇拜性力女神为其特点。对女神的崇拜在印度民间信仰中早已有之，

---

① 黄心川主编：《世界十大宗教》，东方出版社 1988 年版，第 84 页。

印度教摄取民间信仰后，这种崇拜更加突出"①。

恩格斯在《家庭、私有制和国家的起源》的第一版序言中指出："根据唯物主义观点，历史中的决定性因素，归根结底是直接生活的生产和再生产。但是，生产本身又有两种。一方面是生活资料即食物、衣服、住房以及为此所必需的工具的生产；另一方面是人自身的生产，即种的繁衍。"②恩格斯所说的这两种生产，正如告子所说："食色性也。""性"即本能，人的本能很多，只有"食""色"的本能最强。亦即古人云："饮食男女。"初民时期的人类出于本能重点关注两件事，一个是"食"（饮食），这是为了个体的生存；另一个是"色"（男女），这是为了个体的延续。两者缺一不可、互为依存。

原始人类的生殖崇拜出于本能和繁衍的目的，成为一种普遍的甚至是遍及世界各地的历史文化现象。运用多种文化表现手法描摹、再现男女结合的情景，进行、实施生殖崇拜，这也是世界范围内原始人类的一种共同思维方式和普遍的祭祀仪式。这一现象曾引起各国学者的普遍关注和研究。但是，由于东方各国的历史发展较早，在这种想象中普遍表现出成熟儿童期的特征，所以，远古时期人类生殖崇拜的精神文化活动和性心理构成，又表现出与西方国家的诸多不同。正如黑格尔对这一现象进行分析总结时所说："在讨论象征型艺术时我们早已提到，东方所强调和崇敬的往往是自然界的普遍的生命力，不是思想意识的精神性和威力而是生殖方面的创造力。特别是在印度，这种宗教崇拜是普遍的，它也影响到弗里基亚和叙利亚，表现为巨大的生殖女神的像，后来连希腊人也接受了这种概念。更具体地说，对自然界普遍的生殖力的看法是用雌雄生殖器的形状来表现和崇拜的。这种崇拜主要地在印度得到发展，据希罗多德的记载（《历史》，卷二，48）它对埃及也不陌生。"③任何人在研究梵语文学和印度古代文化的过程中，都不难发现上文论述中提及的古代印度对生殖崇拜异乎寻常的关注与热衷。至今他们的热情都没有丝

---

① 黄心川主编：《世界十大宗教》，东方出版社 1988 年版，第 90—91 页。
② 《马克思恩格斯选集》第 4 卷，人民出版社 2012 年版，第 13 页。
③ ［德］黑格尔：《美学》第 3 卷上册，载《朱光潜全集》第 15 卷，安徽教育出版社 1992 年版，第 37 页。

毫的减弱。

在古代印度河文明出土的雕像和印章上，以及古代印度的绘画雕塑中，包括古代印度一些建筑物的造型上，都会发现那些表现男女结合情景的塑像栩栩如生而又堂而皇之地供奉在神殿中。展示男欢女爱的浮雕活灵活现地镶嵌在庄严神圣庙宇的外墙上。古代印度人对此早已习以为常，人们普遍感到的是强烈的生殖崇拜气氛和宗教艺术品的感染力。以至黑格尔难以理解地认为："在这些神谱里主要的范畴都是生殖，但是其他民族的神谱都不像印度的那样放荡恣肆，在塑造形象方面那样随意任性，不顾体统。"① 英年早逝的东方学者赵国华曾一针见血地指出："印度古代那许多关于生殖崇拜的文字记载与形象实证，是以原始的率真、坦露、质朴的风貌告诉后人，在古代人类的心目中，生殖活动是一件十分神圣、崇高、庄严的大事！在原始社会中，人类始则崇拜女性生殖器，注意其构造，寻找其象征物，继则崇拜男性生殖器，注意其构造，寻找其象征物，又进而运用文化手段给予写实式的再现和抽象化的表现，包括再现和表现男女结合的情景，恰恰是历史的必然。"②

初民时期的人类在不断探究人类生育繁衍秘密的过程中，出现了相应的生殖器崇拜。当时的先民认为生殖器可以孕育人的生产，最初认为女性自身自育自生，其次认为男性种子生育，最后认识到男女两性交合生育。在这一过程中相应地产生了女性生殖器崇拜、男性生殖器崇拜，最终形成对男女合体的崇拜。《欲经》中对于两性关系津津乐道的教诲、不厌其烦的细述，正是对男女交合时自然状态的一种客观说明。它具有了审美愉悦的感受性以及感官刺激的艳欲性。更重要的是，《欲经》中几乎将性爱与生殖完全分离，将追求性满足、性爱自由视为天经地义的事。因此，书中对女性的大书特书，具有女性崇拜的色彩，而其中并没有多少生殖崇拜的意义。

初民时期的人类从生殖崇拜到对性器的崇拜，后又发展为对性的崇拜。当性崇拜与生殖产生因果联系之后，人类开始有了主动认识性欲的意识。因

---

① ［德］黑格尔：《美学》第2卷，载《朱光潜全集》第14卷，安徽教育出版社1990年版，第55—56页。

② 赵国华：《生殖崇拜文化论》，中国社会科学出版社1990年版，第153页。

为它可以在享受性爱的同时，增加族群的繁盛。在这一过程中，初民时期的人类感觉性欲奇特，深不可测，对性交快感的不理解，对交媾后男根疲软的困惑，都使他们从性崇拜中派生出对性力的崇拜，尤其是对女性性力的崇拜。当性力崇拜一旦融入宗教，在秘而不宣的信仰气氛中，其神秘主义倾向就随着人类社会的不断进步，越来越被文明社会视为禁区了。

印度众多的雕塑，包括浮雕、雕像、雕刻等，都有赤裸裸地表现多种性爱的场面，几乎就是《欲经》的图解，充满了艳情味和煽情性。光天化日之下，肆无忌惮地展示人的隐私和性行为，表现了印度宗教信仰的超现实理解。性爱已不再是简单的生物意义上的行为，而是具有宗教信仰上的实践意义的行为。在这一过程中，行为人具有某种修炼者的意味，获得的诸多心理感受中总会有一种是与神接近似的神圣快乐，最终可以达到某种世俗解脱的冥想。而苦行禁欲主要是克制自我，以获取更多的内力，即使在性力派的两性交欢中，依然有隐忍自我激情的成分，作为与纵欲截然相反的心理取向，其最终的目的也是千方百计地贴近神，达到与梵的融合。

总之，宗教与性的关系是不能回避的问题。对于印度宗教而言，性行为是性崇拜的重要内容之一，他们不仅不排斥性，而且性在这些宗教里受到赞美和推崇。在不少神庙里具有很多表示性爱的雕像和绘画，但人们丝毫感觉不到淫荡和猥亵的气氛。爱神所褒扬的性永远笼罩在神圣的光环里。性成为爱神对苦难中的人们最无私的眷顾，是对人们美好生活的普遍祝福，是女性之神帮助人们繁衍后代，致使人们从思想和心理上都认识到这是一种神圣不息的职责与能力。

《欲经》之"欲"虽然重在写世俗性事，与宗教无甚关联，但是由于性爱不单单是个人的行为，作为文化的一种元素和组成部分，它必然与文化效应相通，并形成一种文化力。因此，在宗教的怀抱里找到某种归宿也是可以理解的。

印度古代绘画艺术的影响与接受

———————

　　中国和印度是国土毗邻的两大文明古国，相互之间影响与接受的联系"剪不断、理还乱"。两国学者的研究往往集中于宗教和文学以及交通等方面的关系，而对于艺术，尤其是绘画艺术于两国之间的相互关联则论及者少。由于中国文化总体上多为反映现实主义的性质，而印度文化多为表现理想主义的实质，所以在两国的文化关系中，中国多表现出注重物质交流的现象，而印度则多反映在精神交流的层面上。就绘画艺术而言，中国古代的壁画和佛经变文里都不乏"变相"类绘画才能的展现，而印度古代典籍的插图中也不难发现高超的绘画技艺。随着两国之间直接或间接的文化往来，古代印度通过佛教文化的传播对中国古代的绘画史产生过重大影响，而中国在中古时期也通过波斯和阿拉伯的中介，将纸和笔及工笔画的绘画技艺传到了印度，对印度细密画的发展产生了影响。本文主要通过古代印度佛教文化对中国绘画的影响，以及中国成熟的绘画艺术通过蒙古的统治对印度细密画产生的影响，这样一种异质文化间相互交流的事实来说明艺术发展具有多元素汇集的特点，以便通过印证中印两个文明古国文化之间存在着的更深层的互通性和兼容性，来说明文化传播途径的多元性和异质文化交流融合、相得益彰的可行性。

一、中国佛教壁画中的印度元素

　　论及此问题，不能不提及犍陀罗。它处于现今巴基斯坦北部和阿富汗东北部地区。公元前 327 年，因马其顿皇帝亚历山大率兵侵占此地，所以它深受古希腊文化的影响。之后约在公元前 3 世纪，印度阿育王时期的佛教也传入此地。公元前 2 世纪中叶，大月氏征服大夏，在 1 世纪建立了贵霜王朝，犍陀罗便处于贵霜王朝的中心区域。多年以来这里汇集了古希腊、罗马、波斯、印度等多种文化因素，最终逐渐形成了以佛教为主题、充满宗教氛围的犍陀罗艺术。

犍陀罗艺术的风格首先表现在佛像的雕塑上。佛陀的礼拜形式和礼拜对象从象征性的纪念物（窣堵坡即佛塔，还有菩提树等）转变为其正身形象。其次是佛像头部的画法。根据传统说法，每一个未来之佛即菩萨出生时都带有不寻常的标记，其中包括有头盖骨结节。如何在雕塑和绘画中表现这一点，人们遇到了困难。"最后，这一难题被用紧密卷曲的佛式头发这一约定俗成的权宜办法加以掩饰。桑奇（印度中部地区的佛教圣地）的一尊小塑像预示了这一约定俗成的做法，这一做法在犍陀罗变得普遍起来，然后被传往中国。"①最后是表现在佛教内容的壁画上。大量考古资料表明，随着佛教从中亚传入中国，犍陀罗艺术也被广泛接受和吸纳。但随着犍陀罗艺术在 5 世纪的衰微，这种艺术风格于 6 世纪开始逐渐从中国消失。代替它的是既广泛吸收印度笈多王朝风格，又富有中国民族特色的新颖的艺术形式和表现手法。七八世纪以后，唐朝强势的文化向西推进，具有中原传统的绘画和雕塑艺术与犍陀罗艺术在新疆地区互相碰撞、交融、吸收。8 世纪末，吐蕃占领南疆以后，犍陀罗艺术风格才在这一地区渐趋消失。

新疆地区的古代绘画，现已查明的主要有米兰绘画、于阗画派、库车绘画、吐鲁番绘画等。它们是中外艺术史家主要的研究对象。不少学者充分肯定了印度、伊朗和汉文化在此地绘画艺术上的综合性影响，并指出这一地区绘画中存在的多元主义因素。国外有些评论家将其评论为"折衷主义"风格。但无论做怎样的价值判断，以佛教文化为表现形式的印度影响存在于该地区都是不争的事实。意大利著名东方艺术史家马里奥·布萨格里曾就中亚地区，主要是新疆地区绘画艺术的本质特征进行深入研究后，深刻地指出："植根于佛教艺术的肖像画法变化甚少，随着时代和地方的变化，印度影响总保持其

---

① ［英］G.T. 加勒特主编：《印度的遗产》，陶笑虹译，上海人民出版社 2005 年版，第 82 页。

主要成分。不过，通过研究它和它曾影响过的种种风格和艺术中心的关系，我们可以对它有一个较为圆满的鉴赏。因为此种影响的实质变化太大，这依赖于其源头：印度西北部的半古典或者半伊朗流派。正是仅仅在笈多艺术的繁荣时期，印度影响变成了一种影响深远的同质力量，虽然在当时就提出这样的问题：作为一个整体，笈多艺术有其自己真正的统一风格吗？也许又正是有着独立潮流的印度最北部各艺术中心，在笈多帝国互相关联的绘画艺术和中亚本土之间充当着媒介体。"①

上述情况最有代表性的例证是 20 世纪初在新疆若羌出土的米兰壁画。壁画存于早已干涸的罗布泊以南的米兰古城遗址，在 4 世纪前鄯善佛寺遗存的两座圆形小砖塔的内壁上。壁画的题材是佛教的，其中释迦牟尼和 6 弟子像及须大拏太子本生画像保存得较为完好，从中可以看到犍陀罗艺术的深刻影响。另有 7 幅 "有翼天使" 画，画面中长有双翼的青少年男子据研究考证是佛教中的乾闼婆。② 在印度文化传统中，乾闼婆身上没有翅膀，米兰的 "有翼天使" 显然是受到古希腊罗马艺术中的天使或爱神（Eros）的影响构思而成的。其他地区壁画中出现的身披飘带、表现飞动之美的男女飞天形象，正是从 "有翼天使" 演化而来的。这种演化既遵循了印度佛教信仰的原来意象，又与中国道教的羽人形象及《山海经》中羽人形象的启发有关联。马里奥·布萨格里认为："可以肯定，中亚绘画发展接下来的阶段主要依赖于那些米兰已得以发展的独特的古典影响，以及虽然不很引人注目但却决不可忽视的花拉子模艺术中的这些成分。""正是由于在这种喜爱古典艺术成分的主导下，中亚绘画作为整体，才在印度宗教艺术中占有一席之地。许多印度技术手册几乎通篇都是关于壁画的，并且对实际制作给予了有效的指导，这决不是偶然的。"③

印度不仅将关于如何创制壁画的程式和技巧记在写本上，还将透视法和

---

① 许建英、何汉民编译：《中亚佛教艺术》，新疆美术摄影出版社 1992 年版，第 42—43 页。

② 乾闼婆是梵文 Gandharva 的音译，意为香神，也是音乐之神。

③ 许建英、何汉民编译：《中亚佛教艺术》，新疆美术摄影出版社 1992 年版，第 35—36 页。

颜色使用法也运用到壁画的创制程序上，目的是在洞窟寺庙的有限范围内用光和色的对比，产生一种空间感和神圣感。例如，在环绕佛祖头部的晕圈上，通常会借用色彩对比的方法使其脸部形象更加鲜明突出。这些佛教肖像画上不断出现光环、晕圈和从肩上升起的火焰。这些色彩和图案的象征性标志从贵霜王朝的绘画中衍变而来。"这些肖像特征构成了风格和创作的基础，这种风格和结构在犍陀罗艺术中随处可见，其目的是展现光的价值。使用光是为了在洞窟作成拱状的金色的或者五彩色的佛祖画像周围发光，或者借助于反光的表面发光，以强调周围人物的立体状的色状。"① 这种光和色的美学在印度传统绘画中是有悠久历史的。

在印度古典梵文时期，宫廷内外的国王和普通人的主要消遣方式除了观看舞台上经常表演的舞蹈和演出的戏剧之外，就是欣赏绘画和音乐。这种社会需求渐渐形成了一个由画家、作家、诗人、音乐家、舞蹈家等创作者和表演者形成的艺术工作者群体。当时的跋娑（约公元 2—3 世纪）不仅是著名的戏剧家，而且是一位颇有才能的画家，他非常熟悉《毗湿奴法上往世书》及其《火经》中提到的绘画"六肢"，即六项基本法则。因为他在自己的剧作《信使之言》中曾提及可以在《毗湿奴法上往世书》的《火经》中找到绘画法则的证据。剧中有难敌王为了免去向到宫廷来的克里希纳神这位贵客表示尊敬的客套，索性佯装陶醉于在画布上绘画的情节。当时流行的审美情味是各种各样的，不同的人对同一幅画可能有不同的审美反应。印度美学评论家帕德玛·苏蒂博士曾深刻指出："根据这篇著名的画论，大师欣赏的是作画的过程，批评家欣赏的是其方法，女性欣赏的是其装饰，而普通人欣赏的则是其色彩。但它应能满足审美趣味的条件。我们发现，抓住难敌王想象力的绘画之第一属性是色彩的组合。这一点一直是印度绘画史上贯穿始终的一个显著特征，它遵循了《毗湿奴法上往世书》派的思想，并且没有背叛难敌王对绘画与用色的雅趣。"② 由此可见色彩的组合这一重要的印度绘画传统，不仅是普

---

① 许建英、何汉民编译：《中亚佛教艺术》，新疆美术摄影出版社 1992 年版，第 38 页。
② ［印］帕德玛·苏蒂：《印度美学理论》，欧建平译，中国人民大学出版社 1992 年版，第 85 页。

通印度人欣赏绘画的重点，表现在中国新疆地区的壁画上，也可见其传统元素力量的存在和顽强的生命力。印度人生活在热带地区，即使是北部地区也草木繁茂，他们对于颜色的感受力极强，现今不论穿衣人的富贵贫贱，其衣服的颜色也都是五彩缤纷的。而他们信仰的各种神都在大自然深山密林中的净修之地，越光亮越好，尤其是洞窟里的壁画更要有光线才可以表现神的神圣。因此这种对于光和色组合的追求即成为印度文化中绘画艺术审美的重要组成部分，久而久之形成传统并得以产生影响。

由此可知，中国古代新疆地区关于佛教题材的壁画中，不仅其内容上有诸多的印度文化元素，而且绘画风格上也有不少印度传统的影响。其中虽然不乏波斯即现今伊朗文化的元素和风格，但其主流还是印度的。当然一段时期的绘画风格必然有一个兴衰变化过程，当强势的汉文化在吸收了外来因素的影响之后，必然会在绘画风格的流变中反映主体文化的性质。但是外来因素的影响作为对本土绘画的一种冲击，其历史作用和意义也是任何美术史家都难以忽视的。尤其是印度传统文化因素在中国古代佛教壁画中的顽强表现，更是达到了让人不能视而不见的程度。

二、印度细密画中的中国元素

既然中国古代新疆地区佛教壁画中的印度影响是经过中亚地区，尤其是犍陀罗时期的艺术播扬而来，那么要在印度细密画中发现中国文化的元素，必然也离不开中亚阿拉伯地区这一中介。阿拉伯地处欧洲、亚洲和非洲的联结部位，这一优越的地理位置决定了它在中古文化交流中至关重要的作用。其中，正是由于它的媒介作用，中国古代先进的科学技艺才得以传播到西方。

公元751年，在中国和阿拉伯之间发生的著名的"怛罗斯之战"（江布尔城地区）中，阿拉伯人曾俘虏了一些擅长造纸的唐朝士兵，是他们把造纸的技术传入了阿拉伯。此后，阿拉伯各地不仅出现了大量的造纸作坊，而且还有了以抄书为生的书坊。12世纪以后，造纸术经由西班牙、意大利、法兰西等地传遍欧洲。14世纪以后，造纸术才经由波斯传到印度。在中国唐代就兴起的雕版印刷术，由新疆先后传入当时阿拉伯帝国所统辖的波斯和埃及。元代雕版印刷的纸币，也因此而流传甚广。印刷术传入欧洲以后，1440年欧洲开始出现了最早的雕版印刷书籍。此外，中国发明的指南针也于12世纪末13世纪初开始传入阿拉伯地区。1180年指南针从阿拉伯开始传到欧洲。中国唐代发明了火药，后来蒙古人在征战过程中将火药武器和制造技术带到阿拉伯地区，又经西班牙人传播，在欧洲得到普及。在中国先进科技西渐的这股大潮中，早些时候传入阿拉伯地区的丝绸和瓷器上的图案又和绘画产生了紧密联系。渐渐地，阿拉伯人不仅了解到中国人擅长绘画和雕塑，而且十分赞扬和欣赏中国匠人的绘画技艺。公元751年的"怛罗斯之战"后，在被俘的中国人中就不乏工于绘画的能工巧匠，他们将中国的绘画艺术传入阿拉伯世界。这种文化的多元性，在各个地区的国家和民族的交流及互动中，使流溢于文化各个层面的自主性，呈现出多样的艺术表达。

自公元7世纪中叶波斯萨珊王朝后期到15世纪末，逐渐伊斯兰化的波斯艺术家将他们渴求新知的目光转向包括中国在内的东方。几经吸纳改造，他们选择了自己喜爱的绘画成分，对已有的艺术进行了从内容到形式的充实和改造，并使这种新的艺术创作成为伊斯兰世界和阿拉伯帝国文化的一个重要组成部分，向包括印度在内的周边国家和地区进行传播。尤其是在1258年蒙古征服巴格达之后，包括绘画在内的各种艺术流派和创作方法相互融合的步伐加快，经过实践，开始形成传统的固定风格，并通过波斯绘画逐渐对周边国家和地区产生影响。在许多重要的城市，由于帝王功臣的喜爱，各种书籍都配有插图。其中的每一幅画几乎都显示出善于绘画的艺术家非凡的创作才能。到15世纪中叶，在中亚的一些城市，由于中国细致的绘画风格和技巧与波斯优雅唯美的创作格调自然地结合，所以艺术界普遍对中国绘画，尤其是工笔画和水墨画的艺术表现手法产生了越来越浓厚的兴趣。在这一时期，阿拉伯书籍中充满了色彩诱人的山水、花树图案，姿态优美的勇将功臣和各种俊男美女的绘画。它们将中国的工笔山水、工笔花鸟、工笔人物等画风，以波斯的艺术手法表现出来，成为阿拉伯艺术世界的一朵奇葩。

阿拔斯王朝（750—1258年）穆耳台绥姆哈里发（833—842年在位）于836年定都萨马腊时，曾从中国雇用了一批工匠和艺术家为该城进行装饰。萨马腊的壁画除受到古希腊、波斯和突厥艺术风格的影响以外，也受到了中国绘画艺术的影响。①当时阿拉伯著名的绘画流派是细密画,其中波斯细密画最有名,影响也最深广。伊朗文化学者叶奕良就曾论及:"例如在绘画方面,纵观现在伊朗保留着的历代美术作品,可以看出自蒙古族统治伊朗之后,伊朗的绘画艺术受到中国工笔画和水墨画的影响是很为明显的。有的绘画风格,甚至连具体花纹、云纹等构思及形状,都是极为相似的。有的则是巧妙地把中伊两国各自艺术风格揉到同一幅作品中去。例如有一幅描述伊朗脍炙人口的民间故事'霍斯罗与希玲'的画面上,周围环境景色构思及笔调均是中国明代画派的笔调,但画中的两个人物却是穿着伊朗服饰的霍斯罗与希玲,他们的脸庞又是中国型的。同样的情况还可以从其他伊朗的工笔画和细密画里看到。"②

其时,中国传于魏晋而成熟于唐代的工笔人物画、盛于唐而明代有发展的工笔山水画,以及唐代已有而宋代大盛的工笔花鸟画,都非常突出抽象性。尤其到了宋代不仅形成传统,而且建构了创作原则。从北宋早期到中期,院体画写实细密;北宋后期至南宋,文人画成熟,抽象概括渐成主流画风。在此期间,艺术家逐渐摸索到山石、树木、人物简约平淡的造型规律,并经元人进一步提炼、抽象,对后世产生了深远的影响。③这种成熟的工笔画画风和传统,但凡蒙古大军所到之处无不生根、开花、结果。

1206年成吉思汗统一蒙古各部落,建立大蒙古国。在稳定了国内的各种不安定因素之后,成吉思汗于1218年亲率大军进行了第一次西征。1227年他死后,其子孙们继续于1235年至1244年进行第二次西征,1253年至1260年进行了第三次西征。在此期间,为适应战争和统治的需要,蒙古人大量修筑交通道路,建立驿站制度,客观上促进了欧亚大陆上广泛的人员交流和民族融合。在蒙古军队征服的喜马拉雅山以北的大地上,从山海关到布达佩斯,从广州到巴士拉,商旅络绎不绝,移民相望于途。成千上万的蒙古族人和汉

① [伊]哈立德·迦底尔:《伊拉克美术简介》,纳忠译,人民美术出版社1962年版,第18—19页。
② 周一良主编:《中外文化交流史》,河南人民出版社1987年版,第259页。
③ 沈亚丹:《宋代艺术中的理性精神》,《中国社会科学报》2012年11月21日。

族人包括军人、商人、工匠从中国迁至波斯、阿拉伯乃至欧洲，也有大批的西方人包括被俘的人员、从事贸易的商人和宗教人士来到中国。

1258 年蒙古人攻占巴格达，推翻了阿拉伯帝国阿拔斯王朝以后，建立了伊利汗国（又名伊儿汗国，1258—1355 年），建都伊朗北部的大不里士城。其版图以伊朗为中心，包括现今土耳其、伊拉克、阿塞拜疆、亚美尼亚和格鲁吉亚等地。伊利汗时期，波斯画家开始模仿中国的水墨画，风格酷似中国画。波斯人自接触中国绘画以后，突破宗教限制开始画动植物。荷、蒲、芦苇和牡丹等植物和飞雁、龙、凤等动物开始入画。当时所画的动物与花卉，已在努力克服以往绘画的呆滞之风，虽仍然趋于工整，但已追求逼真生动、栩栩如生的风格。正如法国学者雷纳·格鲁塞所指出的："蒙古人几乎将亚洲全部联合起来，开辟了洲际的通路，便利了中国和波斯的接触，以及基督教和远东的接触。中国的绘画和波斯的绘画彼此相识并交流。""从蒙古人的传播文化一点说，差不多和罗马人传播文化一样有益。对于世界的贡献，只有好望角的发现和美洲的发现，才能够在这一点上与之比拟。"①

正是由于波斯的中介作用，中国工笔画的元素才有可能浸润到印度的细密画之中。早在公元 1 世纪前，绘画就已被印度用于宗教经典书籍的插图，一般左面是文字，右面是图画。这些最早的"书本"，由经过多方处理的脆薄的贝多罗树叶组成。通常是横幅，高 60 厘米左右，用细绳穿在两片扁平的木板中，厚度 5 厘米左右。②现存的作品出现在 11 世纪孟加拉地区的波罗佛教抄本和西印度耆那教的抄本中。在仅存的数量极少的插画中，可以发现其线条和色彩都很精致，人物酷似中古晚期的印度波罗式雕刻。画风有因袭传统风格的意蕴，仍表现出概念化、抽象化的倾向。继后的艺术史将这种风格比较独特的艺术创作称为细密画（Miniature）。印度细密画这种早期职业画工的画和中国最早出现的职业画家的画基本上是一致的。二者都偏重于视觉效果，追求一种直觉的粗犷美，线条简约，大刀阔斧，具有视觉冲击力和原创性。印度细密画虽未追求"诗是无形画，画是有形诗"的中国式意境，却和中国

---

① ［法］雷纳·格鲁塞：《蒙古帝国史》，商务印书馆 1989 年版，第 278 页。
② 这种装订方法通过贝叶经传到中国，被称"梵夹装"。

画一样，都有寓文于画、诗画同源的意趣，只是这种意趣更多地表现出宗教成分而已。

13世纪，由于王朝更迭，战乱频繁，许多画师迁徙到富庶的耆那教居住地，即印度西部的古遮罗（Gujarat），于是细密画逐渐在此地流行起来。14世纪最初十年的后半期，中国的纸经过波斯传到印度。西印度绘画从用贝多罗叶转变为用纸大约是在15世纪开始的一段时间。直至16世纪20年代莫卧儿人（蒙兀儿人）的到来才使印度细密画的风格发生了变化。新的征服者胡马雍（Humayun）在被流放到波斯的15年里，爱上了波斯细密画，因此于1555年返回印度后开始执政的第二年，他便招募了阿卜杜斯·萨玛德（Abdus Samad）和米尔·萨伊德·阿里（Mir Sayyid Ali）两位著名的波斯细密画家。此后他们便成了莫卧儿王朝初期最有成就，也是最伟大的细密画大师。

胡马雍的后继者阿克巴（Akbar）、贾汗季（Jahanjir）和沙·贾汗（Shah Jahan）不仅是他王位的继承人，也是一脉相传的三代艺术家，他们都热心支持艺术创作活动。因此，细密画犹如雨后春笋般地得到了长足的发展。华裔美国学者高木森指出："在波斯风格的影响下，蒙兀儿王朝（Mughal Dynasty）的细密画，与传统的印度教和耆那教绘画已有不同的表现。虽然色彩同样丰富华丽，但新的细密画有了真实的空间与写实的细节。波斯艺术的蓬勃发展也影响到德干高原、拉贾斯坦（Rajasthan）和旁遮普山区（Punjab Hills）等地的细密画，这些地区开拓出很多不同风格的细密画流派。"[1]其中主要有德干细密画派、拉杰普细密画派、吉香格尔细密画派和伯哈里细密画派等。印度的这些细密画用笔细腻精致，人物表情生动，真实叙事般的描绘，鲜艳典雅的色彩，极富想象力的构图，都有学习中国工笔画后的波斯绘画艺术的传统风格。

莫卧儿王朝时期的细密画绘制复杂，色彩层次变化微妙，并装饰着极细微的嵌线。美国印度艺术家罗伊·C.克雷文曾著文说："根据对未完成的绘画的研究重现了莫卧儿艺术家的工作程序。库赫奈尔（Kuhnel）写道：'在仔细

---

[1] ［美］高木森：《亚洲艺术》，潘耀昌、章利国、陈平译，台湾东大图书公司2004年版，第261—262页。

磨的纸上用红墨水勾草图，在作必要的修改之后用黑色重新勾一遍。然后在纸上涂盖薄薄的一层白色颜料。在这个表面上用树胶水彩颜色画出实在的细密画。最后在必要的地方着金色，把完成的细密画再次磨光。'"①可见这种细密画从画工画变为宫廷画，又回到民间画坛所经历的漫长岁月和画工的多种雕饰磨砺。印度此时的细密画已具有了类似中国文人画的性质，因为它们不仅为了能"抒胸中之臆气"，更重要的是格外讲求绘画的技巧与旨趣，而此时又用中国传来的纸取代了贝多罗树叶即贝叶，画者就更能用笔表达丰富的笔墨情趣了。这时文人画家在图书的绘画里运用可视的空间去表达文学作品的文学性，即将作品的文学性经过形象思维具象化，于是使绘画有了叙事的功能，从而使图画书有了美轮美奂的审美效果。这种有插图的书本终于成为印度人喜闻乐见的阅读书籍。

中国和印度两大文明古国在绘画领域的相互影响与接受，不仅表现了文化势能推动下的绘画艺术之间的相互交流，同时也说明两大文明古国深厚的文化艺术底蕴和海涵般的文化包容性。正是在不断地吸纳迥异于己的其他文化艺术营养的基础上，才形成了中印两国古代绘画艺术的繁荣。文学艺术交流正是各自民族或国家文化发展的永动机。文学艺术和科学正如其他美好的事物一样，同属于整个世界，正是处在不同时空的族群秉承其各异的传统而进行交流时，文学艺术和科学才能持续进步和发展。"民族的也是世界的，世界的也是民族的"，这是一句真理。从发生学的角度来理解，没有纯粹的民族或国家的文学艺术和文化，只有在相互交融后形成的各异的艺术奇葩，才是最具生命力的人类文化瑰宝。

---

① ［美］罗伊·C.克雷文：《印度艺术简史》，王镛、方广羊、陈聿东译，中国人民大学出版社 2004 年版，第 187 页。

印度卡塔卡利舞的叙事诉求

研究印度戏剧时必须注意到一个非常重要的历史事实，即早在古代纪元前后产生《舞论》（Nātyasāstra）时，舞蹈与戏剧就是两个相互依存的成分。因此，当时的演员必须既是舞蹈表演家，又是戏剧表演家。卡塔卡利就兼具了舞蹈表演与戏剧表演这两种重要的成分，而成为印度舞剧的一种重要形式。

印度古典舞有 6 大派系：较古老的婆罗多舞（Bharatanatyam）、卡塔克舞（Kathāk）、曼尼普利舞（Manipuri）、卡塔卡利舞（Kathākali）以及 20 世纪50 年代发展成熟起来的库契普迪舞（Kuchipudi）和奥迪西舞（Odissi）。卡塔卡利舞是印度古典舞 6 大派系中最古老的舞蹈派别，是曾盛行于印度南端西海岸马拉雅拉姆语地区喀拉拉邦的一种古典舞剧。"卡塔"意为故事，"卡利"意为表演，主要表现两大史诗和往事书的神话故事。它沿袭了具有 2000 多年历史的印度古代梵剧的主要形式和风格，是现在唯一运用古代梵文演唱的剧种。卡塔卡利舞融乐、歌、舞、演、白（手语）五事为一体，有脸谱、化装、韵白、手语等表演手段，以及严谨的程式，因此，又可称之为印度式戏曲。

一、卡塔卡利舞的叙事传统

卡塔卡利舞具有舞剧的双重身份，从叙事的角度分析，作为印度古典舞的一个派系，其雏形期难脱宗教信仰的干系。作为深刻体现印度文化表征的卡塔卡利舞，是古代印度人信仰的一部分，其神髓所在即是以"诸神"的名义起舞。这是其根性所在，也是其表现形式成熟的标志。广义上的舞蹈表现的是自然界和人类社会的一切律动状态，狭义的舞蹈则是人体动态创造的有某种意义的活动，其本质都与信仰有关。从印度古典舞表现古印度人生命存活方式的角度分析，卡塔卡利舞是一种为神献身的舞蹈。从发生学的角度分析，卡塔卡利舞中也有很多的祭祀成分。喀拉拉邦人古代就有视蟒蛇为家神的传统，他们为了取悦蛇神，使自己能与蛇神沟通，就跳起蛇舞以示敬意。从这种祭祀仪式出现到宗教产生以后，无论是佛教，还是印度其他多神教，在各种宗教仪式上也要为神敬献舞蹈。其主要内容是人们依据自己的现实生活想象出来的神的故事。这种舞蹈在一些寺庙里通过仪式戏剧的形式保存下来。"在喀拉拉寺庙庭院中，这种结合了对白的舞蹈将神话传说栩栩如生演来。"① 于是，舞蹈从原始时期的一种虔诚肃穆的仪式过程，逐渐发展变化为现代一种生命对存活的阐释，一种生活与艺术合一的升华。由此可见，是信仰的力量使卡塔卡利舞世代相传，并逐渐形成某些固定的表演程式。从卡塔卡利舞的现代表演模式和它的艺术结构来分析，得出上述结论是符合实际的。

据《南亚戏剧的舞蹈与音乐》记载，古代印度喀拉拉邦继承了当地多种族丰富的文化艺术遗产，形成了高度发达的舞剧形式，如克里斯纳塔姆、库提亚塔姆、罗摩纳塔姆和卡塔卡利等。② 卡塔卡利舞广泛吸收沿袭了喀拉拉邦上述各种古代梵剧的主要形式和风格，使自己发展成为一种艺术传统明显的成熟舞剧。例如，克里斯纳塔姆中的舞蹈演员第一次从演唱文本的重负下解脱出来，就代之以讲述歌手（伶工，reciter-singer）的任务。这是舞剧在继续发展过程中的重要一步。这一变化不仅为演员表演舞蹈所需要，而且进一步扩大了表演范围，演化出象征性的手势。卡塔卡利不仅对此进行更大程度的开掘，而且由一个讲述歌手或一队讲述歌手来朗诵、演唱和歌咏戏剧文本。在表演者和戏剧文本之间营造出更大的空间，为表演者艺术的发挥和表演形式的演化，提供了更大的可能性，而歌手也有了更多的机会，在更大的时空里叙述所需要表现的内容。

舞蹈和戏剧作为印度最古老的艺术，一般都拥有三大要素，即"尼里塔"（nritta）、"尼里提亚"（nrittya）和"那提亚"（nattya）。卡塔卡利舞也不例外。"尼

---

① 毛小雨：《印度艺术》，江西美术出版社 2003 年版，第 191 页。

② Suresh Awashi，"Traditional Dance-Drama in India：An Overview"，in *Dance and Music in South and Asian Drama*，The Japan Foundation，1983，p.68.

里塔"指的是纯舞蹈或抽象舞蹈，即人体动作不表现任何感情或主题、故事、情节的舞蹈。"尼里提亚"指的是戏剧性舞蹈和艺术性舞蹈，它注重主题、故事和情节的重要性。"那提亚"意为戏剧表演，包括纯舞蹈和戏剧性舞蹈，具有戏剧性成分，表现手段是说话或唱歌。[①]卡塔卡利舞不仅兼具古典舞的这三大要素，更重要的是它是一种表现性舞蹈，叙事性很强，关注的是传达某个思想和题材的内容，因此，"卡塔卡利舞给人的感觉是乡土气息浓，古朴开朗；故事性强，载歌载舞，有着舞剧的特点"[②]。"叙事性很强""故事性强"的印度古典舞剧卡塔卡利"还从诸如 chakiar、kuthu 和 ottamthullal 中借用了几种简单的故事讲述和朗诵形式。朗诵固守的标准是充分发展的形式和表演本质上是讲述文本的戏剧化形式。并且它的表演结构非常接近于讲述故事的叙述结构"[③]。

二、卡塔卡利舞的叙事内容

现存的卡塔卡利舞实际上是用舞蹈表演故事的一种哑剧，保留剧目有 500 余种之多，其内容和印度传统戏剧内容有直接联系。印度古典戏剧发端于天神和恶魔间的冲突，其基本主题是善与恶的力量对抗。这种主题决定了剧情设计与表演结构。表演结构的模式化又将剧情发展分为几个明显的阶段：第一阶段是冲突；第二阶段是挑战和遭遇；第三阶段是战斗；第四阶段也是最后阶段，则表现善战胜恶。表演往往结束于仪式性的杀戮和死亡，从而歌颂了基本主题。卡塔卡利舞的许多剧本中，第三阶段即战斗一幕最有戏剧性。其带有舞蹈特征的高超的武打动作主要是受到卡塔卡利舞起源中的尚武艺术卡拉利（kalarī）的影响而产生。

卡塔卡利舞的剧目内容，主要取材于印度《往世书》（梵文 Purāna 的意

---

①　欧建平：《世界艺术史·舞蹈卷》，东方出版社 2003 年版，第 152—153 页。

② 杨学祥：《印度文化神秘之谜》，解放军文艺出版社 1994 年版，第 59 页。

③ Suresh Awashi, "Traditional Dance-Drama in India: An Overview", in *Dance and Music in South and Asian Drama*, The Japan Foundation, 1983, p.68.

译，又称《古事记》）中丰富的神话传说，以及古老的两大史诗《摩诃婆罗多》和《罗摩衍那》。此外，还有取材于佛本生经中的故事等，当然也有剧作家创作的剧目。往世书是古代印度历史、传说、神话、故事的汇编，是梵语文学中以往世书命名的一批神话传说作品的总称。吟诵这些作品是印度各种祭祀仪式的重要组成部分。因此，往世书与卡塔卡利舞在祭祀仪式上结下了不解之缘，共同成为这种舞剧的叙述成分之一。现存的往世书很多，统称18部大往世书（Mahāpurāna）和18部小往世书（Upapurāna）。18部大往世书包括《梵天往世书》（Brahmapurāna）、《莲花往世书》（Padmapurāna）、《毗湿奴往世书》（Visnupurāna）、《湿婆往世书》（Sivapurāna）［一说《风神往世书》（Vāyupurāna）］、《薄伽梵往世书》（Bhāgavatapurāna）、《那罗陀往世书》（Nāradapurāna）、《摩根德耶往世书》（Mārkandeyapurāna）、《火神往世书》（Agnipurāna）、《未来往世书》（Bhavinyapurāna）、《梵转往世书》（Brahmavaivartapurāna）、《林伽往世书》（Limgapurāna）、《野猪往世书》（Varāhapurāna）、《室建陀往世书》（Skandapurāna）、《侏儒往世书》（Vāmanapurāna）、《龟往世书》（Kūrmapurāna）、《鱼往世书》（Matsuapurāna）、《大鹏往世书》（Garudapurāna）和《梵卵往世书》（Brahmāndapurāna）。小往世书实际上不止18部，究竟哪18部往世书是正式的小往世书，则各家说法不一。尽管往世书在成书过程中形成许多互相歧异或矛盾、重复的现象等，但其中的叙事成分和叙事传统是很明显的。因为它在民间文学的基础上充分发挥了口耳相传者或传抄整理者的叙述天才和想象力，对往世书进行了程度不同的加工和角度不同的变位叙述，从而使之成为以叙述神话传说为主要内容的百科全书性质的作品。

印度两大史诗和往世书这两类作品在古代虽然经常混为一谈、混同一体，但区别依然很明显。前者指有关英雄的史诗和历史传说，后者指神话传说，前者比后者有更强的可信度。在古代印度，吟诵两大史诗也是各种祭祀仪式中的重要内容。当它后来发展为伴以音乐和人体姿势的表演时，便趋于戏剧化了。史诗《摩诃婆罗多》中就曾记载了大英雄阿周那在隐居时向士兵传授过舞蹈的故事，可见舞蹈在古代印度生活中的巨大作用。依据两大史诗创作的剧目是如此之多，以至于两大史诗强烈的叙事性和伶工文学的色彩对形成卡塔卡利舞剧的叙事传统产生了极其重要的影响。当以宗教祭祀为主要组成部分的卡塔卡利舞表演叙事性极强的两大史诗的内容时，就完成了舞蹈向戏剧（戏曲）的过渡，并将这种叙事性遗传下来，形成它自己的叙事传统。

佛本生经的故事也是具有强烈叙事性的文学题材，在南亚次大陆和东南亚始终是艺术家取之不尽、用之不竭的创作源泉。当它丰富的叙事内容成为卡塔卡利舞所要表现的题材和主题以后，佛本生经故事那种娓娓道来的叙事性就像润物无声的细雨一样，将其中的叙事性渗透到卡塔卡利舞之中。

总之，从卡塔卡利舞的取材来分析，主要有三方面的内容，即神话传说、历史故事、宗教故事。其所要表达的主题思想是善恶斗争，在描写善终究要战胜恶时，善的一方要历经种种磨难，但一定会战胜恶，具有劝善说教，善恶有报的性质。这种团圆之趣使卡塔卡利舞既不是西方传统中的悲剧，也不同于它们的喜剧，颇有西方称之为"正剧"即悲喜剧的色彩。而感染观众的则主要是其中的故事性叙述，往往会给人一种耳目一新的感觉。一旦这种叙事性形成传统，卡塔卡利舞的审美定势也就完成了，人们只要按照传统的故事性去欣赏它，叙事传统也就完成了自己的历史使命。

三、身体叙事的特征

印度古典舞蹈犹如印度哲学，主要展现人与生命、自然等多种现象之间的互动关系。卡塔卡利舞则和许多印度古典舞蹈形式一样，在人际关系上，它反映了人与人的互动；在精神层面上，它则表现出人与众生的关系。卡塔卡利舞的观赏者要善于从舞者的手指尖上看出要表达的语言，要从舞者凝眸微笑的动作里发现某些信息。这种肢体的表现力具备了语言叙事功能，成为卡塔卡利舞的重要特征。

肢体叙事指的是在卡塔卡利舞中肢体语言具备的叙事功能。从本质上分析，肢体语言意味着一种表意性的动作。这种语言一旦形成审美定势，舞者不使用声音即能以象征性的手势和动作，准确完好、活灵活现并且令人心服口服地向观众传达出各种名词、动词、形容词和介词的词义。凡是天上地下的各种神灵、人物的各类思想、感情、举止、动作，几乎可以无所不包、无所不能地被表现出来。肢体叙事使卡塔卡利舞的演员从口头语言的控制中解脱出来，不仅使舞剧的表演有了最充分的自由，而且使舞者与观众情感的交流有了更为广阔的空间。即舞者可利用躯干与四肢的动作去表现与观众的沟通，而观众也可以根据自己的审美理解，去悟出肢体语言的叙事内容。

肢体叙事在卡塔卡利舞中表现最充分的就是手势语。一个象征性手势的完整系统已经演变为利用视觉图像来讲述文本。这些手势形成表演语言的字母，舞者依照《舞论》形成的舞蹈语汇传统，用特定的身段、手势、脚步，尽情地表现不同人物的心态和周围的环境、事物，充分表达各种各样的思想、观点、行为和情感。

卡塔卡利舞的手势语独具特色，是高度程式化的艺术手段。在舞剧表演中，它相当于人物的科白，因此剧中人无须科白。与印度其他运用手势语言表演的舞蹈不同，它不仅将手势语掺和在舞蹈中，而且以手势组合成多种手势语，并将其大量运用于舞剧的表演中，因此可称之为戏剧手势语。卡塔卡利舞与其他舞系共同拥有 24 个单手势。这 24 个单手势可以参差组合，与面部表情、眼、眉、舞姿、步伐搭配后，可形成语言中的 10 大词类的手势语，据说可以表达 800 多种意思，已经充分具备了叙述事情和情节的叙事意义。卡塔卡利舞的戏剧手势语不仅在印度古典舞中首屈一指，在印度戏剧中也占有重要的地位。

卡塔卡利舞的肢体叙事靠的是手势语之类的肢体语言。这种语言不是字面意义上的，而是理解性的，代表了某种意义。但是肢体语言并不具备复制话语的功能和作用。纵观整个语言领域，肢体语言的解释包含多种隐含之处和差别之处，超出通常交往的语汇界限。演员的肢体语言延伸了交流层面上的话语意义，拓宽了情感表达的范围。表情，比如美丽的眼神或一种爱意，不仅能够激发演员用肢体表现的欲望，而且能令观众心旷神怡。卡塔卡利舞通过肢体语言进行的叙述，展现了"此时无声胜有声"的艺术境界，成为印度古典舞中最激动人心之处，也是其艺术魅力所在。

四、舞蹈的叙事功能

印度古典舞中的舞蹈表演，以及古典梵剧中那种融舞蹈、戏剧表演、诗歌、歌唱于一体的载歌载舞特征，使得舞蹈表演具有某种超凡的灵性。卡塔卡利舞中的戏剧性舞蹈或艺术性舞蹈，就其本质而言是一种表现性舞蹈。它要通过运用面部表情去表现各种复杂的情感，要通过使用印度舞蹈传统中常见的手势和身体其他部位的动作去传达某种思想。舞蹈者要通过训练有素的舞蹈表演，去创造或表现在特定情境中的种种情调和感情，努力使之在观众心里激起所需要的特定反应。而舞蹈表演炉火纯青的程度就表现在舞者能够内心毫不动情，却能仅仅依靠貌似痛苦的动作表情去赢得观众的泪水。如果说肢体语言的目的在于达意，那么舞蹈表演的目的则在于传情。这是一种刻意追求的艺术形式，它有明确的程式化、提炼化和规范化的特点，是一种超越生活，为满足观众需求，努力达到高、精、尖层次的表演艺术。

卡塔卡利舞作为一种舞剧，其表演很注重手、眼、身、步的程式化。从10岁左右开始，经过十几年的严格训练，一名真正的卡塔卡利舞演员才能出师。其训练之严格、刻苦，技艺之高难、精致可想而知。演员除练习武功，还要训练眼、眉、嘴、脸颊、颈项等部位，以使它们能够活动自如。练就变化多端的面部表情，既细腻入微，又夸张变形。被强化的表现效果，能灵活表达复杂的情感与心理。其中眼睛的作用最大，它要大而有神、流转灵动、美目盼兮、神采奕奕。眼睛的动作大约有36种，眉毛的动作有7种，颈部动作有9种。一个演技高超的卡塔卡利舞表演艺术家甚至可以用半边脸表现憎恶和愤怒，用另半边脸表示高兴和欢乐。其难度远远超过印度古典舞的其他派系。它是塑造人物形象，揭示人物内心世界最准确、最富感染力的叙述手段。这些用面部技艺表达复杂感情的艺术追求被称为"拉斯"（rasa），即"味"。拉斯被认为是永恒不变的，是通过知识、情绪、感觉的集中表现才能达到的一种境界。它是一种特殊的心理和情绪上的自然享受，可以解释为情绪或心情。著名印度学者黄宝生认为："味是指戏剧艺术的感情效应，即观众在观剧时体验到的审美快感。"[①] 卡塔卡利舞中的10大情节可以归纳为9种拉斯，即"斯林格"（Sringara，艳情）、"阿斯雅"（Hasya，滑稽）、"加鲁纳"

---

① 黄宝生：《印度古典诗学》，北京大学出版社1993年版，第48页。

（Karuna，悲悯）、"拉乌德拉"（Raudra，暴戾）、"维拉"（Vira，英勇）、"比巴塔沙"（Bibhatsa，厌恶）、"巴亚纳卡"（Bhayanaka，恐怖）、"阿德布塔"（Adbhuta，奇异）、"珊塔"（Shanta，平静）。各种拉斯基本上已形成固定的表演程式。它们一般都与手势和脚步配合而成。其中，"比巴塔沙"和"巴亚纳卡"最适于通过舞台表演来呈现。演员借助面部表情、语言、声调及手和身体的动作，可以使观众准确无误地理解。这些拉斯独特的表现形式叙述了演员所要表达的全部感情和心理，具有符号特性的指示意义。

卡塔卡利舞配有优美的音乐性和巧妙的戏剧性相辅相成的舞蹈动作设计。它有被称为"卡拉撒姆"（Kalāsam）的纯粹的舞蹈单元，为的是强调那些重在描述性和表现性的舞蹈。卡拉撒姆适用于各类型的角色、各种情感和情境。作为一个结构设计良好的舞蹈动作单元，它们扩大了卡塔卡利舞结构的范围，丰富了舞蹈表演类型。卡塔卡利舞的舞蹈动作设计结构虽然是独立的，却紧扣舞剧的文本说明，并充分考虑到文本叙事的需要。它以一个纯粹的表演型的舞蹈单元打破说明型舞蹈，无疑为表演注入了戏剧性，使舞剧在表演节奏上取得了平衡。

卡塔卡利舞在长期形成的过程中，在广泛地吸收各种古典舞姿的基础上，也形成了自己的特色。舞蹈演员动作舒缓，在舞台上要展现为一种基本的姿势，它决定了舞蹈动作是否处于自然状态。演员基本的体位要呈直角的姿势，它构成了舞蹈设计赖以展现演员舞姿的基础。就像所有的舞蹈都属于空间艺术一样，卡塔卡利舞中的舞者在展现一系列动作之后常常回归到这一基本姿势。直角的姿势使舞者的足部能牢牢踏在地面上，膝盖弯曲并且双手侧平举，与胸部齐平，形成一个直角，强调生自大地之力。表演时，演员时常要穿着宽大的裙子并戴着厚重的头饰，呈现出庄重的形象。其他舞蹈动作，如演员背部的曲直变化、膝部的开合弯曲、手势的丰富多彩和面部表情的变化莫测，都是这种充满激情的古典舞在表演时留给观众的最深刻印象。

卡塔卡利舞有极富传统特色的化装、多彩绚丽的服饰和硕大奇异的头饰。一次精心设计的化装，包括面部类似面具的浓墨重彩、象征性的颜色和复杂细腻的设计过程。卡塔卡利舞擅长运用图案化和固化的面部化装。它主要用线条勾勒色块涂抹所组成的色彩斑斓的图案脸谱，并以其代表同一类人物的性格特征，好或者坏，给人以程式化的审美感觉。正面人物全脸墨绿，额间施黄，眼轮涂墨加以夸张，唇为樱红。这种谱式一般用于国王、英雄或天神。如果一出戏中有两个以上正面人物，则从帽形和服饰上加以区别。反面人物鼻子两侧和额皆涂红色，脸上涂些绿色，鼻端与印堂处粘有两个白色小球。这一谱式表现性格歹毒的坏人或妖魔。还有一种坏人脸谱需挂红胡须，脸上涂黑与白色，唇上也涂黑，鼻端印堂也要粘上象征坏人的白色小球。白胡子通常用在正面人物身上，如婆罗门长者及深山狩猎者。旦角一般由青年男子扮演，直到现代才有女子扮演的旦角。正面人物拍粉施朱，反面人物通常用褐褚作底色，脸颊处用红色勾勒两弯新月。眼形用黑色扩长，这是代表女妖的脸谱。[①]卡塔卡利舞的脸谱以其类型化的特点，而具有了符号性和指示意义，当观众见到这种具有规定性的脸谱后，能即刻会意，并会认同它的审美意义。而此时脸谱无疑表示了叙述学意义上的叙述性与可读性，随着剧情的发展，以脸谱代表的善和恶的人物充分展示了其更深层的叙事性。只有亲临演出现场的人，才能真正体会到卡塔卡利舞的所有叙事内涵。

　　卡塔卡利舞是仅存的可以与古典梵剧相联系的剧种，这种联系是多方面而且深刻的，堪称印度古典梵剧的"活化石"。它源于两大史诗和往世书的叙事范式，在生成过程中形成演员利用表演解释叙事文本的传统。无论是演员叙事、歌手叙事，还是肢体叙事、舞蹈叙事，凡是戏剧（自然包括卡塔卡利这样的舞剧）总是要叙事，因为"叙"和"事"的关系是戏剧性的基本因素。卡塔卡利舞充分利用肢体语言，并和舞蹈语言一起将二者完美地结合起来，使叙述学这种主要表现为一种形式研究的理论，在戏剧领域里产生了更多的回响，形成了更广阔的阐释空间。

---

① 于海燕：《东方舞苑花絮》，世界知识出版社 1985 年版，第 185 页。

印度文化与魏晋南北朝文学

———————

我于 20 世纪 80 年代初到西藏大学支教一年，担任政语系古代文学课的教师，当时的精神生活还十分贫乏，读书、备课成了我最大的乐趣，没有寂寞，没有烦恼，只有阅读写作的快感。由于地域的关系，很快印度这一文明古国，就进入我的学术视野。尤其是我在讲授古代文学史魏晋南北朝时期的文学作品和文艺理论时，更感觉到印度佛教文学对其巨大而又深远的影响。

一、魏晋南北朝时代

中国近代学者王国维在《宋元戏曲史》首页第一行中就写道："凡一代有一代之文学。"即中国文学史上每一代都有一种代表性的文学形式。我以为前秦的主要文学成就是"散文"，西汉的主要文学成就是"赋"，魏晋南北朝时的主要成就是"文学理论"，以此类推各朝代的文学主要成就依次是"唐诗""宋词""元曲""明清小说"。如果将中国文学史比作一个人，那么先秦的诸子散文就相当于双足，而汉代的赋就犹如人的双腿；魏晋南北朝的文学理论就相当于人的腰；唐诗、宋词、元曲就相当于人的躯干；明清小说则相当于人的脑袋。其中，魏晋南北朝的文学，即中国文学史之"腰"，是最重要的部分。

腰部在人的身体中，是极其重要的一个部位。它处于身体胯上与胁下的中间部分。很多汉语词语，如形容男性的"虎背熊腰""膀大腰粗"、形容女性的"蛮腰""蜂腰""杨柳细腰"等都是形容人身体的力和美。这表明中国人对腰的重要性认识是清楚的。男性的力量出自腰部，女性的魅力也出自腰部，这就是为什么历来文学作品中往往都会对人的腰部进行不厌其烦的描述。

就中国文学史而言，魏晋南北朝文学就是"腰"。它虽然在整部文学史上的成就并不是很突出，但是它承前启后，总结发扬，吸纳广博，继往开来，成为中国文学史上由上古文学至中古文学的过渡与桥梁。文学作品中由原来的表现仙道到表现人佛、由表现清议到表现风骨、由庄老告退到山水方滋，造就一派"文艺复兴"的新气象，中国文学史发展到魏晋南北朝时期之所以发生这种变化，内因固然很重要，如统治者和部分文人想恢复汉代形成的唯我独尊的儒学传统和九品中正制的门第观念，但是外因，即印度佛教文化的冲击和影响，也起到了重大的催生作用。它使美丽的"文学之腰"染上了一道颜色绮丽、朦胧飘逸的异域风采。

魏晋南北朝时期，中国周围有五个少数民族崛起，形成了历史上的"五胡十六国"。它们主要是东北的鲜卑族、北方的匈奴和羯族、西南的氐族和羌族。"五胡十六国"之前，印度佛教文化虽然已经传入，但是发展艰难，其思想还只是道家思想的附庸，影响很小。"五胡十六国"之后，佛教开始大规模地被宣传开来。因为这些民族大多与中亚各国有各种关系，其文化多以印度佛教文化为中心，尤其是西南的氐族和羌族，它们将西域的文化，其中主要是印度佛教文化大规模地输入。无论他们走到何处，必然夹带着自己信仰的宗教。例如后赵的石勒、石虎，尊崇佛图澄，建佛寺近九百处；后秦的姚兴尊崇鸠摩罗什，居之逍遥园，待以国师礼。佛图澄和鸠摩罗什，都是当时享誉南亚和中亚的佛教学者。另外，其他各国的佛学家也来到中国。据《洛阳伽蓝记》卷四《永明寺》条说："时佛法经象盛于洛阳，异国沙门，咸来辐辏……，百国沙门三千余人。"[1] 可见盛况空前。南北朝时期，北方在少数民族的统治之下，佛教盛极一时。南方自然也被席卷，从杜牧的诗句"南朝四百八十寺，多少楼台烟雨中"，就可想见当时以建业和庐山为重点的南方中心地域，其佛教文化艺术的繁盛景象。

印度文化对中国魏晋南北朝时期的文学影响最大的是佛教文学的翻译、介绍和唱诵。梁启超在《佛典之翻译》一文中，将这一盛事分为三个时期：

---

① ［北魏］杨衒之撰，周祖谟校释：《洛阳伽蓝记校释》，中华书局2013年版，第152页。

即东汉至西晋约 250 年、东晋至隋约 270 年、唐贞观至贞元约 160 年。而魏晋南北朝正处于前两个时期的中间部分即 360 多年。当时为了能大量地翻译佛典，便设立了规模越来越大的译场，以便多人合作，协同进行，使得讨论、修改、整理成为正常的译经程序。

二、印度佛教文学的影响

印度佛教文学翻译主要影响了中国文学的词语表达、文学叙事方式、文艺理论和诗歌创作。

首先，扩大了汉语词汇的内涵与外延，从而促进了语法和语音的变化。如"涅槃""浮屠""刹那""须弥""楞严""沙弥""波罗""般若""钵"等。有的是连缀汉语别赋新意的，如"真如""觉悟""无明""众生""因缘""圆通""世界""正宗""方便""烦恼""实际""知识"等。外来词语的增多，势必会影响到汉语语法、语调、语意和文体的表达。开始时，这些外来词元素和汉语格格不入，久而久之，会出现一种和谐美，如"所以者何""如是我闻"等句法。佛经的翻译也给予口语化一定的推动作用，《维摩诘经》中运用口语化文体表现人物对话。后来寺僧向听众说经也用口语，产生了新的文体——"变文"，即俗讲僧宣讲佛经时用的底本。"变文"对当时和后世文学作品影响很大。

在语音方面，中国创制"四声"和宣讲佛教有关。当时人们宣讲教义有三种方法，"转读"、"梵呗"和"唱导"。慧皎在《高僧传》中说："天竺方俗，凡是唱咏法言，皆称'呗'。至于此土，咏经则称为'转读'，歌赞则号为'梵音'。"即是说，"转唱"和"梵音"在印度皆被叫作"呗"，在中国则分为两部分。慧皎在《高僧传》卷十三《唱导论》中说："唱导者，盖以宣唱法理，开导众心也。"[1] 经师在"唱导"时，不仅要将道理宣唱明澈，而且声调要抑扬顿挫，引人入胜。为了将经书唱好，研究印度经师的唱法，因此需要将汉字的声调加以分析，结果创为四声之说。陈寅恪在《四声三问讲义》中

---

[1] 《周叔迦佛学论著全集》第 14 册，中华书局 2016 年版，第 1600 页。

说："中国文士依据及模拟当日转读佛经之声，分别定为平上去之三声，合入声共计之，适成四声。于是创为四声之说，并撰作声谱，借转读佛经之声调，应用于中国之美化文，四声乃盛行。"[1]在齐武帝永明年间（483—493年），周颙作《四声切韵》，沈约（441—513年）作《四声谱》，于是，四声正式确立了在中国文坛上的地位。它应用到诗文上去时，便创出"四声八病"之说，使韵律、平仄的讲求日益精细。

其次，文学叙事方式的变化。印度喜欢讲唱故事，它的文学情趣和文学体裁主要表现在文学叙事方面。印度佛经中有许多小寓言故事，即可视为小说的素材，因此，正如鲁迅早在《中国小说史略》中说："自晋迄隋，特多鬼神志怪之书。其书有出于文人者，有出于教徒者。"佛教徒用小说来进行说教的，如颜之推《冤魂志》等便是引经史以明报应的。再如王琰《冥祥记》、侯白《旌异记》、刘义庆《宣验记》《幽明录》等，散见于《法苑珠林》《太平广记》《太平御览》中，内容主要是宣扬因果报应、佛法灵验思想和神仙怪异思想。鲁迅曾总结这些文学现象说："魏晋以来，渐译释典，天竺故事亦流传世间，文人喜其颖异，于有意或无意中用之，遂蜕化为国有。如晋人荀氏作《灵鬼志》，亦记道人入笼子中事，尚云来自外国，至吴均记，乃为中国之书生。"[2]

印度文学这种常用诗文夹杂的体制，散韵结合的叙事方法，就影响形成了中国叙事文学的多样性与灵活性。印度文学中的散文不用骈俪，诗歌可以不押韵，散文和诗歌在文章里交错使用，因此，形成了佛经译文的意译特点。陈寅恪在论鸠摩罗什的译经艺术时说："盖罗什译经，或删去原文繁重，或不拘原文体制，或变易原文。兹以《喻鬘论》梵文原本，校其译文，均可证明。"[3]这里说的"不拘原文体制"即是指他把有的散文译成韵文，又将有的韵文译成散文。例如《喻鬘论》第一卷："彼诸沙弥等，寻以神通力，或作老人像……既至须臾顷，还复沙弥形。"这一段原文为散文，被罗什译作无韵的

---

① 转引自李嘉言：《韩愈复古运动的新探索》，《文学》1934年第2卷第6期。

② 鲁迅：《中国小说史略》，当代世界出版社2013年版，第30页。

③ 蓝吉富主编：《现代佛学大系》第53册，弥勒出版社1984年版，第230页。

五言古诗了。为了行文的方便，译者可以在必要时将说的变成唱的，或将唱的改为说的。译文灵活机动，被当时的一些叙事文学所尝试使用，以至形成唐宋以后的说唱文学。

再次，推动了文艺思潮和文艺理论的发展。印度佛经多为口耳相传，印度佛徒依靠背诵的方式说经和译经。有些佛典的原文在印度虽然失传，但是有的汉译本却将它保存下来，于是在中国产生了大量的学问僧。按当时的风气，凡是名士必然遍读儒、道、佛三家的书。在思想上要做到"脱俗""超世"，在行动上要有"疏放"的气派。就文艺思潮和文艺理论而言，魏晋南北朝受佛教文化影响的主要有《文心雕龙》的作者刘勰和《诗品》的作者钟嵘。《文心雕龙》和《诗品》是南朝文学批评划时代的著作，也是我要讲的中国文学之"腰"——魏晋南北朝"一代之文学"的主要代表。这两部开启了中国文学批评之始的如椽巨著，对中国这样一个缺乏文艺理论思维和文学现象总结的国度而言，其启迪意义格外重要。

刘勰，东莞莒人，年轻时依沙门僧佑，梁武帝时为南康王记室兼东宫舍人。《梁书》中有传记载，梁武帝萧衍以中国传统的"灵魂不灭"观点去理解和接受佛教，曾撰有《立神明成佛义论》，主张人死灵魂不死，神性也不断，所以"成佛之理皎然"。刘勰当朝为官，对此必是心知肚明。据考证，《文心雕龙》写作于齐末而成书于梁初。此书写成后，刘勰求见已成名的沈约，在路上等候沈约出行时，带了书稿求见于他的车前。沈约读后认为，其书深得文理，刘勰才有文名。其后刘勰出家改名慧地，以佛僧身份终老。他处于佛教鼎盛的南朝，又有终身的佛缘，在其伟辞之著《文心雕龙》里，涉及一些印度佛教文化的内容也属必然。如"意象"和"味"等，皆有印度文化的因素。更何况他写作时所处的现在山东日照浮来山一说是法显西行求取佛律归来登岸之处（另一说是崂山），这绝非巧合，必有因缘可说。宋齐以来，佛经转读的风气日盛，为了让单奇的汉语适合重复的梵音，就利用二字反切之学，使声音的辨析更趋于精密，于是造经呗之声为当时考文审音之大事，并反映到文学批评论著中。刘勰在《文心雕龙》里以文笔分类，即第六至第十五篇论述的是有韵之文，第十六至二十五篇则论述的是无韵之文。他在《情采》篇还论及："立文之道其理有三：一曰形文，五彩是也；二曰声文，五音是也；三曰情文，五性是也。"① 在《声律》篇里，他还特意进一步强调了声文，可见他对于声律重要性的认识，这是和当时士人学习"转读佛经之声"有相当重要的关联的。针对当时因为"转读佛经之声"形成的平上去入四声定韵，声调相同更觉调协的问题，刘勰提出"同声相应谓之韵"。针对音律"四声"之外的"八病"而言的问题，刘勰提出"异音相从为之和"。刘勰的"韵"指同调协调，"和"则指异音相从。

钟嵘，颍川长社人，为南康王侍郎。梁武帝时，官中军临川王行参军。衡阳王元简出守会稽，引为宁朔记室，专掌文翰。《梁书》有传记载，其代表作《诗品》成书晚于《文心雕龙》。《诗品》又称为《诗评》，成书的意义在于"评选"的态度和"品等"的标准。钟嵘虽不是僧人，但是由于受当时世风所染，在《诗品》中对由"中国文士依据及摹拟当时转读佛经之声"形成的四声之说，以及应用到诗文中的"四声八病"之说颇有自己的看法。"四声八病"之说对于中国诗文的格律化，确实起到了积极的规范作用，但另一方面，在追求音调铿锵、形式完美的基础上，却有忽略内容的倾向。因此，钟嵘在《诗品·序》中针对这种情况提出了不同意见。他说："……三贤咸贵公子孙，幼有文辩。于是士流景慕，务为精密，襞积细微，专相陵架。故使文多拘忌，伤其真美。"② 他认为不被管弦，何取声律，文多拘忌，转伤其美，这种观点在当时是有一定意义的。

此后这种由于印度佛教文化影响文学批评倾向的现象，不仅时有发生，有时还表现得格外明显，例如出现了佛禅之意，喻诗、论诗、衡诗的诗论之作。其中，司空图的《诗品》、严羽的《沧浪诗话》即是代表。他们或以佛禅意象解释诗意，如司空图论"雄浑"："荒荒油云，寥寥长风，超以象外，得其环中。"论"含蓄"："不著一字，尽得风流。"或以佛理喻诗理。如严羽《沧浪诗话·诗辩一》："夫学诗者以识为主，入门须正，立志须高。……久之自然悟入。虽学之不至，亦不失正路。此乃是从顶预上做来，谓之向上一路，

---

① 周振甫：《文心雕龙今译》，中华书局 2013 年版，第 287 页。
② ［南朝梁］钟嵘著，周振甫译注：《诗品译注》，江苏教育出版社 2006 年版，第 20 页。

谓之直截根源，谓之顿门，谓之单刀直入也。"[1] 文中"向上一路""顿门"等词语，就是取于佛教禅家语录。

三、魏晋南北朝诗歌对佛教文化的接受

最后谈谈魏晋南北朝诗歌创作所受印度佛教文化的影响。

自汉代译经始，就有不少含有"譬喻"的佛典传世，如《法句譬喻经》《阿育王譬喻经》《旧杂譬喻经》《杂譬喻经》《百喻经》等。这些喻经文学一经输入，即被文人所爱，并吸纳进自己的创作中。三国吴人康僧会《六度集经》第八十八有："犹如朝露，滴在草地上，日出则消，暂有不久，如是人命如朝露。"曹操的名诗《短歌行》中的警句："对酒当歌，人生几何，譬如朝露，去日苦多！"不仅和佛典中譬喻的句式用辞几近相同，更重要的是以早晨的露水比喻人生苦短，在表现佛家人生无常思想的同时，感叹自己壮志未酬，年华已逝，诗情感沛、悲凉。

曹操的第三子，有"建安三杰"赞誉的曹植，也有慨叹人生无常的佳句。《送应氏二首》"其二"中有诗云："清时难屡得，嘉会不可常。天地无终极，人命若朝露。"这首送别诗，以人命之不常，惜别离之情难遣，进一步引申天地无穷无尽，没有终极之时，而人的生命像早晨的霜露一样短暂。与曹操《短歌行》中的警句相比，同是感叹人生短暂、生命无常，但曹植诗多怀才不遇的感伤，而缺乏曹操诗中从微吟低唱到积极进取的高昂情绪。

西晋诗人左思出身寒微，不善交游，仕途多不得意。他写了《招隐》诗二首，以寻访隐士为名，抒写自己对隐居生活的羡慕之情。在玄言诗的遗风中，流露出"空""寂"的禅佛之趣。其第一首写道："杖策招隐士，荒途横古今。岩穴无结构，丘中有鸣琴。白云停阴冈，丹葩曜阳林。石泉漱琼瑶，纤鳞或浮沉。非必丝与竹，山水有清音。何事待啸歌，灌木自悲吟。秋菊兼

---

[1]　童庆炳主编：《文学理论新编》，北京师范大学出版社 2010 年版，第 75 页。

糇粮，幽兰间重襟。踟蹰足力烦，聊欲投吾簪。"①诗中的山水之美固然不乏诗人的想象，但居其间者有仙风道骨之态、飘飘欲仙之感，充满佛家那种恬淡无欲之情，而诗人欲图隐逸以求解脱的心理，大有佛家之风。尤其是"非必丝与竹，山水有清音"，因其具有象外之象、意外之意的禅音，而大受后人赞赏。

东晋以来，佛教在中国的传播火炽。诗人陶渊明生性爱自由，不慕荣利，归隐田园以后，常与佛教信徒周续之和刘遗民往来，人称"浔阳三隐"。可能是经其二人介绍，陶渊明还和当时居住在庐山东林寺的著名佛教法师慧远（334—416年）一度成为方外之交。其《饮酒二十首》尤其表现出佛家人生荣衰无定、见景悟道的禅宗思想。其中第五首最有代表性："结庐在人境，而无车马喧。问君何能尔，心远地自偏。采菊东篱下，悠然见南山。山气日夕佳，飞鸟相与还。此中有真意，欲辨已忘言。"此诗意境闲寂，超然物外，一派怡然自得的佛家风范。结句"此中有真意，欲辨已忘言"中的禅意显而易见，他从大自然中得到"诸行无常"的启发，进而领悟到人生的真谛，这些都是无须也无法用言语来表达的。此外，他的"人生似幻化，终当归空无"（《归园田居诗五首》之一）、"吾生梦幻间，何事绁尘羁"（《饮酒诗二十首》之一）等诗的内涵，可以说与佛家的空观、无常观都有联系。

《文心雕龙·明诗》篇云："宋初文咏，体有因革，庄老告退，而山水方滋。"晋宋之际，山水诗取代以玄想、清淡为基调的玄言诗而成为诗坛强音。此时佛教日盛，佛理入诗不为罕见。堪称中国诗史山水诗先驱的谢灵运自身即是佛教学者，不仅因参与改译《大般涅槃经》为南本而著称，而且精研佛理，撰写佛学专门文章《辩宗论》以阐述顿悟成佛论。这种耽心内典、热衷佛法的精神追求，必然会在他的山水诗中有所反映。在《过瞿溪山僧》《净土咏》等诗中，他就用了不少佛家词语，如"息心""净土""等观""三界""法藏""四十八""弘誓"等。他用这些由梵语译介过来的新词来表达自己不迷恋凡尘，皈依佛门，身后想跻身极乐世界的愿望。他将佛理有机地融于山水

---

① 林庚、冯沅君主编：《中国历代诗歌选》上编（一），人民文学出版社1964年版，第181页。

的佳篇是《石壁立招提精舍》："四城有顿踬，三世无极已。浮坎昧眼前，沉照贯终始。壮龄缓前期，颓年迫暮齿。挥霍梦幻顷，飘忽风电起。良缘迨未谢，时逝不可俟。敬拟灵鹫山，尚想祇洹轨。绝溜飞庭前，高林映窗里。禅室栖空观，讲宇析妙理。"①他在诗中感叹人生的空幻与虚无，认为人生一世，草木一秋，稍纵即逝，机不可失，时不再来，渴望那种"禅室栖空观，讲宇析妙理"的佛家生活。

他还在《游赤石进帆海》中写下了蕴含佛理的山水诗句："溟涨无端倪，虚舟有超越。"溟海波浪滔天，浩渺无涯，而虚舟独能超越，是佛性使然。这里的海实为意境中之海，而非现实中的海，含有苦海舟渡的佛理。因诗人精通佛理，所以色空两相无碍，虚舟即有了可超越苦海之功。谢灵运一生都在儒释之间徘徊，对尘世的执着与对出世的向往，始终左右着他的精神之舟，最后他还是未能参透佛理，因获罪被杀。直至在《临终诗》里，他仍然表达了自己对佛教的执着："恨我君子志，不获岩上泯。送心正觉前，斯痛久已忍。唯愿乘来生，怨亲同心朕。"临终前，他仍以自己未能置身佛门为憾，想"送心正觉"，但为时已晚，不是今生可挽回，只好寄希望于来世，好了此夙愿。谢灵运的其他诗，如《石壁精舍还湖中作》《登石室饭僧》《入彭蠡湖口》等，其中都不乏佛理。文艺评论家敏泽指出："谢灵运的许多诗……不仅宣扬佛理，甚至不少典故都出自佛经，特别是《维摩诘经》。"②

佛理入诗也见于佛门诗风之盛。既然佛门禅林有诗僧，那么诗坛上必有僧诗。此风起于魏晋，盛于唐宋，至清不绝如缕。其诗或单独表现佛理，或将佛理化于描写自然的情境中，不是尘缘未了，而是乐于此道，标榜清高得意。如东晋支遁，南齐惠林、道猷、宝月，梁朝智藏，陈朝惠标等，皆有此类佳作问世。

初时诗僧中较有影响者当推支遁。他字道林，俗姓关，陈留（今河南开封市南）人，自幼读经、事佛，25岁出家后和诗人谢安、王羲之等名士交游甚密，以好谈玄理闻名当世，著有《即色游玄论》《释即色本无义》等，创般

---

① 黄节注：《谢康乐诗注》，中华书局 2008 年版，第 97 页。
② 敏泽：《中国美学思想史》第 1 卷，齐鲁书社 1987 年版，第 485 页。

若学即色义，主张"即色本空"思想。其诗传世18首，其中《咏怀》五首最有代表性。节选其一云："中有寻化士，外身解世网。抱朴镇有心，挥玄拂无想。"其一云："近非域中客，远非世外臣。淡泊为无德，孤哉自有邻。"仅从这两首节选的诗中，即可看出作者高僧名士合二为一的心态。诗中既有对自然景物青山绿水的独特体会，又描写了山林中修行的淡泊情怀。这是集名士的隐逸之风与名僧的空寂之欲为一体的艺术结晶。支遁上承玄言诗之余绪，下启山水诗之先风，功不可没。

魏晋南北朝文学作为中国文学之"腰"，在印度佛教文化的浸染之下，不仅形成了可与其他历史时期"一代之文学"比美的特质，而且由于对印度异域文化的融摄，而表现出了迥异于其他历史时期文学的美学品格。这是中国社会第一次在西学东渐情况下的转型，也是中国文学第一次自觉的文化选择和认同，对以后的中印文化交流起到了开启先声的作用。

关于中国佛学的几点思考

中国佛学源于印度不言而喻。但是国内外学者对印度佛学入华的具体过程的研究还有待深入。陈寅恪在《中国哲学史》审查报告中有句名言："其言论愈有条理统系,则去古人学说之真相愈远。"意在告诫人们对学术史的研究要有新意。近年来随着学术界对学术史研究的反思,对福柯提出的"知识考古学"现象也愈加重视。在对印度佛学入华过程中以往被忽略的材料和问题的考察中,从"知识考古"的研究视角更注重差异性、断裂性等碎片化问题,以及与普通士人、百姓信仰等问题的"发现",会表现出一些新意。"知识考古学"具有后现代主义特征,有某种局限性,但是就对佛学入华问题的研究而言还不失为一种有意义的探索。因为印度佛学在输入华夏的过程中,不仅有大量经典文献需要精选、阐释,还要关注般若与玄学、儒释道三教的关系,以及佛教礼仪、修行方式等诸多方面。其中不乏印度佛学如何与中华文化相融合,如何浸润到中国人民的生活中去,最终形成具有特色的中华佛教等根本问题。

一、印度佛教传入中土

印度佛教自公元前 6 世纪至前 5 世纪产生。公元前 4 世纪至前 3 世纪,印度统一的原始佛教开始分裂为上座部和大众部等部派佛教。公元 1 世纪前后,大乘佛教兴起后将部派佛教贬称为"小乘",以后又相继衍生出"密乘"等。公元八九世纪以后,由于伊斯兰教传入印度,原来发展就不是十分顺利的佛教,开始受到致命的打击,甚至濒临灭绝。今天人们在印度次大陆能看到的佛教圣迹的遗存,大多都是废墟。

印度佛教各派陆路传入中国主要有两条途径：一条是由印度北部经尼泊尔，翻过喜马拉雅山的樟木口岸和亚东口岸进入西藏，与当地苯教相结合，形成藏传佛教，并传播到云南、四川、甘肃、青海、内蒙古等地。

另一条是经由中亚犍陀罗，沿喀布尔河，过开伯尔山口翻兴都库什山，越帕米尔高原，到西域进入中原，经历了漫长的历史时期。它曾用吐火罗、焉耆、回鹘、且末等"胡语"传播。所以早期的汉译佛经多由"胡语""胡文"讲出。东汉桓帝元嘉元年（151年），安息人（古波斯、伊朗人）安清（安世高）"改胡为汉"，译出第一部有文字可考的汉译佛典《明度五十校计经》。月支国人支娄迦谶（简称支谶）是晚于安清20年左右的翻译佛经的僧人。他通晓汉话，善于传译胡文，但是译文偏重直译，所以"谶所译者，词质多胡音"。继后的道安（312—385年）虽为汉人，但因不通外语，唯恐失真，严格直译，屡称"译胡为秦"，有"五失本""三不易"的直译见解。此后在与印度交往增加的情况下，才有大量的梵文、巴利文的佛经被译成汉语。

印度佛教传入中土之后继续发展，使得禅教杂以神仙方术，般若依附黄老信仰。它们提倡清虚，贵尚无为，好生恶杀，省欲去奢，并不断修正自己的内容。当其融入了中国儒家文化的忠孝、纲常等元素，以适应中国社会的现实时，最终形成了中国佛教。它在唐代达到了发展的高峰。佛教著作和佛理观念越来越被广大中国人所接受，儒、释、道三教由此并称。

印度佛教早期在中国传播时，多奉域外僧人为权威，佛典也以翻译的经典为主要依据。直至东汉末年受教于安清的汉族僧人严佛调出现以后，这种状况才逐渐得到改善。魏晋南北朝以后，中国学者创立了"佛教经学"，以注释的方式解读汉译佛教经典的大意；用汉儒解经的方式，阐释弘扬佛教的思想，促使佛理的推广。教义的播扬，已不再从佛教经典的词句中找寻依据，而是阐述其中的"微言大义"，有的甚至可以发挥。这使得中国佛教的创造性得到了充分的发展。所以隋唐以来，中国佛教的宗派，如天台、华严、三论诸宗都已是中国文化的产物，而与印度佛教的原旨相去甚远了。

随着印度佛教的传入，"空"作为外来符码进入中土。印度佛教范畴的"空"指事物的虚幻不实，是一种般若智慧的运思。它的生发与成熟，不断将"空"与存在者关联起来，假而不实，谓之空，表现为一种度化的智慧。"空"

先天地"敞开"，带有实践成分。在东晋僧人慧远（334—416年）之前，中土佛学由于受到魏晋玄学的影响，将重心放在诸法性空上。这种玄学化的般若学，使得中土佛教文化之"空"成为一种生命存在的境遇。这是它吸纳、整合了印度佛教范畴的"空"以后，催生出的一种生命美学之"空"，具有了中华艺术审美的意义。至两汉的本土文化之"空"就具有了证实形而上之道的虚、无作用。当时人直面和思考死亡时，就虚拟出人对于"空"的想象，使之为融汇印度佛教之"空"准备了孕育之体。当魏晋士人渴望对生命意蕴的表达时，"空"犹如种子被植入中土而生根发芽。至唐代，"空"已成为僧俗两界文人表现生命境遇时的诗性审美特征。如王维的《鸟鸣涧》："人闲桂花落，夜静春山空"；常建的《题破山寺后禅院》："山光悦鸟性，潭影空人心。万籁此俱寂，但余钟磬声"；又如唐时香严智闲禅师："偶抛瓦砾，击竹作声，忽然有悟"（《五灯会元》卷九），由"竹空"悟出"心空"。这正是《廿四诗品》（司空图：《诗品》）所谓"不著一字，尽得风流"的禅机所在。

印度佛教主流即禅宗之学，多指小乘、大乘、密乘及其所融摄的各宗各派的多种禅法、禅理。在小乘佛教中，禅宗修行被称为"心学"、"意学"或"密学"。印度佛教禅法被译介到中土后，禅宗通常简称为"禅"，即"禅悟"，并出现了"禅学"一词。《般若经》云："禅学谓开悟。"（《释氏要览》卷中引）《续僧传·僧稠传》云："自葱岭以东，禅学之最。"此禅学，即指禅定之修习及修禅者。汉土中唐禅宗隆盛后，佛门中以"禅学"专称禅宗之学者渐多。近代以来的学界则通常以"禅学"为佛教禅定之学的通称，自然也包括禅宗之学在内。如胡适的《禅学古史考》、忽滑谷快天的《达磨以前中土之禅学》、汤用彤的《汉魏两晋南北朝佛教史》、吕澂的《中国佛学流略讲》、任继愈主编的《中国佛教史》等名著中，都将"禅学"认定为广义的禅定之学。从印度的禅定到中国的禅学即广义的禅定之学，都堪称东方古代智慧的结晶。西方学者将其誉为"东方文明的精粹"。

印度佛教创始者释迦牟尼在菩提迦耶成道后，初转法轮，说法传教，自己也常坐禅入定。从禅学角度分析，佛经多定中所说，听众也往往在定中听讲，不少属随机说法、禅定教授的记录。释迦牟尼说法入定40余年后，于拘尸那迦城外婆罗树林中"入灭"（逝世）。学界一般将释迦牟尼在世及他灭度后所创的佛教称为"原始佛教"。释迦牟尼当时说法，仅为口耳相传，文字记录有限，40余年间对不同根基的弟子所授之法有所不同，前后所讲也未必一致，这是情理中事。因此，在他灭度110余年时，外部由于佛教传播地区渐广，交通不便，传承有误；内部由于佛教信徒民族各异、见解难统一，戒律有分歧，原始佛教开始分裂为部派。最初是分为上座、大众两派，继后400年间，两大派之间又陆续分裂为20多个部派。这一阶段的佛教，被学界称为"部派佛教"。从学界公认的佛教经典分析，考察其宗旨和教义体系，中国佛教界将其归入小乘佛教体系。

印度大乘佛教在公元1世纪左右开始形成。学界通过经典文字考证，以及对佛教史料的多方面研究，一般认为大乘佛教是从部派佛教中大众部发展而来。佛灭后，小乘派慢慢发展壮大，大乘派则潜行于山野民间，在公元1世纪左右时机成熟，通过"大乘运动"而盛行于世。大乘派在性质上具有佛教宗教改革的意义。从部派佛教结集的经典分析，大乘思想可溯源于原始佛教时期。如《杂阿含》《增一阿含》《根本说一切有部律》等，其中都有关于大乘派元素的记载。即使是小乘所传《佛本生经》中，也不乏以释迦牟尼前世修道的故事宣扬大乘的思想。

印度佛教中除小乘、大乘与禅学有关外，密乘禅学也不可忽视。它是大乘晚期兴起的一种新的佛教派别。它建立于大乘佛教基础上，可视之为大乘的余脉与发展。密乘兴起于7世纪中期，是一种更适应印度民俗，满足人们即身解脱信仰需求的"安乐易行之道"。唐玄宗时期，善无畏（637—735年）、金刚智（671—741年）及其弟子不空（705—774年），于开元年间前来传授密乘。因受到玄宗、肃宗、代宗三朝钦重，密乘盛极一时，但终因有悖于中国传统的伦理观念而逐渐衰微。密乘和大乘一样，也以上求佛道，下度众生为宗旨，而且进一步追求"即身成佛"。印度大乘佛教向密乘转化的原因主要有三点。首先，从客观上分析，自笈多王朝以来，婆罗门教以印度教的新面孔从民间复兴，挑战佛教的地位。佛教只好迎合民间信仰的一些简易传统，吸收婆罗门教持诵真言的瑜伽术，形成具有印度教色彩的佛教密乘。其次，从主观上分析，佛教主要靠国王、富豪供养，在大寺院里生存，其理论日益艰深并经院化，已不能满足普通印度人的信仰需求。事实是脱离人民信仰的宗教生存空间会越来越小，只能改革。最后，就佛教本质而言，其兴起于沙门思潮，初始就具有反婆罗门教传统的倾向，不易得到维护种姓制度的统治者的长期庇护与利用。统治者自身修行成佛时也觉得时间久远艰难，成佛可望而不可即。这种结果自然使得佛教难以得到贵族和平民的长期崇奉。

印度佛教从小乘、大乘到密乘，发展到 10 世纪时，已成强弩之末。10 世纪后半期，伊斯兰教将领喀布尔率军东侵旁遮普，先后征伐 17 次之多。穆斯林军队所到之处，焚寺屠僧，逼迫佛教徒改信伊斯兰教。即使是会 "降伏" 密法的佛教徒也终究不能抵挡住穆斯林的剑与火。直至 11 世纪末，密乘最后的根据地超戒寺也被伊斯兰教徒攻陷。那些密乘高僧或逃亡到西藏地区和尼泊尔；或改信伊斯兰教、印度教。密乘和其他佛教宗派，于 12 世纪末在其故土印度基本销声匿迹了。

二、中印佛教异同辨析

佛教作为一种宗教意识态，已有 2500 年以上的历史了，并将长期存在。作为世界三大宗教之一，佛教迄今仍有世界性的影响。中印佛教作为一种信仰思潮，将不会再出现像古代那样的繁盛局面，尽管它曾在印度大行其道，后又一度将这种局面移植到中国。原因在于时代不同，远离城镇的寺院不再是社会的文化和经济中心。佛教的修行方式，长年远离尘嚣，兀坐岩窟禅堂，冥思苦想，再也不会成为学者和人才拟将自己全部生命和精神用以创造精神文化的唯一途径。但是对于佛教的研究，必将随着文化的发展、方法的多样而越来越深入，并将达到前辈学者难以企及的程度。

印度佛教是在人类社会进入封建社会以后成为世界性宗教的，只有封建社会为佛教提供了丰饶的土壤，因为封建帝国思想的统治需要迎合自己的上层建筑。就宗教具体个案而言，佛教正是顺应了中印这两个东方国家封建社会统治发展的需要，才成为人们追求精神信仰的一种保障。不同点在于产生于印度的佛教因封建统治者的护持、利用而盛，也因失宠于统治者的保护、供养而衰。反之，印度佛教传入中国后的境遇却要好得多。它在慢慢得到中国封建统治者的默许之后，在社会众多信徒的供养之下，无数的禅僧或在旷野聚众集体修禅，或个人隐居深山岩窟而习定，或行头陀，游遍山野村落，随处广结佛缘。其中不少禅功精湛、神道异能的禅僧，都得到过印度和西域禅法的传承。

青藏高原的冰峰雪谷由于流出了黄河、长江、印度河、恒河，形成了温热带发达的灌溉农业，出现了东亚和南亚文明区域。印度有学者认为，印中禅道皆发源于喜马拉雅山区所出的怛特罗（Tantra）。从词源学考察，怛特罗、禅那（Dhyana）、道，三者是同一词的衍变。作为自我锤炼身心的方术，禅学北传华夏，演变成"道"；南传印度演变为瑜伽术中的"禅那"。此乃喜马拉雅山南北两侧文明区域古印度和华夏先民的独特发明。[1]它们起初未必与宗教信仰有关，但是自宗教产生后，便被婆罗门教、耆那教、印度教、佛教、道教等信徒所实践，因瑜伽、禅定、气功或"仙术"之类的身心修行方式而广为流传，分为诸多流派，形成多种风格。它们的终极目标就是达到生命的超越或心灵的解脱。

印度佛教哲学与一般思辨哲学不同，主要表现在禅学思辨上，形式上更多属于禅学思维中所觉悟、所悟证的一些主观体验，但是这种体验又是以逻辑演绎外化的形式表现出来的。这种特点在东方诸多哲学，如印度教哲学、道家老庄之学中都有。因此，当印度禅学流入华夏以后，其中禅定中的体悟之思，能够在黄老之学中找到知音。继后华夏以禅名宗的"禅宗"，则更是"不立文字，直指人心"，以禅的调心所获顿悟和渐悟为立宗之本。诸多禅门祖师如慧能等人，不少是识字不多，不通法典，却得以参禅开悟，成为智者。他们参悟后所说的语录、偈颂等，都能深寓哲理，如若否认这种禅悟的体验，其现象实难解释。正因为如此，人们也不难发现其中的唯心主义和心理主义的倾向。

印度佛经多是散韵结合而写成的故事小说和寓言，如《庄严经论》犹如一部"儒林外史式"的小说，《维摩诘经》是一部半小说半戏剧式的作品，《佛所行赞》读来颇似《孔雀东南飞》，《佛本生经》是歌颂释迦牟尼一生的故事等。中国文学具有抒情诗和散文传统，致使中国化的禅宗主张不重文字，不

---

① 陈兵：《佛教禅学与东方文明》，上海人民出版社1992年版，第2页。

大重视著述。唐末以后，禅门祖师的"语录"越积越多，成为"不重文字"之"文字"。这种倾向有使禅悟变为"口头禅"和"文字禅"的危险。但是它迎合了当时普通人的功利心理，即"临时抱佛脚"，想通过只读语录即可"立竿见影""见性成佛"。所以两宋期间，禅宗五家在三家先后绝传，唯剩临济、曹洞两家时，便开始重振宗风。临济宗提倡"看话禅"（教人参考一则古人参禅故事，即公案）以期开悟。曹洞宗提倡"默照禅"，主张静坐冥想，忘言默照而见性。这两种禅法虽然方法、风格不同，但实质一样，都意在纠正文字禅、口头禅的不良倾向，力倡真参实修。

从印度禅学到走向华夏的禅宗，佛教中国化经历了一个复杂的过程，即以印度佛教的禅定为主，从单纯的冥想会禅修行，到中国禅宗在继承上述结论后，以见性为宗旨，追求悟道以及自觉的人性实现，即"明心见性，顿悟成佛"。

佛学入华后与印度佛学的根本追求并没有质的变化，二者都是要解决人生的烦恼与痛苦等问题，以求得到超越生死的途径。它们之间的差异主要表现在理论和实践两个方面。

从理论上分析，在中国文化传统中，儒家思想基本上是人本主义的，是以人为本的，提倡"仁者爱人"，主张在等级秩序下的亲疏和差别的爱。道家讲自然无为强调尊重客观规律，要"道法自然""全性保身"，也偏重于以一己生命为中心。由于二者的影响，汉传佛教讲"无缘大悲，同体大悲"，而印度佛教则以超越生死轮回的追求，寻找解脱人类烦恼痛苦的方式，将人文精神发展到极致。似乎前者更重"独善其身"，后者更重"兼济天下"。由于儒家"经世致用"思想的影响，汉传佛教更重视现世人生，更具有功利性。他们不喜欢复杂，只想通过拜佛增加现世上的福禄寿，强调发掘、显现本性即可成佛。印度佛学则讲"缘起论"，强调有因必有果，这既是人生法则又是普遍规律，逻辑关系复杂。

从实践上分析，汉传佛教的主要代表禅宗和净土宗都强调修行的简易性，禅宗重顿悟，一有体会，当下便是，顿开茅塞；净土宗则重来世，想通过简单的念佛就能往生极乐世界。汉传佛教强调农禅并重，务实求真。唐代怀海禅师（720—814 年）有句名言："一日不做事，一日不吃饭。"而印度佛教一般不参与农业劳作，只强调经过漫长、多世的苦修冥想式的修炼才能成佛，提倡戒、定、慧三学和修炼的渐进性。正是重功利的目的性和不想复杂的心理作用，使得汉传佛教的发展可以在圆融中，从隋唐八派走向宋明的禅净合流。而印度佛教则因不怕烦琐，派别众多，重视彼此的差异，而渐行衰弱。

此外，从神界结构的层次上分析，汉传佛教与印度佛教的差别也很大。印度佛教强调罗汉、菩萨、佛这三种神灵在层次构成上有高下之分，是个依次提高的系统，相互之间界限比较清晰。例如，罗汉只要自觉；菩萨在自觉的基础上还要觉他；佛不仅要自觉、觉他，还要觉行圆满。他们的修行标准是递进的，逐渐上层次的。在汉传佛教的信仰中，这种顺序被打乱，释迦牟尼佛有被弱化的倾向；菩萨的地位不仅很形象化，而且地位提升。围绕四大名山，形成了四大菩萨的信仰，尤其是对观音菩萨的信仰更为普及，其知名度甚至超过了释迦牟尼。在封建宗法制的中国，为了传宗接代，可以使观音由男变女，并且成为送子娘娘，从而使印度佛教的神灵崇拜系统都发生了变化。由此可见印度佛教汉化过程的长期性与艰巨性。

印度佛学入华后，遂转化为中国传统文化的一部分，并在中国这块异域土壤上生根、开花、结果。这不仅说明印度佛教超强的生命力和极大的适应性，也说明中国文化博大的包容性和积极的吸纳性。中国本土的儒家和道家思想以其对自然、社会和人生的深刻洞察形成中华传统文化特有的底蕴，而印度佛教的传入并成功融入其中，也丰富了中国传统文化的内涵。我们研究此问题的目的不是用宗教来表现历史的进程，而是要用历史的观点去阐释宗教的发展变化，以便达到能够对中国当代文化进行深度思考和解读的目的。

金色果阿的人文内涵

————————

果阿位于印度的西南部，濒临印度洋，是印度最小的邦，也是最富庶的邦。果阿一年四季气候宜人，风光旖旎，犹如一颗璀璨的明珠镶嵌在印度的西海岸。在中古以来旅行家的游记和文人墨客的诗集里，多有"金色的果阿"之赞誉，可能是因为果阿不仅有金色轻柔的沙滩、灿烂迷人的阳光，还有古今闻名的黄金首饰匠和金黄耀眼的饰品。在果阿老城区内发现了很多中国的瓷器碎片，均为16—17世纪生产的，而这个时间段正是葡萄牙海上贸易的繁盛期。果阿作为一个奇特而美丽的存在，令人遐想。

印度北方的一月底气候干燥、清冷。首都新德里的天气颇像中国北方的深秋时节，早晚凉，中午热。从新德里到果阿，我一下飞机就被一股闷热的空气包围了。在机场换完衣服以后，我马上联系住宿，放下背包，迅速走进高温下的果阿市区。果阿之所以成为印度最受海外游客欢迎的度假胜地，是因为它有无与伦比的海滩。你只要来到海边就会发现那一望无际、金光闪闪的沙滩和岸上时而稀疏、时而浓密，摇曳婆娑的高大棕榈树。远处在郁郁葱葱、起伏逶迤的椰林和稻田苍翠碧绿之中，点缀着白色的小教堂和华丽的西式宅第，让人在杂糅着海水味道的熏风中沉醉而流连忘返。遥想当年，急于寻找新航线而冒险的葡萄牙航海家瓦斯科·达·伽马绕过好望角向东航行时发现了南亚次大陆。为了找到一个贸易中转站，他可能就是循着这股熏风于1498年被吹到了今日的老果阿。从此，果阿从一个不知名的小渔村，被裹挟而进入历史的洪流，成为日后辉煌一时的东方贸易中心。

一、果阿的世界文化遗产

果阿历史上曾有过 60 多座教堂和修道院，保存至今的仅有 10 余座。我们所到的老城，除了有限的几座标志性的宗教建筑以外，大多都是残垣断壁，有些甚至是至今都没有清理的高低不平的红砖建筑的废墟。它们现在虽然看来其貌不扬，但是仍然不辱没印度这座唯一的天主教城市的独特文化特征。随着葡萄牙人对果阿的经营，这个欧洲大陆历史上第一个统一和独立信奉基督教的民族国家（1139 年）自然也会将这种信仰带到果阿，使之成为近代罗马天主教进入亚洲最早的地区之一。16 世纪至 18 世纪的果阿俨然成了"东方的罗马"，由于地理位置和气候，往来的欧洲人又将其称为"赤道上的罗马"。这些宗教建筑群已成为排挤印度本土印度教和伊斯兰教信仰的历史见证。这也说明当时的葡萄牙人在海外传播信仰的极高热情。他们就是利用这些文化设施大力推广西方文化教育，利用诸多的慈善事业诱使当地人改信天主教的。

其中最著名的教堂是果阿的白色天主教堂（Se Cathedral）。它兴建于1562 年，1651 年完工，用了近 90 年的时间，是亚洲最大的罗马天主教会主教教堂。1580 年葡萄牙人在中国澳门也建造了一座极其相似的大教堂，可惜的是由于 1835 年的大火，该教堂只剩下正门前壁，成为世人皆知的"大三巴"。而果阿的这座白色主教座堂，内部装修十分考究。整体风格庄严肃穆，富丽堂皇，光线充足，美丽洁净，比葡萄牙里斯本类似教堂的规模要宏伟得多。教堂内有 15 座祭坛，8 座小教堂，其中十字架奇迹小教堂很有名。中堂长达 76 米，墙上挂的圣母像引人注目，给人通体很高大的感觉。该教堂坐西向东，正立面是屏风式牌楼样的三层建筑。一层有三个门，二层有三个门式的窗，三层是一个有立像的壁龛。教堂正立面南北两侧各有一个四层的钟塔楼。北面一座于 1776 年倒塌，现仅存南面一座。教堂正立面有意大利托斯卡尼风格，也是杂糅了葡萄牙和印度多种文化元素的巴洛克建筑风格的杰作，对整个果阿地区的教堂设计具有明显的示范作用。

我们一行 7 人趁着上午的光线正适宜拍照的时机，合照了一个"全家福"。相隔不远的另一座著名的教堂是以赭色为主色调的好耶稣教堂（又名仁慈耶稣教堂，The Basilica of Good Jesus）。这是耶稣会在东方建立的最重要的，也是最壮观的教堂，在天主教东方传教史上具有重要的意义。它晚于主教座堂 32 年后的 1594 年 12 月 24 日动工，在早于主教座堂 46 年的 1605 年 5 月 15 日竣工。果阿当时的总主教为其举行了隆重的祝圣典礼。它成为伊比利亚地区富于美感的教堂杰作在果阿的样板。它坐东向西，也以和主教座堂一样的屏风式牌楼作为教堂的正立面。一层有三座门，二层有三个窗门，三层是三个圆形的窗洞，四层是三角楣，上面雕刻着精美的阿拉伯式样的蔓藤花纹。这样的四个层面都由多立克式、科林斯式以及其他欧洲古典混合柱式结构支撑，远比主教座堂要华丽壮观。教堂内部景观最显贵之处是主祭坛，竟高达 16 米左右，宽 11 米，占据了覆盖着穹顶的至圣所的整面后墙。站在主祭坛前望过去，视觉上颇有威压感。主祭坛两侧各有一个副祭台，左边是献给圣母玛利亚的，右边是献给天使长圣弥额尔的。整个教堂高大敞亮，比主教座堂要高，颇显宏阔豪华，里面还有一个极为著名的沙勿略小教堂。弗朗西斯·沙勿略（Francis Xavier，1506—1552 年）就葬在小教堂的银棺中。他出身西班牙贵族，属于耶稣会第一批会士，创始人之一，以献身救灵为志向。1540 年他受葡萄牙王派遣，于 1541 年 12 月来到印度果阿，积极传播福音，被视为圣人。据说他曾为 3 万余名东方各族入教者施洗，因此于 1622 年被罗马教会封为圣徒。1552 年 12 月 3 日他因疟疾病逝于中国广东。当时人们将其遗体带回马六甲，次年 8 月耶稣会的神父将其秘密运回印度。1554 年运抵果阿时，受到当地民众的盛大欢迎。遗体开始时存放于圣保禄学院小教堂，后迁至好耶稣教堂。其右臂后被移至罗马耶稣会总堂永久保存。保存沙勿略遗体的银棺正面有 7 根古典式立柱，中间镶嵌着玻璃板，透过玻璃依稀可见经过特殊处理而未腐的遗体。

我们亲身感受到好耶稣教堂因沙勿略的名声而更显荣耀的盛况。因人流拥挤不堪，我们急急忙忙跑出来。在大教堂里还不觉得热，到了外面仿佛进了蒸笼一样。闷热的空气包围着每个人，使人无处躲也无处藏。我们发现在教堂的侧面背阴处还有门洞，进去以后，不仅凉爽了许多，高大的砖墙建筑矗立在面前，也让自己的思绪飘向远方。眼前仿佛能看到沙勿略身穿黑色的神父道袍，披着灰色的斗篷，左手执一个旗杆，眼睛仰望着天空，右手放在胸前。他脸上的表情安详、宁静，神色坚定地踏上印度的土地传播福音。最终他怀里拥抱着十字架，赤着双脚平躺在广东台山上川岛上一间简陋的茅草屋的草席上，为他的信仰献身了。几近中午，我被口渴逼回高温湿热的街上，在一个水果摊前寻觅着。摊主看出了我的意思，迅速用砍刀砍了几下就把一个硕大的开了口的椰子放到了我面前，至今我仍能感觉到那沁透心肺的清凉和丝丝甜润。头顶烈日，不顾酷暑，我和两位不知疲倦的驴友又向圣母圣宠堂以及圣奥古斯丁修道院的钟楼走去。

圣母圣宠堂在果阿是主教座堂以外最大的教堂。它建于 1597 年至 1602年，位于果阿的圣山上，规模巨大。它连同旁边的圣奥古斯丁修道院一起，组成一个巨大而重要的历史建筑群，在果阿早期的宗教传入方面有着举足轻重的作用。圣奥古斯丁是早期教会中非常强调圣宠的神学家，所以这所教堂便以此命名了。奥古斯丁修会，又称奥斯定会，它的会士于 1572 年来到果阿。此前他们早已在蒙巴萨、莫斯卡特和波斯等地建立教会。在果阿，他们初期的传教活动也开展得十分顺利。从现在的残垣断壁和废墟的地基规模看，这个建筑群还是非常恢宏壮观的。1835 年，由于奥斯定会士在果阿遭到驱逐，这座宏伟的教堂也被弃置了。1842 年它开始倾覆，1846 年带有哥特式肋拱的穹顶最终塌陷。果阿当局下令将其推倒，但是它正面印度新罗马式三层的屏风式牌楼一直矗立到 1931 年才坍塌，修道院也随之成为废墟。这座教堂（圣母圣宠堂）是伊比利亚世界的奥斯定会在 16 世纪三座最大的教堂之一。它基本上是一座欧洲风格的建筑物，颇似同一类型的葡萄牙教堂。毗邻的圣奥古斯丁修道院虽也与教堂一样沦为废墟，但是修道院的钟楼至今仍然高高耸立在圣山上，蔚为壮观，站在那里可以看到果阿的全景。这座旧果阿最为著名的建筑物成为果阿的地标，远远就能望到。所有来果阿旅行的人都会来这里参观，并对其雄伟的身姿赞叹不已。1986 年联合国教科文组织将圣奥古斯丁修道院及其钟楼和圣母圣宠堂，连同果阿其他遗留的宗教建筑一起，列为世界文化遗产。20 世纪 90 年代，印度的考古学家、历史学家对圣母圣宠堂和圣奥古斯丁修道院等历史建筑废墟进行了考古发掘与研究，出土了约 22000 片中国瓷器碎片，大部分为青花瓷。这再次说明历史上的果阿与中国的交往非常密切。此外，他们还对现存的残垣断壁进行了加固与维修。我们现在见到的一切便是这些努力的结果。

二、果阿与葡萄牙

来到果阿才知道，果阿不只是一个城市的名字，更是一个区域的名字。它是一个很古老的地方，在印度古代大史诗《摩诃婆罗多》中被称为"果帕拉施特拉（Goparashtra）"或"果凡拉施特拉（Govarshtra）"，意思是"牧羊者的国度"。从词源上分析，"果阿"是梵语"果帕卡帕塔纳（Gopakapattana）""果帕卡普拉（Gopakapura）""果凡普里（Govapuri）"，以及格那里语"卡纳里斯（Kanarese）"中的"果佛（Gove）"的缩写。这些字前面都有一个前缀"Go-"，在梵语中它指的是"母牛"。古代和中古的印度文献记载里，定居在此地的雅利安人曾过着田园诗般自由自在的放牧生活。历史上此地不是经常发生干旱和饥馑的内陆，而是雨水充沛、谷物丰登的富饶之乡。[①]

果阿最早的历史可以追溯到公元前 3 世纪，当时它是强大的印度孔雀王朝的一部分。公元 580 年至 750 年则被遮娄其王朝（Chalukyas）控制。约公元 754 年，果阿的管理权被斯拉哈拉斯人（Shilahars），一个擅长航海的民族所掌控。于是这里逐渐形成一个港口型商贸集市。公元 973 年，遮娄其王朝东山再起，卡丹巴人重新占领了果阿。他们不断拓展贸易范围，从非洲桑给巴尔到孟加拉，以及锡兰都有他们的贸易货栈。1050 年，他们在祖阿里河右岸建立了一个新的城市"果凡普里"（Govapuri），意即"港口"。1312 年，果凡普里虽然成为德里苏丹的领地，但屡遭各方劫掠。直至 1370 年，果凡普里又被割让给统治南印度的哈里·哈拉（Hari Hara）。1469 年果凡普里又被印度中部的伊斯兰教国家巴曼王朝占领。1478 年，果凡普里又成为尤那（Juner）省的一个地区。1493 年，果凡普里由新总督马立克 - 乌 - 莫尔·吉拉尼（Malik-en-ul-Mulk Gillani）管辖。

16 世纪初，葡属印度果阿总督阿方索·德·阿尔伯奎克（1453—1515年），成为葡属印度殖民事业的奠基者和葡属印度帝国真正的创建者。他素有"伟大的阿方索"之称，曾自称为"果阿之父"。他曾多次来往于里斯本和印度之间的海洋航道上。被葡萄牙国王秘密任命为果阿总督之后，1510 年 2 月

---

① 顾卫民：《葡萄牙文明东渐中的都市：果阿》，上海辞书出版社 2009 年版，第 2 页。

中旬，阿尔伯奎克率领 20 艘大帆船，以及 1200 名士兵，出其不意地出现在果阿港口，果阿几乎是不战而降。2 月 17 日阿尔伯奎克举行了豪华庄严的入城仪式，当时的比贾普尔王阿迪尔·沙带领 6 万士兵又夺回了果阿。等来援军的阿尔伯奎克又于 1510 年 11 月 25 日带来更多的舰船与士兵，再次也是最后一次攻占了果阿。从此，葡萄牙人不仅控制了马拉巴和古吉拉特两地的贸易，而且掌握了从北部曼多维河（Mandovi）与南部祖阿里河进入印度内陆的锁钥。由于阿尔伯奎克的努力经营，果阿很快就取代科钦与卡利卡特（古里）在印度西海岸重要商贸港口的地位，并成为从坎贝湾到科摩林角之间最重要而又最著名的城市。果阿在经历了如此复杂多变的城市化进程以后，形成了印度本土文化、伊斯兰文化和葡萄牙文明等多种元素杂糅于一体的矛盾性与统一性，并以令人眼花缭乱的世俗和宗教完美融合的独特魅力，让到访者心乱情迷，乐不思蜀。

只要是参观、考察过果阿的人，都会注意到什么是伊比利亚半岛的风情。我有幸在飞机上鸟瞰过里斯本的市容市貌，产生了一种再次俯视果阿的相似错觉。从建筑美学的角度来分析，17 世纪建设成的果阿，基本延续了里斯本的建筑特色与风格。果阿也和曾受葡萄牙风情影响的诸多沿海殖民地城市，如马六甲、胡格里（孟加拉）、长崎、里约热内卢、罗安达等一样，具有相似的建筑模式与建筑风格。其现存的天主教堂、修道院等宗教建筑，不论是否还存在，都是整个地区葡萄牙文化遗产的精髓与核心。它们一般都雄踞于城市的高耸处，主宰着城市的天际线，让人一望便知，难以忘怀。即使是残垣断壁也会奇异突兀，令人浮想联翩，发怀古之幽情。另外一个显著的相似特征是，这些城市的规模都不是特别大，但是基本都依靠良港而建立在山丘上，呈半月形散开。高处是居住区，利用地形地貌，沿市区筑城墙，四周有巍峨坚固的城堡和要塞炮台，体现出主人的坚定意志和强大力量。城中制高点的宗教建筑表现出城中主人的理性、信仰和秩序。如此态势的城市，会给敌人一种易守难攻、居高临下、令人敬畏、屈人之兵的实际效果。这样的建筑构思便于城市的主人统治和掌控全城局面。低处是商贸活动地区和海运中心区。高低两个区域分工较明确，等级层次清晰。这种城建模式最初是腓尼基人创建里斯本时所采用的，既有军事占领元素，又有海上经商元素，将"征服"与"贸易"巧妙而紧密地融合在一起。以果阿为代表的这些葡萄牙殖民城市几乎都有类似其母城里斯本的城市规划。它们既不像欧洲大陆国家的城市，也不是传统意义上的东方国家城市，而给人一种二者混合型的异域情调，给造访者一种古色古香、耐人寻味、想入非非的古典主义的审美体验。

果阿在印度是个可圈可点而又很有故事可说的城市。在葡萄牙人到来之前，印度西部沿海的贸易主要是由阿拉伯人以及印度古吉拉特邦的穆斯林来主持的。当时的贸易是以和平的方式进行的，他们的共同之处是都有前往麦加克尔白庙朝圣的宗教需求。所以，果阿和先前的印度西海岸的科钦、卡利卡特（古里）等城市都成为穆斯林的出发地。但是1453年奥斯曼帝国的兴起，便犹如一道墙一样阻隔了东西陆路的贸易发展。欧洲面临一个重要的选择，当时的葡萄牙已成为欧洲大陆上第一个独立信奉基督教的民族国家（1139年），16世纪初已拥有了世界上最强大的海军力量。他们以"寻找基督徒和香料"为借口，绕过好望角，劈波斩浪地来到印度进行贸易和传教。这种冒险活动初时既不同于古代亚历山大帝国和罗马帝国开疆拓土式的军事扩张，也不同于中国郑和等航海者向海外番邦小国宣扬天朝大国的恩德，以显大国之威，而是为了攫取东方世界富饶的物产资源，主要是香料、象牙和丝绸等。但是随着资本的扩张、海外市场的需要，以掠夺和垄断海外资源为特征的海盗模式的军事进攻，开始让位于形式上的以自由公平的海外贸易为特征的文明化殖民模式。果阿成为先行者和体验者。葡萄牙人对果阿采取了非同一般的统治方式，不仅在果阿屯兵驻军，还希望将其建设成为隶属于本国的"飞地"和海军基地。于是果阿的经济得以发展，最后还有了造船业。葡萄牙人可以和本地雅利安女性婚配，导致了果阿人种和语言的变化。果阿在商贸、军事上的重要性，使之逐渐成为葡萄牙人在东方的大本营和根据地，成为他们在东方的"冒险家的乐园"。印度1947年独立后，葡萄牙仍未将果阿归还，直至1961年12月12日印度军队强行进入果阿，在经过26小时的小规模战斗后，果阿回归印度，结束了葡萄牙人对其长达450年的统治。由于果阿的特殊地位，它于1987年被升格为印度第25个邦。

三、果阿与中国

果阿和中国的关系密切。据《明史·古里传》载，1403年时古里国王名为沙米的喜。"古里"（Calicut）即现今的印度西海岸名城卡利卡特，又译"科泽科特"。《古里传》还载"郑和亦数使其国（古里）"。由此可知郑和下西洋时曾多次到过古里，并建有碑铭。去西洋的船只都会在古里稍作停留，以便补给淡水和食物，然后继续前行。这说明在15世纪第一个10年时，果阿尚处于未开发阶段。因为果阿在古里以北，其地理位置比古里更优越，也更有吸引力，可是《明史》中并无记载。

1498年，达·伽马经过好望角航行时发现了南亚次大陆。其后的葡萄牙人沿着达·伽马的航线到达科钦、古里后逐渐站稳了脚跟。16世纪初，他们占领了果阿以后，又以果阿为中心和据点，向北部的莫卧儿帝国以及霍尔木兹进攻，利用坚船利炮打败阿拉伯人的船队，控制了阿拉伯海的贸易；向南沿着郑和下西洋的航线逆行，到达印度东海岸的金奈，继续向东灭亡了满刺加王国（今马来西亚马六甲），控制了马六甲海峡这一航线的咽喉重地。1557年，明朝政府迫于内忧外患而停止了海外贸易，并"专图自治之策"。而广东和福建从自身利益出发，默许私人贸易存在，使葡萄牙人得以在澳门岛立足。

17世纪（万历末年），当时澳门是广州的外港，以澳门为中轴与海外建立了诸多的国际贸易航线，主要有澳门—果阿—欧洲、澳门—日本长崎、澳门—菲律宾马尼拉—巴西、澳门—东南亚。明朝由于倭乱而停止了与日本的官方往来，使葡萄牙人有机会插手中日两国之间的贸易。每年五六月，葡萄牙人乘坐中国贸易大船，顺着夏季的西南季风从果阿起航，船上装有胡椒、苏木、象牙、檀木等印度货物以及经里斯本运来的白银，在抵达澳门后换成中国的生丝、丝织品、黄金、药材、棉布等，到第二年夏乘季风继续向东航行到日本长崎，以高昂价值卖出，然后装上日本白银及少量其他货物返回澳门，再用白银购买中国货，第三年秋回果阿。16世纪末，由于丰臣秀吉统一了日本，并侵略朝鲜，极大地刺激了黄金的需求。另外，日本虽然产丝，但人们还是喜欢中国的丝。因此，中日之间的贸易，主要是中国用生丝或丝织品及黄金与日本产的银锭进行交换。1541年，葡萄牙人第一次经果阿、澳门到达日本的丰后（今九州大分县北），直至1639年德川幕府锁国止。1570年，长崎终于成了葡萄牙人从果阿经澳门到日本航线的终点。著名的日本白银产地石见银山位于本洲西南部岛根县，作为海上贸易的重要节点，现也成为世界文化遗产。明代后期，中国的生丝、丝绸、瓷器、药材、黄金、铜、水银等，从澳门出口，经由果阿销往欧洲；通过长崎销往日本；经过马尼拉销往拉丁美洲，并换回白银。而葡萄牙人从里斯本运往果阿的白银几乎全部经澳门进入中国。16世纪至17世纪初，葡萄牙在亚洲的进口贸易，没有比印度、中国、日本航线更重要的了。四国之间各取所需，中国要的是金银，其他国要的是物品。18世纪以前，北方的印度人不知辣椒和胡椒为何物。18世纪60年代，北方印度斯坦地区的人们才将这种"胡椒"用于食物。辣椒和胡椒是通过果阿等印度地区与澳门的贸易，才流入华南沿海而进入中国内陆的。后在湖南和四川两省广为流传，至今成为中国重要食材。

但是好景不长，由于国力有限，当葡萄牙将海上贸易航线拉得太长时，就出现了力不从心、捉襟见肘的窘况。他们最后只好在东方贸易版图上像钉楔子一样，守住霍尔木兹、果阿、马六甲、长崎等数个据点。从17世纪中期开始，一方面葡萄牙人的这些殖民据点开始受到荷兰、英国等新兴殖民者的挑战；另一方面又要受到东方普遍存在的各种文化传统中保守主义思潮的冲击。东方民族主义的觉醒，使得西方文明，无论是葡萄牙文明，还是撒克逊文明都程度不同地在上述各个东西方文明冲突的节点上受到重创。几百年后，这些曾经辉煌一时、不可一世的城市，逐渐衰落，几乎都成为世界文化遗产或历史遗存。它们虽然保存着夕阳的一抹余晖，散发着特有的恋旧怀故氛围，但也只能让人发出"夕阳无限好，只是近黄昏"的感慨。

1433年明朝发布敕令禁止造海船、停办海外贸易时，正是葡萄牙和西班牙拉开海上殖民大幕的开始时期。步其后尘的英国和荷兰也乘势加入海外探险和殖民贸易热潮。中国作为"中央大国"闭关锁国400余年，恰恰是西欧、北欧新崛起的资本主义国家疯狂掠夺东方财富的400年。直至1840年，西方列强终于用坚船利炮、宗教鸦片等将中国大门打开。海上丝绸之路"这个宽阔的跳板"成为人类文明，尤其是东方的中国和印度文明从中古向近现代转型的根本标志。在此期间的日子里，果阿又担当了另外的角色。19世纪的印度已成为英国的殖民地，但是民族资产阶级已有较大的发展。由于利益驱动，不少印度人参与了鸦片的种植、走私等活动，主动或被动地卷入了中英鸦片战争。其实早在16世纪，葡萄牙就已相继占据了果阿、达曼（Daman）和第乌（Diu）等地。至19世纪初，他们开始通过上述三地的港口将马尔瓦鸦片（Malwa opium，也称麻洼鸦片）运往澳门和广州。古吉拉特邦的苏拉特是麻洼鸦片的集散地。果阿是鸦片战争期间英国船只或军舰出发到广州的重要出发港。林则徐出于民族利益曾派人驻守在果阿观察鸦片船的动向并及时报告，必要时还逮捕过一些包括印度在内的鸦片商人。果阿附近的古吉拉特邦地区的人普遍有消费鸦片的习惯。其中的帕西人，尤其是一些商人在中印贸易，包括鸦片贸易中起到了重要作用。中国、越南的鸦片，大部分都是来自印度，广西、广东两地首当其冲。鸦片于18世纪末19世纪初输入越南后，拉丁化越语"鸦片"一词即为"Thuoc plien"。前者是"药"的意思，后者可能是梵语（phan）的变音，意思是从印度来的药。可见，中印两国人民都是西方列强从事鸦片贸易的受害者。

果阿从历史到现实都不乏中国元素，并或多或少地与中国有着剪不断，理还乱的关系。为中国民众所熟知的耶稣会教士利玛窦（1552—1610年）、汤若望（1592—1666年）、南怀仁（1623—1688年）等西方传教士都曾在果阿驻足，并留下历史的印迹。他们几乎都是经过果阿到达中国的，尤其是著名的利玛窦。他1578年3月从里斯本出发，1578年9月到达果阿，曾在果阿、科钦的寄宿学校讲授人文科学。1580年4月他从果阿启程，1582年8月抵达澳门，1583年9月进入内地，是首位葬于北京的西方传教士。汤若望在1618年4月受葡萄牙政府派遣，与22名传教士一起从里斯本东渡印度，1618年10月抵达果阿，1619年7月他们到达澳门，被安置在圣·保禄学院。他本人于1623年到达北京，在中国生活了47年，1666年8月病逝，葬于北京利玛窦墓的左侧。南怀仁于1657年由里斯本出发，途经果阿，1658年7月抵达澳门，1659年进入内地。他去过中国许多地方，在中国生活了30年，66岁时在北京逝世。另外，在中国众所周知的印度医生柯棣华为中国的抗日战争而牺牲，他的亲属现今也住在果阿邦。不仅如此，现在的果阿随处可见中国智能手机的广告，以及与"大三巴"类似的葡式风情的城堡教堂，俨然是印度的"澳门"形象。2016年10月15日，中国国家主席习近平应印度总理莫迪的邀请，抵达果阿出席金砖国家领导人第八次会晤，更使果阿这座著名城市锦上添花，给世人留下了难以磨灭的印象。

金奈多元的文化况味

————

金奈是印度第四大城市，也是南印度最大的城市。它位于印度东海岸的南部，东临孟加拉湾，是印度泰米尔纳德邦的首府，原名为马德拉斯（Madras），现名为金奈（Chenna）。周恩来总理曾称赞马德拉斯"是一座为伟大的印度文化作出了杰出贡献的城市"。金奈400年前是和印度西海岸的孟买一样的一个荒凉渔村。17世纪中期，英国东印度公司在这一海滨地带建起一座城堡——圣乔治城堡（Fort St.George），继后以此为中心，建立起海陆贸易集散地，又大力开办工厂。这一地区逐渐发展成为颇具规模的经济文化中心。法国人出于各种利益关系也曾染指金奈，一度攻占此地。在1757年英法对决中，英国再次控制了金奈，表现出新兴海上霸权的气势。因此，金奈的城市建筑既有英国式的，也有法国式的，成为各地观光客喜爱的游览胜地。但是他们重要的目的除了到访金奈以外，还要绕道去甘吉普拉姆和马哈巴利普拉姆两个小城。因为那里不仅有像阿旃陀和埃洛拉一样闻名的古寺庙群和宗教文化，而且是重要的商贸港口，自古就和中国海上丝绸之路关系密切。曾将禅宗带到中国和日本的菩提达摩就是从这一带海岸出发的。

一、金奈的文化

金奈与孟买、加尔各答等城市一样，是英国殖民印度时重要的沿海据点城市。相比较而言，金奈既和孟买高楼林立的西方洋味不同，也与加尔各答汲汲以求的本土氛围相异。它表现出的是一种平易近人的南方气息。这里的居民中身材较矮小、肤色较深的人比北方要多。他们天性热情但深藏于内，外表看来羞涩而内敛，属于达罗毗荼人。他们中大约有1.3亿人住在南印度地区。这是一个拥有优秀文化和悠久传统的民族。近年来考古研究证明,"印度文明似乎是由达罗毗荼人创造出来的"。不知是因为达罗毗荼文化的强势,抑或是其他原因,金奈城里的欧式建筑不多。其中圣乔治城堡,又名圣乔治要塞最著名,堪称英国殖民统治的象征。因为殖民时期统辖整个南印度的英国东印度公司就位于依海岸而建的圣乔治要塞,至今仍保持着当年不可一世的风貌。

1639年,一位名叫法兰西斯·迪的英国商人来到印度,想在此间"设立一间购买棉织品的洋行"。于是他从领主手中买下一座小村庄,以便取得用地权。继后英国军队就以"保证海外同胞安全"为名派遣军队前来。数年后,英国军队俨然主人一样,在洋行周围筑起城墙,建成一个军事要塞。现在的圣乔治城堡,建于1653年。受到圣乔治城堡保护的东印度公司在拓展商业贸易规模的同时,也奠定了殖民和统治印度的基础。相同的模式在世界各地、不同的时期,被西方殖民者反复使用着,屡见不鲜。伴随着商贸、军事占领而来的,是宗教的传播。所以在这座古城里还有一座印度最古老的西式教堂,即建于1680年的英国圣玛丽教堂(St. Mary's Church)。它里面保存着300多年来的雕刻和其他圣物。统治、剥削别人了,还要让别人心里感到舒服,这就是西方殖民者的普遍逻辑。

金奈这座具有多元文化魅力的城市,除圣乔治城堡以外,还有不少可圈可点的地方。在圣乔治城堡的北侧港口附近,有个印度商人聚集形成的商贸区。这个纯粹的当地人的市场在殖民时期被英国人称为"黑镇"。这个带有种族歧视的命名蛮横粗鲁,与先前的雅利安人带着肤色歧视并以"黑"来称呼达罗毗荼人的说法不相上下。尽管它在1905年就已改名为"乔治镇",但是在当地人的心里,还是有诸多的愤懑与不平。另一个与此有相同命运的地方叫"摩尔市场",这又是英国人随便取的名字。因为穆斯林绝不称自己为"摩尔"(Moor),只有欧洲人才轻蔑地俗称穆斯林为"摩尔"。莎士比亚著名的悲剧《奥瑟罗》中的同名男主人公就是摩尔人。顾名思义,该市场不仅以伊斯兰建筑风格令人一望便知,而且因洋溢着异国风情而使游客犹如进入了另一个丰富多彩的购物天堂。此外,对于酷爱印度文化的旅游观光客来说,位于市区南的战车庙(Valluvar Kottam,瓦鲁瓦尔纪念堂,建于1976年)也是必须去参观的景点。因为这座外形酷似四轮战车的印度教寺庙，是为纪念印度古代著名泰米尔诗人提鲁瓦鲁瓦尔（Tiruvalluvar，俗称瓦鲁瓦尔）而建造的。[①] 它高约 30 米，雄伟壮观，由此可知当地人对他是何等崇敬。作为葡萄牙人曾经登陆过的地方，这里至今还保存着一座古老的教堂，即 16 世纪一群登陆此地而幸存下来的葡萄牙水手建造的卢兹教堂（Luz Church），如果能发现它，也颇有海上丝路寻踪的认识意义。

二、古神庙的魅力

2019 年 10 月 11 日，中国国家主席习近平应印度共和国总理莫迪的邀请抵达金奈，出席中印领导人第二次非正式会晤。泰米尔纳德邦邦长和首席部长等在机场迎候。习近平主席从下榻饭店驱车前往马哈巴利普拉姆古寺庙群，受到沿途成千上万的各界群众和青年学生载歌载舞的欢迎，莫迪在入口处迎接。莫迪不仅陪同习近平主席参观了这个建于公元 7 世纪至 8 世纪的古建筑群，还亲自做了讲解。两国领导人边走边谈，深入交流，共同见证了中印文明对话的互信与互鉴。

马哈巴利普拉姆古寺庙群，在金奈以南约五六十公里的海岸边，濒临孟加拉湾。它主要由阿周那石雕、五战车神庙、海岸神庙等古迹组成。远在公元七八世纪时就已有此名，这里曾经是帕拉瓦王朝繁华的海港和商贸中心，曾发现过大量的中国、波斯，甚至罗马的古币。"马哈巴利普拉姆"又名"马马拉普拉姆"，它的意思据说是"大力士居住的地方"。大力士何许人，未可知。马哈巴利普拉姆是甘吉普拉姆下辖的一个旅游胜地。名为"恒河的起源"的巨大露天阿周那石雕实际上是阿周那的苦修图，据说它是全球最大的露天浮雕石，高约 12 米，长约 30 米。阿周那石雕气势恢宏，以印度两大史诗中

---

① 提鲁瓦鲁瓦尔，印度古代著名的泰米尔族诗人、思想家和伦理哲学家。他生卒年不详，一般认为生活在公元 1 世纪至 2 世纪。他以创作了《古拉尔箴言》（Tirukkural，一译《提鲁古拉尔》）闻名于世，在印度文学史和思想史上具有重要影响。

的英雄阿周那苦行修道的故事为题材。浮雕上刻有 100 多个人物、神灵、魔鬼和动物的图像，栩栩如生。五战车神庙距离海岸不远，是大约在 7 世纪以前从岩石中连续凿成的"五殿堂（Pancha Rarthas）"，即五座小石庙。其中"Pancha"是"五座"的意思；"Rarthas"原意为马车，也引申为搭载神祇的庙宇、殿堂、神舆等。整个建筑给人一种深邃悠远的历史感，颇具观赏性。马哈巴利普拉姆古寺庙群中最著名的就是海岸神庙了。它位于城东，靠近孟加拉湾海边，和传统的印度神庙有本质上的区别。我们在印度看到的神庙主要分两种，一种是在岩石上挖掘石窟、开凿石像构成的，另一种则是在平地上以切割、开凿石块堆叠而成的。神庙由深山移到平地，意味着宗教信仰开始融入普通人生活的城乡之中。这两种建造神庙的方式大约是以七八世纪为分界线的。海岸神庙大约是 7 世纪时帕拉瓦王朝建筑的。当时正值人们乐于沿海岸建神庙的时代，一共建筑了 7 座，由于海潮的冲刷与吞噬，现在只剩下这一座了。如果不是近年建了防波堤，直接拍打到神庙上的浪涛恐怕也像对付它的同类一样，将石块质地变得脆弱易碎，最终会将神庙侵蚀风化掉。这座建于 7 世纪的神庙孤本，应该是神庙建造离开石窟时代进入海岸时代的代表性与标志性建筑了。海岸神庙由于孤傲而显得浪漫，由于美丽而令人着迷。它表现出一种直面大海的坚韧，一种因历史冲刷而彰显出的净化。神庙以大小两座石塔为中心，以刻有石牛的墙环绕，造型均衡、匀称，与其他梯形设计的传统印度神庙不同，风格自成一体。它反映的是对大神毗湿奴和湿婆神的虔诚信仰。

到了金奈，不去它西南方 70 余公里以外的甘吉普拉姆会是一件令人终身遗憾的事情。甘吉普拉姆是历史名城，也是印度 7 大圣地之一，在当地古语中是"大学"的意思。起初佛教在此地盛行，后成为印度教圣地。城中曾建有很多 7 世纪至 17 世纪的寺庙，仅散布在方圆 10 公里的寺庙就有 107 座之多，所以甘吉普拉姆又有"千庙之城"的赞誉。但是现有的寺庙中，保存较好的只有四五座，其余全都破败没落了。自 7 世纪开始，陆续有三个王朝定都于甘吉普拉姆，其中包括帕拉瓦王朝（7—8 世纪）、雀拉王朝（9—13 世纪）、维查耶纳伽尔王朝（14—17 世纪）。正是这些王朝的历代君主都在建设神庙方面表现出了极高的热情，才使得这些神庙体现了各个时代的建筑特色和风格，并以各式各样的建筑形式争奇斗艳。甘吉普拉姆最古老的神庙凯伊拉萨纳达（Kailasanatha Temple），大约是七八世纪之交帕拉瓦王朝时的建筑。它应该是走出山区，进入平原地带最早的寺庙之一。因其地处偏僻的原野之中，拜谒的人不是很多。这座供奉湿婆的神庙规模较小，进去后可以看到一个平坦整齐的草坪，已被风化得凹凸不平的石块上有不少体现时代特色的雕刻。用手触摸着石块上的纹理，仿佛又回到了印度教勃发时期的那种莫名的兴奋之中。那些用石块堆砌的墙面上还能发现早期南印度遗留下的一缕缕历经千年风霜的独特风格的复杂色彩。与之同时代建造的维昆塔·佩鲁马神庙（Vaikunta Perumal Temple），由于地处城内，受海风吹袭的程度较弱，所以石块上的沧桑感比前者要差些。这座供奉保护之神毗湿奴的神庙最引人注意之处在于其柱廊都建成立式的狮子状，而且墙壁上到处都雕刻着眼镜蛇的形象，让人对其信仰教派的与众不同一目了然。甘吉普拉姆最令人振奋的神庙是爱坎巴勒休瓦拉（Ekambareswara Temple），它位于城区偏北，供奉着毁灭之神湿婆，建于16世纪的维查耶纳伽尔王朝。大庙门口的塔楼有11层，高达六七十米，气势宏伟，令人望而生畏。塔楼通体洁白，雕刻着色彩斑斓、姿态各异的雕像。庙中的正殿宽阔昏暗，只有印度教徒点的烛灯仿佛夜空中的繁星在闪烁流动。大殿内的"百柱厅"有几百根石柱排列成行，上面刻满了浮雕，极其精美。这座大庙规模之大、华丽之程度、色彩之夺目，都可以说极尽南印度建筑装饰之能事，与16世纪渲染、夸张国力强大的维查耶纳伽尔王朝的气象颇为一致，震撼有力。通观甘吉普拉姆古神庙群的古雅大气，给人一种发自心底的触动、一种油然而生的沉静。那种海风中的悠远、阳光下的璀璨，使人禁不住有一种要留住经典在人间的感慨和幽情。正如第一次来印度，在欢迎宴会上，中国驻印度大使张炎先生所说的："你们赶快去看看吧，印度许多地方都还保持着原生态的美。一旦旅游业发展起来，有些地方可能就会变得面目全非了。"我就是在这种话语的感召之下，三番五次地来"窥视"印度的。

三、金奈与中国

2019年10月11日，中国国家主席习近平在金奈会见印度总理莫迪时指出："泰米尔纳德邦同中国的交往历史悠久，自古同中国海上贸易联系密切，是古丝绸之路的海上货物中转站。"①1956年12月6日，周恩来总理和贺龙副总理访问印度时就来过马马拉普拉姆即马哈巴利普拉姆。甘吉普拉姆曾是中国著名佛教高僧玄奘在公元七八世纪帕拉瓦王朝时到达过的地方。《大慈恩寺三藏法师传》卷四载，玄奘打算到僧伽罗国（今斯里兰卡）学习上座部三藏及《瑜伽论》，就去了建志补罗。此城水路三日即到，不料他到建志时，僧伽罗国乱，僧侣逃到建志，玄奘随即请教佛法，而未去僧伽罗国。《大唐西域记》卷十载："达罗毗荼国，周六千余里，国大都城，号建志补罗，周三十余里。……伽蓝百余所，僧徒万余人，皆遵学上座部法。……"②此处记载的建志补罗城和甘吉普拉姆颇类似，都是以达罗毗荼人为主要居民的地区。建志补罗最初南传佛教盛行，后为印度教圣地，间杂伊斯兰教。从地名考察，建志补罗（Kancipura，今 Conjereram）与甘吉普拉姆（Kanchipuram），读音颇为相近。据印度学者拉曼（Raman）的考察，甘吉普拉姆的泰米尔语名字为"Kanch、Kanchipedu"。作为梵文研究的重要中心之一，它的梵文名字为"Kanchipura"。在泰米尔语中，通过词源学考察"Ka"指梵天，"anchi"指崇拜，甘吉普拉姆梵语的意思是整座城像是地球上腰带。他的考察虽然繁细，但至少可以证明，这几个名字指的是同一座城市，即甘吉普拉姆与建志补罗是同一城市。另据《汉书·地理志》卷二十八下地理志第八下载："自日南障塞、徐闻，合浦船行可五月，……有黄支国。民俗与珠崖相类。"学界多从黄支的读音，以及黄支的物产等角度多方考证，确认黄支为建志。这说明在纪元前一二世纪时，汉使臣和商旅即用"梯航"的方法远达南印度及斯里兰卡了。他们从岭南的徐闻、合浦乘大船出发，终点即是印度东南海岸的黄支国。船上载着黄金（应该是铜——笔者注）、杂缯（丝和丝织物）换回宝石、琉璃之物。到公元七八世纪，统治甘吉普拉姆的帕拉瓦王朝将其建成相当繁华的海港，中印两国之间的海路交通已相当发达。从南印度建志出发到广州和福建沿海的船只往来频繁，可见当时中印贸易往来之盛。"中国载籍若《册符元

---

① 《习近平会见印度总理莫迪》，新华社2019年10月12日。

② ［唐］玄奘：《大唐西域记》，广西师范大学出版社2007年版，第158页。

龟》之类。著录若干南印度贡使，常难断其来自何国，缘南印度已有数国与中国发生外交关系。就中可知者，有 692 年 Mysore 之 Calukya 王朝贡使，及 720 年册封建支 Kanci（即黄支——笔者注）王 Crinarasimhapotavaman 为南印度王二事。"[1] 另据《宋高僧传》卷一《金刚智传》云："跋曰罗菩提 Vajrabodhi 此云金刚智，南印度摩赖耶国人也。父为建支国 Kanci（Conjeveram）王师。"[2] 即是说高僧金刚智其父为印度黄支国王师。由此可知，金奈的甘吉普拉姆与中国的往来关系由来已久。

金奈的魅力不仅在于其附近有甘吉普拉姆和马哈巴利普拉姆两处以历史古迹闻名世界的文化遗产，而且在于它在历史上就与中国有着悠久的商贸往来，从而受到广大中国学者和游客的关注。现今它又成为海上丝绸之路考察的一个重要节点，使之旧貌换新颜。遥想当年中国汉代开始的浩浩荡荡的船队，为了互通有无，历经千难万险，来到陌生的国度，那需要何等的胆识和魄力。当下中印两国又由于海上丝绸路而连接在一起，为了人类共同的福祉而携手共进，一定会谱写出中印交流、世界大同的新篇章。

---

① ［法］伯希和：《郑和下西洋考 交广印度两道考》，冯承钧译，上海古籍出版社 2004 年版，第 289 页。
② ［法］伯希和：《郑和下西洋考 交广印度两道考》，冯承钧译，上海古籍出版社 2004 年版，第 289 页。

哈奴曼形象的经典化

印度梵文史诗《罗摩衍那》中的神猴哈奴曼是个重要的艺术形象。随着史诗和宗教的流传，这一形象在东方不同的艺术造型形成的过程中，表现出从神化到俗化、从娱神到娱人的经典化过程。其实，最初神猴哈奴曼的故事和罗摩、十首王等的故事彼此无关，后人将其纂撰在一起，成为现在这个样子。公元前后，《罗摩衍那》的故事就被神化了。在古代印度梵文衰落以后，印度在以印地语、孟加拉语、乌尔都语等为代表的几十种地方语言中，都有用自己语言叙述的《罗摩衍那》和神猴哈奴曼。《罗摩衍那》的内容和神猴哈奴曼的故事很早就开始口耳相传到了亚洲许多国家。古代东南亚各国几乎都有各种简繁的译本。近代，随着《罗摩衍那》被译成意大利、法文、英文等多种语言，神通广大、活泼可爱的神猴哈奴曼的形象又被西方所熟知。在中国，随着汉译佛经中多次提及《罗摩衍那》，以及少数民族地区如傣族、藏族、蒙古族等地区多有流传，甚至新疆古代语言中也有《罗摩衍那》的故事流传等，神猴哈奴曼的形象和故事也几乎成为这一广袤大地上人所共知的人物。

一、哈奴曼形象在中国

在《罗摩衍那》的故事里，开篇就提到创造之神大梵天为了帮助下凡的毗湿奴大神消灭十首魔王罗波那，要求诸天神都生猴子。于是成千上万的猴子来到尘世，其中风神生了哈奴曼，他们个个力大无穷，变化莫测，功力可以翻江倒海。罗摩在寻找被十首魔王劫持的妻子悉多时，遇到了猴国的哈奴曼。应邀帮助罗摩寻妻的哈奴曼不仅发现了悉多在海中的楞伽岛，而且渡海找到悉多，并大闹海岛。在哈奴曼的大力帮助下，罗摩终于找回悉多。史诗在最后的部分补充说明了哈奴曼形象的变化，即初时很普通，在故事中无足轻重，但是这一形象在随后的发展中越来越重要，本领也越来越大，直至他准备渡海时才意识到自己的功力。原来他童年时因调皮捣乱，受到修道仙人的诅咒，只有在关键时刻，他才能发挥出极大的能量。总之，印度梵文史诗《罗摩衍那》中的神猴哈奴曼被描绘得栩栩如生、活灵活现。他虽为神猴却高度人格化，不乏顽皮、率真的猴性，但又有极富正义感、大胆机智、助人为乐的人性。他不畏任何艰难险阻，毫不功利地为代表正义的罗摩尽力。在寻找悉多的过程中，他足智多谋、英勇善战，给人深刻印象。自古以来，《罗摩衍那》的故事所到之处，哈奴曼都是匡扶正义的化身。史诗中罗摩和罗什曼那兄弟二人受重伤，是哈奴曼用手将吉罗婆山从千里之外托到阵前，找到仙草，治好他们兄弟的伤痛，又将大山用手托回原处的。这在印度古代神话中是极具浪漫主义色彩而又脍炙人口的故事，至今还在人民中广泛流传，历经千年而不衰。

《罗摩衍那》的故事和神猴哈奴曼的形象通过留在古代汉译佛经中的文字，终于被中国人所认知。在唐玄奘（602—664 年）翻译的《阿毗达磨大毗婆沙论》第四十六卷中，就对《罗摩衍那》进行了概括介绍："如《罗摩衍那书》有一万二千颂，惟明二事：一明罗伐拏（罗波那）将私多（悉多）去，二明逻摩将私多还。"此外，《杂宝藏经》中的《十奢王缘》，讲述罗摩如何失妻又得妻，将这两个故事合在一起，即《罗摩衍那》的故事核心。[①]重要的是在第二个故事中，已出现一个本领高强、统领千军万马、救助他人于危难之中的猕猴王。这一形象的出现，使许多学者对它与《西游记》中孙悟空的形象是否有某种联系的问题产生了极大的兴趣。

众所周知，1923 年，胡适先生（1891—1962 年）在为上海亚东图书馆出版的《西游记》一书所写代序《西游记考证》中，提出"《罗摩衍那》中的哈奴曼是猴行者的根本"[②]的观点。他写道："我总疑心这个神通广大的猴子不

① 中国印度文学研究会编，季羡林主编：《印度文学研究集刊》第 2 辑，上海译文出版社 1986 年版，第 3—7 页。
② 胡适：《西游记考证》，亚东图书馆 1923 年版，第 26 页。

是国货，乃是一件从印度进口的。也许连无支祁的神话也是受了印度影响而仿造的。……在印度最古的纪事诗《拉麻传》（Ramayana）里寻得一个哈奴曼（Hanuman）大概可以算是齐天大圣的背影了。"鲁迅对此持反对意见，他在《中国小说的历史的变迁》中指出："所以我还以为孙悟空是袭取无支祁（'无支祁'是'形若猿猴'的淮水神——笔者注）的。"尽管如此，这些观点仍然不失为 20 世纪文坛孙悟空形象研究的一大突破。其实，早在 1914 年，德国传教士卫礼贤（1873—1930 年）就在德译的《中国童话》[1]中将孙悟空与哈奴曼联系在一起了。继后，1930 年陈寅恪先生（1890—1969 年）在《〈西游记〉玄奘弟子的故事之演变》一文中考证了孙悟空大闹天宫的故事、猪八戒及高老庄招亲的故事、沙僧的故事等在汉译佛典中的来源。这无异于支持了胡适的观点。后来的学术界对孙悟空到底是"进口货"还是"国产货"，始终各执一端，难分轩轾，但毕竟扩大了《罗摩衍那》，尤其是哈奴曼在中国的影响。季羡林认为："中国小说《西游记》中的孙悟空身上就有哈奴曼的影子。他是中国的无支祁和印度的哈奴曼合二为一的人物。他那大闹天宫的故事，同他的印度同事哈奴曼的托山故事一样，深受中国人民的喜爱，至今还在中国人民中传播，也同样历千年而常新。"[2]

《罗摩衍那》及神话哈奴曼的故事，经学者研究，与中国文学还有另外一些关系。唐传奇中还有一篇《补江总白猿传》，说南梁欧阳纥将军率师南下，行至福建长乐，其妻被白猿精掳去。宋话本、南戏剧本和明代洪楩的同名小说《陈巡检梅岭失妻记》中，也记载了一个猿精在梅岭掳人的故事。这些作品与《罗摩衍那》中的故事似乎有某种联系。郑振铎先生（1898—1958 年）就曾大胆推测："最早的戏《陈巡检梅岭失妻记》（《永乐大典》作《陈巡检妻遇白猿精》），其情节与印度的大史诗《拉玛耶那》（Ramayana 即《罗摩衍那》）很有一部分相类似。"[3]他的判断最后虽未下结论，但意思是很清楚的，即中

---

① Richard Wilhelm, *Chinesische Volksmärschen*, Jena: Eugen Diederich, 1914, p.410.

② 季羡林：《中印文化关系史论文集》，生活·读书·新知三联书店 1982 年版，第461 页。

③ 李肖冰、黄天骥、袁鹤翔、夏写时编：《中国戏剧起源》，知识出版社 1990 年版，第 127 页。

印这两部作品之间存在着某种联系,而神猴哈奴曼和白猿精相近的题材故事,则是敢于这样大胆推测的重要依据。

文学的传播和交通往来是分不开的。中印两国海陆有 2000 多年贸易和文化交流的历史。尤其是近代以来,南方丝绸之路的发现,使学者注意到除西域的丝绸之路以外,中印文化、文学的交流还可以通过川滇缅印古道进行。况且由于以往西域道、西藏道这两个人所共知的中印文化通道,在音乐、建筑、绘画、雕刻、戏曲、诗歌、小说、天文、历法、医学等方面,中印互鉴,受惠于对方。其中敦煌石窟中藏有古藏文《罗摩衍那》的简译本,即是中印文化交流的产物。据估计,梵文《罗摩衍那》是 7 世纪以后传入西藏的。吐蕃赞普赤松德赞(755—797 年在位)趁唐天宝年间安史之乱无暇顾及,攻打了 11 年,才于德宗建中二年(781 年)攻陷了敦煌。宣宗大中二年(848 年)收复敦煌。据考证,吐蕃占据敦煌的 67 年中开凿了大量的洞窟,现存的竟有 45 个之多。估计从梵文译成藏文的《罗摩衍那》,即是在这期间所作并藏入的。在古藏文《罗摩衍那》中,不仅有哈奴曼(藏文译本称哈奴曼达),而且形象生动,是罗摩与悉多数次团圆的重要力量和推手。[1]尤其是当罗摩将悉多母子送到吉姆园中生活时,是哈奴曼仗义执言、力挽狂澜,大胆指责罗摩说:"身为人间之王,行为要符合神规。投生为人,武艺能与狮子匹敌,天女(悉多——笔者注)无错却栽上了离奇大罪!"[2]国王罗摩听了很合自己心意,也觉得哈奴曼所言极是,就召回了悉多母子。哈奴曼成为他们团圆结局的主要推动力量。

二、哈奴曼形象在东南亚

中印文化交流的另一个重要渠道是始于汉代,而在宋代得到长足发展的海上丝绸之路,福建的泉州则是当时这条海上通道最重要的港口。南宋(1127—1279 年)初年,泉州开元寺先后修筑了两座砖塔,后改建为石塔。在

---

① 王尧、陈践:《敦煌古藏文〈罗摩衍那〉译本介绍》,《西藏研究》1983 年第 1 期。
② 王尧、陈践:《敦煌古藏文〈罗摩衍那〉译本介绍》,《西藏研究》1983 年第 1 期。

南宋绍定元年至嘉熙元年（1228—1237 年）用石料建成的西塔第四层上，有一个猴行者的浮雕像。他猴面人身，头戴金箍，身穿直裰，足登罗汉鞋，颈项上挂着一圈大佛珠，腰悬药葫芦，右臂曲在胸前，左手握着鬼头大刀，造型逼真、形象生动。泉州学者黄梅雨认为："……猴行者浮雕，很可能取材于这部著作（《罗摩衍那》）。它的出现，给 300 多年后的明代作家吴承恩，在创作《西游记》时对孙悟空形象的塑造，是产生过影响的。"[1]1983 年，精通汉文化、研究《西游记》人物形成史的日本北海道大学中文系教授中野美代子，来泉州考察后，以《福建省和〈西游记〉》为题，提出"孙悟空生在福建"这个惊人论点。[2]她认为："印度古代史诗中哈奴曼的形象随着婆罗门教传入福建沿海一带，形成了许多猿猴精的传说，这些传说和唐三藏西天取经的故事相结合，塑造出了《西游记》故事的雏形。所以说，孙悟空'家乡'在福建。"[3]继后，中野美代子教授在《泉州开元寺东西塔浮雕考》一文中，再次坚持自己的观点说："此猕猴头戴金箍，颈挂数珠，腰间悬挂《孔雀明王经》和葫芦，谁都会说这是孙悟空的前身。"[4]《罗摩衍那》中哈奴曼的形象经过南海传至泉州顺理成章。早在 8—9 世纪，《罗摩衍那》即已逐渐传入斯里兰卡、缅甸、泰国、老挝、柬埔寨、马来西亚等地，作为宋代"东方第一大港"的泉州，和这些地区的海上往来极其频繁。《罗摩衍那》中哈奴曼的故事从上述地方直接或间接传入福建是极其便利的。南宋福建大诗人刘克庄（1187—1269 年）在《释老六言十首》中即有"取经烦猴行者"的诗句。可见当地文人对其熟悉程度，而将孙悟空与哈奴曼牵手便是意料之中的事了。

公元 2—3 世纪印度大乘佛教就已传入斯里兰卡。古刹无畏山就有众多大乘经典和僧人，其结果是促使梵语兴盛。僧俗学者和王公贵族也开始以通晓梵语而自豪。在这种文化背景下，6 世纪斯里兰卡产生了一种重要的梵语作品《悉多落难记》。此作品主要取材于印度史诗《罗摩衍那》，其中的重要情节是

---

① 黄梅雨：《话说泉州》，福建人民出版社 1989 年版，第 30 页。
② 泉州旅游局编：《泉州开元寺奇观》，福建人民出版社 1986 年版，第 31 页。
③ 徐晓望：《福建民间信仰论集》，光明日报出版社 2013 年版，第 118 页。
④ 梅益主编：《中国与日本文化研究》第 1 集，中国大百科全书出版社 1991 年版，第 280 页。

神猴哈奴曼帮助罗摩战胜十首魔王，携妻回国。因为《悉多落难记》中主要记载的是哈奴曼救难的英雄事迹，所以在6世纪的斯里兰卡，哈奴曼就已不再是一个陌生的域外形象，而是一个在本国急公好义、救人于水火而有一定影响的英雄了。而哈奴曼惩恶扬善、终得善果、神通广大、乐于助人的形象，正符合了广大斯里兰卡人民的愿望。他们在本国的土地上修庙建寺，祭祀哈奴曼，也表示了广大信徒对哈奴曼的爱戴与崇拜心理。至今，人们还能观赏到在斯里兰卡皇家植物园哈克嘎拉（Hakgala）不远处的悉多·安曼（Seetha Amman）神庙。它为纪念印度史诗《罗摩衍那》中神猴哈奴曼曾到过此地而建，装潢华丽，香火很盛。主殿旁边的斜坡巨石上有5个单独的圆形洞，犹如一个巨大的脚印。当地人坚信那就是哈奴曼为救悉多跨海纵身一跳时留下的脚印。

《罗摩衍那》以口耳相传或写本的形式从陆海两路南传至泰国。"罗摩衍那"的意思是"罗摩传"，传入泰国后被称为《拉玛坚》。其主要内容可能源于印度南传和流传于西北方向的故事，以及直接或间接吸收了周边国家和地区的罗摩故事，最后经过泰国本民族文人的再创造而形成的。其中重要的艺术形象神猴哈奴曼的所作所为深受广大人民群众的喜爱，给人留下了深刻的印象。《拉玛坚》第一次以文字形式记录下来，是大城王朝德来路加纳时期（1448—1488年）出现的，为皮影戏《拉玛坚》配音的不完全台本。继后在泰国出现的源于泰国民间文学艺术的舞剧——孔剧中，最典型的68式舞姿中就有一种是"哈奴曼除魔"。孔剧《拉玛坚》中角色的面具都有具体的形制和颜色，主要分为王子面具、神猴面具和罗刹面具三大类。其中，神猴的种类繁多，约有30余种。孔剧根据角色和剧情需要决定其面具的图案和颜色，重要角色神猴哈奴曼的面具以白色为底色，用红、绿、金蓝等颜色勾勒，头戴平顶金冠。这些五色缤纷的色彩装饰，不仅象征了哈奴曼丰富的情感与心理，也代表了人们对他智勇双全、忠于正义等行为的理解，以及对这一艺术形象的由衷喜爱。

其实在泰国还广泛流传着对《西游记》中孙悟空这个齐天大圣的崇拜，甚至认为孙悟空荣登佛祖之位。《西游记》在19世纪就以《西游》之名被译成泰文，影响日隆。由此可见，从印度的哈奴曼、中国的孙悟空和泰国的大圣佛祖的发生学考释、故事框架、流传路线，形成了三个似是而非、别开生面的神猴形象体系。他们同根同源，身上都有哈奴曼的影子，但又都被人化、被世俗化，总之被异化，最后被经典化。泰国著名的万福（眼）慈善院是个有印、中、泰三国特色的大寺院，香火繁盛、香客众多。该寺院有广东潮汕特色的牌楼式山门，上面标有万福慈善院的中文和泰文。寺院内主要供奉着千手观音、大圣佛祖、财神爷、太上老君几位神祇。寺院中的大圣佛祖为三面大圣，三面分别代表了愤怒、喜悦、悔恨，这三种情绪用来提醒和规范男性的行为。寺院供有三尊主祀神，分别代表了平安、健康、财富。大圣代表了健康，佛像整体近2米高，金箍棒近3米长，有3个头。在中国的神祇中只有哪吒是三头六臂，印度的哈奴曼是五面八臂。在中国，三头六臂往往表示其本领高强。而在印度无论是四面佛、五面佛的哈奴曼，其每一面都被赋予了不同的意义。那么泰国这一大圣塑像，无疑融合了印、中、泰三国崇拜神猴的心理，既突出了哈奴曼的本领、孙悟空的神通，又表现了佛祖三个面不同的寓意与象征。

哈奴曼形象的经典化过程说明：首先，凡是印度《罗摩衍那》和印度宗教信仰所到之处，神猴哈奴曼的艺术形象就会以各种形式走上经典化的过程，成为南亚、东亚、东南亚各国人民心中的偶像或变异后的偶像。其次，学界对《罗摩衍那》以及人物形象之研究，尤其是哈奴曼形象一类的研究，具有了民间文艺学传统中的母题、主题或题材研究所难以企及的阐释深度和理论高度，从而使哈奴曼的形象研究有了更大的阐释空间。

文学篇

《摩诃婆罗多》发生学探究

————

　　史诗不是中国文化传统的产物，据考证，它源于欧洲，是希腊语"Epic"，原意是"说话""叙事"。由于习惯相沿和说话中的叙事成分，这个词才与用诗体写的关于古代英雄战争、冒险事迹等叙述联系起来，成为包含历史的诗。印度史诗一词的原意是"过去如是说"，即历史传说。这里所论及的史诗实际上是古代的英雄史诗，即以描写英雄情味为主的叙事长诗。其叙事重点放在历史传说中的某一个部落、民族或者一个种族的命运系于一身的英雄或半神半人的人物身上，主要在于赞扬他们的英雄业绩，以便长期缅怀他们的显赫威名，从而激励后人。这些史诗初始是口头流传，后由诗人、学者整理而成。随着人们对史诗研究与认识的不断扩大，比英雄史诗产生更早的神话史诗也进入学者的视野。它表现了初民时期的族群对神的狂热崇拜和对大自然的征服欲，神话色彩比较浓重。其本质脱胎于神话传说，是神话传说在民间的流传与发展，且对人物和传说故事的描写更具体、生动。本文认为，将印度古代两大史诗相比较而言，《摩诃婆罗多》神话史诗的色彩更浓重一些，而《罗摩衍那》英雄史诗的色彩更强烈一些，这可能就是《摩诃婆罗多》被称为"历史传说"，而《罗摩衍那》被称为"最初的诗"的原因之一。神话史诗和英雄史诗都有超越现实时空界限、包含神话传说与历史传说的特点，体现了人类原始思维从神话精神发展到史诗构想的延续性。如果我们承认绝大多数学者认同的印度史诗《摩诃婆罗多》创作"最早的年限是在吠陀文学的后期，即公元前 10 世纪，而它最晚的年限则在公元四五世纪"[①] 的观点，即是说《摩诃婆罗多》是在 1500 年左右的时间里才完成了从神话史诗到

---

① 刘安武：《印度两大史诗研究》，北京大学出版社 2001 年版，第 30—31 页。

英雄史诗的增删过渡。

　　史诗通常以神话传说或重大历史事件为题材，是民族精神的再现。这种古代的长篇叙事诗一般具有广泛的叙事性质和深刻的社会、历史、文化意义。因此，史诗一般篇幅都很绵长、结构宏大庞杂、主题伟大严肃、诗体崇高庄重、情节曲折变化，充满幻想和神奇色彩。只有这样的艺术特征，才能充分表现出各民族中那些象征整个部落或民族的英雄人物，如何以大无畏的英勇精神和勤劳的双手创造出人间奇迹，并在和自然与社会的斗争中取得最初的胜利。而一代又一代的作者凭借丰富的想象力和高超的叙事技巧，对这些传说进行传播和艺术加工，形成较为系统完整的史诗文本。这些作者进而使这些叙述具有了娱乐性和教育性，使其审美价值超越了现实时空界限。如此这般，《摩诃婆罗多》才有了产生的可能性。

一、从英雄颂歌到英雄史诗

　　《摩诃婆罗多》题目的含义是伟大的婆罗多族即印度民族的故事。史诗描写了发生在古代印度俱卢族和般度族为争夺王位而进行的一场大战，反映了当时社会合久必分，分久必合，合是总趋势的思想。印度最古老的诗歌集《梨俱吠陀》曾提及好战的婆罗多族，其后的《梵书》提到俱卢族是婆罗多族的一个分支。不过，只有在波颠阇利的《大疏》中才明确记载了俱卢族和般度族之间的战争故事。尽管目前还缺乏足够的证据，但一般学者都趋于认为这次战争是历史事实。季羡林先生主编的《印度古代文学史》中也认为："应该说，这部英雄史诗是印度列国纷争和帝国统一时代的艺术反映。"[①]事实是，这部有历史依据的史诗《摩诃婆罗多》，经过长期艺术加工，已被传说化和神话化了。

　　印度古代的社会现实是产生史诗《摩诃婆罗多》的土壤和母胎。奥地利著名梵文学者莫·温特尼茨在论及印度民族的大史诗时曾指出："我们从《夜柔吠陀》和梵书中已经得知，俱卢族的国土是俱卢之野，俱卢王室内的一起

---

① 季羡林主编：《印度古代文学史》，北京大学出版社 1991 年版，第 59 页。

家庭纠纷导致了一场流血战争，这是一次名副其实的毁灭性战争。在战争中，古老的俱卢族，甚至整个婆罗多家族险些毁灭殆尽。我们也许可以把这场血战的故事看成一次历史事件，乃至我们只是从《摩诃婆罗多》里得知此事的。描述这次大战的诗歌在民间传颂着，一位姓名早已埋没的伟大诗人把这些诗歌编成了一部英雄颂歌，歌咏俱卢之野的伟大战争。"①这种"英雄颂歌"即早期的神话史诗，是向英雄史诗过渡的标志，是英雄史诗的前奏，有时也将这种"英雄颂歌"视为娱乐诸神的吟诵之词。在梵书和祭祀仪式文献里记载的是，在祭祀仪式和家族喜庆活动中，演唱这种叙事的诗歌也是宗教仪式的一部分，它必然会将许多宗教文化的内容夹裹进去。这些英雄颂歌的传诵者是通常被称为"苏多"的歌手。他们不仅在宫廷里演唱带有故事性的自创歌曲以颂扬国王的荣誉，而且常常到战场上去，讴歌武士们的英勇事迹。例如，在《摩诃婆罗多》中，歌手全胜就曾为十车王生动地描述了战场上的情景。这些歌手形成了师徒口耳相传的传唱传统。一些歌手四方游走，将这些诗歌背诵下来，在公众场合弹奏演唱，于是英雄颂歌即由神话史诗逐渐演变成英雄史诗开始在民间广泛流传，并不断增补，最终形成现在的规模。

　　印度近代文学家泰戈尔在论及历史小说时曾形象地指出："曾有一段时期，《罗摩衍那》和《摩诃婆罗多》是历史，但现代历史十分困窘地承认自己同它仍有着亲缘关系。历史说，由于同诗歌结合，它的家族消失了。如今要拯救它的家族是那么困难，别人只能在诗歌形式里认识它的家族。诗歌说，历史是兄弟，你内部掺着许多虚假，而在我内部存在着许多真实。因此，让我们像以前一样交往吧。历史说，不，兄弟，还是各自割据为好。于是，博学的丈量土地的官员，到处进行这种分配割据地的工作，他准备在真实王国和理想王国之间划分出一条明显的分界线。"②尽管泰戈尔的语气幽默，不失风趣，但是却将史诗《摩诃婆罗多》中历史与真实的两重性与矛盾性清楚地揭

---

① 季羡林、刘安武编选：《印度两大史诗评论汇编》，中国社会科学出版社 1984 年版，第 313 页。

② ［印］泰戈尔：《泰戈尔论文学》，倪培耕等译，上海译文出版社 1988 年版，第 120 页。

示出来，让人们不得不深入思考。

　　泰戈尔还在为迪纳什琼德拉·赛纳先生《罗摩故事》一书所作的序中，对两大史诗的美学特质进行了分析，并深刻地指出："《罗摩衍那》和《摩诃婆罗多》不仅能称为史诗，它们也是历史。它们不是王朝交替的历史，因为那样的历史依赖于特定的时间；《罗摩衍那》和《摩诃婆罗多》则是全印度的永恒的历史。其历史的价值在各个时代里都发生了变化，然而这部历史的价值没有任何变化，全印度的实践和意向在这两座诗宫里获得了永恒王位。"[①]印度现代著名作家普列姆昌德在论及"文学在生活中的地位"即文学的社会性问题时深刻地指出："现在不是《罗摩衍那》的时代了，《摩诃婆罗多》的时代也过去了，但是这些作品现在还是新的。"[②]原因在于，"文学是真正的历史，因为文学中有自己的国家和时代的图画，而空洞的历史中是不可能有的"[③]。他的话再清楚不过地说明作为文学作品的《摩诃婆罗多》，这部史诗的历史性及其价值与意义。

二、从神话传说到史诗叙事

　　印度古代正式的史书很少，历史和传记也完全由诗编述，而且成为叙事诗中的一类，难以形成修史传统。这是因为古代印度人多追求出世生活，一生主要分为学道、家居、林居、出家四个不同阶段。这种普遍存在的追求出世的心理，使他们淡泊名利，既疏忽以往外部的历史变化，也不重视现世生活。对于书籍更是不大关注其真实性如何，也很少有相关的记载传世。因此《摩诃婆罗多》的成书充满了历史背景模糊、作者生卒难以考订、产生年代缺乏可信的文字材料佐证等不确定因素。在这种情况下，古代印度就难以形成

---

① ［印］泰戈尔：《泰戈尔论文学》，倪培耕等译，上海译文出版社 1988 年版，第 145 页。

② ［印］普列姆昌德：《普列姆昌德论文学》，唐仁虎、刘安武译，漓江出版社 1987 年版，第 80 页。

③ ［印］普列姆昌德：《普列姆昌德论文学》，唐仁虎、刘安武译，漓江出版社 1987 年版，第 80 页。

像中国一样的修史传统。但是，对《往世书》这样的神话传说汇编，他们却表现出了修纂的热情，以至形成传统。所谓《往世书》也可译为《古事记》，共18部。其中最早的出现于公元前，较晚的出现于10世纪，有的《往世书》到17、18世纪尚未完全定型，其原因是内容被不断充实，只要符合其修纂的条件，发生了新的事件，都可以增补进去。印度人将各种《往世书》视为他们的历史传说。事实上，《往世书》不是历史传说，而是神话传说。如果说中国是以史为鉴，那么，印度则可认为是以神话传说为鉴。而这种神话传说不断被增加、加工的传统，自然而然会影响到《摩诃婆罗多》的成书过程。于是乎，《摩诃婆罗多》也被不断地增加，篇幅也不断地扩大。梵文学者莫·温特尼茨就曾举《摩诃婆罗多》为例，来说明古代印度人史学观念的淡薄，他说："事实上，比较编年学也常常遇到麻烦，因为许多印度文学作品，尤其是那些最普及、因而对我们最重要的作品，已经有过多重修改，以多种变异的形式呈现在我们面前。举例说，如果我们发现在一部书里引用了《罗摩衍那》和《摩诃婆罗多》，而这部书的年代只能大约地确定，那么，常常会出现这样的疑问：它引用的是我们现存的史诗版本呢，还是同一史诗的更古老的版本？这种不确切性实际上还要严重，因为大多数比较古老的文献作品的作者，我们几乎一无所知。"[1]阿拉伯旅行家阿尔贝鲁尼在1030年写的有关印度情况的书中也曾指出："不幸的是，印度人很不注意事情的历史次序，他们毫不关心他们历代帝王的编年，如果非说不可的话，他们就茫然若失，不知所云，必然会采取传奇手法。"[2]

印度哲学家们曾说："无欲是印度特性，享乐是欧洲特性。"[3]无论这个论断对于欧洲是否准确和公平，"无欲的印度"这一评价应该说是不过分的。印度人对于名和利，表现得很淡漠，对于是历史还是文学也不重视形式上或内

---

[1] 中国印度文学研究会编，季羡林主编：《印度文学研究集刊》第1辑，上海译文出版社1984年版，第303页。

[2] 中国印度文学研究会编，季羡林主编：《印度文学研究集刊》第1辑，上海译文出版社1984年版，第306页。

[3] 转引自［印］泰戈尔：《泰戈尔论文学》，倪培耕等译，上海译文出版社1988年版，第231页。

容上的严格区分。对于今世与来世，他们既不从哲学角度，也不从心理上进行认真区分。因为他们清心寡欲，淡泊名利，很少计较个人得失，这样就很难形成重视现世今生的文化心理结构，而将这诸多界限都简化、虚化、弱化，于是依年修史成为一种难以实施的事情，史传传统也不可能形成。当然这反而成就了史诗《罗摩衍那》的文学性，但是，《摩诃婆罗多》的主观臆想性却增强了，于是神话传说的成分占据了很大篇幅。

三、从想象力到形象思维

印度自古以来就有富于想象的传统，这在《摩诃婆罗多》成书过程中得到了充分的体现。从本质上分析，《摩诃婆罗多》是印度古代人民企图用想象或者借助想象去征服自然力、支配自然力，并把自然力加以形象化的艺术结晶。古代印度人民丰富的想象力使大史诗能够以容纳百川的博大胸怀，将印度古代的历史传统、英雄传统、神话传统融为一体。《摩诃婆罗多》产生的过程就是古代印度人民充分发挥自己的想象力，将各种古老的神话传说幻想化、诗歌化的长期过程。因此，在史诗《摩诃婆罗多》中，天上、人间、地府相通，神、人、魔共处，亦真亦幻，浪漫瑰丽，变幻无穷。现今被视为虚构的"天方夜谭"，在古代印度先民心目中却不是无稽之谈，而是令人肃然起敬的"学问"。他们怀着敬畏的心理，充满奇妙的幻想去探寻其中的奥秘及精神力量之所在。《摩诃婆罗多》的成书事关他们的艺术表现、宗教信仰、哲学思考，涉及他们的历史文化、人文地理、风土人情，反映了他们的人生追求与生活理想，表现了他们古朴的人生观与宇宙观，令人分外兴奋。这些丰富的想象不仅转化为形象思维进入他们的文化心理结构之中，而且直接影响了《摩诃婆罗多》的成书，使之在不知不觉中成为《摩诃婆罗多》不断被丰富、被扩充、被重构的重要原因。

我们认为《摩诃婆罗多》的起源和原始形式就是一部英雄颂歌，继后，统称为伶工的一些歌手和民间艺人将其他的英雄故事和颂歌也杂糅进去，篇幅逐渐增加。其后，社会上层的人物如婆罗门、祭司等又将本种姓的神话故事以及修道仙人家族的传说加进去，从而使篇幅继续扩大。此外，在不断传诵中，有关天神、天魔、鬼怪、精灵、飞禽走兽、和尚、圣僧、修道仙人等内容也被不断续加进去。普列姆昌德在论述"短篇小说艺术"的问题时曾指出：印度"古代的故事是以志怪为主的，或者是以写神灵为题材的。《奥义书》和《摩诃婆罗多》里面就借助故事来解释神灵的'奥秘'"①。正如印度学学者刘安武先生所评价的："自天神、天魔出现后，双方产生了永无休止的斗争。摩诃婆罗多大战就被认为是天神、天魔在人间的演出。"②著名梵文学者黄宝生先生在《摩诃婆罗多》译本前言中也指出："婆罗多族大战实际成了神魔大战。俱卢族一方的大多数国王和王子是阿修罗和罗刹转生，而般度族一方的大多数国王和王子则是众天神化身下凡。其中，黑天是毗湿奴，坚战是正法之神，怖军是风神，阿周那是因陀罗，无种和偕天是双马童，德罗波蒂（黑公主）是吉祥女神。"③史诗中的人和事之所以产生这种被传说化和神话化，是因为史诗本身是动态的。人们总是以古代的修道仙人用许多神话故事作为给普通人的忠告，来说明生活真理，来解释奇异的故事和人物，从而使史诗具有了某种超自然倾向。而这种超自然力被形象化，自然又形成了新的神话传说，为《摩诃婆罗多》提供了新的丰富的题材。

四、从《胜利之歌》到《摩诃婆罗多》

《摩诃婆罗多》是一部名副其实的"发展中的史诗"。国内外众多学者都指出，史诗的发展扩充经过了《胜利之歌》、《婆罗多》和《摩诃婆罗多》三个不同的时期。黄宝生先生在译本前言中指出："《摩诃婆罗多》的原始形式可能叫做《胜利之歌》。这是因为在一些抄本的开卷第一首献诗是这样的：首先向人中至高的 / 那罗延和那罗致敬！ / 向婆罗私婆蒂女神致敬！ / 然后开始

---

① ［印］普列姆昌德：《普列姆昌德论文学》，唐仁虎、刘安武译，漓江出版社 1987年版，第 125 页。

② 刘安武：《印度两大史诗研究》，北京大学出版社 2001 年版，第 14 页。

③ ［印］毗耶娑：《摩诃婆罗多》第 1 册，金克木、赵国华、席必庄译，中国社会科学出版社 2005 年版，第 24 页。

吟诵《胜利之歌》。"①另外，史诗中"胜利"一词还常常被用作《摩诃婆罗多》的代名词，其故事核心是般度族在战争中的胜利，可见其前后的承继关系。但当时，《胜利之歌》还只是有 8800 颂左右的长篇故事诗，其作者很可能就是现在被认为是全诗作者的广博。后来经过一代又一代的口耳相传，在这些传人的口中又增加了许多细节。其中有许多是与主干故事有直接或间接联系的相关内容。当篇幅被扩充到 24000 颂左右的时候，其名字就被叫作《婆罗多》了。此时的史诗，其故事核心就是婆罗多族后代的故事了。继后，一个名字叫厉声即骚底的人对文本进一步铺陈、扩充，加入许多无关的插话，及其他政治、宗教、哲学等庞杂的内容。当篇幅达到 10 万余颂时，被称为《摩诃婆罗多》。其核心意思是伟大的婆罗多族即印度民族的故事。

印度著名文学家泰戈尔在论及"文学创作"问题时，非常详细地论述了印度古代两大史诗的形成过程。他指出这些故事"是通过许多乡村歌手和讲故事者的嘴，用不成规章的韵律和乡村语言，在乡村庭院里盘旋了许多时代。当某个宫廷诗人不是应邀去简陋的乡村庭院歌唱，而是受到邀请在辉煌的盛会歌唱的时候，他就提炼了那些乡村故事，用洗练的韵律，修饰的语言，并用宏大而完整的诗歌形式，表达了那些故事"②。这种聚集分散感情和叙事题材的努力长期进行着，直至"许多早期流行在人民口头上的歌曲汇集在一首长诗里，多少年以来，这首诗被人民群众吟唱着，以后，许多时代的种种情势在那里面插了手，最后这首诗还从全国各个方面汲取了滋润自己的情味，这样它渐渐地成为整个国家的财富。在诗里可以获得整个国家灵魂的历史、哲学、宗教和风俗。只有建筑在最初的奠基诗人的惊人才干的基础上，这种情况才有可能出现。最初的奠基诗人的才能是如此超凡出群，它可以长期以来把整个国家吸引到自己的事业中来。尽管我们不能肯定说长期以来受到许多人插手之后，它依然没有变样，还是完美无缺地保持着自己的基本结构。我

---

① ［印］毗耶娑：《摩诃婆罗多》第 1 册，金克木、赵国华、席必庄译，中国社会科学出版社 2005 年版，第 24 页。
② ［印］泰戈尔：《泰戈尔论文学》，倪培耕等译，上海译文出版社 1988 年版，第 76 页。

们的《罗摩衍那》和《摩诃婆罗多》，特别后者是这方面的例证"①。

史诗所具有的超越现实的时空性与包含历史的文学性，不仅成为界定《摩诃婆罗多》是"历史传说"还是"诗"的主要标志，也说明《摩诃婆罗多》成因中的文化特质。史诗中的"史"与历史、"诗"与现实的双重建构关系，清楚地表明了它最重要的两个原始作用。史诗的历史性在于它的"部落叙事"，即它是部落习俗与传统的记录，是部落中英雄和大事件的记录，所以它不必像文学那样非常注重借助形象思维进行构思。作为诗歌，它又是一种"娱人故事"，一种后人的永久记忆，所以它又不必像历史那样完全拘泥于真实的叙述。在这种人类早期的史诗里，众多的伶工诗人凭借高超的时空想象力和艺术表现技巧，将现实中人的娱人欲望淋漓尽致地表现出来，将信仰中人的娱神渴求准确无误地表达出来，并使其几乎天衣无缝地融为一体。因此，它们不可能成为纯粹的编年史文本，也不可能完全成为虚构的文学作品。而由于大量神魔故事杂糅其间，任何修史的思考都已成为不可能，更不可能形成中国式的史传传统，从而使"过去的现实又反映在荒诞的神话形式中"②成为现实中的可能，甚至成为真理。

作为人类童年时代创造出来的一部充满神话色彩和英雄传说的史诗，《摩诃婆罗多》的产生有适应其萌生和生存的"土壤和母胎"。它不是随便哪一类神话传说，更不是随便哪一种不自觉的艺术加工就能随意生成的，其"永久的魅力"恰恰就在于《摩诃婆罗多》发生学意义上的多元性与复杂性，需要人们永远去探求。

---

① ［印］泰戈尔：《泰戈尔论文学》，倪培耕等译，上海译文出版社 1988 年版，第 77—78 页。

② ［德］马克思：《摩尔根〈古代社会〉一书摘要》，中国科学院历史研究所翻译组译，人民出版社 1965 年版，第 173 页。

《摩诃婆罗多》分合论主题

————

　　《摩诃婆罗多》是一部什么样的书？从字面上说，"摩诃"的意思是"伟大的"，"婆罗多"即印度的古称。《摩诃婆罗多》这部史诗题目的含义就是伟大的婆罗多族即印度民族的故事。这部史诗的中心内容是描写发生在印度古代的一场大战。大战先是由印度北方一个婆罗多族王国的内部斗争展开的。婆罗多族有两支后裔，一是以难敌为代表的俱卢族，一是以坚战、阿周那、怖军为代表的般度族。为了争夺王位的继承权，双方由猜忌和争吵，逐步演变成势不两立的两大阵营，并最终导致了一场可怕的战争。大战持续了18天，般度族和俱卢族都广结盟友，使当时印度所有的王国几乎都卷入了这场战争。最终，带着正义色彩的般度族一方战胜了俱卢族。

　　《摩诃婆罗多》规模宏大，古希腊两大史诗加在一起，在篇幅上也仅相当于它的八分之一。在这样的鸿篇巨制中，除了中心故事之外，还插入了其他很多故事和传说。这部史诗以其博大深邃吸引了世界各国梵文学者的研究目光。但是由于史诗年代古远、内容包罗万象、思想玄奥精深，学者们对这部史诗的研究常常出现争议，因此有《摩诃婆罗多》之谜"的说法。至于这部史诗的主题，更是众说纷纭。这正如印度学者苏克坦卡尔在《论〈摩诃婆罗多〉的意义》一书中所指出的："我们的这部诗，虽然一般被称作印度大史诗，但却不完全符合马修·阿诺德提出的一条定理，即'史诗的主题必须是关于某一次伟大而复杂的行动'……由于存在着大量淹没主题的传记和学术探讨，即使想要辨别出其背后的故事梗概，也是困难的。"[1]

————

[1]　季羡林、刘安武编选：《印度两大史诗评论汇编》，中国社会科学出版社 1984 年版，第 127 页。

尽管史诗复杂难解，但学者们还是对《摩诃婆罗多》的主题进行了多方面的探讨。在有关《摩诃婆罗多》主题的各种探讨中，以下三种说法较有代表性：一是澳大利亚梵文与印度学教授 A.K. 沃德在论述印度古典文学时评价说："王顶把《摩诃婆罗多》的主题恰当地概括为般度人（般度诸子）的愤怒。"① 王顶是生于公元9世纪左右的印度古代文艺理论家，曾写过取材于《摩诃婆罗多》的剧本《儿童的婆罗多》，他对史诗主题的概括有一定的权威性。二是奥地利著名梵文学者莫·温特尼茨指出："描述这次大战的诗歌早就在民间传颂着，是一位佚名的伟大诗人把这些诗歌编成了一部英雄颂歌，歌咏俱卢之野的伟大战争。和《伊利亚特》与《尼伯龙根之歌》一样，一场毁灭性战争的悲剧构成了这部英雄颂歌最早的主题。这篇古老的英雄颂歌又构成了《摩诃婆罗多》的核心。"② 三是苏联学者 A.Π. 巴兰尼柯夫在关于《摩诃婆罗多》俄译本后记中说："作为《摩诃婆罗多》的主要故事的基础是全国政治统一的思想。"③

显然，这三种说法互有矛盾之处，这种矛盾较为突出地表现为战与和、纷争与统一的问题。史诗是如何解决这一矛盾的？在前人研究的基础上，仔细研读这部大史诗，捋清故事主要线索，分清内容的主次，找到史诗的核心，再剖析其主题，我们似可得出一种"分合论"的观点。"分合论"主题表现的是"合久必分，分久必合"的观点，但大史诗总的趋向是强调合，即一种统一的思想。史诗表面上描写的是纷争，但其本质上强调的是合和。在这两种倾向的相互转换中，史诗表现出一种"正法"的思想，即要在人世间推行一种高于一切的责任和义务，一种从理性出发，由必然王国走向自由王国的符合自然规律的正道。这种重诚信、讲仁义、以人为本的思想具有东方民族的文化智慧和心理特征，也是《摩诃婆罗多》"分合论"主题的深层结构。

---

① ［澳］A.L. 巴沙姆主编：《印度文化史》，闵光沛等译，涂厚善校，商务印书馆 1997 年版，第 247 页。
② 季羡林、刘安武编选：《印度两大史诗评论汇编》，中国社会科学出版社 1984 年版，第 313 页。
③ 季羡林、刘安武编选：《印度两大史诗评论汇编》，中国社会科学出版社 1984 年版，第 416 页。

一、《摩诃婆罗多》的分合论缘起

《摩诃婆罗多》的主要译者黄宝生先生在译著的《前言》中论及史诗的社会背景时曾指出："多数学者认为大约公元前 15 世纪前，居住在中亚地区的部分雅利安人离开故乡，向南迁徙，一支向西进入伊朗，成为伊朗雅利安人；一支向东进入印度，成为印度雅利安人。"[①] 进入印度的雅利安人在公元前 15 世纪至公元前 10 世纪的吠陀时代还处于部落社会，当时曾战争频仍。"开始是雅利安人征服以'达娑'（或'达休'）为代表的印度土著居民，后来是雅利安人部落之间互相掠夺吞并。《梨俱吠陀》中描写的十王之战就是当时影响很大的一次战争。"[②] 《摩诃婆罗多》主要讲的是婆罗多族后代为争夺王位进行的一场你死我活的战争。"正如学者们普遍指出的，《摩诃婆罗多》是一部名副其实的'大战书'。"[③] 印度学者斯·格·夏斯德利在《新梵语文学史》中明确指出："《罗摩衍那》和《摩诃婆罗多》中的战争实际上充分表明了当时印度文化和文明的扩大、传播和影响。雅利安文化的优越性已经被四面八方所公认，这也是显而易见的。"[④]

婆罗多族的战争观与其印欧文化的心理结构有关。18、19 世纪的西方学者通过印度古代语言和欧洲语言的比较研究，确认吠陀语和梵语属于印欧语系。以谱系分类法考察，则印欧语系又可分为印度语族、伊朗语族、斯拉夫语族、波罗的语族、日耳曼语族、罗马语族、克尔特语族、希腊语族、吐火罗语族等。它们主要分布在欧洲、亚洲和美洲等地。这些语言在语音、词根和语法方面都存在着这样那样的共同性。因此可推知，使用这些语言的民族在文化结构、社会认同感和民族性格等方面不仅具有共同性，而且可能有过

---

① ［印］毗耶婆：《摩诃婆罗多》第 1 册，金克木、赵国华、席必庄译，中国社会科学出版社 2005 年版，第 17 页。

② ［印］毗耶婆：《摩诃婆罗多》第 1 册，金克木、赵国华、席必庄译，中国社会科学出版社 2005 年版，第 18 页。

③ 刘安武：《印度两大史诗研究》，北京大学出版社 2001 年版，第 149 页。

④ 季羡林、刘安武编选：《印度两大史诗评论汇编》，中国社会科学出版社 1984 年版，第 39 页。

共同的历史起源。因此，印欧语系的这些共同性形成了所谓的印欧文化。

　　法国 20 世纪著名语文学家、文明史家乔治·杜梅齐尔认为："对于那些涉及祭祀、权利、制度的名词，恰是在地理上相距最远的印欧人之间，他们的一致性最多。这些人一方面是印度—伊朗人，另一方面是古意大利人、克尔特人。在意识形态方面也同样：恰是处在最端头的民族——高卢、爱尔兰、印度、伊朗，其社会各阶级功能的等级制度是最严格的。"① 对于印欧人及其所形成的印欧文化，至今人们知道的并不多，只知道："这是一个多少统一的民族，他们生活在一个相当辽阔的范围内，以至于他们共同使用的语言中会出现种种不同的方言。出于一种尚不为人所知的原因，得益于战马和两轮马车构成的霸权，他们得以一浪一浪不断地向四面八方扩张，直到弹尽粮绝。他们走得较远，而在所过之处总要强使被战胜的民族说他们的语言。"② 因此，英国学者霍尔派克指出："各个方面的竞争是印欧文化的一个重要特征。战争和战斗被视为荣耀，而且是社会的根基之一。梨俱吠陀和荷马以不同方式滔滔不绝地歌颂血战、屠杀、克敌制胜和掠夺无数的战利品。"③ 正是这种观念使得属于印欧人的雅利安人在自己的文化史上吟诵出叙述部族大战的作品。

　　雅利安人在东渐中还逐渐强化了刹帝利的地位，进一步形成崇拜战争的风尚。季羡林先生指出，印度两大史诗"都是在雅利安人从五河地区向恒河、阎牟那河流域前进对印度情况了解得更多更细致的环境下写成的"④。因此，简单地将《摩诃婆罗多》理解为描写俱卢族和般度族之间的一场部落战争这样一个层面上是不够的，因为其中许多篇章涉及渊博的知识学问、崇高的虔诚精神、深奥的祈祷理论、盛大的祭典礼仪和正统的规劝说教，总之它是雅利安民族的知识大全。但是，《摩诃婆罗多》在军事、战争、谋略方面的细致描述，清楚地表明史诗时期雅利安人由印欧文化沿袭下来的战斗热情。印度学

---

① ［法］迪迪耶·埃里邦：《神话与史诗——乔治·杜梅齐尔传》，孟华译，北京大学出版社 2005 年版，第 69 页。

② ［法］迪迪耶·埃里邦：《神话与史诗——乔治·杜梅齐尔传》，孟华译，北京大学出版社 2005 年版，第 67—68 页。

③ 转引自庞卓恒：《中西古文明比较》，《社会科学战线》2001 年第 4 期。

④ 季羡林：《罗摩衍那初探》，外国文学出版社 1979 年版，第 28 页。

者瓦·盖罗拉在《梵语文学史》中，论述两大史诗主题的原始来源时指出了其中的"英雄情结"。"我们从一些梵书和经书中看到的描写人的一些颂歌，在某种程度上就是一些英雄故事，这些英雄故事和许多王朝的英雄人物有关。《罗摩衍那》和《摩诃婆罗多》的主要故事以及描述的核心就是基于那些英雄颂歌。""《罗摩衍那》和《摩诃婆罗多》主要内容方面是写英勇精神。《罗摩衍那》中罗摩和罗波那的战争以及《摩诃婆罗多》中俱卢族和般度族的战争就是这种英勇精神的标志。"①

古代印欧人民在生产生活中充满了严酷的生存竞争，部落上下自然而然会产生一种崇尚竞争取胜的自发意识。长达数千年之久的游牧游耕生活进一步形成一种自觉崇拜战神或英雄的思想。于是，刹帝利被英雄化的倾向在史诗中应运而兴。印度学者认为："两首史诗都强调刹帝利的重要性，而把婆罗门在政治团体中的地位贬低了。"②刹帝利是武士阶级，执掌王权、治理国家、指挥战争、攻城略地，在史诗中备受瞩目。他们的所作所为，迎合了当时部族生存的需要。为了保证集体和个人的生命与财产安全，人们渴求刹帝利这样的英雄和勇士出现。初民时期的人类，经历了由多神崇拜到一神崇拜，由崇拜灵魂、灵物到崇拜祖先，由吠陀文献中梵文赞歌热烈地歌颂武士到形成史诗中对刹帝利一类英雄的崇拜。乔治·杜梅齐尔认为，只有毗摩（即怖军）和阿周那这两个武士明显表现出他们在社会生活中原有的身份，即刹帝利，而且赋予了他们相当能战斗的精神。他在论述古代宗教问题时还曾称之为"神学结构"，并比较了印度与罗马在宗教上的不同表现："在印度，比较的内容是超自然的故事，本义上的神话，其中的人物均为神或魔鬼；而在罗马，则是些乔装成历史的叙事，其中的主要角色均由人来扮演。"③这正印证了黄宝生先生在《摩诃婆罗多》译本前言中所指出的："婆罗多族大战实际成了

① 季羡林、刘安武编选：《印度两大史诗评论汇编》，中国社会科学出版社 1984 年版，第 113 页。
② ［印］恩·克·辛哈、［印］阿·克·班纳吉：《印度通史》，张若达、冯金辛等译，商务印书馆 1973 年版，第 81 页。
③ ［法］迪迪耶·埃里邦：《神话与史诗——乔治·杜梅齐尔传》，孟华译，北京大学出版社 2005 年版，第 76 页。

神魔大战。俱卢族一方的大多数国王和王子是阿修罗和罗刹转生，而般度族一方的大多数国王和王子则是众天神化身下凡。其中，黑天是毗湿奴，坚战是正法之神，怖军是风神，阿周那是因陀罗，无种和偕天是双马童，德罗波蒂（黑公主）是吉祥女神。"①至于这些神魔之争是否含有雅利安人东渐时所具有的印欧文明与印度河流域固有的文明冲突的象征，以及是否含有雅利安人部落内部矛盾与冲突的隐喻等，在目前所论述的前提下已不十分重要，因为我们已经发现了东渐中的雅利安人的英雄观与战争观。正如莫·温特尼茨所提出的"'摩诃婆罗多'的意思是'婆罗多族伟大战争的故事'。《梨俱吠陀》里已经提到了婆罗多族，说它是一个尚武民族"②。

雅利安人在东渐中有如此的精神面貌，还可以从《摩诃婆罗多》的另一个名称《胜利之歌》中分析得之。国内外许多学者都指出，史诗的发展扩充经过了《胜利之歌》《婆罗多》《摩诃婆罗多》三个阶段，是一部名副其实的"发展中的史诗"。《摩诃婆罗多》的原始形式可能叫《胜利之歌》，这是因为在一些抄本的开卷第一首诗是这样的：首先向人中至高的/那罗延和那罗致敬！/向娑罗私婆蒂女神致敬！/然后开始吟诵《胜利之歌》。③诗中"胜利"一词常被用作《摩诃婆罗多》的代名词。而般度族在战争中取得胜利是故事的核心。莫·温特尼茨指出："我们从《夜柔吠陀》和梵书中已经得知，俱卢族的国土是俱卢之野，俱卢王室内的一起家庭纠纷导致了一场流血战争，这是一次名副其实的毁灭性战争。在战争中，古老的俱卢王族，甚至整个婆罗多家族险些毁灭殆尽。"④史诗站在般度人的立场上进行叙述，因此，般度族的英雄往往被描绘成勇敢无比、超凡绝代的英雄，他们高洁无瑕、心地善良、

① ［印］毗耶婆：《摩诃婆罗多》第 1 册，金克木、赵国华、席必庄译，中国社会科学出版社 2005 年版，第 24 页。
② 季羡林、刘安武编选：《印度两大史诗评论汇编》，中国社会科学出版社 1984 年，第 313 页。
③ ［印］毗耶婆：《摩诃婆罗多》第 1 册，金克木、赵国华、席必庄译，中国社会科学出版社 2005 年版，第 11 页。
④ 季羡林、刘安武编选：《印度两大史诗评论汇编》，中国社会科学出版社 1984 年版，第 313 页。

行为光明磊落。而俱卢人则被描写成虚伪阴险、多行不义之人。最终正义战胜非正义，光明战胜黑暗。《胜利之歌》名副其实。

正如印度学者苏克坦卡尔在《论〈摩诃婆罗多〉的意义》中所总结的："史诗叙述的中心……实质上是一个英雄时代的故事，这个故事回荡着战斗的呐喊，并由于激动人心的战争胜败的交替而显得有声有色。"[1]史诗中所表现出来的这种印度武士精神，不仅充满了时代特色，即具有雅利安人东渐中所表现出的披荆斩棘、勇往直前的气势，也表现出印欧文化中通常崇拜的战神精神、太阳神精神，具有阳刚之美。

二、《摩诃婆罗多》的分合趋势与主题

《摩诃婆罗多》鲜明地表现出印欧文明中崇尚战争的价值观。战争，无论是为争夺王位和财富，还是为了保持尊严与维护权利，都是史诗反复渲染的核心内容。印欧文化在荷马和吠陀时代就已经在社会生活的方方面面形成了竞技传统，并对以后的印欧人的社会历史产生了重要影响。历史学家指出："竞争的这些不同方面，当然并不全是好斗的，同时还有一种强烈的信念，相信冲突必定要受到控制。诉讼和争端，竞技和战争，都是按照所有竞争者都郑重表示要加以恪守的规则合理控制的。实际上，战争本身就被认为具有判决性质。"[2]因此，史诗中冲突的双方，在大战前居然可以达成协议，其中包括不加害放下武器或者没有武器的人。

这种"冲突必定要受到控制"的思想，即是《摩诃婆罗多》中合久必分、分久必合的社会发展趋向的表现，也正是史诗中的正法观与战争观决定的道德准则。刘安武先生认为"正法"或"达磨"，"其含义大体上比较接近汉语中的天道、大道、天理、天职等词的词义"。史诗所要表现的恰恰是"为了要在罪恶的世界上重建新秩序，需要正法。为了树立新的道德模式，需要代表

---

[1] 季羡林、刘安武编选：《印度两大史诗评论汇编》，中国社会科学出版社 1984 年版，第 187 页。

[2] 庞卓恒：《中西古文明比较》，《社会科学战线》2001 年第 4 期。

正法的人物，于是大史诗《摩诃婆罗多》就应运而生了"①。《摩诃婆罗多》产生于公元前数世纪印度历史上的纷争时代，当时大小国家林立，分分合合，难能统一。人们渴望和平统一，过上安定宁静的日子，迫切想描绘出自己一直追求的理想生活的轮廓。因此，在《摩诃婆罗多》的"和平篇"中，不仅写了坚战摆脱忧伤，登基为王，并接受为王之道的训诫，而且不乏解决日常社会生活中所遇问题的种种要诀。其中包括涉及政治、经济、宗教教义等方面的丰富知识。通过这些几乎是包罗万象的描述，不难窥见古代印度人民心灵最深处的隐秘。

印度学者 A.K. 沃德在论及《摩诃婆罗多》中的战争时指出："《摩诃婆罗多》强烈地吸引了印度的史学家，他们将它作为自己写作的一种模本，而评论家对其美学意义进行了争论，剧作家和其他作家则给以它不同的解释。许多人认为，由它形成的首要的美学经验是由放弃毁灭性的尘世野心而产生的宁静状态。"②这种宁静状态是大战后的安谧，是大分后的大合，是躁动之后的平复。人们从《摩诃婆罗多》中表面上看到的是俱卢族和般度族之间发生的一次浴血厮杀的大战，深层让人发现的却是反映了当时社会物质生活的空虚与匮乏，千方百计想引导人们通过不断正法，规范社会新秩序，充分发挥个人能力，以便走上解脱之路的努力。所以，文艺理论家们认为，《摩诃婆罗多》是一部以"平静情味"为主的作品。③凡由纷争引起的战争，必有其自身产生、发展和消亡的规律。在当时的社会历史条件下，《摩诃婆罗多》数代口耳相传的歌手和笔头叙述的作者们，希望战争过后能产生新的统治者、新的英雄，能够建立新秩序，出现新正法，给人们带来新的生机和希望。

乔治·杜梅齐尔在比较了印欧民族所传授给他的知识后感到受益匪浅。他说："通过史诗的形式，罗马人和萨宾人之间的战争和随后的联合就使人想到古代斯堪的纳维亚人所讲述的在阿斯族诸神（统治者和武士）和瓦恩族诸

---

① 刘安武：《印度两大史诗研究》，北京大学出版社 2001 年版，第 135—136 页。

② ［澳］A.L. 巴沙姆：《印度文化史》，闵光沛等译，涂厚善校，商务印书馆 1997 年版，第 248 页。

③ 季羡林、刘安武编选：《印度两大史诗评论汇编》，中国社会科学出版社 1984 年版，第 8 页。

神（主管生殖和和平）之间的战争和随后的联合；同时，也想到了在印度，以因陀罗为代言人的高级神和第三等级的诸神即耶萨提亚孪生子之间的争端以及随后的联合。"① 这种印欧民族通过战争达到联合的分合模式，也适应于《摩诃婆罗多》中战争与和平的转换模式。所以许多中外评论家都有如下结论，如《摩诃婆罗多》英文节译本译者孙用在译本前言中言简意赅地指出的："大战的结果是多个民族合而为一。"② 苏克坦卡尔在记述《摩诃婆罗多》的意义时也举例说明："《摩诃婆罗多》显示出印度统一的精神。"③ 其实，婆罗多族的大战及其结局只是历史上诸多民族部落内部发生冲突，或内部与外部发生战争的一个偶然事件、一个缩影，其本质是社会历史进步的一个步骤与阶段，而合久必分、分久必合才是其核心规律。各族人民心理结构的相同性，世界文化的趋同性，是不以任何人的意志和利益为转移的，它自有自己的规律可循。史诗所反映的现实正是对这种规律的一种诠释和总结。

《摩诃婆罗多》中关于毗湿摩之死的描写对表现史诗的分合论主题颇有意义。对婆罗多族间纷争的合久必分、分久必合的规律，但总的趋势是强调和，即统一的思想等，具有明显的印证意义。史诗在形式上表现为战争双方的纷争，但它在本质上反映的却是双方合和的愿望与趋势。大战的第十天，双方激战，相互杀戮无数，"众多的般度族勇士围堵毗湿摩一人，泼洒箭雨"，终于在夕阳余晖中，他从车上倒下。"恒河之子（毗湿摩）倒下，两军的英雄放下武器，陷入沉思"。各处的军队相继撤出，所有的国王卸下盔甲，走近毗湿摩。般度族和俱卢族走近躺着的婆罗多族俊杰毗湿摩，向他致敬后，站立于一旁。而毗湿摩则一视同仁地欢迎他们，在弥留之际，仍一再规劝双方的国王、武士："请摒弃敌意，停止战斗""你们恢复友谊吧！"④ 毗湿摩不仅以自

---

① ［法］迪迪耶·埃里邦：《神话与史诗——乔治·杜梅齐尔传》，孟华译，北京大学出版社2005年版，第86—87页。

② 《腊玛延那玛哈帕腊达》，孙用译，人民文学出版社1978年版，第6—7页。

③ 季羡林、刘安武编选：《印度两大史诗评论汇编》，中国社会科学出版社1984年版，第156页。

④ ［印］毗耶婆《摩诃婆罗多》第1册，金克木、赵国华、席必庄译，中国社会科学出版社2005年版，第713—715页。

己的死实践正法，而且以自己的死向世人表达了和平统一的愿望。

　　为了能对分合主题有一个更明确的说明，《摩诃婆罗多》还运用对比的方法将邪恶的俱卢族和正直的般度族放在正法的层面上进行行为和道德的拷问，努力彰显真理和道德、责任和义务等最终取得胜利的那种崇高境界。金克木先生在指出大史诗表现出的激烈的政治斗争和复杂的社会生活时认为："《摩诃婆罗多》形象地概括了印度在奴隶制王国纷争时代的主要面貌，并且在一定程度上表现了当时人民对国家的愿望。"[1] 所谓当时人民对国家的"愿望"，可以理解为就是渴望印度统一的思想。苏联学者 B.N. 卡里雅诺夫在《关于〈摩诃婆罗多〉的简短证明》中也说道："两家的仇恨以大规模的流血战争来结束，在这场战争中双方所有参加的人几乎都死亡了，般度族付出了巨大代价，获得了胜利，统一了全国的政权。因此，主要故事的主题是印度的统一。"[2] 但是，苏联学者所说的主题和我们所论及的史诗分合论主题的最大不同点在于，他们是从传统的社会学的观点提出这一问题，而我们是从文化学即印欧文化文明的整合观来论述这一问题的。因此，史诗的分合论主题具有重大的历史意义和社会发展规律的再认识价值。

　　史诗所具有超越现实的时空观与包含历史的文学观成为界定《摩诃婆罗多》是历史传说还是诗的重要标志。其实，史诗之"史"与历史，史诗之"诗"与现实的双重关系，清楚地表明了它最重要的两个原始作用。其历史性在于它的"部落叙事"，它是部落习俗与传统的记录。而作为诗歌，它又是一种"娱人故事"。所以史诗不必像历史那样完全拘泥于真实的叙述。在《摩诃婆罗多》这类史诗里，诗人的时空想象和表现技艺与现实的娱乐欲望融为一体，它已不再是纯粹的编年史，而在某种程度上已经成为虚构的作品。季羡林先生主编的《印度古代文学史》指出："应该说，这部英雄史诗是印度列国纷争和帝国统一时代的艺术反映。"[3] 这里的纷争和统一就是分合论主题的两

---

① 金克木：《梵语文学史》，人民文学出版社 1964 年版，第 89—92 页。

② 转引自季羡林、刘安武编选：《印度两大史诗评论汇编》，中国社会科学出版社 1984 年版，第 421 页。

③ 季羡林主编：《印度古代文学史》，北京大学出版社 1991 年版，第 59 页。

大重要因素。这个纷争和统一，明显是针对雅利安人东渐以后的印度现实而言的。

雅利安人是印欧文化的宠儿。在这个意义上使用印欧文化或印欧文明的概念，具有明显的合理性。虽然这种文化的内涵及其存在的时间、空间及对后世的影响，仍有待于进一步深入研究，但可以肯定的是，在它的各大族群从最初的发祥地——当今的哈萨克斯坦、吉尔吉斯斯坦和黑海沿岸大草原地带向遥远的中亚、南亚和欧洲广大地域迁徙以后，长期的分离和到达新迁徙地后的生产生活方式的差异，显然会导致巨大的文化差异；至于差异有多大，主要取决于后裔各族在迁徙到新的地域以后，所形成的新的生产生活方式与原有的生产生活方式相近或相异到什么程度。①实事求是地分析，新旧二者的生产生活方式变化并不很大。至于黑天，他所属的雅度族在诗中的许多地方被描写成习俗粗犷的游牧民族，他本人也一再被敌对的英雄贬为"贱民"和"奴隶"。这表明在英雄史诗中，黑天本身并没有什么种姓，只是那个游牧民族的杰出首领。从某些方面分析，雅利安人东渐对当地的文化是一种冲击，因为当时哈拉巴文化已处在前城市文化时期，比雅利安文化要进步得多。北印度只得再次经历从农耕到游耕的生产方式的转变，是一种倒退趋向。

总之，《摩诃婆罗多》产生于古印度纷争的时代，合久必分，分久必合，总趋势是合的结论，早已被历史史实所证实。史诗《罗摩衍那》中的罗摩王朝最后裂土为八，一个大王国化为八个小王国，这明显反映了合久必分的思想。而《摩诃婆罗多》产生于古印度的纷争时代，最后定型比《罗摩衍那》晚，但不是裂土分封，而是艰难地维持了原来统一的王朝，具有统一的思想倾向。俱卢族和般度族矛盾激化，也曾裂土而治，变成多个国家，但因国土之争，为王位而战的矛盾心理仍未能平息，只能用武力解决矛盾，最终两族分裂成的众多国家，还是归于统一了。

《摩诃婆罗多》是雅利安东渐印度时的产物，本质上表现的是大规模迁徙中的征战。进入印度的雅利安人虽然具有印欧文化的那种充满竞争的战斗精神，但是经历了长期的流散生活，当个体放牧、耕作和私有制逐渐盛行以后，

---

① 季羡林主编：《印度古代文学史》，北京大学出版社 1991 年版，第 59 页。

他们渴望进入相对平稳的定居农耕生活。在这种生产方式和心理状态下，强调合和，渴望统一、安定和谐的思潮就占了统治地位。而一旦进入定居后的农耕生活，那种守诚信、讲仁爱、以人为本的具有东方民族特色的文化就逐渐发展起来了。这就是《摩诃婆罗多》中谴责嗜好残杀、侵略邻国、欺凌弱小、破坏生产、蹂躏人民的人，而赞扬英勇抗敌、关心人民、繁荣经济的理想人物的原因。从《摩诃婆罗多》的分合论主题中，我们似乎看到了人民的美好愿望，从古至今，概莫能外。

《罗摩衍那》人文精神的现代阐释

————

　　人文精神是民族文学不可或缺的灵魂，是不可让渡的一种存在，对它的体认意味着一种人文意识在审美主体中的确立。从纵横两个向度上对民族文学中人文精神的源流与构成进行探讨，会发现它具有纵向历时性和横向当代性的特点。基于这样的理论认知，回溯考察印度古代著名史诗《罗摩衍那》中的人文精神，颇有历史寻根价值和现代阐释的必要。

　　《罗摩衍那》被印度传统称为"最初的诗"。它记录了古代印度人民对人文精神较为原始也是极肤浅的理解和表现，流露出他们对复杂人生的直观看法和感觉，以及对人际关系的密切关注和想象。《罗摩衍那》产生于奴隶社会向封建社会过渡时期。社会的进步，经济的发展，需要一种文化精神做动力。这种文化动力在《罗摩衍那》中表现为始终洋溢着的一种人文精神。正是这种精神促使印度古代的物质文明达到较高的水平，促使当时的社会道德达到几乎完美无缺的地步。本文正是要通过对《罗摩衍那》中的人文精神所做的现代性阐释，以求对史诗所要表现的主题有更为深刻的理解，对其内容有更为全面的认识。

一、生活理想中的理性色彩

　　史诗《罗摩衍那》是印度古代社会发展到转折时期的产物。面对动荡变革的社会现实，人们在精神生活中有许多新的追求和创造。相应地，在意识形态和文学艺术上也必然会产生飞跃性巨变。因此，史诗中所反映的现实也会给人以鼓舞、激荡、信心和力量。由于史诗以神话传说为基础，又源于印度古代各民族的现实生活，因此，它集民间文学之大成，升华了古代社会中现实美的因素。在表现人民思想感情的同时，还倾注了强烈的审美感受。《罗摩衍那》着重表现了印度古代民族童年时代所进行的残酷战争以及由此所引起的个人爱情和家庭的悲欢离合。通过广博的历史画面，史诗表现了不同的人生价值与追求，在抒发不同的人生理想的同时，突出理性的胜利，而这种理性无疑是人文精神的重要表现。印度大诗人泰戈尔就曾在评价《罗摩衍那》时指出："《罗摩衍那》的主要特点是，它把家庭事务放大之后加以显示。《罗摩衍那》把存在于父子、兄弟、夫妻之间的职责关系，爱和虔诚的关系变得如此伟大，以至它们的内容只适宜于形式简单的史诗创作。……儿子对父亲训令的执行，兄弟之间的自我牺牲，国王所履行的夫妻之间相互信赖和忠诚的职责等人类品格，能够千古流传：《罗摩衍那》就是表达这个永恒的东西。"① 而"这个永恒的东西"却是由理性编织起来的人文精神。

《罗摩衍那》的作者蚁垤是传说中的人物。他原本是弃儿，在山野中长大，成家后靠抢劫偷窃为生。有一次他抢劫了一个过路的修道仙人。仙人问他，其父母妻子是否愿意与他共同承担抢劫的罪恶，他茫然不知如何回答。当他得知家人都不愿与他分担罪恶之后，就又回到了仙人那里，拜倒在他脚下。仙人教会他吠陀知识，还让他坐在一棵树下不断念诵"摩罗"（"罗摩"的颠倒念法）。由于他静坐不动，天长日久，白蚁在他身上筑窝，形成蚁垤，因此他得名蚁垤仙人。在这个《罗摩衍那》创作缘起的传说中，明显表现出善对恶的胜利，以及古代印度人去恶从善的悟道精神。这种放射着理性之光的人生追求贯穿全诗的始终。罗摩和罗刹王罗波那之间的战争就是善与恶的对抗，最终正义战胜非正义。史诗中的反面人物罗波那虽然是个吃人的恶魔，却在对待悉多问题上表现得有思想、有感情，内心充满矛盾。其弟维毗沙那最终也弃暗投明，所以登上王位宝座。正面人物罗摩、悉多、罗什曼那和神猴哈奴曼等，也几乎都有过程度不同的反省精神，表现出理性对感情的胜利。这些人物的所作所为、所想所念，无不反映出古代印度人民的生活理想，其中的理性因素已超越时空界限，溶入印度人民的血液之中。《罗摩衍那》至今

---

① ［印］泰戈尔：《泰戈尔论文学》，倪培耕等译，上海译文出版社 1988 年版，第 146 页。

已是"许许多多印度家庭的宗教经典，是印度人的思想、行为和传统关系的典范著作，是反映了印度自古以来虔诚的感情、理智、思维以及友爱情谊的代表作品"①。

《罗摩衍那》描写的罗摩王子和罗刹王罗波那之间的大战，是一场为维护女性尊严而进行的正义战争。透过战争的硝烟迷雾，诗人着力描写了罗摩和悉多悲欢离合的爱情纠葛，以及浸透于其中的理性反思过程。这种理性集中地表现在古代印度人称之为"法"的生活理想中。他们将现实中的"法""利""欲"和非现实的"解脱"视为人生的四大目的，而"解脱"是一种最高的、至福极乐的状态，只有极少数人在特殊的生活方式中才能达到。所以，"法""利""欲"便成了人们在现实生活中努力争取实现的理想目标，在这三者不可兼得的情况下，首先要选择"法"。

"法"梵文音译"达磨"，曾在《罗摩衍那》中反复出现。约公元前2世纪至公元2世纪之间成书的古代印度著名的《摩奴法典》中指出："吠陀、传承、良习、知足，被贤者宣布为义务体系的四源。"② 这个"义务体系"就是"法"，是印度人信奉的人类社会赖以生存的永恒的道德标准与人生追求。《罗摩衍那》中的罗摩遵奉达磨、依傍达磨、躬行达磨，最终完善了自己的德行，受到人民拥戴并获得王位。悉多则依"法"忠于丈夫，屡受折磨与考验，成为后世传颂的贤妻良母。罗什曼那信奉"世界上好人的达磨就是，弟弟要听从哥哥的吩咐"，所以他被称为"知法的贵人"。在史诗中，"法"如同真理一样至高无上，遵循者就能成正果。它寄托了人们在日常生活中认识事物本质的美好愿望和生活理想。其中虽不乏封建社会的思想认识，但以人的理性和理智判断是非，择善而从，仍不失为当时印度人民的美德，也是史诗中人文精神的一脉。

---

① 季羡林、刘安武编选：《印度两大史诗评论汇编》，中国社会科学出版社1984年版，第47—48页。

② ［法］迭朗善译：《摩奴法典》第2卷，马香雪转译，商务印书馆1982年版，第26页。

二、抒情基调中的人性张扬

人有千差万别，由于时代、民族、阶级、性格及生活习俗的差异，没有完全相同的人。但是人类所面临的客观世界是同一的，因此人类就有了相同的七情六欲。文学是表现人的，作品所抒之情必然是人之常情，必然会符合人类对人性美的要求。《罗摩衍那》通过抒情的方式反映人性的内容别具特色，成为表现人文精神的又一重要途径。

《罗摩衍那》开篇在叙述史诗缘起时，描写诗人蚁垤偶然在树林中发现了一对正在悄悄交欢的麻鹬鸟，忽然一个猎人射中雄鸟，雌鸟见到满身鲜血的雄鸟坠地翻滚，凄惨悲鸣。诗人温柔慈善的心被激怒了，他出于同情与怜悯脱口吟出四句有韵律的忧伤诗句，以示对雌鸟的慰藉，对猎人的谴责。而后，他遵大神梵天之嘱，写出了"悲悯"的史诗《罗摩衍那》。这说明全诗的基调就是抒发这种"悲悯"之情。这种人的以慈悲为怀的天赋情感，贯穿史诗的始终，而且被诗人着力渲染，表现出人性的震撼力，以至于"悲悯"的情调压倒了英雄壮举，从而削弱了史诗应以英雄行为为首要内容的传统写法。

《罗摩衍那》内容的主要部分是从《阿逾陀篇》开始的。诗人也正是从此篇开始着重描写了那些发自人性的无限悲悯之情。就故事情节而言，男女主人公罗摩和悉多无端被放逐森林，十车王因父子分离抑郁而死，婆罗多无奈继位时的伤感等情节，都具有产生悲悯情愫的艺术感染力。全诗尤以罗摩和悉多夫妻二人离散后所形成的悲哀、感伤气氛最为动人。悉多被劫之后，罗摩在森林里奔走呼号，伤心地询问飞禽走兽、花草树木，使悲悯气氛达到高潮，令人为之动容。即使是在罗摩和罗波那两军对峙的决战时刻，虽然诗中的英勇事迹已经显露无遗，但诗人仍然没有忘记抒发悲悯之情。诗中时常穿插出现罗摩抒发对悉多缠绵情愫的情景，以至罗摩在倾诉了对悉多的哀思之后，整个战场都被这种感伤气氛所笼罩，猴国军队全都沉浸于悲哀之中，从而表现出发自人性深处的一种人文精神的力量。

全诗的最后，在即将举行加冕典礼的庄严时刻，悲悯的情调似乎就要消失，但一波未平一波又起。罗摩在无端怀疑悉多的贞洁而迫使她离去后，内心充满了矛盾和孤独的哀伤。而悉多被放逐森林的情景甚至使像罗什曼那样勇敢刚强的英雄也不得不产生出悲悯之情。当他把悉多带到森林中时,他情不自禁地哭泣起来。全诗结束时,悉多因无法取信于民,只好投入大地母亲的怀抱,使这种悲悯情调达到高潮。这种感伤气氛直至全诗结束才终止。印度学者格·支坦尼耶曾总结评论说:"全部史诗是围绕着离愁别恨这一反复出现的主题而构成的和谐整体。它从一开始就显示出蚁垤对于生活有着深刻而严肃的探讨,他决心正视人类命运中的悲剧问题。用一句正在迅速变成老调子的话说,他具有一种存在主义的态度。"①而他所谓的"存在主义的态度",实质就是存在主义所提倡的以人为中心的本体论思想。存在主义强调一种抽象的人格和人性,时常将人的孤独、焦虑、烦恼、绝望、悲愁等一些主观情绪上升为对人生存状态的思考,其出发点是对人的关注,终结点却是人道主义的人文关怀。

诗人这样自始至终地表现一种悲悯之情,使《罗摩衍那》成为一部"悲悯"的诗。尽管其他各种情味在某些章节中也表现得很浓郁、明显,但其衬托作用是显而易见的。这种"悲悯"之情是印度古代文艺理论"情味说"中所包含的一种美学内涵,即只有这种真情实感,才能使文学艺术产生悲天悯人的感染力。正如印度古代著名文艺理论家胜财对悲悯味的描述:"悲悯味以悲为核心,产生于希望破灭,得非所愿,表现为长吁短叹、哭泣、瘫软和悲伤等。"②分析这种悲悯情味,它主要表现为对人生某种情境的自律性升华,有终极关怀意义上的人性背景。印度古代学者对悲悯味的描述,正是立足于对人的心理分析,对人的丰富而又复杂的感情在理论上的概括,属人性的一种外化,具有永久激动人心的美学意义。这种人文精神意义上的对人性的补偿是史诗被古今传颂的一个重要原因。

三、人物性格的人本倾向

《罗摩衍那》作为印度"最初的诗",内容上集印度古代神话之大成,那

---

① [印]泰戈尔:《泰戈尔论文学》,倪培耕等译,上海译文出版社1988年版,第146页。

② 黄宝生:《印度古典诗学》,北京大学出版社1993年版,第53—54页。

么男女主人公身上的神性光环一定会令人目眩。但事实是，全诗所展现的基本是以人为本的思想，突出了当时印度人的思想和品德。因此，泰戈尔才说："《罗摩衍那》就是人的故事，而不是神的故事。《罗摩衍那》里神不能缩小自己成为人，而人却能以优秀品质变成神。"①《罗摩衍那》的汉文译者、著名印度学学者季羡林先生进一步从主题的角度分析人物，他说："整个《罗摩衍那》如果说有一个主题思想的话，那就是悉多对罗摩无限的爱情、顺从与忠诚。有了这样一个主题再引用其他诗章，就似乎完全没有必要了。"②从史诗的实际分析，其内容确实主要写了男女主人公罗摩和悉多之间的爱情故事，史诗在人物性格的塑造上突出以人为本的思想，是从另一个侧面对人文精神进行了发掘。

印度学者很中肯地评价了男女主人公的人性："蚁垤也没有把罗摩塑造成完美无瑕的人。他允许他偶尔犯些过失，而不让他成为至善论那呆板的、没有血肉的抽象物。事实上，这反而更能鲜明地衬托出他在长久的生活历程中保持着完美的道德。……在我们眼里，他是一个具有浓厚人情味的人，而不是一个完美无缺到无法置信的贵族。"③在作者笔下，罗摩是个活灵活现的人。在封建宫廷与家庭中，他忠孝两全。为实现既是国王又是父亲的诺言，作为宫廷矛盾、政治阴谋和家庭嫡庶之争的受害者，他克己忍让，甘愿做出自我牺牲，默认了父王废长立幼、废嫡立庶的既成事实，把王位让给弟弟，成为封建道德规范之下难得的忠臣孝子。他疼爱弟弟，从不为个人利益伤害手足之情，对代为执政的同父异母的弟弟毫无怨言，对和他一同流放的弟弟倍加爱护，颇具封建家庭中的长者风范。他对妻子悉多的爱情，因其中颇多悲欢离合而使人潸然泪下。即使在两军对垒的生死决战中，他心中也难以把爱妻忘怀。这许多离恨别绪、恩爱情思，正是落魄王子对爱情忠诚、对妻子情深的真实写照，表现了印度古代人民向往一夫一妻制幸福生活的美好理想。罗

---

① ［印］泰戈尔：《泰戈尔论文学》，倪培耕等译，上海译文出版社 1988 年版，第 146 页。

② 季羡林：《罗摩衍那初探》，外国文学出版社 1979 年版，第 61 页。

③ 季羡林、刘安武编选：《印度两大史诗评论汇编》，中国社会科学出版社 1984 年版，第 271—273 页。

摩为爱情、真理和正义克服困难的意志和勇气,坚韧不拔克敌制胜的毅力和决心,代表了人民的乐观情绪和美好追求,闪烁着人性的光辉。因此评论家们认为:"诗人蚁垤仙人没有把自己描写的主角刻画成不生不灭的永恒的大神形象,而是把他刻画成一个伟大的凡人,他身上同样存在着喜怒哀乐、忌恨疑惧等普通人的感情,但是这些感情都包含在悲悯情调的深处。在罗摩身上,无疑体现了家庭、社会和政治等方面的理想,但是只是在人性许可的范围内,而不涉及任何超人的领域,与杜勒西达斯在自己的《罗摩功行录》①中所表现的不同。"② 罗摩身上以人为本的倾向已经得到印度国内外学者的普遍认同。

法国学者路·勒诺曾这样评价《罗摩衍那》中的女主人公:"悉多的人情味较浓,她坚定不渝地与罗摩同甘苦,共患难,她是印度塑造的最完美的贤妻典型。她对人既不怀疑也不责备,却时常在命运的打击下悲泣诉苦。"③悉多的形象更多地表现出以人为本的思想。最初,悉多就以忠实的贤妻形象出现在史诗的情节中,她是"对丈夫百依百顺""贞洁的毗提诃公主"。她疼爱罗摩,可怜他一人被放逐森林 14 年,就流着热泪向罗摩恳求:"我在爱情上纯洁无瑕,丈夫就是我的命运,丈夫到哪我到哪。只要同你在一起,即使是死也快乐。"这些肺腑之言,掬出一颗无限忠于丈夫的心。悉多不愿听任命运的摆布,努力尝试去争取一个能和丈夫共同生活的美好前途。悉多还多次表示:"即使我的丈夫,品行不正,道德不端,我仍然要好好地对待他,决不能用恶毒的心情相看。"对丈夫保持忠贞,对他崇拜与服从,已铭刻其心,成为悉多生活的准则之一。这和她对罗摩的挚爱融合在一起,是古代印度妇女人性的一种表现,也是史诗以人为本的思想展示。悉多这种带有宗教虔诚色彩的贞操观念,是当时印度妇女思想感情的反映。她们为了获得真正的爱情,过上平等的幸福生活,把一切都奉献给了丈夫。在这种痴情中,既有一种"法"

---

① 杜勒西达斯在 16 世纪创作的《罗摩功行录》中,将罗摩塑造成了一个充满神性的人物。

② 季羡林、刘安武编选:《印度两大史诗评论汇编》,中国社会科学出版社 1984 年版,第 28 页。

③ 季羡林、刘安武编选:《印度两大史诗评论汇编》,中国社会科学出版社 1984 年版,第 271—273 页

（即道德准则与人生追求）在潜移默化地影响，也是一种对神崇拜的民族传统观念的延续。在当时极端落后的以男性为中心的社会里，男人几乎就是女性心目中的神明。她们对丈夫保持自己的贞操，这种情形在古代印度是很真实的。这恰恰说明，尽管悉多表现出了十全十美的品德，她仍然是人不是神，是以人为本的思想促使诗人塑造出这样一位妇女的典型。

总之，《罗摩衍那》这部人类童年创造出来的充满"人"话内容的史诗，之所以像荷马史诗一样具有"永久的魅力"，其奥秘就在史诗本身的人文精神底蕴。它不是一种宗教，也不能肤浅地认为它是超越时空存在于人心中的一种信仰，抑或是人类一种纯粹意义上的道德吁求。《罗摩衍那》所表达的，不仅是古代印度人民生活品德上的良知，同时也是来自哲学和科学智慧的一种思考。因此，它是结合了科学、哲学和伦理学来表达一种积极的、正面的、向上的宇宙观和人生态度，以及用这种智慧来指导实际人生的一种精神境界。

马克思在《政治经济学批判·导言》中曾针对古希腊神话和史诗的产生问题，提出人类童年时代有"粗野的儿童"和"早熟的儿童"之分的观点，并认为"希腊人是正常的儿童"。与希腊人是"正常的儿童"的比喻相对应，是否可以认为古代印度人是"早熟的儿童"？因为从《罗摩衍那》流露出的人文精神之中，就明显可以发现"早熟的儿童"的特征。他们善于理性思考，对生活充满美好理想，处理问题从人性出发，抒发感情有"度"，人物栩栩如生具有代表性。无论是作者，还是作品中的人物，都显得深沉、冷静，表现出一种成熟的人性美。他们在神的光环下，更注重人的自我表现，从而达到一种科学理性的精神层次。《罗摩衍那》充分显示出古代印度由奴隶社会向封建社会过渡时期，在私有制条件下，人的一种冷静观察世界、追求品德完善的探索精神，一种充满理性的人文精神。

《罗摩衍那》悉多的形象学意义

———

　　闻名遐迩的印度两大史诗在印度和世界文学史上占有崇高的地位，展示了印度古代丰富多彩的生活画卷。尤其是史诗《罗摩衍那》的影响远远超越了文学界限，波及广大人民生活的各个领域，成为印度人民思想行为、道德观念的准则和生活的楷模。它不仅塑造了受到人们顶礼膜拜、被神化了的罗摩，还成功地塑造了罗摩的妻子悉多的形象。她以卓越的女性美德，成为古代印度妇女的杰出典型，两千多年来一直受到印度人民的尊敬和喜爱。这种经久不衰的艺术魅力，不仅是因为作者笔力雄浑，颇具匠心，主要还在于悉多的形象集中体现了古代印度妇女的生活情趣、性格特征和理想情操。

一、史诗时代的女性

　　古代印度人的历史纪年观念很淡薄。当时被称为婆罗门的祭司垄断着文化，他们人生的目的是追求"法""利""欲""解脱"，渴望灵魂和主宰的统一，并不注重功名利禄。这种出世思想使他们很少有记载宣扬个人生平的史料，难以确切考订某个作家的生卒年代和作品成书时间。此外，古代知识多以口耳相传为主，写在贝叶上的手抄本也不易保存。作品印刷直到 19 世纪初才真正规模化地开始，增删又各取所需，歧异很大，难以确定文学作品的成形时间。关于《罗摩衍那》的作者，传说是蚁垤仙人，虽经专家学者呕心沥血研究，仍众说纷纭、莫衷一是。至于《罗摩衍那》产生的时间，人们认为从公元前一千多年到公元后几百年间的十多个世纪都有可能。大多数学者似乎认为公元前后几百年产生的可能性更大。现在西方的一些学者普遍认为印度断限文献、人物、年代偏早。这样看来，季羡林先生认为《罗摩衍那》萌芽时期约在公元前 4 世纪，成书约在公元 4 世纪，较为确切。从社会性质来说，史诗产生至早是奴隶社会晚期，至晚是封建社会早期。悉多形象就是在这段时间里通过艺术加工逐步完善的。悉多的形象实际是由奴隶社会向封建社会过渡这段时期印度妇女现实状态在文学上的反映。印度史学家恩·克·辛哈和阿·克·班纳吉在《印度通史》中指出，"《罗摩衍那》故事的要点很可能在历史上是真实的"。那么悉多作为《罗摩衍那》中的女主人公，故事着重描写的对象，就应该是具有真实性的形象了。

在史诗时代以前的吠陀文明初期，妇女的地位是较高的，女性的道德标准也是很高的，一夫一妻制是流行的婚姻方式。随着种姓制度日益定型，阶级社会逐渐形成，妇女地位日益下降，她们失去了基本的人身自由和权利，完全成了依附男性并被压迫的对象。统治社会的掌权者害怕妇女起来反抗而以各种方法束缚她们，也说明她们存在着不满情绪。在比《罗摩衍那》早些年产生的史诗《摩诃婆罗多》中，《罗摩传》《那罗传》《莎维德丽传》这三篇插话都突出地刻画了无限忠于丈夫的贤妻形象，大力赞美了妇女美德。这是从正面规劝、说教，让妇女心甘情愿忍受现状的一种变通之法。在《罗摩衍那》形成期间，一般认为成书于公元前 2 世纪到公元 2 世纪的《摩奴法典》规定，"妇女少年时应该从父；青年时从夫；夫死从子；无子从丈夫的近亲族，没有这些近亲族，从国王；妇女始终不应该随意自主。"[①] 在其他典籍中，如《法句经》《火神往世书》等，也都有许多限制、约束妇女的清规戒律。根本一条就是几乎剥夺了妇女的一切人身权利，比中国封建社会对妇女的摧残有过之而无不及，在世界上也是较为罕见的。广大受压迫、被愚弄的妇女，也想摆脱处于附属地位的种种苦难。她们虽然有个性意识，也形成了具有共性的性格特点和思想感情基础，但对父权制社会只进行了潜移默化的反抗。悉多就是集中表现这些妇女多种性格的形象，尤其是对于上层社会妇女而言颇有代表性。

季羡林先生在《罗摩衍那初探》一书中说："整个《罗摩衍那》，如果说

---

① ［法］迭朗善译：《摩奴法典》第 5 卷，马香雪转译，商务印书馆 1982 年版，第 148 页。

有一个主题思想的话，那就是悉多对罗摩的无限的爱情、顺从与忠诚。"史诗作者笔下透出的微意是希望通过美化上层社会的代表者国王罗摩和其贤妻悉多及其周围人物的言行，宣扬一套适合于统治者需要的伦理道德。为此，悉多形象正是作者所要着意刻画、重点美化的一个形象。在她身上要集中一切古代妇女的美德，温柔善良的性情，美丽的容貌，无可指摘的品德，合乎"法"（"达磨"）的行为。正是出于上述目的，作者将许多笔墨就用在悉多这位女主人公身上了。

二、悉多性格的矛盾性

作者原意是想把悉多写成十全十美的妇女典型，囿于世界观的局限，尤其是史诗中的现实主义因素的影响，以及史诗的内核仍然保持了人民口头创作所具有的人民性，作者在悉多形象的塑造上就出现了一定的矛盾性。除去被认为后窜入的第一篇，从真正的或原始的《罗摩衍那》第二篇《阿逾陀篇》开始，悉多就以一个忠实的贤妻形象出现在故事情节中。她是个"对丈夫百依百顺""贞洁的毗提诃公主"。当罗摩告诉她，自己失去王位，被放逐森林14年，嘱咐她要敬事双亲时，悉多"衷心爱怜，又有点生气"。她疼爱罗摩，可怜他独自一人去森林流放。她又气恼罗摩不让自己伴随在身旁，把"丈夫的欢乐和忧愁分享"。悉多流着热泪向罗摩恳求："我在爱情上纯洁无瑕，丈夫就是我的命运，丈夫到哪我到哪。只要同你在一起，即使是死也快乐。"这些肺腑之言，既表现出她那无限忠于丈夫的纯洁之心，也说明悉多并没有完全听任命运和丈夫的安排，第一次尝试努力去争取一个能和丈夫共同生活的现实性的前途。她的这些言行始终没有超出对丈夫爱情专一的思想范畴，这是主要的，但也受到从一而终的虚伪的道德训谕和印度教的影响。遵照当时社会上各种法的规定，无论是悉多还是别的妇女忠于丈夫都是一种义务，如同宗教崇拜一样，比执行苦行还要虔诚。悉多曾多次表示，"即使我的丈夫，品行不正，道德不端，我仍然要好好地对待他，决不能用恶毒的心情相看"。她对丈夫保持忠贞，对他崇拜与服从，已铭刻在心，成为她生活的准则之一，并和她对罗摩的真挚爱情融合在一起。悉多这种带有宗教虔诚色彩的贞操观念，也是当时妇女思想情绪的真实反映。她们为了获得真正的爱情，过上平等的幸福生活，把一切都献给了丈夫。在这种痴情中，有一种"法"在潜移默化地影响着她们的行为。这个"法"就是当时统治者的道德规范和训诫。还有一种从她们祖先就流传下来的对于神的崇拜传统。在以男性为中心的社会，"剥削阶级的法律和习俗实际上使妇女成为奴隶"[①]。男人几乎就是她们心目中的神。她们要对男人保持自己的贞操，这种情形在古代印度是真实的，是完全可以理解的。

悉多勇敢地披上树皮衣，去品尝 14 年的放逐之苦，除了向罗摩表示忠贞的爱情以外，还多少隐含着无可奈何的矛盾心理，表示出对处境的不满。在古代印度，上层社会的妇女一般比下层社会的妇女更少自由。她们种姓高，地位尊，深闺幽禁，很少接近异性，也难以涉足社会，书中几乎没有她们参加社会活动的记载。她们长年难以参加任何经济活动，一切都依赖于丈夫，具有很强的依附性。丈夫不在身边，悉多终年只能过着仰人鼻息的生活。悉多不跟随罗摩放逐，也不会有好境遇。罗摩本人也很清楚这些，临别前一再告诫悉多："你在他（婆罗多新国王、罗摩之弟）跟前想活下去，只能靠他对你开恩。"她必须清晨即起礼拜众神，要对罗摩的父亲"顶礼膜拜，歌唱颂赞"，还要照顾罗摩年老体弱的母亲、罗摩的弟弟，等等。这些繁文缛节、宫闱家庭规矩和"兄终弟及"的下等地位都促使悉多跟随丈夫放逐。这种内心矛盾和难言的苦衷，这种对境遇不满的心理，都被上层社会的道德规范和"法"压制下去，表现出的是对丈夫的忠贞、顺从。这种矛盾心理和隐情更接近于受压迫妇女的现实。这种争取一夫一妻制的幸福和对罗摩的个人情感也更接近于无任何生存权利的妇女的理想。

三、悉多性格的多样性

悉多不但是忠贞的贤妻，而且心地善良、性情温柔。在森林中，罗摩保

---

① ［印］R.P. 萨拉夫：《印度社会：印度历代各族人民革命斗争的历程》，华中师范学院历史系翻译组译，商务印书馆 1977 年版，第 3 页。

护修道仙人，和罗刹战斗、悉多劝阻他"可千万别干残酷的事"。"无罪而杀戮世上的人们"是悉多不喜欢的事，她用一颗善良的心去对待善与恶、正义与邪恶的战争。罗刹王利用她的天真，以游方僧的假面目欺骗了她纯真美好的心灵，并继续以种种人生享受诱惑她。悉多气得无以复加，坚决回绝。最后罗刹王露出狰狞面目，用暴力抢走了她。这种一夫一妻制的家庭幸福被破坏，被劫持妇女的悲惨遭遇，被放逐的清苦生活，更多地反映了广大平民百姓的苦难现实，表达了他们的思想感情。悉多遭难被劫持以后，虽然恐怖悲伤，但还是想尽一切办法去勇敢地面对。她无时无刻不在怀念着罗摩，对罗刹王死不从命。"富贵不能淫，威武不能屈。"她忍受折磨的精神支柱就是对罗摩的忠贞。后来，神猴哈奴曼变成猫，发现了被围的悉多，交出罗摩给她的信物——戒指，她激动得热泪盈眶。哈奴曼要救她脱离苦海，可是对罗摩无限忠贞的悉多却不肯让别的男性接近她，她认为："如果罗摩来杀了罗波那（罗刹王）和这些罗刹，把我救走，那才是配得上的行为。"她不放过任何一个机会向三界，向心中的偶像罗摩表达自己的忠贞。她也希望罗摩能够忠于她，来救她逃离苦海，这也是对罗摩的考验，是对罗摩的更高的要求。她提高了自己的地位，表达了对现实处境的不满，要求过平等的一夫一妻的有尊严的生活。开始时悉多忠贞、温柔，性格比较单纯，可是随着故事情节的发展，随着悉多性格的变化，她的形象逐渐变得丰满起来。作者原想写忠贞、温顺的古代印度妇女的美德，可是悉多在与罗刹王的斗争中，已生出反抗的萌芽。当时的上层社会是不想看到这种情绪的，这也是违背了史诗作者本意的。

罗摩消灭了罗刹王，救出被劫掠十个多月的悉多，本应团聚一处，畅叙久别之情，可是他和他的部属却对悉多的贞操产生了怀疑，因此要用舍弃悉多的方式来证明悉多对他是否忠贞。面对被抛弃的厄运，悉多的性格又有了新的发展。她问心无愧，心地坦诚，决心让火神考验。她向火神祷告，如果她的肉体、精神和语言，都不愧是忠实贤淑的妻子，就不会受到伤害，然后从容不迫地跳进火坑。天上众神为之感动，火神也看不出悉多的罪过，于是她完好如初，光彩依旧，被火神送还到罗摩身边。作者这样处理这个情节，本意是要宣扬妇女从一而终的道德，维护罗摩的威信和统治，可是客观上却写出了罗摩的无情，也恰如其分地反映了悉多的不满与反抗。她曾由爱罗摩而反抗罗刹王的强暴，现在这种反抗的萌芽已破土而出，转向对罗摩的不满。当然，这种不满还只是一种抱怨情绪，不可能达到和罗摩决裂的程度。她表现出来的勇气仍然没有逾越对罗摩忠贞的范畴。她到底还是要蹈火自明贞洁，才没落到被抛弃的地步。悉多蹈火自焚实际是受到当时寡妇自焚陋习的影响。《阿闼婆吠陀》中第一次提到自古以来就存在寡妇自焚殉夫的习俗。两大史诗中的几处文字"也证实了这种可怕的习俗"。"农家一般不实行寡妇自焚殉葬和杀婴，这些是典型的贵族习俗，仅限于两个高等种性——婆罗门和刹帝利。"这些妇女在丈夫生前百依百顺，被当作奴仆，丈夫死了也要随之自焚。被"法"规定不准再嫁的寡妇毫无别的出路。丈夫死了，她们就完成了满足他们需要和生儿育女的义务，随之也失去了生存的意义，只有自焚殉夫才能升天得到解脱。悉多作为一个高种姓贵族妇女，在作者笔下要做出完美女性的最后一次努力，再次表示对丈夫的忠贞不贰。罗摩抛弃她，按当时习俗，父母如收留出嫁的女儿，会因受牵连而失去种姓，并受到侮辱。她走投无路，只有用蹈火自焚的行动，愤愤不平地自我证明。在她对罗摩表示忠贞不渝的决心和行动里，也隐含着不满。一个认为忠于丈夫胜过忍受任何宗教苦行的妇女，在情势所迫之际，内心虽矛盾痛苦，仍毫不犹豫地跳进火堆，这正是自焚殉节妇女的真实写照。

四、悉多形象的意义

《罗摩衍那》分为七篇，专家学者一致认为第一篇《童年篇》和第七篇《后篇》是后加窜入的。史诗形成于奴隶社会向封建社会过渡时期，在后窜入的首尾两篇中，旧的道德标准不适应上层社会需要的部分，就被继续增删改动，这样就对悉多的忠贞和节操等行为标准，提出了更高的要求。

在早出的《罗摩衍那》部分中，关于悉多的出生和罗摩断弓娶妻的故事，是在第二篇《阿逾陀篇》中，由悉多本人向苦行女阿奴苏耶自述的，篇幅不长。但在后窜入的第一篇中，这个故事就演化成一个重要的情节，篇幅也大大地增加了。悉多是被弥提罗国王遮那竭在犁沟里发现的，这一点前后记述基本一致。可是其他部分就有了差异。在早出的第二篇中，是国王"让女儿自己挑选女婿"，当然也必须得到国王同意。悉多向苦行女讲完经过以后说："我就是这样嫁给了罗摩，我自己选丈夫决定终身；我依法忠于我的丈夫；那英勇人中最英勇的人。"这种由女性自己比较自由地选择人生伴侣的恋爱婚姻方式，是上古人民的遗风，说明当时妇女地位还是比较高的。悉多表示依法忠于丈夫，明显是受了婆罗门"法"的影响，是上层社会对妇女的道德要求。后窜入的第一篇中，从罗摩进入弥提罗城求婚以后，悉多根本没露面，只是大肆渲染罗摩断弓的神威和婚礼的盛况。罗摩和悉多的婚姻，虽无"媒妁之言"，可全是"父母之命"，也是神的旨意、命运的安排。原来悉多就是罗摩转世前大神毗湿奴的妻子，吉祥天女拉克什米。照罗摩的话讲："老婆是父亲所送。"这是"妇女少年时应该从父"的男尊女卑理论，是私有制社会的产物。这样，悉多的形象不仅是十全十美的妇女典型，而且她的出生和婚姻都渗进了神性。她的美德被神化了，她遵循上层社会道德规范的所作所为，完全被蒙上了一层神的光环，更加适应了上层人物的需要和心理。

在先出的第六篇里，罗摩和悉多本来已经破镜重圆，幸福地居住在无忧园里。可在晚出的第七篇中，悉多又莫名其妙地再次遭到厄运。无忧园的好景不长，阿逾陀城里的人民也对悉多的忠贞产生了怀疑。罗摩听信了流言蜚语，又粗暴无情地把已怀孕的悉多放逐到恒河边的密林里。悉多知道缘由后，没有乞求，没有申辩，只因为有了身孕怕断绝了罗摩的后代，才没有跳进阎牟那河。在这里作者明显表示了对统治者继承权的关心，希望悉多这个贤妻良母有朝一日能以儿女为纽带，落个夫妻团圆的结局。谁知多年后，蚁垤仙人把悉多和孩子领来，罗摩仍说无法取信于人民，要求她在全体臣民面前再次接受第二次大考验，亲自向人民证明自己的贞洁、无辜。悉多面对又一次无理非难，据理力争，责备罗摩对她不公正，反抗的性格有了进一步发展。她万般无奈，求救于地母，祷告说如果她没有一念离开罗摩而向别人，就请地母收容她，大地顿时裂开，她毅然决然地跃入大地母亲的怀抱。对悉多贞节的更严峻考验，显而易见是迎合统治者的需求，正是随着奴隶制社会向封建社会过渡，部落首领向世袭君王过渡，统治者对于政权的继承问题，给予了更大的关心。而悉多的贞节直接影响到罗摩的嫡传后裔，关系到统治政权能否巩固。史诗作者对悉多的贞节提出了更高要求，符合统治者的心理需求。在第一次考验时，悉多向神祷告是为了重新回到罗摩身边。这次她向地母祷告却是为了离开罗摩。一回一去恰恰反映了悉多思想上的变化：由原来的内心责备，暗中不满，到反抗的萌芽茁壮成长，最后走到被迫和罗摩决裂的境地。从后窜入的第七篇的整个基调来看，作者主观上是想进一步美化罗摩和悉多，想证明他们的行为是维护统治者利益和伦理道德的，为人们树立一个道德典范的榜样。可是相反，这种处理不但暴露了罗摩不念旧情的冷酷，而且使悉多形象向着违背作者意图的方向发展。悉多的反抗举动虽始终没有脱离表明自己贞洁的局限，但它是一再发展的。她的悲剧实际上是对统治者的利益需求和侮辱妇女的道德规范提出的控诉。

《罗摩衍那》的作者为人们塑造了一个温柔、忠贞、敢于反抗的典型妇女形象。尽管作者有美化统治者的意图，迎合了统治者的需要，并且宣扬了一套维护统治的伦理道德，可是悉多的形象学意义，无论是对奴隶制晚期，还是对封建社会早期的现实来说都是进步的，是有积极意义的。由于作者思想上的局限性，悉多形象中流露出的一些上层社会女性无奈的真情实感和消极因素，也成为人们应该注意的东西。

《沙恭达罗》及其同名女主人公形象

————

迦梨陀娑是印度中古文学史上最杰出的诗人和剧作家，古典梵剧《沙恭达罗》是其代表作。他生前即已成为当时的"宫廷九宝"之一，身后其作品广为流传，享有世界声誉。1956年，世界和平理事会将他列为世界十大文化名人之一。

一、迦梨陀娑笔下的女性世界

迦梨陀娑约生于公元4世纪中叶至5世纪中叶，是印度古代的伟大诗人。和印度古代文学史上的所有其他作家一样，人们对他的生卒年月、生平活动几乎是一无所知，至今仍无定论。为大家所接受的是他生在笈多王朝（公元4—6世纪），此外，有一些与他有关的传说：迦梨陀娑是个婆罗门的儿子，幼年父母双亡，由一个牧羊人把他养大。后来他同一位公主结婚，因为他出身卑微（牧羊人之子），公主极以为耻。他没有办法，就去向女神迦梨祈祷。女神加恩赐给他智慧，他于是一变而成为大诗人、大学者。因此人们称他为"迦梨陀娑"（迦梨女神的奴隶之意）。现在一般认为他是笈多王朝超日王的文艺"九宝"之一，是位宫廷诗人。但他能站在较为开明的立场上进行创作，一面肯定笈多王朝的统治，一面也对人民持有一定的同情。据说他的作品很多，至今流传下来较为可靠的，大约有5部，包括剧本《沙恭达罗》《优哩婆湿》，抒情诗《云使》，叙事诗《鸠摩罗出世》《罗怙世系》。其中不乏对女性形象的刻画与描绘，表现了他较为开明的妇女观。

《云使》是一部长篇叙事诗，分为"前云"和"后云"两部分，共115颂，主要讲述玩忽职守的药叉被贬谪到南方的山中以后，由于与爱妻分别数月，心中凄然。雨季北行的雨云更激起他的相思之情，他托雨云带去自己对爱妻的眷恋与爱意。诗人将抽象的情意概念化为具体可感的意象——"云"，并以此来表情达意，传递了自己的生命情怀，令人难忘。尤其在"后云"中，诗人用清新俊逸的笔调，绘声绘色地写出了药叉向雨云描绘爱妻居住地沿途的秀丽景色，以及她的婀娜美丽，表达了药叉对远方妻子炽烈的相思之情。诗句中充满了饱尝爱情甜蜜后因离别而产生的痛苦愁绪，并对女性的容貌和心理进行了细致的描述，极富艺术感染力。由于《云使》高超的艺术成就与奇特的想象，开创了一代新的诗风，因此后继模仿者很多，曾一度出现了"信使诗热"，主要有《风使》《月使》《鹦鹉使》《蜜蜂使》《天鹅使》《杜鹃使》《孔雀使》等。这些以自然现象或动物等为诗歌意象的表现方法，极大地丰富了印度古典诗歌的表现力和美学内涵。

迦梨陀娑在自己的作品里叙述印度的历史，增强了民族自豪感，促进了国家的统一，歌颂了世代以武功统一天下、保卫国家的君主，同时也指责了那些荒淫无道、专横暴虐的昏君和各色各样的上层贵族和婆罗门。在他笔下也出现了下层被压迫的人物，有宫女、渔夫、手艺人等。由于诗人的同情，这些人物往往被描写成具有机智、勇敢、善良的品质，尤其是他笔下的妇女形象，突出反映了他的进步倾向：她们外貌美丽，内心世界丰富，性格突出，都能为自己的权利和幸福去努力和斗争，达到了惊人的完美程度。另外，他在作品中热情歌颂了美丽的大自然。在诗人看到现实矛盾时，就把自然作为与现实对立的和谐、纯朴的理想境界加以描绘，强调人性与自然的结合，认为只有在自然环境中成长起来的人才具有正直纯朴的品质。他的作品从总的倾向来看，既表达了人民的某些愿望，又不得不为帝王和神仙歌功颂德，在揭露现实矛盾最深刻之处，往往以神话为假托冲淡矛盾。

二、《沙恭达罗》中的女主人公形象

《沙恭达罗》的故事原型曾见于大史诗《摩诃婆罗多》中的《初篇》，也曾见于历史传说《莲花往事书》，但是情节都很简单，没有迦梨陀娑笔下的《沙恭达罗》那么具有故事性。剧本《沙恭达罗》不但情节更加完整，而且突出了男女主人公爱情的主题，尤其是对沙恭达罗的悲剧命运，作者有意无意中赋予了她一定的社会意义。剧本不仅表现出作者丰富的想象力，也寄托了作者对美好生活的向往。

剧本叙述国王豆扇陀出城打猎，担心惊扰仙人，只身潜入净修林。他偷看到净修女沙恭达罗的美貌，想占为己有，但他的权力控制不了净修林。沙恭达罗对他虽有好感，可是惧怕净修林的清规戒律，不敢贸然和他亲近（第一幕）。豆扇陀的随从看出了他的不良居心，对他加以劝诫，但国王不听劝阻，假称保护净修林，再度进入净修林。天真的沙恭达罗，在豆扇陀表明国王的身份后当然有怀疑，但禁不住国王的诱惑。两人采用干闼婆的方式结合。国王如愿以偿，后来留下指环作为日后认亲的标记，就回到了京城。由于沙恭达罗对国王的眷恋之情，得罪了苦行仙人，受到诅咒：如果豆扇陀国王失去记忆，就不来迎娶她。怀孕的沙恭达罗只好被迫去王宫认亲，不料在途中祭水时把戒指掉入水中。因此豆扇陀不肯相认，他表面是失去记忆，实为迫于压力。沙恭达罗大胆责骂他不念旧情，在国王不留、净修林不收等走投无路的情况下被天女接走。掉入水中的戒指被渔民打鱼时找到，并被献给国王。豆扇陀忆起前情，追念沙恭达罗。最后天帝因陀罗同情，显示奇迹，约他上天平乱，归途认下沙恭达罗母子。他们的儿子就是伟大的婆罗多。

剧中同名女主人公沙恭达罗是个光彩夺目的形象，也是作者心中理想女性的化身。她天真无瑕，温柔多情，刚烈勇敢，不忍凌辱。沙恭达罗在净修林这种远离尘世的美丽、恬静的自然环境里长大，热爱自然，非常纯真，完全不了解人世间的诡诈。她初见豆扇陀就对他产生了好感，听到他的甜言蜜语就产生了爱情。她非常聪慧，一再试探国王对爱情的态度，唯怕因国王后宫三千粉黛，而落得始乱终弃的结局。但她一旦以身相许，就以极大的勇气冲破净修林的清规戒律，不顾一切后果地用干闼婆的方式结了婚，以追求自由幸福的爱情生活。她因思念国王而遭到仙人的诅咒，国王不记前情。当明白自己上当受骗后，她谴责曾经信誓旦旦的国王是骗子，认为自己成了上当受骗之人。她有勇气谴责豆扇陀的负义，却没有勇气和他决绝，在天境相认时，还为国王开脱，归因于仙人的诅咒。她虽不是个叛逆的女性，也绝不是一味屈从的女奴，而是个受侮辱迫害又有不满情绪的善良妇女的典型。与

《罗摩衍那》中的悉多相比，沙恭达罗更多了几分平民色彩。她追求自身幸福时比悉多要坚定、大胆得多。

沙恭达罗作为修道仙人的养女，虽然生长在远离尘世的净修林，却秀色天成，纯朴美丽，在女性特有的温柔、羞怯的外表下面深藏着一团渴望自由的烈火。她和国王从邂逅到私订终身，爱情发展很迅速。她也曾试探过国王的真心，一旦决定，就毫不犹豫地以身相许。她大胆、执着地追求爱情，勇于冲破净修戒律和苦行法规的束缚，大胆追求自主的恋爱婚姻。她敢爱敢恨。爱时，"玉容憔悴，胸围减却了丰满"；恨时，"双眉倒竖，眼睛变成了红色"。面对被抛弃的命运，她怒斥国王是"卑鄙无耻的人"，指责他的欺骗行为"实在是一口盖着草的井"。她不顾习俗的约束，愤怒地离开丈夫出走，具有平民少女独立生活的勇气。国王豆扇陀看中沙恭达罗的美貌而一见钟情。他认为"假如这个在后宫里也难找到的佳丽在净修人中间竟然可以找着，那么，野林中的花朵就以天生的丽质超过了花园里的花朵"。剧中丑角嘲弄国王说："正如一个厌恶了枣子的人想得到罗望子一般，万岁爷享受过了后宫的美女，现在又来打她的主意。"直至找到戒指，他的爱情才剔除了色欲的杂念，得到了净化。作为统治阶级的帝王滥施爱欲，理应受到批判，作为钟情的男子又受到赞扬，对他的批判与美化，主要寄托了人民的理想和愿望。

三、沙恭达罗形象的艺术美

《沙恭达罗》成为万古不朽的剧作是和它以动人的艺术感染力歌颂沙恭达罗美妙的爱情分不开的。诗剧通篇洋溢着明朗、热情、乐观的基调。在安谧圣洁的净修林里，年貌相当的青年男女迸发出烈火干柴一般的爱情，他们尽情追求诱人心醉的"爱情的享受"，对青春之恋充满美妙的憧憬。他们的爱情"在剧烈地燃烧"，使二人相思的苦果中含着沁人心脾的甘甜。即使是他们失恋时的离愁别绪，也蕴含一丝希望的光明。一种向上的力量和欢乐的情绪融合印度封建社会上升时期的时代气息笼罩诗剧，激荡着人们的心弦。尤其是被公认为写得最好的第四幕中，沙恭达罗别离净修林时的一刻，离愁别绪，思虑万千，写得格外动人。她急于会见丈夫的喜悦，和净修林中的景物依依惜别的深情交织融合在一起，形成一种奇妙的意境。林中有情无情的飞禽走兽、花草树木对沙恭达罗恋恋不舍的柔情蜜意，完全沉浸在一派悲喜交加的诗情画意之中。"小鹿吐出了满嘴的达梨薄草，孔雀不再舞蹈，蔓藤甩掉褪了色的叶子，仿佛把自己的肢体甩掉""那野鸭不理藏在荷花丛里叫唤的牝鸭，它只注视着你，藕从它嘴里掉在地下"。沙恭达罗也给予热情的回报，她拥抱春藤，爱抚小鹿，树木为她遮阴，杜鹃甜蜜地伴答，微风轻轻地吹送。沙恭达罗在弥漫着离情别意的氛围中和大自然浑然一体，在浓郁感伤的心境里透出一种和谐的自然美。

沙恭达罗这一形象的塑造还充满浪漫主义的丰富想象，在戏剧冲突和情节发展中表现得异常明显。剧中仙人诅咒这个作者有意安排的偶然性事件，是造成女主角沙恭达罗爱情悲剧的重要原因。它恰如其分地表现出人们憎恶以仙人为象征的恶势力的情绪，不仅对女主人公的遭遇深表同情，而且反映了人们对美好爱情生活的渴望。剧终，作者又把古今中外常见的统治阶级朝秦暮楚、始乱终弃的悲剧结尾处理成大团圆的喜剧，以表明他的观点和倾向。剧中的女主人公沙恭达罗作为净修林现实中的女性却为天女所生，被生动地塑造成具有神性的人。她成了充满神话色彩的人物，忽而天上，忽而地下，最后在既不是仙境，也不是净修林的世俗人间与国王豆扇陀团聚，过着追求子嗣、财富和义务的幸福生活。这正是当时印度人民通过女主人公形象寄托的他们自己向往美好未来的浪漫遐想。

《沙恭达罗》利用诗句的形式多方面地刻画了沙恭达罗的性格。它以不同的场景、环境衬托和表现了沙恭达罗的形象及其特点。在最能陶冶人性情的大自然怀抱里，沙恭达罗养成了单纯质朴的性格。而宫廷环境更多地表现复杂的社会关系，便于揭露豆扇陀作为国王的专横无理和荒淫无耻。仙界则脱离了净修林与宫廷等现实因素的束缚，大胆表现作者寄托的愿望和理想。诗剧在通过人物的动作和语言来揭示内心世界的细微变化方面，也取得了很大成功。豆扇陀在净修林里同净修女的问答，流露出他千方百计想获得沙恭达罗爱情的隐秘。沙恭达罗在宫廷大胆痛斥豆扇陀的犀利语言，表现了一个温柔女性维护自己人格尊严时内心的愤懑情绪。她在林中告别时，对弱小动物细微关照，使她既渴望见到恋人，又对故居恋恋不舍的情感溢于言表。

女主人公沙恭达罗的形象还具有浓郁的抒情色彩。无论是情景交融、寓情于景，还是直接写意传情，都紧紧地围绕着塑造沙恭达罗的形象而展开。作者笔下的感情氛围时而浓烈动人，时而淡雅平静，情从笔至，字遂人情。在这种细腻抒情的意境中，沙恭达罗的形象产生了使人感发、生情的审美效果。正如德国著名戏剧家席勒曾高度评价的："在古代希腊，竟没有一部书能够在美妙的女性温柔方面，或者在美妙的爱情方面与《沙恭达罗》相比于万一。"

　　沙恭达罗形象的影响颇为深广。在印度，《沙恭达罗》有很多种方言的译本。其中许多关于女主人公的诗句都被人们熟知甚至背诵，直至现代还有人用梵文上演。1789年，威廉·琼斯把《沙恭达罗》译成英文。1791年《沙恭达罗》又被转译成德文。此后，这一诗剧在欧洲文学界获得一致的好评。德国伟大诗人歌德受其启发和影响，在自己呕心沥血的代表作《浮士德》中运用了《舞台序曲》的形式，产生了强烈的艺术效果。近代中国译介《沙恭达罗》的第一人是苏曼殊。1959年首次出版了我国著名梵文学者季羡林的译本，并被改编为戏剧上演。沙恭达罗已成为深受各国人民喜爱的人物，为世界文学画廊增添了光辉。

重读泰戈尔与世界主义

————————

罗宾德拉纳特·泰戈尔（1861—1941 年），是闻名世界的伟大诗人和作家。他既是印度近代思想史上与甘地齐名的巨擘，也是印度文学史上与迦梨陀娑齐名的巨星。他于 1913 年获得诺贝尔文学奖，成为亚洲第一个获此殊荣的作家。

一、创作视野扩大与世界主义思想萌芽

泰戈尔在他一生漫长的 80 年中，据不完全统计写了 66 部诗集、9 部长篇小说、6 部中篇小说、96 篇短篇小说、80 多部剧本，还有许多游记、书简、回忆录及有关文学、哲学、教育、宗教、社会方面的论文和著作。他还谱写了 2000 多首歌曲，绘有 2000 多幅画。

泰戈尔的祖父是最早去英国访问的印度人之一，是 19 世纪梵社的重要支持者，他致力于反对偶像崇拜、种姓制度、寡妇自焚殉节等社会改革活动。泰戈尔的父亲对吠陀和奥义书很有研究，是哲学家和宗教改革者。泰戈尔是兄弟姐妹 14 人中最小的一个。其大哥是诗人，又是介绍西方哲学的哲学家，五哥是音乐家、剧作家；姐姐是当时第一个用孟加拉语写长篇小说的女作家。泰戈尔就在这样一个既扎根于印度教哲学思想土壤，又深受西方文化影响，富有文学艺术教养的家庭里，度过了童年。他虽然进过东方学院、师范学院和孟加拉学院，但并没有在学校里完成系统正规的学习。他 13 岁时开始写作最初的诗作，17 岁时按照父亲的意愿去了英国学法律，后改学英国文学，并研究西方音乐，两年后回国专门从事文学创作活动。

泰戈尔的诗歌和小说主要反映了印度人民在帝国主义、封建制度双重压

迫下要求改变自己命运的愿望，描写了他们的反抗和斗争。作品充满爱国主义和人道主义精神，同时又富有民族风格和民族特色，具有很高的艺术价值，深得广大人民的喜爱。他一生辛苦勤劳的创作活动给印度文学和世界文学宝库增加了可贵的遗产，既为自己扩大了世界视野，也为自己增加了世界声誉。

泰戈尔的文学创作主要分为3个时期：

一是早期创作。他从童年时代就开始写诗和剧本。1877年16岁的他即发表第一首长诗《诗人的故事》并受到好评。1878年赴英国学习法律，对英国文学和音乐有浓厚兴趣。1880年提前回国。1881年他的第一本诗集《黄昏之歌》出版，从此开始了正式的创作生涯。特别是从1890年至1901年他在父亲的庄园里度过，广泛地了解了印度农村的社会现实，目睹了英国殖民主义者的专横暴虐、封建地主的残酷剥削。他非常同情处境艰难的农民，开始积极探索社会发展的出路。这一时期他虽然也创作了不少诗集和剧本，但最能代表他早期创作成就的是六七十篇短篇小说和一部名为《故事诗集》的故事诗。这部诗集主要取材于历史事件，重点歌颂了反对异族压迫和封建暴君统治的英勇事迹。部分作品反映了地主对农民的剥削和残害，如《两亩地》等。其短篇小说描写的社会范围很广，主要以反对封建主义为主题，集中批判封建婚姻制度和种姓制度，展现妇女生活的悲惨，如《摩诃摩耶》等。

短篇小说中《摩诃摩耶》的思想内容很有代表性。24岁的姑娘摩诃摩耶和男青年真诚相爱，但她的家庭因种姓的关系强迫她嫁给一个垂死的婆罗门，并在火葬场上举行婚礼。婚后第二天，她就成了寡妇，并被迫和丈夫一起火葬。只是由于突然出现的狂风暴雨，她才侥幸没被烧死，可是她美丽的脸庞上已留有烧伤的疤痕。她逃到男友家里，要他发誓永远不揭开她的面纱。一个月后的一个月夜，其男友终于忍耐不住地揭开面纱。她发觉后一言不发地转身离去。作者强烈谴责了封建包办婚姻的危害和寡妇殉葬制度的野蛮，表达了人们要求恋爱自由的迫切愿望。

二是中期创作。20世纪初至20年代，是他一生创作最丰富也是最重要的时期。作品广泛而深刻地反映了印度现实中最迫切的社会问题。优秀的代表作品是长篇小说《沉船》（1906年）和《戈拉》（1910年）。《沉船》情节曲折动人，富有传奇色彩。作品通过大学生罗梅西曲折复杂的恋爱和婚姻故事的描述，揭示出封建婚姻制度与争取恋爱自由的青年男女之间的尖锐矛盾，具有强烈的反封建倾向。男主人公罗梅西是印度资产阶级知识分子的形象，他有反封建的思想，但行动软弱、妥协，无力冲破束缚自己的封建罗网。小说明确指出青年男女如果不坚决反对封建婚姻制度，是得不到真正的恋爱自由和幸福婚姻的。

《戈拉》写于1907—1909年，1910年正式出版，是泰戈尔创作的最优秀的小说，也是印度近代批判现实主义文学的代表作之一，主要表现了泰戈尔反帝反封建的创作倾向和世界主义思想的萌生。这部作品的中心人物是印度知识青年戈拉。他是泰戈尔精心塑造的一个资产阶级民族主义者和爱国主义者的典型。作为一位激进的爱国知识分子，他有强烈的爱国心和民族主义志向。他不断提升自己的思想认识，从学校及附近一带的孩子王，逐渐发展为印度爱国者协会主席、印度教青年教徒的领袖。戈拉坚信自己的祖国一定会得到独立和自由，并采取积极的行动为之奋斗，他生活的唯一目标就是要救民于水火、解放祖国。他的一生经历坎坷，为人正直不阿，宁死不屈，曾三次面对面地和英国殖民者进行斗争，并被捕入狱，但他从未向英国殖民者屈服过。这种没有丝毫奴颜婢膝的精神是殖民地人民最可贵的品质。印度评论家S.K.班纳吉说："戈拉就像是渴望自由、愤怒地为反抗自己社会和政治上的奴隶地位而斗争的印度心灵的化身。"

戈拉的性格也表现出一定的矛盾性。他怀有宗教偏见，错误地认为造成印度一切灾难的根源是人民群众的愚昧无知，是由于知识分子脱离了群众以及忘记了印度的光荣历史。他主张当前的任务是唤醒人民，使他们相信自己的力量，恢复对祖国的信仰，尊敬和热爱自己的祖国。他认为要达到这个目的，就必须无条件地遵守印度教的一切传统，因为只有这样，群众才不会忘记印度光荣的过去，才不会崇洋媚外，才不会失去自己的民族自信心。因此他为印度教的一切传统，包括种姓制度、偶像崇拜、妇女无权等陋习辩护，并身体力行，严格遵守印度教的教规。他企图复归传统种族观念和印度教规以振兴国家民族的做法是行不通的。这不仅造成他自己深刻的内心矛盾，而且成为他和自己亲人之间隔阂的原因。尤其在他爱上信奉梵教的姑娘苏查丽姐之后，他的内心更加矛盾、痛苦。最终，现实的教育使他放弃了偏见，树立了为全印度人民造福的思想。小说最后戈拉终于认识到：印度人民要独立，就要同时反封建，就要冲破种姓制度的束缚。不分宗教信仰，团结一致才能战胜敌人。

泰戈尔通过《戈拉》这部作品歌颂了新印度教徒的代表戈拉反对殖民主义压迫、热爱祖国的思想，歌颂了他对祖国必然获得自由的坚定信念，同时也批判了他维护种姓制度，遵守印度教各种腐朽传统的错误做法。泰戈尔通过戈拉这一艺术形象，表达了自己反对帝国主义、反对复古主义和种姓制度的主张，并在这一人物身上显露出自己世界主义的思想萌芽。

三是后期创作。20世纪20年代到40年代，印度社会激荡，泰戈尔的创作进入最后阶段。由于印度人民的日益觉醒，反殖反帝斗争的日益高涨，尤其是1930年访问苏联两个星期归来后，泰戈尔思想有了新的发展，创作了一些政治抒情诗。这些抒情诗大体可分为三类。第一类是反对战争、维护世界和平的，如《非洲集》谴责帝国主义的野蛮掠夺，《敬礼佛陀的人》讽刺日本帝国主义侵略中国，《忏悔》反对瓜分世界的《慕尼黑条约》。第二类是揭露殖民社会和封建落后现象的，如《劳动者》。第三类是总结自我思想的，如《生辰集》等。这些作品表现了诗人晚年很高的精神境界和明确的世界主义理想。此外，在后期他还创作了虽然富有哲理色彩，但是仍具有比较明显的反帝斗争思想的象征剧《摩克多塔拉》（1925年）和《红夹竹桃》（1926年）等。

二、走出印度国门与世界主义思想成熟

20世纪初，泰戈尔已是一位著述丰厚、颇有声望的大诗人。他决定采取访学而非旅游的方式，公开会见西方健在的著名学者。1912年3月27日，他与儿子和儿媳一行登上前往英国伦敦的轮船。旅途中为度过闲暇时光，他安逸地坐在甲板上随手用英文翻译着刚出版不久的孟加拉文版《吉檀迦利》，聊以自慰。此外，他还将以前发表的《奉献集》《祭品集》《怀念集》里的一些诗翻译出来。正是后来以《吉檀迦利》为名结集出版的这103首英文诗，使他获得了世界声誉。

泰戈尔到达伦敦后不久，就来到英国画家、时任皇家美术学院院长的罗

森斯坦处。他曾于1910年到过印度，并结识了泰戈尔，一直对泰戈尔的诗歌情有独钟。他们之间的友谊一直保持到泰戈尔逝世。这次罗森斯坦在读完泰戈尔带来的译作之后，兴奋不已，认为这是一种"崭新类型的诗，是神秘主义高水平的伟大诗作"。同时，他又将诗作推荐给著名诗人叶芝，立即受到叶芝的高度激赏。在罗森斯坦的周旋下，英文版的《吉檀迦利》旋即于1912年11月在英国出版，好评如潮。诗集中蕴含的深刻哲理、洋溢的抒情气息、优美华丽的诗句和散文诗的奇妙旋律，一时间轰动了整个西方世界。当时瑞典文学院正在讨论该年度诺贝尔文学奖候选人。英国作家和皇家学会成员斯塔杰·穆尔首先提名泰戈尔参评。评选委员会主席赫迦尔奈起初不赞同，但是由于《吉檀迦利》很快被社会认同与推崇，泰戈尔的提名终于获得了瑞典文学院数名院士的支持。1913年9月，泰戈尔从英国伦敦载誉返回他心爱的圣蒂尼克坦。他的英国之行虽然取得了巨大成功，使他赢得了崇高的荣誉，但是他并未让"这个盛了洋酒的镀金杯把自己灌醉"。

1913年冬，瑞典文学院经过充分而周密的论证，终于决定将本年度的诺贝尔文学奖授予泰戈尔，表彰他"那含义深远、清新而美丽的诗歌"，并认为"他运用完美的技巧，自己的英语词汇，使他诗意盎然的思想成为西方文学的组成部分"。这是诺贝尔文学奖自开创以来第一次授予东方人，也是第一次授予一位非白种人。消息传到印度时，举国上下一片惊讶和兴奋，加尔各答大学不久也授予泰戈尔名誉文学博士学位。在获得诺贝尔文学奖以后，泰戈尔将自己获得的全部奖金都用在了圣蒂尼克坦国际学校的建设上。

《吉檀迦利》是孟加拉语"献诗"的意思。这些诗是献给"神"的。这个神是抽象的，而不是具象的，它与万物化成一体，是人格化的"泛神"。诗中利用人道主义思想对"梵我合一"的泛神论进行整合，使得他心目中的神不再是超自然的精神主宰，而是"最高人格"的化身。当人与"最高人格"结合就达到人神合一的理想境界，即"圆满"。这是一部优秀、深邃的宗教抒情诗集。基于诗人对宗教哲学泛神论思想的独特理解，诗人从泛爱主义思想出发，歌颂了具有悠久优秀文化的祖国，以及热爱这个国家的那些爱好和平、追求自由的劳动人民，赞扬了祖国那些雄伟壮丽的山川。整部诗集始终贯穿着爱国主义思想。这个时期其他的诗集主要有《新月集》《园丁集》《飞鸟集》

等，它们也都是宗教哲理诗集。其基调和《吉檀迦利》类似，但影响却相差甚远。

泰戈尔对中国怀有崇高的友谊，他一贯强调印中两国人民团结友好合作的必要。早在1881年就写了《死亡的贸易》一文，谴责英国向中国倾销鸦片毒害中国人民的罪行。1916年，他在日本发表讲话时抨击日本帝国主义侵略中国的行为。1937年日本帝国主义发动全面侵华战争后，他屡次发表公开信、谈话和诗篇，斥责日本帝国主义，支持和同情中国人民的正义斗争。泰戈尔的作品早在1915年就被介绍到了中国。中国作家郭沫若、郑振铎、谢冰心、徐志摩等人的早期创作大多受过他的影响，其实这也是他实现世界主义理想的重要组成部分。

三、从孟加拉诗人走向世界诗人

印度当代学者维希瓦纳特·S.纳拉万教授在自己的力作《泰戈尔评传》中深刻地指出："任何对泰戈尔的全部贡献加以评价的尝试，都必须包括对他的哲学世界观、宗教思想和教育观点的研究，而不能单单着眼于他在文学、艺术上的成就。"在我们重新阐释泰戈尔思想的全部意义时，更感到这种提醒是切中肯綮的认识。当我们努力认识当代人类精神的一致性及泰戈尔思想的统一性时，就更能发现他的哲学世界观、宗教思想和教育观点，在逐渐形成的过程中越来越清晰地显现出的一条主线，即公共知识分子的世界主义思想。

印度是个多灾多难的国度，尽管它富饶美丽、人民辛劳善良，但是这并未成为它可以进入人间天堂的资本。异族的入侵、长期的分裂、相对短暂的统一，使这个历史悠久的国家直至20世纪前后仍处于十分可悲的生存境地。政治上遭受殖民者的压迫，经济上受到它们的盘剥，人民陷入贫穷、愚昧的水深火热之中。就在人们几乎忘记了自己光荣的历史，对未来似乎也丧失希望而漠不关心的时刻，一些先知先觉的大哲，如罗姆莫罕·罗易（1774—1833年）、斯里·罗摩克里希纳（1836—1886年）和斯瓦米·维韦卡南达（即辨喜，原名挪伦特拉那特·达德）（1863—1902年）等社会活动家和印度教改革家，将自己振聋发聩的启蒙思想千方百计地灌输到广大人民中去，即使只有少量的社会各阶层的人物接受并实践了这些思想，但是只要警醒了甘地和泰戈尔两位闻名于世的伟人，就足以表明他们的思想威力。

罗姆莫罕·罗易生于孟加拉一个笃信宗教的贵族家庭，早年曾在巴特拿学习波斯文和阿拉伯文，接触伊斯兰教义和希腊古典哲学。他曾游历过波斯、阿拉伯、中国、缅甸等，虽定居加尔各答，却是个视野开阔的学者。作为印度启蒙思想家、近代社会的改革家，他曾于 1818 年创建了著名的启蒙社团"梵社"，并提出一系列改革社会的主张。而泰戈尔家族从其祖父德瓦尔伽纳塔·泰戈尔开始就是罗易进行改革的可靠朋友和坚定的支持者。直至罗易在1833 年去世后"梵社"濒临垮掉时，还是德瓦尔伽纳塔捐款使之得以维持下去。德瓦尔伽纳塔的长子代温德拉纳特即罗宾德拉纳特·泰戈尔的父亲。"虽然，他是德瓦尔伽纳塔的后裔，实际上他是拉贾·罗姆摩亨姆·罗易（即罗姆莫罕·罗易）的道德和精神的继承者。他完成了拉贾·罗姆摩亨姆·罗易未竟的事业。他的品德对罗宾德拉纳特的精神发展产生了不可磨灭的影响。"[①]因此泰戈尔在为原始梵社做秘书时也接受了这样的一些主张。由此观之，泰戈尔思想直接或间接地受到了罗易的影响。原始梵社的信徒认为自己是印度教的特殊分支，泰戈尔认为他们是"有神论印度教徒"。尽管梵社是印度的宗教，却有一种世界的观点。泰戈尔早年在大众梵社堂（一称公共梵社）朗读的题为《认识自我》的文章中说："今天的印度教必须敞开它神圣、神秘的真理。它必须向整个世界传播世界主义的福音。今天，通过梵教的拯救之路，印度教正在履行它的使命。"[②]在泰戈尔给罗姆莫罕·罗易的颂词中曾写道："有一段时间，罗摩·摩罕·罗易（即罗姆莫罕·罗易）立足于人类的共同要求，试图将印度与世界其他部分合为一体。他的见解并未因陈规陋习的存在而黯然失色……罗摩·摩罕在时、空这两个方面延伸了印度意识。他看到，无坚不摧的时间现在也没有停下来，它擎着胜利的旗帜奔向未来，所有

---

① ［印］克里希那·克里巴拉尼：《泰戈尔传》，倪培耕译，漓江出版社 1984 年版，第 27 页。
② 转引自［印］萨布杰高利·森：《泰戈尔的宗教信仰》，王晓丹译，《今日印度》2011 年第 5 期。

的人都只能行进在这面旗帜之下。"①赞颂罗易这位杰出先驱的话，同样可以用来认识和评价泰戈尔自己。他就是行进在这面旗帜之下的众多追随者之一。完全可以理解其中被延伸了的"印度意识"，这就是泰戈尔世界主义思想的重要来源。

作为父亲的代温德拉纳特对泰戈尔的影响不仅在于对罗易思想的继承上，而且他身上养成的对宗教的虔诚、对艺术的敏感、对实践的重视等三种主要气质，同样给予了泰戈尔潜移默化的濡染和熏陶。他少年时代的历练、青年时代的向往、成年时期的击打、晚年时期的奋进，其中不乏艺术追求、现实教育、民族斗争、改革实践、世界召唤等种种内心的矛盾与苦斗，种种生活的艰辛与曲折，都程度不同地打上了祖、父两代人的烙印。泰戈尔和祖父、父亲三代人不仅目睹了孟加拉乃至整个印度民族的觉醒、民族资本的崛起，以及席卷全国的社会改革和民族独立运动，而且程度不同地成为重要的参加者。由于泰戈尔学术和思想的同一性，所以他不仅是一位追求美与和谐的作家和艺术家，更是一位关注人生的思想家和社会活动家。作为公共知识分子，他的服务空间逐渐扩大。在理想与现实的双重追求中，他完成了自己由孟加拉诗人向世界诗人的过渡，完成了思想由泛爱主义向世界主义的深化。

泰戈尔曾先后12次远渡重洋，访问5大洲近30个国家和地区，积极从事和平运动，反对法西斯，支持各国人民的正义事业。这些非凡的经历成就了泰戈尔作为"世界的诗人"的世界主义思想的成熟。他在不懈地追求人性完美的同时，完善了自己世界主义思想的内涵。评论家认为"罗宾德拉纳特是一个非常协调的人。人性的每一个方面在他的行为、他的艺术中都有充分的表述。《奥义书》中高尚的理想主义，佛陀的慈悲与智慧，西方思想中的理论性，毗湿奴教义中的慈爱，耶稣的人道主义，不同国家不同时代的神秘主义大诗人的深沉……这一切在罗宾德拉纳特的世界观和处世之道中都占有各自的地位。炽热的爱国主义并没有妨碍他将世界看作一个'全人类的小

---

① ［印］维希瓦纳特・S.纳拉万：《泰戈尔评传》，刘文哲、何文安译，重庆出版社1985年版，第6—7页。

巢'。"①此外，他还始终坚信："每一民族的职责是，保持自己心灵的永不熄灭的明灯，以作为世界光明的一个部分。熄灭任何一盏民族的灯，就意味着剥夺它在世界庆典里的应有位置。"②由此可以看出，泰戈尔的民族主义有时是用世界主义价值取向来反映的，而他的世界主义有时又用民族主义的形式表达出来。这样他就从一个普通的民族文学艺术家发展成为一个服务于整个世界的公共知识分子。

　　泰戈尔认为："在印度，当我们能够在我们的生活中同化西方文明中永恒的东西时，我们将处于协调两个伟大世界的地位。那么，令人恼恨的单方面的统治将会结束。更重要的是，我们不得不承认印度的历史并不属于一个特定的种族，而是属于一个创造过程。世界上不同的种族对这个过程都作出了贡献，其中有达罗毗荼人和雅利安人，古希腊人和波斯人，西方和中亚的伊斯兰教教徒。现在终于轮到英国人忠于这个历史了，他们为历史带来了生活的献礼。我们既没有权利也没有力量排除他们参与建设印度的命运。所以我说的民族，更多的是同人类历史有关，而不是同印度历史特别有关。"③泰戈尔心目中"西方文明中永恒的东西"即他后文中提及的"它产生了胸怀开阔的人，具有伟大思想的思想家和伟大业绩的实行家。它产生了伟大的文学"。他敬佩这些人对正义和自由的热爱，以及他们的思想活力、创造力和人性。另外，泰戈尔强调民族历史"属于一个创造过程"，而且是由世界上多个不同种族共同完成这一创造过程的观点。这是因为他已经觉察到西方正在抑制其压迫的民族天赋，防止他们会利用知识来解放自己。他指出，这种强权式的民族主义"是一种席卷当今人类世界并吞噬它的道德活力的残酷瘟疫"。他感到在这样的世界上，只有发扬更崇高的人性，才能使世界和谐。这些哲学观点无不滋生着世界主义的思想萌芽，浸润着世界主义的营养。

---

① 〔印〕维希瓦纳特·S.纳拉万：《泰戈尔评传》，刘文哲、何文安译，重庆出版社1985年版，第12页。
② 〔印〕克里希那·克里巴拉尼：《泰戈尔传》，倪培耕译，漓江出版社1984年版，第334页。
③ 〔印〕泰戈尔：《泰戈尔集》，倪培耕编选，上海远东出版社1997年，第324—325页。

四、从世界意识升华为世界主义

我们承认泰戈尔所说的"印度的历史并不属于一个特定的种族，而是属于一个创造过程"，这就等于承认当今世界的历史更"属于一个创造过程"。只是这一过程所遭遇的困难更多更复杂，也更难解决。因为人类不仅要克服自然给他们带来的各种灾害，还要解决人类自身由于人性缺陷所带来的人为灾难。这是泰戈尔的世界主义思想的由来。因此他针对西方民族主义的强权政治，提出："人类历史的目标既不是含糊不清的世界主义，也不是狂热的民族自我盲目崇拜。印度一直在努力完成它的任务，一方面调节社会分歧，另一方面承认精神团结。""但是我们认为我们的任务尚未完成。世界洪流荡涤着我国，新的东西已经引进，更大规模的调整有待于进行。"①毫无疑义，泰戈尔认为的清晰的世界主义观点应该是："现在已经到了这一时刻，我们必须将世界的问题当作我们自己的问题。我们必须使我们的文明精神与全球所有国家的历史和谐配合。"②尽管印度当前无论是想完全恢复到吠陀时代的信仰复兴者，还是想照搬欧洲功利和消费主义的模仿者，都不会赞同泰戈尔这种世界主义观点，但是，"罗宾德拉纳特把世界的命运看作是自己的命运。如果世界的某个地方存在着非正义或压迫的话，那么他会深深感到痛苦。存在于他身上这种世界意识使他在自己的国度里不得不蒙受一些误解。""现在他已超越了印度的国界，成为一个世界公民。这并不是因为他已名扬天下，而是因为他与世界紧紧联在一起。"③正是作为"世界的诗人"的泰戈尔和世界的紧密接触和联系，使他的世界主义思想越来越根深蒂固。

泰戈尔在题为《世界文学》的文章里指出："你们切不可以认为，我将成为你们在世界文学领域里的带路人。我们应该根据各自的力量，在这条路上前进。我只是想强调指出，大地不是我的，你的或是他的大地，把大地分成

---

① ［印］泰戈尔：《泰戈尔集》，倪培耕编选，上海远东出版社1997年，第320页。
② 《泰戈尔与世界主义》卷首语，《印度文摘》1988年第12期。
③ ［印］克里希那·克里巴拉尼：《泰戈尔传》，倪培耕译，漓江出版社1984年版，第289页。

你的我的做法是极其无知的。同样，文学也不是我的、你的或他的创作。然而，我们往往如此无知地看待文学。我们的目的是，去掉那些无知和狭隘，从世界文学中观察世界的人。我们要在每一作家的作品里看到整体，要在这种整体里看到整个人类为表现自己所做的努力，现在是立下这样的决心的时候了。"① 泰戈尔对世界文学的这种清晰认识和理解以及所表现出来的教育思想，是他积极倡导的东西方之间要紧密合作的精神在文学研究领域的体现。评论家普遍认为，泰戈尔的理性是由整个世界文明培育成熟的，他的成就奠基于东西方文人学者的友谊之上。因而在他的思想深处一直孕育着世界意识，并始终贯穿他文学研究和教育实践的全过程。这种世界意识由朦胧生发到根深蒂固的发展，最终形成了他的世界主义思想。

泰戈尔一向主张民族间的文化要相互交流，东西方二者不可偏废。这种世界意识很早就在他幼小的心灵里萌动，因为泰戈尔"就诞生在这种东方和西方的精神文明的气氛中，并在那间喧闹的，永远挤满那些不断地唱歌，写诗，讨论神学、哲学和文学问题的人们的乔拉圣科的小屋里度过了他的童年"②。这种来自家庭的教育是多样性的。1878年，青年时代的泰戈尔第一次去英国伦敦求学，请了一位教师教拉丁文。这位平日沉溺于理论研究的教师认为："每一个时代的占支配地位的思想意识总会在整个世界的不同人类社会里反映出来，不管这些不同的社会之间存在什么样的外部联系。"这种来自学院派的教育是世界性的。泰戈尔在日后的《回忆录》中，曾这样写道："今天我不能不相信它。我坚信，人类的思想是通过一种深奥的媒介联系着的，社会的某一方面的变革会影响到另一方面。"③ 可见从那个时期开始，人类互相联系、互相影响的世界意识，就通过不同的教育渠道深深植根于泰戈尔的理性——这块东西方文化杂糅的沃土。

---

① ［印］泰戈尔：《泰戈尔论文学》，倪培耕等译，上海译文出版社1988年版，第55页。

② ［印］S.C.圣笈多：《泰戈尔评传》，董红钧译，湖南人民出版社1984年版，第5页。

③ ［印］克里希那·克里巴拉尼：《泰戈尔传》，倪培耕译，漓江出版社1984年版，第97页。

泰戈尔在筹建国际大学并实践他的教育理论时，正值他的世界意识逐渐形成文化心理定势的过渡时期，也是他的世界主义付诸行动的重要节点。1898年，他想在父亲早年于西孟加拉邦比尔布姆县买下的后被称为圣蒂尼克坦（意为"和平之乡"）的7英亩荒地上创办一所小型的实验学校，以吸收不同种姓的儿童入学。这一教育设想就是从他的世界意识中最先派生出来的。1902年，他又在一篇著名的论文中呼吁，印度既不是印度教的，也不是穆斯林的，更不是英国人的，不同种族、不同信仰的人应该会集在团结的旗帜下。这种思想又于1912年反映在泰戈尔作词并谱曲的印度国歌中。歌词欢呼要用"爱的花环"把东西方人编织在一起。即使是在第一次世界大战前夕，泰戈尔也丝毫没有放弃要在圣蒂尼克坦建立一个在世界各国间传播信任与友谊、交流思想文化的学术机构的努力。就这样，泰戈尔的世界意识通过教育实践过程，由启悟升华为世界主义，最后经实验成为现实。圣蒂尼克坦的实验学校最后终于发展成一所世界性大学——国际大学。其座右铭为一句古老的吠陀箴言、梵文诗："整个世界相会在一个鸟巢里。"

泰戈尔这种世界主义思想不仅反映在他的思想发展的过程中，而且以一定的审美价值取向表现在他的代表作品里，尤其是在他的世界主义的观点形成期所写的代表作长篇小说《戈拉》和诺贝尔文学奖获奖诗集《吉檀迦利》里。由于对美和爱的追求构成了这些作品的主题，因此他的书面语言已不再是仅仅承担着民族文化重负的一种载体，而表现出一种超越语言的文化普遍性和同一性的真理。

1906年到1909年在杂志上连载的小说《戈拉》，除却热爱祖国的鲜明主题，另一个重要的思想倾向就是不同种姓、不同宗教信仰的人民应该消除隔阂，相互交流文化与思想。小说主人公戈拉最初是个坚定的印度教徒，当他得知自己的爱尔兰血统和基督教徒出身以后，以前的信念发生了根本的动摇，即自己既不是印度教徒，也不是基督教徒，而是一个人。这种"人的宗教"促使戈拉的思想发生转变，恰如其分地表现了小说的这一主旨。它表达了作者正确的思想倾向和宗教观，是作者文化心理结构深层的一种自然显现。正是因为他的世界主义思想意识，他的小说才表现了人类的伟大。这一点不仅跨过了地区界限，也超越了国家界限。1911年，即泰戈尔50岁那年，他将自己的一些诗编纂成集，即《吉檀迦利》。其第35首诗里写道："在那里，知识是自由的；在那里，世界还没有被狭小的国家的墙隔成片断；在那里，话是从真理的深处说出；在那里，不懈的努力向着'完美'伸臂；在那里，理智的清泉没有沉没在积习的荒漠之中；在那里，心灵是受你的指引，走向那不断放宽的思想与行为——进入那自由的天国，我的父呵，让我的国家觉醒起来罢。"① 如何才能进入"那自由的天国"？泰戈尔基于自己的世界主义思想意识认为，"广泛地展开各民族间的文化交流，建立彼此间的了解，使所有的人都重视'人的价值'，来完成一种'世界文化'，那么，人类就可以逐渐进入'自由的天国'"②。在他的想象中，"自由的天国"是天堂，那么在他的实践中，国际大学即是通向天国的一架金桥，他的世界主义思想可以通过这种努力得到验证。

总之，泰戈尔在文学艺术创作活动中是"世界的诗人"，在社会政治活动中是世界公民，在思想意识深层的表现上是世界主义。这使他的创作活动和思想行动从表面上看并非总是表现出明显的统一性，但是在这令人眼花缭乱的丰富多彩背后，总有一种东西若隐若现，那就是在他生命过程中，从萌芽到成熟的世界主义思想，其本质是面对政治全球化、经济一体化的焦虑。作为一名公共知识分子，他要寻求一种人类生存在这个世界上的互相关联与和谐共存的潜能。这种认识越到他晚年越深刻，这种探索愈到他晚年愈努力，最终成就了泰戈尔世界伟人的地位。

---

① ［印］泰戈尔：《吉檀迦利》，谢冰心译，人民文学出版社1984年版，第21页。
② 张光璘编：《论泰戈尔》，中国社会科学院、北京大学南亚研究所1983年内部资料，第89页。

泰戈尔政治抒情诗的创作心理

————

　　泰戈尔是印度近代具有世界影响的作家。他后期的政治抒情诗反映了诗人思想和心理的变化，但是研究者屈指可数。本文拟从心理分析的角度论及这些创作，努力去发现诗人在将现实生活转化为艺术哲学的过程中，是如何以敏锐的感受力和丰富的想象力完成艺术创造性思维的。

一、政治抒情诗的现实基础

　　泰戈尔在前、中期创作了大量歌颂自然风光、人生追求与幸福爱情的抒情诗，袒露出诗人宁静致远、淡泊明志的内心世界，以及忧国忧民的情怀。诗人自 20 世纪 20 年代开始进入创作后期以来，非但没有江郎才尽，反而文思泉涌，写出了大量具有强烈政治倾向的抒情诗。这主要是诗人"把现实世界的丰富多彩的图形印入心灵里"并"加以创造性的再现"的结果。[①]

　　动荡的现实世界引起诗人对自己创作的深刻反思。泰戈尔出生于1861年，时值英国维多利亚女王宣告英国正式接管印度的第 4 个年头，即印度完全沦为英国殖民地的第 4 年。他逝世于印度民族独立的前 6 年（1941 年）。他的一生是在英国殖民统治和封建制度的双重阴影下度过的。面对惨痛的生活现实，年轻的诗人渴望通过抒写热情诗句来改变祖国的现状。步入中年以后，他一度有过大胆改革教育的设想，还积极参加反对英国分割孟加拉的民族自治运动。不久，妻儿相继去世的不幸和不被世人理解的境遇，曾一度减弱了他的

————

[①] 中国社会科学院外国文学研究所外国文学研究资料丛刊编辑委员会编：《外国理论家、作家论形象思维》，中国社会科学出版社 1979 年版，第 44、69 页。

创作激情。但是进入创作后期的诗人，从印度人民反对殖民主义、争取民族独立与解放的伟大斗争中，从苏联社会主义革命和中国抗击日本侵略等壮举中，认识到人民的伟大历史作用，思想深受启发。于是他先后12次远渡重洋，访问5大洲，积极投身和平运动，反对侵略战争。与此同时，诗人对自己过去用文艺作品表达追求与拼搏的多半生进行了积极、深刻的反思。他深深地感到"一个新世纪的红色黎明正在破晓"。这种"在方法上，即在体验的方式上，亦即在心理上不同于科学"的艺术思维的产生，很明显是社会因素影响的结果。这个时期，"他的那些以战争、屠杀和暴力的恐惧为背景"的政治抒情，无一不是"富有生活气息，充满着对美好事物、和平和正义终将胜利的信念"。① 这正是诗人经过深刻的反思，在选择创作题材时的一种自然而然的心理反映，也是诗人在自我反思中政治视野不断扩大，进步的思想认识方法不断升华的标志。

后期政治抒情诗不仅是泰戈尔对前、中期诗歌创作进行反思后，在创作心理上的修正，更是他的人道主义激情在新形势下触发了他创作意识的反映。激情是创作心理的原动力之一，作家创作心理的任何变化，都必然伴随着强烈的激情。它"可以唤起作家更为丰富，更为活跃的艺术想象，促使作家产生强烈的创作冲动，有感而发，进入文学创作的最佳境界"②。作为一个伟大的人道主义诗人，泰戈尔从未缺少过激情。他以极富感情色彩的笔调"抒写与人类问题以及人类的苦难和英雄主义直接有关的诗篇是很自然的"③。诗人创作的前期，写下了不少反对封建婚姻制度与种姓制度、同情广大下层妇女和贫苦农民的诗。中期，他内心虽然处于矛盾斗争中，仍创作了不少鼓励为祖国独立而战，歌颂运动领袖的爱国歌曲。即使在被普遍认为具有宗教神秘色彩，并使之荣获诺贝尔文学奖的抒情诗集《吉檀迦利》中，也能发现潜藏于诗人深层意识中，追求光明的渴望和强烈的爱国热情。后期政治抒情诗即是在前、

---

① 中国印度文学研究会编，季羡林主编：《印度文学研究集刊》第1辑，上海译文出版社1984年版，第344页。

② 张怀瑾主编：《文学导论》，天津教育出版社1987年版，第206页。

③ ［印］S.C.圣笈多：《泰戈尔评传》，董红钧译，湖南人民出版社1984年版，第114页。

中期人道主义创作激情嬗变的基础上写成的。诗人从精神世界中探求拯救祖国与人民的理想途径，从同情人民、认识人民的历史作用，发展到从内心反省自己的不足。这种创作心态贯穿了诗人后期政治抒情诗创作的全过程。"那些像火焰一样炽热、像利刃一般锋利的诗句""内容充满斗争，调子激昂慷慨，同以前的诗人判若两人"①。这种创作风格的变化明显说明诗人在积极参与政治活动以后，心理感受层次逐渐加深，原来蕴蓄在深层意识里的政治激情，在新形势的撞击下形成了新的艺术思维。

著名心理学家奥夫夏尼科—库利科夫斯基在论述抒情诗的心理学时指出："抒情诗引起的不是思想活动，而是情感活动。"这种情感活动就是一种形象思维过程，是人的旧有思维信息的再现。泰戈尔后期之所以能够创作出政治抒情诗，主要因为他的思想深处再现了过去曾摄取到的艺术信息。

事实上，殖民主义和封建主义的双重压迫给印度人民带来的种种苦难，以及人民所表现出来的伟大力量和优秀品质，都曾给诗人的思想以各种强弱不同的刺激，在诗人脑海里留下许多深浅不一的印痕。随着生活阅历的增加，头脑中贮存的这类信息也日益丰富。这些未经改造整理、杂乱无章的印痕，潜藏在记忆深处，没有被记住的迹象。当泰戈尔以"世界的诗人"的眼光观察第二次世界大战前动荡的社会现实时，外界的刺激使深埋在诗人记忆之库底层的信息开始活跃起来，自动浮升而出，重现于脑际。诗人没有将它视为无足轻重的零星感受，而是通过分析推理，运用诗的语言，塑造成凝聚着他的情感和思想的艺术形象。此时，诗人的精神活动已经达到正常的理性活动阶段。正如亚里士多德所说："一切可以想象的东西本质都是记忆里的东西。"②诗人形象思维的基础，同样是对生活本质的理解和记忆。在他摄取形象、孕育形象、把握形象、再现与创造形象的思维过程完成以后，这种想象已完全进入理性阶段。"它愈和理性结合，就愈高贵。到了极境，就出现了真

---

① 季羡林：《中印文化关系史论文集》，生活·读书·新知三联书店1982年版，第412—413页。

② 中国社会科学院外国文学研究所外国文学研究资料丛刊编辑委员会编：《外国理论家、作家论形象思维》，中国社会科学出版社1979年版，第8页。

正的诗，也就是真正的哲学。"①如此一来，诗人后期的政治抒情诗就随着诗人再现以往形象的过程诞生了。

二、政治抒情诗的创作心理

"任何美学实质上都回避不了心理学。"分析泰戈尔后期政治抒情诗的具体内容和美学价值，便能发现诗人创作心理的变化和思想的进步。

在后期的政治抒情诗中，大量主张和平、反对法西斯侵略战争的诗篇，表明诗人对霸权主义本质的认识不断加深。1936年，第二次世界大战的阴云扩散到非洲，诗人写了著名诗篇《非洲》，猛烈抨击意大利法西斯屠杀无辜人民，诅咒其野兽般的暴行。在国内外血与火的洗礼中，诗人愈加清醒，创作意识更加自觉。1937年写出的大胆揭露战争罪恶的《边沿集》，勇敢地呼吁人民"准备战争吧，反抗那披着人皮的野兽！"他一反以往"光风霁月"的诗风，表达出"怒目金刚"的义愤。这无疑是诗人的创作从内容到情感上的一大变化。同年，诗人利用自己"世界的诗人"的影响，写文章、做演讲，积极支持中国人民的抗日斗争。他针对日军在屠杀中国人民之前，假惺惺地到佛寺祈祷的举动，挥毫写下了著名的反战诗篇《敬礼佛陀的人》，有力地揭穿了日本侵略者假慈悲真屠杀的丑恶面目。在1936年献给加拿大人民的《号召》一诗中，诗人鼓励人民要"宣告保卫自由的战争"。由于诗人憎恶法西斯势力，对霸权主义的认识日渐深刻，创作心理也随之发生变化，内心充满"须眉戟张"的创作热情。这都是他在深刻认识客观现实之后，以新的创作意识选取题材，完成艺术构思的结果。

在前、中期的诗篇里，诗人虽然对农民有了一些认识，但仍然认为较高尚、有知识的人才是领导农民前进的力量。当他真正体验到人民有推翻统治者的力量之后，才从思想上转变为探索真理、审视自我的诗人，才真正感受到自己的渺小。1930年，诗人冲破一切阻力访问了苏联。一个多民族的积弱国家从沉睡中苏醒过来，打破沉重的封建枷锁，重建自己新生活的伟大创举，

---

① 张怀瑾主编：《文学导论》，天津教育出版社1987年版，第34页。

这些都使诗人感到无比振奋。同时，诗人也深感自己以往种种探索的盲目性，因而"羞愧得无地自容"。1935年泰戈尔看到一个妇女为他盖房时所表现出的劳动美，在写《山达尔女人》一诗赞美这位劳动妇女的同时，自己内心也"感到深深的羞愧"。这种羞愧感正是诗人不断反省人生、不断探索自我的一种心理飞跃，一种激情创作过后的深沉感与和谐感。即使在将要告别人世的1941年，诗人仍在《劳动者》一诗中，歌颂普通劳动者。从他们求生存、图发展而不知疲倦的奋斗中，诗人发现了普通人民的伟大力量和永恒的创造精神。他在同年完成的《生辰集》第十首诗中，赞扬农民、工人和渔民，承认"是他们推进整个世界在前进"。在思想的深刻探索中，诗人也感到"还不曾找到走进人们心灵的门路"，是"生活的藩篱限制了我"。诗人正是在不断地求索真理和自我反省的过程中，思想日益成熟，创作冲动日趋频繁，也才真正有可能创作出这样饱含政治热情的诗歌。泰戈尔"随着年岁的增长，认识日益扩展，感受次第加深，在如何理解人民在历史上的作用这一点上得出了接近历史唯物主义的结论"[①]。可惜的是，诗人在大胆探索真理的漫长历程中，艰难地完成了自我否定，刚刚进行创作心理和创作意识的自我重建，并准备走向艺术创作的新天地时，就告别了世界，消失了自己的声音。

在泰戈尔后期的政治抒情诗中，那些细心观察生活现象、不断总结生活经验的诗篇，是诗人探求世界和真理的认识逐渐升华的结晶。它从另一侧面反映了诗人的创作心理是多么复杂。1932年以后，印度争取民族解放的斗争进入了更加艰难的时期，许多为自由而战的青年被投入集中营并被暗杀。即使像圣雄甘地那样的民众领袖也遭到逮捕，诗人的支援声明也被禁止全文发表。这样严酷的现实动摇了诗人对"爱的福音"和上帝教诲的信奉，他诘问上帝："那些毒污了你的空气的，那些扑灭了你的光明的，你能宽恕他们，你能爱他们？"这是诗人晚年对多年未解的现实难题提出的质疑，是他意识深层里爱与恨两股力量互动的反映。正如一位著名评论家所指出的："这些诗歌揭示了长期密藏在罗宾德拉纳特（即泰戈尔）式的想象力核心里的一部矛盾

---

① 何乃英：《泰戈尔传略》，天津人民出版社1983年版，第179页。

的历史。"①遗憾的是，他未能指出诗人对祖国的爱、对人民的关心，是如何被安放在一个如此丑陋的现实之中的。在事实与真理面前，正是由于诗人对社会丑恶现象的恨，战胜了泛爱主义，奠定了后期政治抒情诗的基调。诗人在世的最后几个月里，尽管不能再动笔，但仍口述诗句质问上帝，表现了诗人对自己意识深层中积淀的唯心主义泛神论思想的否定，也是他集一生探索"和谐与统一"的哲学与美学思想在创作心理上的升华。他毕生追求的是人、自然、宇宙的和谐、统一，可是看到的却是灾难、死亡和战争。最终，他追求和平、恬静、幸福的幻景消失了。诗人临终前还孜孜不倦地探求永恒的真理，他深知真理的严酷性，宁愿"为换得真理的可怕价值，在死亡之中偿还一切的债负"。诗人直至最后一刻，创作意识仍然十分清晰。他面对死亡的召唤，内心异常平静，最终用政治抒情诗升华了自己的智慧和理想。

总体来看，泰戈尔后期政治抒情诗中强烈的政治倾向性，是复杂的创作心理的形成物。诗人因对现实世界有种种独特的感受，就把这些信息纳入形象思维，并以文学形象的形式表现出来，借诗歌来表达这种感受，并渴望影响读者和社会，从而形成区别于他人的创作风格和个性。通过这些政治抒情诗，人们可以洞察诗人热爱祖国、关心人民的深层意识，窥见他积极求索真理的精神奥秘，把握住他潜意识中关注现实的思想精华。诗人在诗中虽然未能给人们指出一条光明的坦途，但是分析他的创作心理，人们可以发现诗人曾经探求过、奋斗过、表现过，其内心世界是充实的。他把那些由于受外界事物影响而形成的、储存在头脑中的不连续的模糊意象，片断的短暂印象，通过多面的审视角度，以独特的创作个性，组合、再现成完整的不朽诗歌，从而形成政治抒情诗中丰富的诗化哲学内涵，让人们发现了一个更全面、完整、真实、可敬的诗圣泰戈尔。

---

① [印] S.C. 圣笈多：《泰戈尔评传》，董红钧译，湖南人民出版社 1984 年版，第 143 页。

泰戈尔与比较文学

———

　　印度近代最伟大的作家泰戈尔素以思想博大精深、才华卓世超凡著称。他在文学、戏剧、绘画、音乐、宗教等诸多文化领域内的造诣，令人可望而不可即。在 20 世纪以来东西方文化交流日益频繁紧密的历史背景下，以比较文学的视点审视泰戈尔文学研究的探索实践、理论建树和思想意识，不能不做出如下的价值判断：泰戈尔"筚路蓝缕，以启山林"，是为印度比较文学研究开疆拓土的先驱。

一、实践尝试和理论探索

　　泰戈尔在孟加拉有"世界的诗人"之称。他致力于诗歌、戏剧、小说创作 60 余年，影响远播世界，无愧于这一赞誉。他在创立国际大学的垦拓维艰的奋斗中焕发出"世界的诗人"那种学贯东西、高瞻周览的睿智目光。在当时印度学界还没有比较文学称谓的情势下，泰戈尔不避流言，在这一领域大胆耕耘，其精神与气度难能可贵。

　　泰戈尔的许多作品都是用英语和孟加拉语两种语言创作的。他 1913 年获得诺贝尔文学奖的著名宗教哲理诗集《吉檀迦利》就是用英语写成的。诚如瑞典文学院在他获奖的评语中说："他运用完美的技巧，自己的英语词汇，使他诗意盎然的思想成为西方文学的组成部分。"[1]他通过自己的作品使东西方思想得以沟通，从而成为名副其实的"世界的诗人"。其实早在 20 世纪初，泰

---

① 信德、意晓、文煊：《诺贝尔文学奖金获奖作家传》，江西人民出版社 1984 年版，第 82 页。

戈尔就运用印度古典文艺理论和西方文艺理论，综合探讨了许多关于美学和文艺学的理论问题。其中不乏比较文学性质的评论文章，迈开走向"世界的诗人"的第一步。他自觉不自觉地运用比较文学的研究方法评论文学，为印度比较文学的创立奠下了尝试性的基石。

泰戈尔于1902年写就的《沙恭达罗》一文，是一篇不折不扣的具有比较文学平行研究性质的论文。其中对莎士比亚的《暴风雨》和迦梨陀娑的《沙恭达罗》这两部剧作进行的比较，已超越了文学比附的肤浅层面，在比较的基础上深入探讨了文学潜在的美学特质。文中论述道："对比的批评分析不是毫无用处的：若把这两部作品加以对照，那么首先引人注目的不是两者的相似之处，而是它们的不同之点。这种差异有助于我们理解两个剧本的思想。""本文将论述它们在形式上的类似和内容上的差异"，并格外"注意到两者在意境上的巨大差异"。作者对这两部剧本中戏剧冲突的深刻性，以及剧中女主人公米兰达和沙恭达罗的处境、经历、性格、爱情和女性美等进行了多层次的比较之后，不仅指出两剧在上述诸方面的迥然不同，并且得出深刻而明确的结论。他认为"在《暴风雨》中，暴力主宰一切；而在《沙恭达罗》中，则是宁静支配一切。在《暴风雨》中胜利靠武力取得，而在《沙恭达罗》中胜利靠善来赢得。《暴风雨》在半途就突然中止，而《沙恭达罗》达到了完美的境界。米兰达以自己的纯朴使人感到可爱，但这种纯朴出于无知和无经验；沙恭达罗的纯朴则是经历了背信弃义、痛苦、忍受和仁慈的纯朴，她的纯朴，是因经历而变得聪慧的纯朴，是深沉的纯朴，是永久不变的纯朴。"这个结论切中肯綮地点出东西方文化传统中的两个显著差异：相比较而言，东方更为强调宁静淡泊与和谐，西方则更侧重于动荡浓烈与冲突。在如此的文化氛围中成熟起来的女性，东方着重表现她们的"善"中之美，而西方则尽力再现她们的"真"中之美。这种观点颇有见地。

1904年，泰戈尔发表的《罗摩衍那》一文也涉足比较文学研究领域。他比较论述了印度两大史诗和古希腊荷马史诗的异同，认为这些史诗都属于一个时代的集体创作，署名的作者"只不过是标志而已"，并指出东西方史诗产生的相同的民族文学底蕴："像我国的《罗摩衍那》和《摩诃婆罗多》一样，古代希腊的《伊利亚特》和《奥德赛》也是那种情况。它们产生于整个希腊的中心，并蛰居于其中。……那些诗句像河流的源泉从各自国家的深渊底部奔突出来，滋润着自己的国家。"泰戈尔还进一步将形成这种相似点的原因置于世界大文化框架内进行考察，并归因于"古代雅利安文明的一股潮流流向欧洲，另一股潮流流向印度。在欧洲的潮流里有两部史诗，在印度潮流里也有两部史诗，它们保持着各自的故事和音乐。"他确信这两种不同风格与内容的史诗是同源的，是产生于同源文化背景中的文学同步发展的结果。这种思想无疑直接影响了泰戈尔关于世界文学交流这一课题的诸多设想。他还在文章中不无遗憾地指出："我们无法确切地说，希腊在自己的史诗里是否表现了自己的整个自然，但确定无疑的是，印度在《罗摩衍那》和《摩诃婆罗多》里是毫无保留地投入了自己的一切。"其实，"显示出永久的魅力"的古希腊荷马史诗和印度两大史诗一样，同样"毫无保留"地、全面而又深刻地反映了史诗赖以产生并得以流传的"整个自然"，包括整个自然环境和社会环境，这是毫无疑义的。泰戈尔之所以如此评价，不无谦逊之意，是因为自己"对希腊来说是外国人"，是以荷马史诗为参照物来评价印度史诗的。

在1903年写的《舞台》一文里，泰戈尔以戏剧舞台的各种艺术表现技巧为批评标准，对以《沙恭达罗》为代表的印度戏剧和"舶来品"的歌剧进行比较分析。他认为"依照英国的模子创作格局，这种'舶来品'的歌剧是一种沉重的东西"，对表演者是一种束缚。在《诗人的传记》一文里，他从英国诗人丁尼生和意大利诗人但丁论起，也谈及印度的瓦尔米基（即蚁蛭）和迦梨陀娑，意在说明诗人的传记和诗人的创作有着千丝万缕的内在联系。1904年，泰戈尔又在《古代文学》一文中，从不同时期的文学作品中对印度史诗《罗摩衍那》的相同主题或题材所采取的不同艺术表现手法和素材处理的比较研究中，探索了同一主题在流传过程中表现出的不同思想内涵，并分析了产生这种现象的深刻社会原因。这篇文章为印度比较文学的主题学研究开了先河。论文《历史小说》（1905年）在比较分析了英国小说家司各特的《艾凡赫》和印度孟加拉语小说家般吉姆·钱德拉的《妻树》之后，提出了自己的独到见解。泰戈尔沿袭印度古典文艺理论中的"情味说"，提出"历史情味"这一具有全新美学内涵的名词，并以此分析了莎士比亚剧本《安东尼和克莉奥佩特拉》，颇像香港和台湾地区的一些比较文学学者，用某一系统的文学理论分析其他文化传统中文学的阐发研究，而当时这种研究方法尚处于雏形阶段，在印度更无先例。1911 年，泰戈尔在《生活的回忆》一书的《英国文学》一文中，从多元宏观的角度，历数了英国传统作家的作品，以及他们对印度文学的影响。他以类似目前接受美学的观点，评述了印度读者对英国文学传统有选择性的吸收，并指出出现这种现象是因为"欧洲的社会情况与我们的社会情况有着天壤之别"。

由此观之，泰戈尔在 20 世纪初的十年里，对比较文学研究的领域进行了大量具有探讨性的实践，并已表现出一定程度的自觉性。进入 20 年代，诺贝尔文学奖的获得，使这位"世界的诗人"成为世界公民。他积极参与许多政治生活，同时着力于创作长篇小说和中篇小说，因而用比较文学方法研究文学的理论性文章大为减少。直至晚年，他才有一些类似比较文学性质的论文问世。

1935 年，泰戈尔著名的文学理论论著《文学的道路》出版。其中涉及比较文学研究范畴的论文不少。他在《现实》一文中，以现实性为评论标尺，比较了印度和英国诗人的优劣。他认为迦梨陀娑和般吉姆·钱德拉值得推崇，而华兹华斯、济慈和雪莱的作品现实性何在，令人产生怀疑。《文学的革新》一文则涉及接受美学和读者反映批评理论之类的一些问题。他指出，当英国在印度发展教育事业时，印度人所熟悉的"那种文学的内容不管有多少异国情调，然而它的理想是属于所有时代的"。即是说受过英国教育的印度审美对象是可以接受英国文学中的合理内核的。他还进一步指出："尽管荷马史诗的故事情节是希腊的，但它所包含的诗歌创作的理想是具有普遍意义的。因此，酷爱文学的印度人也从希腊诗歌中汲取了情味。……萨拉特先生所创作的小说是有关孟加拉人的小说，他小说的普遍的理想在广阔的范围里呼唤着所有人。"泰戈尔认为文学作品中的共同情味是其能够超越时空给人以享受的关键。这种情味就狭义而言即是文学作品的美学价值。他自己也坦诚地承认："多年以来，我执着地谈论着情味文学的奥秘，人们可以从我这个时期的文章里认识它。"他认为："伟大文学的一个特点是前所未有的，或者具有独创性。"在此前提下，文学必须革新，既要创造跨越国界与语言界限的"情味文学"，也要独创出具有民族特色的"情味文学"。这种文学研究的目光是深邃的，是对"情味"的进一步阐发，具有"他山之石，可以攻玉"的作用。在同一本书的《现代诗歌》一文中，他认为"现代"不是客观时间上的概念，而是主观上的概念。因而，他不仅以"个人情感的奔放"为衡量诗歌是否"现代"的标志，纵向比较了华兹华斯、雪莱、济慈的创作，而且通过跨语言界限的横向比较指出同是现代诗人，艾略特的诗不同于布里吉斯的诗。他还对李白的五言诗《秋浦歌》(十三)、《夏日山中》和《长干行》，七言诗《山中问答》等进行了深层分析，得出的结论是："与中国诗歌比较，英国诗人的现代诗歌显得不够质朴自然，而且沾有污泥。"原因在于"不管是科学，还是艺术，它的沟通工具只能是客观（冷眼旁观）的心，欧洲在科学里得到了那颗心，但在文学里却没有得到"。由于英国诗未能抓住事物的真实，"他们的心今天是不健康的，摇摆不定的，颠倒错乱的"。[①] 泰戈尔针对不同国家的诗人所写的诗歌中诸多方面的差异，从文心论及人心，使这篇论文具有了较高的比较文学价值。

泰戈尔自觉不自觉地运用比较文学的研究方法，对国内外不同的文学现象、作家进行了大量的评论。这是他以"世界的诗人"和世界公民的资格，对比较文学领域进行的尝试性实践和理论探索。虽然这种涉足时断时续，轨迹也模模糊糊，处于自觉与不自觉之间，但是它与比较文学结下的不解之缘却是有目共睹的。

二、从世界文学走进比较文学

泰戈尔在进行文学研究时，始终没有忘记把印度文学放在世界文学的多维视野和世界文化的整体坐标中进行。他在许多学术论文中运用了比较文学的研究方法。在这些理论研究文章中，有不少在形式上并没有把印度文学与某些外国文学进行对应性比较，但实际上却涉及了比较文学的内容。因为他以敏锐的目光扫视着域外文学的同时，又从印度文学传统出发，将其汇通，

---

① ［印］泰戈尔:《泰戈尔论文学》，倪培耕等译，上海译文出版社 1988 年版，第 251、254 页。

找到对话的途径，推出许多具有远见卓识的观点。人们不难得出有不少文章可划入比较文学研究范畴的结论。

泰戈尔将自己毕生的精力"贡献给人类团结事业。他曾尝试着把人类不同的思想和文化融于一炉"①。他有关世界文学的构想，追根溯源，皆出于此。泰戈尔自幼酷爱诗歌，他"既爱好迦梨陀娑、胜天和其他毗湿奴教派诗人的作品，也爱好拜伦、雪莱、华兹华斯、济慈和布朗宁的作品"②。如此广博的文学视野对他影响很大，对他日后构想世界文学有启迪作用。他还"通过英语，坚持通读了英国文学和欧洲文学著作"③。查询他当时为《婆罗蒂》杂志撰写的文章题目，即可发现其中不少是具有比较文学性质的，如《撒克逊和盎格鲁撒克逊文学》《但丁和他的诗》《歌德》等。他十八九岁时，随其兄前往英国学习，发表于《婆罗蒂》上的书信表明，"他对生活在西方和印度两种社会里的妇女地位作了比较，并力图指出，同样的女性，在一个社会里是力量的源泉，而在另一个社会里则是软弱的象征"④。这可能是他接触西方文化以后，最早得出的带有比较性的结论。评论家们普遍认为："有三种主要文学影响着罗宾德拉纳特诗歌创作的发展，它们是梵文古典文学、中世纪毗湿奴虔诚诗歌和西方文学……这三股不同的文学潮流汇合在一起，在罗宾德拉纳特的诗里形成了一个神圣的汇合处。"⑤正是这三股文学潮流"汇合处"的优秀水质，才培育出泰戈尔渴望世界文学的理想之花。在他成名的那些诗歌中，人们就能依稀可辨地发现他构筑世界文学框架的努力了。

在泰戈尔25岁时发表的重要诗集《刚与柔》中，就有英国诗人雪莱、勃朗宁夫人、史文朋、胡德，法国作家雨果和一位不知名的日本诗人等许多作

① ［印］梅特丽娜·黛维夫人：《家庭中的泰戈尔》，季羡林译，漓江出版社1985年版，第169页。

② 《印度现代文学》，黄宝生等译，外国文学出版社1981年版，第25页。

③ ［印］克里希那·克里巴拉尼：《泰戈尔传》，倪培耕译，漓江出版社1984年版，第83、101页。

④ ［印］克里希那·克里巴拉尼：《泰戈尔传》，倪培耕译，漓江出版社1984年版，第83、101页。

⑤ ［印］克里希那·克里巴拉尼：《泰戈尔传》，倪培耕译，漓江出版社1984年版，第80页。

家作品的译文。他不仅从中汲取了丰富的营养，而且眼界豁然开朗，认识到在魅力无穷的印度文学王国之外，还有另一个更为丰富多彩的文学大世界。1889年，他写出深受莎士比亚戏剧结构影响的剧作《国王与王后》。许多评论家都指出，他以后几年写成的《秋天节日》《忏悔》《暗室之王》等戏剧中的格调，是从西方戏剧，尤其是英国戏剧中借鉴来的。我国精通孟加拉语和泰戈尔文学的专家石真先生曾指出："泰翁对我们的古典诗歌是十分称赞的，诗人虽然不懂汉语，但是他读了不少英语翻译的屈原、李白、杜甫和白居易的诗篇，并且时常在著作和讲话里征引。"[1] 作为世界文学重要组成部分的英国文学，他很熟悉；对德国和美国文学，他也不乏了解；至于东方的中国文学、日本文学，他也很喜爱。这些文学的影响，加速了他探求世界文学的步伐，帮助他完成了世界文学的构想，最终使他能够自由驰骋于世界文学的广阔天地。

泰戈尔在大量探索比较文学研究的基础上，在自己对于世界文学有切身感受和深刻理解的前提下，厚积薄发，从大量感性认识中抉剔出有关世界文学的理论性真谛，自觉、系统地提出了一整套世界文学，即有关比较文学的理论。

1907年，他发表了令比较文学家也为之赞叹的论文《世界文学》。文中异常明确地宣称："本文所评论的内容，在英语中称为 Comparative Literature（比较文学），印度语叫'世界文学'"。[2] 泰戈尔对为什么会出现世界文学（比较文学）的问题有自己的真知灼见。他认为，人类有超越时空界限的共同心态，这就是人性。"在整个人类里，完整地获得自己的人性是人类心灵的天生属性，人在其中得到了真正的快乐。"人性之所以光彩照人、令人目眩并为人所动，是因为它在以完美至善的形式有力地表现着自己。泰戈尔进一步阐明人在两种潮流中表现着自己，其一即"人的文学"。因为只有在文学里，"自

---

① 张光璘编：《论泰戈尔》，中国社会科学、北京大学南亚研究所1983年内部资料，第118页。

② ［印］泰戈尔：《泰戈尔论文学》，倪培耕等译，上海译文出版社1988年版，第53页。

我表现对人来说不存在任何障碍"，因而自然而然地"人就在自己需要的世界旁边，建立起一个超脱需要的文学世界"。由于时间的过滤，文学世界中缺乏生命的东西渐渐被淘汰了。唯有那些"所有人能够从中看到自己的东西，方能在不同时代和不同人身上立于不败之地"。经过历史长河筛选而存留下来的文学精品和经典，才能够成为一切民族和一切人的精神财富，形成一个共同的文学世界。其中所传达的则是人与人相通的情感，探索的是各类人共同的创作规律。如此这般，"文学确立起关于人的本性和人的表达的一个永恒的理想。……如果我们根据这个理想来研究文学，那么我们就不得不依赖整个人类的思想智慧"。这就是泰戈尔关于世界文学的构想。他还为世界文学做了个非常恰当的比喻，"全人类犹同世上的泥瓦匠，他们在建造文学神庙，不同时代和不同国家的作家则是他们的帮工"。这里所说的"文学神庙"自然指的是世界文学。人们在这个文学世界中创造着，"在这无穷无尽的创造的尽头，存在着一个终极的理想"，即世界文学所要探讨的普遍的规律性的问题。在全文的最后，泰戈尔进一步指出，对于世界文学的研究虽属初创时期，但必须明确："我们的目的是，去掉那些无知的狭隘，从世界文学中观察世界的人。我们要在每一作家的作品里看到整体，要在这种整体里看到整个人类为表现自己所做的努力，现在是立下这样的决心的时候了。"在这篇文章中，泰戈尔不仅相当明确地提出了关于世界文学的构想，而且详尽地阐释了世界文学产生的可能性、必要性和未来前景。它不仅是对印度比较文学产生的发展所做的巨大贡献，也是对当时以西方为中心的国际比较文学理论界的一种补充，因为它是东方比较文学理论的足音。

继而，泰戈尔又在《美和文学》一文中，定向性地阐发了世界文学的构想。他将世界文学中的普遍性问题，上升到美学高度来进行分析，认为从世界文学看出，"学会整体去观察美，才是美感的最终目的"[①]。文学中的许多规律性问题，只有以高屋建瓴之势给予观察、审视之后，才能真正发现它的价值。而"在整个世界里对美的欣赏的这种描述，通过快感把握美的历史，在

---

① ［印］泰戈尔：《泰戈尔论文学》，倪培耕等译，上海译文出版社 1988 年版，第57 页。

人类的文学里被完美地保存着"。文学中的美是具有世界意义的，这是世界文学赖以存在的根基和它作为一种理论的内核。人类正是通过美感在享受和创造着文学世界，"我们的快乐通过美感将扩展到整个世界"，这是人性在文学中表现它所要到达的一种目标。反之，世界文学则通过美感才能达到认识人性的目的。而每一个"世界文学的读者，漫步在文学这条康庄大道上，了解和感受到整个人类心灵在追求什么，获得了什么以及真实如何在美和善中体现等，并一次得到满足"。泰戈尔对比较文学研究中美的本质的认识，足以使当代的比较文学理论研究者醍醐灌顶。

泰戈尔不仅进行了大量的比较文学研究实践，对比较文学理论的探讨也有建树，他于1908年在加尔各答市的高等学府里公开创设了题为"比较文学"（世界文学）的讲座。美国比较文学专家李达三先生认为泰戈尔"像他的前辈歌德，有着世界文学观的论调"。泰戈尔认为，"凡只知道一种文学的人，根本算不得是知道文学"，只有"传播与英国相异的西方文学之势"，比较文学的实现才成为可能。因为文学之间的比较研究若无参照物便不可能进行，而只有一个参照系，那种比较也必然流于狭隘与肤浅。如果比较既没有在广阔的文化历史关联的背景下进行，也没有对同中有异、异中有同的文学现象进行比较性的美学评估，那么这种比较也难以有理论深度并难以得出可靠性的结论，它不能称为比较文学的"比较"。

泰戈尔关于世界文学的理论，由初时的构想，到最后形成思维定式，经历了数十年的漫长岁月。1914年5月，他在写给外国作家塔斯杰·穆尔的信中，重申并提高了自己对于世界文学的认识："任何国家的文学不主要是为本国享用，它的价值在于它对外国来说也是十分必需的。我认为，西方通过《圣经》的媒介，幸运地获得了吸收东方精神的机会。……西方文学对我们来说也起着同样的作用。"① 他在信中接着指出，东西方任何文学作品中的纯艺术因素都会被互相弃绝，"然而那些崇高的人性和非凡的真理，能够比较容易地到达遥远的国度和跨越时代"。他提倡的关于世界文学的理论，终极目的就是

---

① ［印］克里希那·克里巴拉尼:《泰戈尔传》，倪培耕译，漓江出版社1984年版，
第295页。

要通过文学比较，探寻出人类的共同人性和真理，只有它们才是超越时空的。泰戈尔关于世界文学的理论构想在这里奠下最后一块基石，并以一种理论定位的方式引导着国内外的比较文学家从这里登堂入室，踏上比较文学这一新兴学科的更高台阶。

泰戈尔与比较文学这种"剪不断，理还乱"的关系，是他积极倡导的东西方之间要紧密合作的精神在文学研究领域的体现。评论家普遍认为，泰戈尔的理性是由整个世界文明培育成熟的，他的成就奠基于东西方文人学者的友谊之上。因而在他的思想深处潜藏着世界意识，并始终贯穿他文学研究的全过程。这种世界意识由朦胧生发到根深蒂固的发展，是他与比较文学结下不解之缘的根源。

统观泰戈尔与比较文学的关系，显而易见，他是以"世界的诗人"、世界公民的资格，在世界意识的支配下进行比较文学研究的。他从多维视野的角度努力探寻印度文学与世界各民族文学之间的多层次联系，从实践到理论都进行了大胆尝试，经历了成为比较文学学者的必由之路。泰戈尔在当时这一新兴学科的求索中几乎寄托了自己全部的精神生活，甚至会令当今的比较文学研究者也感奋不已。

泰戈尔象征剧多维探源

————

　　罗宾德拉纳特·泰戈尔的诗名蜚声世界，其卓越的戏剧艺术成就也理应受到世人重视。他创作了 80 多部戏剧，种类繁多，内容浩博。其中的象征剧或运用象征手法写成的社会问题剧中的叙事内涵，颇具探讨意义。

　　这些统称为象征剧的传世之作，无论是表现意志冲突、心理冲突，还是信仰冲突、人与环境冲突，也不论这些冲突的表现形式是否适合演出，几乎都努力以诗情画意、歌舞并茂的美学情味，调和由于象征手法的运用所造成的呆板基调，并表现出某种意义上的叙述成分。作者竭力在自己的剧本中摈弃那些因袭性的象征，千方百计地创造一些新颖的、适合表现他所要表达的特殊意义的象征。泰戈尔认为"不必追求细节；不必看重细节；因为最重要的东西就是这普遍的灵魂"①。艺术家虽然要通过艺术表现形式来实现这一灵魂，但叙事成分是无论如何也少不了的。这就为阐释他象征剧中那种朦胧绰约的象征美，提供了捷径。本文试图穿透这种象征美所形成的迷雾，对其象征剧中的那些象征指向和美学内涵以及叙述意义，进行溯本求源式的多维考察，以便得出一些有益的结论，发现一个勇于探索一切真理的博大灵魂。

一、象征剧的审美及叙事

　　著名东方学家季羡林先生在论及泰戈尔的戏剧时曾切中肯綮地指出，一方面，他写了不少具有现实意义的作品；另一方面，他还写了一些象征剧，

————

① ［印］泰戈尔：《一个艺术家的宗教观——泰戈尔讲演集》，康绍邦译，上海三联书店 1989 年版，第 51 页。

像《红夹竹桃》《暗室之王》等，这里面也出现劳动人民，甚至工人，但是这些剧本究竟何所指，实在无从确定。印度当代著名评论家圣笈多认为，在泰戈尔的4部象征主义的创作中，"《春之循环》和《红夹竹桃》显然是属于比喻的，而其他两部——《邮局》和《暗室之王》则属于正统的象征主义戏剧"①。而泰戈尔的孙女婿、著名文艺评论家克里希那·克里巴拉尼则更为深刻地指出："他（泰戈尔）那种潜意识心灵，通过一个象征性戏剧，获得了戏剧性的表达。他于1922年1月初写了剧本《摩克多塔拉》。"②泰戈尔的象征剧得到中印评论家首肯的主要有上述几种，其中的美学和叙事成分是如何被表现出来的，正是我们所要探讨、发现的主要问题。

《暗室之王》(1910年，又译《国王》)是泰戈尔第一部比较重要的象征剧。在这部哲理性很强的观念剧中，王后苏达莎娜象征了渴望超越尘世局限，向往无限境界，欲与神相会的人类有限的灵魂。她对未知世界的憧憬，使之在心绪不宁中铸成大错，误把花环交给了假国王，因而历经磨难，引起一系列冲突。真国王在一间暗室中，可以和王后交谈，却无人能够看见他的身形，谈话内容涉及无限与有限之间的关系。无形的真国王象征了神所代表的无限，暗室则似乎象征了人类可以在其中和神统一起来的内在意识，一个有限与无限共存的居所。王后与国王的结合，意味着人类灵魂在自身追求中认识到神的作用，象征着一种人神合一的理想境界的实现。剧中赋予人类追求以象征物的神秘为表现方式，使人觉得作家想象力的典雅以及构思的高超。但是，任何剧本内容都是要被表达出来的，由此而形成的表演于是就具备了叙事的本质特征，即使是《暗室之王》这样的象征剧也难以例外。

《邮局》(1911年)是曾被介绍到世界许多国家的象征剧，也是泰戈尔最受欢迎的剧作之一。剧中人阿马尔是马陀夫的养子，因病重，医生不允许他走出户外。向往外面世界的阿马尔只能通过窗口企盼着。他想成为一只自由

① ［印］S.C.圣笈多：《泰戈尔评传》，董红钧译，湖南人民出版社1984年版，第167页。

② ［印］克里希那·克里巴拉尼：《泰戈尔传》，倪培耕译，漓江出版社1984年版，第371页。

的小松鼠，想和工人一样外出寻找工作，还想成为一个卖奶酪的挤奶人。更夫的锣声不仅使他欢悦，还让他知道国王新设了邮局，并带给他想得到国王来信的希望。除却不理解阿马尔的村夫以外，所有人都喜欢他。病情日益加重的阿马尔终于未等到国王的信到来便去世了。泰戈尔在给友人的信中解释说："阿马尔代表着那个灵魂接受了宽阔道路的召唤的人——他从那些谨慎持重的人所认可的习惯势力的舒适的包围中，从由德高望重的人所建立起来的僵死的观念的围墙中寻找自由。""但是邮局就在他的窗前，阿马尔等待着国王的亲笔来信，等待信中给他带来解脱的信息。终于，关闭的大门被国王的御医打开了，于是囤积财富的世界和世俗的教条称之为'死'的那种东西在精神自由的世界中把他唤醒了。"①剧中人阿马尔象征了生活于尘世、仿佛戴着枷锁的人类。出于对自由的本能追求，他渴望汇入外部世界的生命溪流中去。处于幕后始终未出场的国王则是神的象征，阿马尔临终前仍在企盼着国王的信，暗指他在禁锢中渴望得到神的救助，以取得自由的信息。结局暗示了他在消亡中获取了绝对自由。这种解脱虽不免有些消极，但毕竟代表了人类在精神上极度渴求自由的象征意义。这种象征剧中的叙事尽管不是十分清晰明白，但它毕竟向人们展示了某些叙事上的实际意义。

含意深远而又不失其魅力的象征剧《春之循环》(1915年)，几乎没有什么连贯、系统的可供叙述的情节。序幕描述国王因发现自己头发开始变白而大为惊骇。剧中人并未向他提出富有哲理意义的劝慰而是演出了庆祝春季到来的音乐剧。其中的人物大多是与春天有关的自然现象，并被高度人格化。一群身上披挂着树枝和柑叶的少男少女，以春天的使者身份，尽力去寻觅冬天老人，要为他脱去冬装，最后才发觉冬天原来就是春天。即使是孟加拉戏剧家 P. 古哈萨库尔塔也不得不承认："《春之轮回》(即《春之循环》——笔者注)从逻辑上是无法领会的，因为它使我们的心脱离了一切似是而非的东西，使我们看到、听到和感觉到的比用任何普通官能所能看到、听到和感觉到的

---

① ［印］S.C. 圣笈多：《泰戈尔评传》，董红钧译，湖南人民出版社1984年版，第180页。

东西都多。"①泰戈尔自己在解释这部剧的主题时说："在每年四季的戏里，'冬天'这位老人的假面具揭去了，'春天'的景色极美丽地显现出来，这样我们看见老的永远是新的。"②剧的象征意义在于要向人们说明，将青春活力按照循环往复的自然规律注入自然界和人类，就能使生命充满了运动和希望，这种激活力可使万物常新。春之降临，犹如新生儿的第一声啼哭，是灵魂对宇宙呼唤的回应。冬与春、暮年与青春，是构成宇宙间永恒不变的生与死循环的自然规律。作家认为这是不能以任何的有限来抗拒的、存在于无限之中的真理。此剧的叙事性存在于剧情对故事的表达之中，因为自然地呈现和人的行为总称即是事实，而对任何事物的描述、判断和思考即是表达。事实和表达的关系便是叙事关系，剧情表达出来的真理即是事实，因此可以说此剧的叙事是存在于剧情中的。

《摩克多塔拉》（1921年）是具有鲜明政治指向的象征剧。摩克多塔拉意为"自由的瀑布"。以国王罗那吉特为首的巫多尔古特族的统治者不顾下游西布特拉伊人民的死活，利用先进的机械筑闸坝截断摩克多塔拉瀑布之水，妄想以此征服下游人民。富有正义感的阿比吉特王子反对这种不义行为，最后不惜牺牲自己，在人民的支持下摧毁闸坝。自由的瀑布又重新向前奔流。其象征意义明显在于反对任何利用机器文明掠夺异族人民、征服弱者的行为。印度正义和自由的力量犹如摩克多塔拉瀑布一样，不可阻挡。王子的形象说明，只有为正义和自由之爱而斗争的信念和行动，才能完善崇高伟大的精神境界。剧中有着超凡人格和精神力量的出家人塔南乔耶象征了主张非暴力运动的圣雄甘地。他号召人民无畏地、非暴力地反对压迫者的非正义，并取得胜利。剧作以打开水闸的同时，必须解放囚禁的心灵为喻，暗示摧毁外部世界枷锁的同时，必须砸碎自我心灵上的桎梏，以此告诉人们，只有这样，才能真正获得全身心自由解放的道理。此剧是泰戈尔象征剧中叙事性最明显的

---

① ［印］维希瓦纳特·S.纳拉万：《泰戈尔评传》，刘文哲、何文安译，重庆出版社1985年版，第165页。

② ［印］泰戈尔：《泰戈尔剧作集》第1册，瞿菊农译，中国戏剧出版社1958年版，第19页。

一部。从本质上分析，任何戏剧文本都存在着真实与虚构的悖论，这表明叙事本质的虚构性与叙事表现的真实性之间存在着矛盾。但此剧在象征性的掩盖下，还是较为完整地叙述了一个故事。

《红夹竹桃》（1924年）堪称泰戈尔有代表性的象征剧。在雅克夏，国王深居简出，利用有孔的屏风遮断人们的视线，运用警棍和宗教迷信实行铁腕统治。多年之后，美丽高傲的少女南迪尼戴着红夹竹桃编织的花环，四处寻找恋人蓝震。国王为其美丽而倾倒，出于嫉妒把蓝震抓到王宫。在和国王的搏斗中，蓝震重伤而死。国王终于人性复苏，意识到自己的罪恶，真诚忏悔。国王召见南迪尼，希望她帮助他向自己开战。随后他砍倒御旗，向倒戈反对他的御林军宣战，泰然赴死。他听到了真正的生命之谜召唤的信息。泰戈尔在向友人解释此剧的意义时说："嫩迪妮（即南迪尼——笔者注）是生活的感触，是生活欢乐情绪的化身，伦詹（即蓝震——笔者注）是工作欢乐情绪的化身，爱的情感在他们两者的结合中具体化了。结合中的爱，爱中的结合，两者如此和谐，致使贪婪的倾轧在和谐面前，仿佛给符咒镇住而溃散了。"[①]由此看来，国王无疑是贪婪和倾轧等不义之举的总代表，他的骤变虽然缺乏思想基础，显得突兀，但确实是一种顿悟的产物。泰戈尔将《红夹竹桃》视为能表达他对人性概念的一种理解而创作的剧本。他曾写道："人生，无限在有限的血脉中的神圣的真髓，在女性的心中有其最终的宝库。……这种信念给我带来了喜悦，鼓舞着我以黑暗的阴影为背景，把想到的一切倾注在画面上……绘出南迪妮（即南迪尼——笔者注）的肖像。"[②]这些象征意义表明作者的一种忧虑，即鲜活的自由精神和自主思想，同残酷的现实社会专制与压迫之间的冲突。由于科技进步，个人与社会、自由与专制的冲突等，都会愈演愈烈。作家渴望通过在剧中歌颂人性的努力来予以解决。在这部颇具代表性的象征剧里，作者使本质属于虚构的象征具有了叙事意义。

---

① ［印］克里希那·克里巴拉尼：《泰戈尔传》，倪培耕译，漓江出版社1984年版，第380—381页。

② ［印］维希瓦纳特·S.纳拉万：《泰戈尔评传》，刘文哲、何文安译，重庆出版社1985年版，第169页。

诗人和剧作家的责任就是要使读者和观众认识到象征物表象后面的潜在意义，其中包括审美、叙事的意义。泰戈尔尤其擅长运用象征的艺术表现方法，通过并不十分明晰的叙事内涵，透露自己探索人生、社会、自然等问题的哲理性思考，以及表明作为艺术家的自己的审美价值观。他认为："文学也应该通过优美的形式来表现自己，它应借助于比喻、韵律和暗示方式来表现，不能像哲学和科学毫无修饰地表现。"① 因此，他的象征剧所表现的叙事内涵具有了某种不确定性。剧本属文学范畴，自然也应符合上述要求。他在《我的回忆》里曾说：《大自然的报复》（诗剧）可以看成是我未来全部创作的入门，或者说得更确切些，它是我一切著作所涉及的主题——在有限之中达到无限境界的愉悦。"② 诚然，他在有限与无限之中，强调的是能表现无限的有限，即那些能表现无限的具有象征意义和产生象征联想的现实事物和人。只有在明确这些象征意义之后，叙述"现实事物和人"的内涵才会凸显其美学意义。他在回答"艺术是什么"的问题时说道："我们的生命中也有有限的一面，那就是我们每前进一步都在消耗自我；但我们的生命中还有无限的一面，那就是我们的抱负、欢乐和献身精神。人这无限的一面必然以某些不朽的象征之物显现出来，在那儿，它追求完美无缺。因而，它拒绝一切浅薄、软弱和不协调之物。"③ 这就是泰戈尔象征剧重要的美学精髓，这就是其中叙事因素的表达。

泰戈尔象征剧格外强调主题和哲理内在的逻辑性，有意忽视情节结构的形式逻辑，不注重塑造人物性格，不注重叙述某些事物，刻意追求的是戏剧人物写意性的美，而不是写实性的美。这些美学意蕴是他长期学习、兼容印度戏剧传统和西方戏剧艺术精华的结果。

---

① ［印］泰戈尔：《泰戈尔论文学》，倪培耕等译，上海译文出版社 1988 年版，第 5 页。
② ［印］泰戈尔：《泰戈尔论文学》，倪培耕等译，上海译文出版社 1988 年版，第 2 页。
③ ［印］泰戈尔：《一个艺术家的宗教观——泰戈尔讲演集》，康绍邦译，上海三联书店 1989 年版，第 56 页。

二、象征剧的印度传统

印度古代戏剧中，有一种将抽象概念化为人物，并使之成为演员能够演出的栩栩如生的戏剧类型。这是一种既有象征指向，又有叙事意义的艺术表现方法，具有明显的寓教于乐的美学功用。如果说泰戈尔对历史悠久、演技高超的古代戏剧传统有所继承的话，那么就是从概念人物化的戏剧表现方法中汲取了某些营养，融入自己的象征剧。

印度古代以概念为人物的戏剧类型，源于公元一二世纪的佛教诗人和戏剧家马鸣的创作。1911年，德国分两次出版了吕德教授校刊的、曾在中国新疆吐鲁番发现的3部残破的梵语贝叶写本，即后来的《佛教戏剧残本》。其中一部卷末题名为"金眼之子马鸣著舍利弗世俗剧"，另两部也是宣传佛教的，但残缺过甚，虽没有剧名和作者题名，一般也归于马鸣名下。其中一剧，人物名称都是些概念，只加入一个佛，尚可视为现实中的人物。这些登场人物有"觉"（智慧）、"称"（名声）、"定"（坚定）。剧中将宗教哲学原理化为有血有肉的并能在舞台上表演情节的人物，具有叙事的内涵和美学意义。或许因为这类戏剧的舞台效果比较差而难以流传，或许由于这种演出要求剧作家具备独特的、多层次的艺术构思而难以创作，总之，这种戏剧艺术作为一种传统，此后断续了千余年。

公元11世纪，克里希那弥湿罗写了同一类型的6幕剧本《觉月初升》。剧情主要描写"原人"和妻子"幻觉"生下一子"心"（国王）。"心"有两个妻子"有为"和"无为"，又分别生子"痴迷"和"明辨"。兄弟俩为争夺王权和国土发生战争。属于"痴迷"一方的有"爱欲""愤怒""贪婪""欺诈""自私"等，属于"明辨"一方的有"理智""求实""仁慈""和平""忍耐"等，最后正义战胜邪恶，"明辨"一方获胜。英国著名梵文学家 A.A. 麦唐纳教授明确指出："这是一篇讽喻剧，其中所有的人物都是抽象的观念或象征的形体。其主要力量寄托于它的道德的及哲学的诗歌的效力上，但是其所托喻的人物不能说具有任何戏剧力量的表现。"[1] 其实，此剧的叙事和美学意义表现了

---

① ［印］A.A. 麦唐纳：《印度文化史》，上海文化出版社1984年影印版，第96页。

印度古代叙事传统的核心思想，即正义战胜非正义。

继后，这类以抽象概念为戏剧人物，用以图解宗教哲学原理的作品仍不断出现。比如，13 世纪名护的 5 幕剧《征服痴迷记》、16 世纪菩提婆·首格罗的 5 幕剧《正义胜利记》、迦维迦尔纳布罗的 10 幕剧《支登耶月升起》、17 世纪高古罗纳特的 5 幕剧《甘露的产生》、18 世纪吠陀迦维的两部 7 幕剧《生命的欢乐》和《知识姻缘》等。这类剧作将观念化的、富有想象力的、抒情的成分杂糅于一体，善于以象征意蕴为其主干，而叙事内涵并不明显。金克木先生曾指出这类用抽象概念作为剧中人的戏剧传统，与马鸣的《舍利弗本事》和戒日王的《龙喜记》等相似戏剧类型的区别："本身是一出戏，而概念名称则是为了点明其意义。用美学术语也许可以说，这是象征主义艺术创作方法的一个分支。剧中出现的人和物是现实的现象又具有象征的意义。"他还进一步明确地指出："在本世纪初期为我们所熟知的戏剧中，比利时梅特林克的《青鸟》和印度泰戈尔的一些诗剧都用过这种方法。"①

泰戈尔的一些诗剧之所以也采用这种缺乏叙事内涵的象征的艺术手法，是和他对这类戏剧的美学本质的理解分不开的。他认为："艺术的主旨，也在于表现人格，而不在于表现抽象的与分析性的事物……一切抽象的观念，在真正的艺术中都是格格不入的。这些抽象观念如果想让艺术接受，就必须披上人格化的外衣。"②作家试图在戏剧中引出某种真知灼见，或表达某个观点。艺术形象理当被视为一些启发性的轮廓，读者和观众自然会依靠自己的想象力、理解力，在其中填充上颜色。原来那些抽象的概念，经人格化处理之后，有了情感色彩，成为鲜活的舞台形象，具有了某种叙事意义，于是变成可以被人接受的作者观念的一种载体。在此基础上，泰戈尔的象征剧和某些传统戏剧产生了传承关系，有了契合点。

泰戈尔曾将其诗句比作一条河流，夏日奔流不息，雨季汪洋恣肆，冬天萧条冷落。他补充说，在冬季他由诗歌转向戏剧创作的原因即在于此。在那

---

① 金克木：《印度文化论集》，中国社会科学出版社 1983 年版，第 160 页。
② ［印］泰戈尔：《泰戈尔论文学》，倪培耕等译，上海译文出版社 1988 年版，第 96 页。

样的季节里，激情似乎已被"冻结"，葱茏的诗意难以充分表达。于是他采用了戏剧这种不那么需要奔放激情的艺术表达方式。实际上，他的象征剧大多真是在冬季里写成的，一般不大符合传统的或常规的审美标准。通常在戏剧文学中被视为重要的戏剧要素，如性格化、情节结构、社会意义、人物冲突等，往往难以作为考察泰戈尔象征剧的美学准则。这并非由于他有意忽视这些戏剧美学特征，而是因为他的创作重心在于希望通过象征剧这种形式，超越有限时空的限制，表达自己深藏若虚的思想中所蕴含的睿智和哲理。因为泰戈尔创作思想的强烈主观性、表现手法的抽象性以及塑造事物的象征性，其象征剧的叙事因素中也不乏印度文化传统中的某些神秘主义色彩。

这种神秘主义色彩植根于印度古代传统的哲学思想。印度哲学史上有句名言："你就是它。""你"泛指自我，"它"泛指宇宙，在这里指的是"梵"。对于人自身而言，我就是梵，我是梵的异名，梵是最高的我，即是说人与梵是统一体。从《梨俱吠陀》到《奥义书》和《吠檀多经》，所形成的一系列传统的泛神论思想始终主张，宇宙万物本是同体，只是名色纷杂，这就是印度的术语"梵"。印度传统哲学还认为，人的实质和自然的实质没有差别，二者都是世界"梵"的一个组成部分而互相依存、互相关联。既然梵我合一，相互之间的和谐关系即成为作家关注的最重要的问题，因为真理的全貌就表现在有限与无限，即生存与追求的调和之中。泰戈尔在回忆往事时指出："钻研《奥义书》，使我的家庭与世前时期的印度建立起密切联系。孩童时代，我几乎每天以纯正的发音朗读《奥义书》的诗行。"[①]可见他早就接受了泛神论的影响。而他的象征剧针对人世间那些不和谐的关系，利用一种艺术加工的方式对其进行调整。他竭力想把"爱"的精神渗透到象征剧中，描写对象虽然往往是现实的事物和人物，却常被赋予象征意义，使这些形象更具普遍性，但有时也令人有扑朔迷离的神秘感觉。他自己也毫不隐讳地承认："我的宗教生

---

① ［印］泰戈尔:《泰戈尔散文选》，白开元编译，百花文艺出版社 1994 年版，第
　　134 页。

活像我的诗歌生活一样，沿神秘的路线发展。"①由此可见，泰戈尔象征剧在叙事过程中流露出的神秘主义倾向，也是他艺术思想的一种反映。印度文学研究专家倪培耕先生曾指出："没有一个东方或西方的诗人象他那样在自己的写作中受他前辈那么大的影响。"②这种评价无疑是中肯的。

三、象征剧的西方传统

尽管泰戈尔的象征剧与西方象征主义文学有某些区别，但仍然可以发现它受其影响的痕迹。季羡林先生曾经指出："泰戈尔的戏剧曾受到过古典梵文剧本的影响，以及一些西方文学的影响。西方戏剧家，像易卜生、梅特林克等反而给了他影响。他那些剧本里的人物，很多都是无血无肉的影子。……那些象征剧本动人的成分就更少。"③显然，泰戈尔是个善于汲取他人营养的作家，不论是传统的还是西方的，只要有益于自己创作的概不例外，统统摄取。

象征主义是西方产生最早的现代主义流派之一。和泰戈尔有某些关联的梅特林克、易卜生、叶芝等，都曾有象征主义倾向的作品问世。象征一词源于古希腊文，原意为"拼凑""比较"，由此派生出在某种符号与所代表的事物之间进行比对的含意，后又引申为以一物代表另一物。进入文学艺术领域的象征和其所象征的事物之间具有某种联系，舞台上出现的现象和动作变化，也视为传达某些信息的符号。当这些符号作用于观众的感官，并引起认识上的和感情上的反应之后，就形成一种艺术效果。在这一点上，象征和戏剧二者合流而成为一种象征美的载体。

泰戈尔熟知的20世纪英语世界名列前茅的诗圣叶芝，就是一位后期象征主义诗人。他的诗富于象征性、哲理性，具有超自然的神秘感和鲜明的个性特征。其著名的姊妹诗篇《驶向拜占庭》和《拜占庭》，将抽象的观念和丰富

---

① ［印］泰戈尔：《一个艺术家的宗教观——泰戈尔讲演集》，康绍邦译，上海三联书店1989年版，第12页。

② ［印］克里希那·克里巴拉尼：《泰戈尔传》，倪培耕译，漓江出版社1984年版，第145页。

③ 季羡林：《泰戈尔的生平思想和创作》，《社会科学战线》1981年第2期。

的形象结合起来。标志着他的象征主义创作进入巅峰期。诗中主要的象征体拜占庭，代表了他所崇拜的贵族文明与文化，是永恒艺术世界的象征。作家成功地运用了象征手法，表现了要摆脱物欲和时间限制而走向理性和不朽的意愿。泰戈尔曾赞赏说："他的诗歌没有落入回声般的俗套，而是真心的袒露。""他在山川感知的鲜活境界，只有想象才能抵达。"他获得成功依凭的是"优美细腻的歌韵，与自然密不可分的联系，新奇的表现手法和充满自信的自由想象"①。泰戈尔理解叶芝，叶芝也能理解泰戈尔。两人相通之处在于都是从想象力发展为象征主义的，都是用理智控制自己的想象力和激情的。其作品都强调一种理智的象征，诱发人们针对一系列的象征体进行哲理思辨，从而使之成为纯理智的一部分，并与这些象征相融合。正是由于叶芝的理解和推崇，泰戈尔的才华才能够较早地得到西方世界的承认，泰戈尔才能获得诺贝尔文学奖。

后期象征主义不仅限于诗歌，也逐渐深入戏剧领域，并表现出如鱼得水般的自由。最著名的象征主义戏剧大师梅特林克和泰戈尔一样，也善于利用有形的象征反映叙事情节、展示演员的演技，表现并影射某种抽象的东西。演员和舞台首先代表了人物和地点，与此同时，也代表了作家、艺术家的美学价值观。梅特林克的童话剧《青鸟》就是一部内蕴深邃、富有哲理性的象征剧。剧中叙述了小兄妹蒂蒂尔和米蒂尔在梦幻中寻找青鸟的故事，反映了人们对光明、幸福和生之欢乐的追求。在冲破梦幻与现实界限的描写中，主人公将梦幻中寻找到的青鸟带到现实中来。剧中的青鸟有多层象征意义。它体现了大自然的奥秘和幸福所在，象征着人类幸福在精神上的寄托和物质上的渴求，既有现实的需要，又是未来的美好憧憬。作者用青鸟这样具体的事物叙事，来表示抽象的观念，意在说明，人类幸福是客观存在。它似乎离人们很远，难以发现，但是可以找到，即使会得而复失，也能再次找到。剧中运用这种象征手法，似乎比直接表现主旨更富于艺术美的效果。泰戈尔的《春之循环》《摩克多塔拉》等剧和《青鸟》有异曲同工之妙。他们戏剧的基

---

① ［印］泰戈尔：《泰戈尔散文选》，白开元编译，百花文艺出版社 1994 年版，第120—122 页。

调都较为明朗、乐观，都没有注意戏剧叙事的结构和细节，都不是直接地描写生活，而是将象征手法运用到戏剧中去，并赋予各种无形的事物以具体可感的形态。他们不是沿袭陈旧的拟人手法，而是根据它们各自的特征和需要，给予它们生命和鲜明的个性，叙事内容带有神秘色彩和哲理意义。

易卜生在创作了举世闻名的社会问题剧之后，一度创作了《野鸭》《罗斯莫庄》《海达·加布勒》等象征主义戏剧。金克木先生在论述这一问题时指出："打开第四面墙，给人看的戏（如易卜生的一部分作品）会导致后来的完全不同的发展（如易卜生的另一部分作品），即从现实主义出来的自然主义会引向自己的对立面，从浪漫主义出来的象征主义。"①《野鸭》是易卜生第一部，也是最著名的象征主义戏剧。剧中受伤的野鸭象征了主人公雅尔玛在遭受现实生活打击之后，陷入庸俗生活泥淖的悲惨境地。《罗斯莫庄》则将象征主义和神秘主义联系在一起，营造了一种独特的美学氛围。罗斯莫庄有一匹神秘的白马，它一出现就有死亡事件发生，是恐怖的象征。《海达·加布勒》中经常出现的艾勒特·洛夫博格，他头发中缀着葡萄叶，虽有纵酒狂欢的意义，但主要象征了丰富和强烈的感情、勇敢而不流于习俗的性格。但这些象征剧也有它丰富的叙事内涵，只是表现方法不同而已。泰戈尔的象征剧和易卜生的象征主义戏剧虽然表现形式不尽相同，但都注重探讨抽象的人生问题，而较少描写外部的矛盾冲突，从而强化了内在心理活动的展现，弱化了戏剧内容的叙事因素。这样处理除却社会历史和文化背景的原因，也有艺术自身发展规律的规范，即浪漫主义中的想象力，无疑会强化象征剧中的象征主义倾向。这是不以作家个人的主观意志为转移的客观规律。

泰戈尔的象征剧明显受到西方一些戏剧家的象征主义因素的影响，因此，可以认为它的存在不是孤立的现象，而是世界象征主义潮流中的一部分。西方有些评论家认为，泰戈尔象征剧缺乏西方美学追求的那种戏剧的紧张性，因而认为"它们常常缺乏吸引力""也很少像梅特林克（他在很大程度上依靠了他对充满着神秘暗示的宫殿、宝塔、河流和森林的爱好）那样利用自然或环境的象征物""一个著名的评论家曾经把梅特林克称为一个没有希望的精神

---

① 金克木：《印度文化论集》，中国社会科学出版社 1983 年版，第 160 页。

上的跛子。毫无疑问，凡读过《暗室之王》或《邮局》的读者是不可能用这样的话来评论泰戈尔的"[1]。或许就是基于上述原因，泰戈尔的象征剧对西方人来说也是较为新奇的。但他的确培育了具有自己独特艺术个性的、具有印度传统色彩的象征剧。

西方学者在论及印度艺术的理想时指出："印度的艺术是不象有意识的美的追求，象找求一件有价值的东西是为了这东西的缘故；他的大努力常常倾向于一种观念的实现，从有限达到无限。"[2]因此，印度象征剧中的叙事因素从历史传承关系来看，确实有被弱化的倾向，但是仍然顽强地存在着，直至泰戈尔象征剧的出现，又使之有了别样的生命力和美学内涵。这不仅丰富了印度古代以抽象事物作为象征指向的戏剧传统，也为西方现代主义象征剧增添了奇特的美学色彩。

---

① ［印］S.C. 圣笈多：《泰戈尔评传》，董红钧译，湖南人民出版社 1984 年版，第 182 页。
② 张闻天：《太戈尔之〈诗与哲学观〉》，《小说月报》1922 年第 13 卷第 2 号。

伊克巴尔文学的民族精神

————

穆罕默德·伊克巴尔（1877—1938 年）是南亚重要的诗人、哲学家和思想家。伊克巴尔生活的年代，历史上的印度还未分裂，因此，从理论上说，他可以被认为是印度的作家。但是他的故乡旁遮普邦锡亚尔科特城现在位于巴基斯坦境内，更为重要的是他晚年致力于巴基斯坦建国理论的宣传和实践，被认为是巴基斯坦的奠基人。学界现在一般又认为他是巴基斯坦作家。本文是以印度作家论之。

一、诗人的思想基础

伊克巴尔生活和创作于南亚民族解放运动日益高涨的时代。他 40 年的诗歌创作历程具有鲜明的时代特色和探索精神，成为印度各族人民争取自由解放思想的武器和战斗号角。他的诗歌表现出的思想深度已经超越了宗教唯心主义哲学的束缚，反映了对现实生活和斗争需要肯定的积极态度，以及富有宗教意味的对人的尊重和发自内心的挚爱。因此，他的艺术观基本是现实主义倾向的。他主张艺术的首要任务是应该关注生活中的主要东西，应该鼓舞人们为了争取美好的生活去斗争。他指出："诗歌应当像火一样燃烧，不能为人民服务的艺术是毫无意义的……艺术的最高使命在于激励我们的意志，帮助我们勇敢地迎接生活的考验。凡是导致漠不关心或迫使我们忘却我们周围的现实，以及鼓吹生活就是向现实屈服的一切观点都是蜕化与死亡的象征。艺术不应引起甜蜜的幻想与不切实际的遐想。关于纯粹艺术的信条是文艺堕落的骗人的臆造，目的在于使人脱离生活，削弱人的力量。"①

伊克巴尔在自己的哲学著作里建立了"自我"哲学体系，"自我"是他的哲学思想的理论支柱，而"非我"则是他人生哲学追求的目标。这种"自我"和"非我"的观点明显受惠于黑格尔关于事物是矛盾的思想。他虽然认同尼采高扬生命价值的见解，但是他提倡的"完人"与尼采的"超人"存在着本质上的不同。此外，他对柏拉图理念论的批评，则清楚地表明他的哲学思想是一种注重行动的实用主义哲学。伊克巴尔的哲学思想主要体现了他对生命意义的理解和对人生精神的探索。如果说他关于"自我"的哲学观点总的倾向是受到西方思想的影响，那么他提出的"非我"的观点则表明他对东方思维模式的继承。实质上他是在倡导一种积极的人生态度，其中对个人与群体关系的理解，在某种程度上反映了东方的人生精神。由于他的哲学主张主要表述的是伊斯兰教范畴里的思想，因此也可以认为，他倡导的人生精神应该是一种穆斯林传统的伊斯兰精神。

从上述对伊克巴尔的艺术观和哲学观的分析中人们不难发现，作为一个拥有"东方诗人"和"生活诗人"赞誉的伊斯兰思想家，他的思想和创作的复杂性。而这些元素始终贯穿他创作的始终，但在他创作的前后两个时期，内容各有侧重和不同的表现形式。他前期的诗歌具有印度国家民族主义的倾向，洋溢着爱国热情，面对殖民主义统治，他在诗中痛心疾首地表现出对印度教教徒与穆斯林之间不和的忧虑。游学欧洲的经历使伊克巴尔加深了对伊斯兰的信仰。因此，他后期的伊斯兰哲理诗主要以宗教探索为出发点和归宿。他虽然崇尚苏非主义思想，但大胆扬弃了其中消极遁世的思想，提倡积极参与社会，并要有所作为的人生态度。

伊克巴尔的主要创作有《孤儿的哀怨》（1900 年）、《喜马拉雅山》（1901年）、《云彩》（1904 年）、《蜡烛与诗人》（1912 年）、《答诉怨》（1913 年）、《母亲》（1914 年）、《自我的秘密》（1915 年）、《非我的奥秘》（1918 年）、《指路人

---

① 转引自［苏］尼·弗·格列鲍夫：《现代乌尔都语文学》，王家瑛译，载中国社会科学院外国文学研究所编：《东方文学专辑》第 2 辑，中国社会科学出版社 1981年版，第 126 页。

黑格尔》(1922年)、《伊斯兰的崛起》(1923年)、诗集《东方信息》(1923年)、乌尔都语诗集《驼队的铃声》(1924年)、波斯语诗集《波斯雅歌》(1927年)、《贾维德书》(1932年)、《旅行者》(1934年)、乌尔都语诗集《杰帕列尔的羽翼》(1935年)、乌尔都语诗集《格里姆的一击》(1936年)、《东方各民族应该做什么》(1936年)、波斯语和乌尔都语诗歌合集《汉志的赠礼》(1938年)等。要真正深度理解伊克巴尔文学，阐释其中的奥秘，就要像我国著名乌尔都语文学评论家刘曙雄所说:"从伊克巴尔创作思想入手，先讨论他的早期诗歌，再讨论他的伊斯兰哲理诗，然后分析他的代表作，循着伊克巴尔的思想脉络，探究这位东方的伊斯兰诗人就会更加准确和公允。"[1]

二、诗歌中的理想

伊克巴尔诗歌创作的前期阶段，是指1896年至1905年他留学欧洲之前。开始时，他为了参加诗社而写作"厄扎尔"，即当时以抒情为主的一种波斯语和乌尔都语诗歌的体裁。他曾以书信形式求教于诗坛名宿德里人氏米尔扎·汗·达格，并在语言美学和写作技巧上受益匪浅。略有诗名之后，他又受到19世纪后期著名的乌尔都语诗人阿尔塔·侯赛因·哈利（Altal Husain Hali，1837—1914年）的影响，在诗歌创作中不乏真诚的爱国主义和泛印度斯坦思想。他积极宣扬印度教与伊斯兰教和睦相处的观点，主张在南亚次大陆建立一个文化多元的印度教徒和穆斯林共存的社会。其中，较著名的有《喜马拉雅山》《印度之歌》和《痛苦的画卷》等。

《喜马拉雅山》一诗，以优美的语言借景抒情，感情奔放，表达了诗人对祖国的无限眷恋之情，成为一首爱国主题鲜明的颂歌。诗中写道:"啊，喜马拉雅山！印度斯坦的城垣！/你昂首即可吻舐苍天。/流失的岁月未给你带来一丝苍老，/至今你的青春一如当年。"[2]诗人在诗中借巍峨的喜马拉雅山来象征祖国的崛起与傲然挺立。接着诗人的笔锋一转，即将自己对祖国的满腔激

---

① 刘曙雄:《穆斯林诗人哲学家伊克巴尔》，北京大学出版社2006年版，第60页。
② 刘曙雄:《穆斯林诗人哲学家伊克巴尔》，北京大学出版社2006年版，第40页。

情倾洒在歌颂磅礴山势的美景中："你的峰顶带着雪白的礼帽，/使光照乾坤的太阳亦觉暗淡。/逝去的岁月只是你年龄的一瞬，/黑色的云海翻腾在你的长谷深涧。"《喜马拉雅山》这首抒情优美的格律诗，不仅韵律整齐，而且比喻修辞运用得生动形象、大胆新颖："黄昏的幽静比高谈阔论更富魅力，/树林也像思绪万千。/战栗的霞光洒满山峰，/这胭脂使你更加妖艳。"在诗中，作者展开想象的翅膀，将白雪皑皑的冰天雪地描写得春意盎然。人们通过诗篇里描绘出的一幅幅充满诗情画意的景象，不难发现激情四射的年轻诗人那颗热爱祖国的赤子之心。

《喜马拉雅山》一诗发表在 1901 年 4 月的乌尔都文学月刊《墨丛》上，这是伊克巴尔首次在出版物上公开发表的诗歌。1904 年发表的《印度之歌》在赞美印度斯坦伟大的同时，宣扬只有印度教教徒和穆斯林联合起来，祖国才能和谐的主张。这首诗语言简洁直白、通俗易懂、朗朗上口，在发表以后深受广大人民的欢迎。诗中写道："我们的印度斯坦举世无双，/我们是它的夜莺，它是我们的花园。/我们也许贫穷，被分开，被驱逐，/但我们的心一直在家乡，印度/……宗教并不宣扬敌意/我们是印度人，我们追求统一。"这首具有明显反对英国殖民主义统治现实的诗歌，运用了乌尔都语诗歌里常出现的玫瑰和夜莺是一对情侣的比喻，将自己比作夜莺，将祖国比作有玫瑰花的大花园，充分表达了他对祖国的眷恋之情，就像夜莺对鲜花一样，赤诚真挚。当时的乌尔都语诗坛长期充斥着故作多情的虚情假意之作，缺乏充满生活气息的感人诗篇。因此这种反映时代精神的诗歌难能可贵，深受人们的喜爱自是理所当然的。

《痛苦的画卷》是伊克巴尔于 1904 年 3 月在"支持伊斯兰协会"第 19 次年会上朗诵的长诗。他用激越昂扬但又沉痛难忍的词句表达了自己极其复杂的心情。当时英国殖民当局控制着印度社会，广大人民处于"万马齐喑"的状态，印度斯坦上空笼罩着沉闷的空气。诗人怀着深沉的爱国情感哀叹述说了面对印度沦亡、民族灾难，自己内心难以名状的痛苦。诗中写道："唉，印度斯坦，你的情景，使我哭泣，/你的故事是所有故事中最羞耻的一篇。/生命赐予我只有哭泣，而无其他，/时代的巨椽将我写入哀悼者的行列。/摘花人不会放过园中的每片花瓣，/育花人相互残杀正合摘花者的意愿。"诗人将印度斯坦比作百花盛开的大花园，而将殖民者比作摘花人，将印度不同信仰的人民比作育花人，并明确指出，印度各教派信徒之间日益加剧的矛盾冲突，正符合了殖民统治者"分而治之"的利益。诗人还在诗中大声疾呼："愚蠢的人，想想祖国吧！／苍天已警告灭顶之灾近在眼前。／看看祖国正在发生和将要发生的一切，／昔日的故事为何要纠缠不清。／沉默到何时！起来控诉吧！／你脚踏大地，气宇轩昂！"这首诗清楚地表明了诗人的心态。被殖民的耻辱和同胞的不觉醒，是诗人内心痛苦的根源。面对印度不同信仰的教派之争，诗人一再大声疾呼要团结起来，放弃各自的宗教偏见，只有用"爱"来消除纷争，才是祖国统一的唯一出路。

伊克巴尔前期的诗歌创作中洋溢着朴素的爱国主义激情和深沉的民族主义情感，这是他这期间诗歌创作的主体思想。他不仅深受东方文化的熏陶，而且接受过西方文化教育。他在诗中多次表现的"爱"的精神，实际是诗人想将西方自由、平等、博爱的人道主义精神与伊斯兰教苏非主义的"爱"调合起来的努力。面对印度斯坦各种信仰间的矛盾及其产生的复杂历史背景，他不仅没有回避，反而有清醒的认识，他在诗中的分析和回答是公正的。在当时殖民统治压迫深重，并经常受故意挑唆而形成宗教冲突的印度，诗人的愤世嫉俗、奔走呼号，无疑都具有现实的紧迫性和积极意义。伊克巴尔前期的诗歌很多都是在《墨丛》杂志上发表的，为了满足读者的需求，有的诗还以增刊的形式再版，可见他的诗歌因语言通俗易懂、深入浅出而受到普遍欢迎。这些诗既适合在集会上诵读，又容易被普通民众理解。它们常以第一人称的叙述角度娓娓道来，让听众与读者感觉亲切而无陌生感，非常容易接受作者对各种社会现象及国家命运、民族前途的分析和主张，从而达到启迪民众思考的初衷。由此可见，诗人前期的诗作不仅以强烈的思想情绪感染人，而且也让听众和读者从审美愉悦中受到教育。伊克巴尔前期的这些诗歌格调高亢、情感激越，是他探索祖国自新、民族振兴之路的精神结晶。诗中形象的比喻、针砭时弊的词句无一不表达着诗人对祖国的挚爱和对人民的关切。他曾表示：熟悉民族的脉搏，并以自己的艺术医治民族病症的人，才是真正的文学艺术家。他以自己的诗歌创作实践证明了自己的观点。他就是这样一位热爱祖国、热爱民族，将个人命运与国家、民族命运紧密联系在一起的爱国诗人和人民艺术家。

三、诗歌中的探索

伊克巴尔在 1905 年至 1908 年旅欧期间创作的诗歌较少，其中有些诗歌是应国内友人之约而写的，也有少量的抒怀之作，但这段时期明显是他思想上的转折期。一方面，西方的哲学和文化丰富了他的世界观；另一方面，他开始从认识论上重新思考伊斯兰教义。他在苦苦追寻印度斯坦主义之后，逐渐发现由于信仰的差异，印度教徒和伊斯兰教徒很难做到"合而不同"。从这一时期以后，他的思想逐渐脱离印度民族主义的局限，开始认同穆斯林是同族。他后期之所以更倾向于用波斯语进行创作，这也是一个重要原因，即他认为只有波斯语才是广大穆斯林的通用语。伊克巴尔自 1908 年从欧洲回国后，便开始进入他创作的后期。

他开始创作表现伊斯兰哲理的诗。从 1905 年以后的诗歌里几乎看不到他前期诗歌中的国家民族主义思想和浪漫情怀，而表现的是蕴含着伊斯兰精神的伊斯兰世界。即使在像《致旁遮普农民》这样的平民化诗歌里，他用朴素的语言宣扬的也是伊斯兰的道理："捣毁你崇拜的种族偶像，/ 革除束缚你的陈规陋习。/ 全世界都共同信仰一个主，/ 这才是真诚的信念，最终的胜利。/ 在身体的土壤里播下爱的种子，/ 你将收获人生的体面和尊贵。"诗人将伊斯兰的哲理与生活实践和人的尊严结合起来书写，深入浅出，直白易懂，取得很好的启蒙效果，这是诗人思想转向之后的尝试之作。

20 世纪 20 年代，在东方世界被压迫民族争取民族独立和解放的风起云涌的大潮中，信仰伊斯兰教国家中的土耳其资产阶级革命成功、伊朗礼萨·汗（1878—1944 年）执掌政权、阿富汗在外交上摆脱英国控制、埃及独立运动蓬勃发展等一系列事件，预示着伊斯兰世界正在普遍觉醒。于是伊克巴尔激动地创作了长诗《伊斯兰的崛起》。"你是永恒的真主的臂膀与喉舌，/ 疑虑重重的糊涂人，坚定你的信念。/ 穆斯林，你的目标在九天之外，/ 群星是你在征途扬起的尘烟。/ 真主最后的信息使你获得永生，/ 虽然人世有限，人生短暂。/……你是亚洲各民族的卫士，/ 伊斯兰的历史早已证实了我的论点。/ 重新举起真理,公正和勇敢的旗帜吧,/世界需要你的引导和指点。"诗人认为作为一个真正的穆斯林,应该是"永恒的真主的臂膀与喉舌""亚洲各民族的卫士",其坚定的信念就是伊斯兰信仰。诗人还呼吁受压迫的人民应团结起来:"处处是友爱,四海皆兄弟,/这是真主的意愿,伊斯兰的真谛。/砸烂肤色与血统的偶像,同归一教,/图兰人、伊朗人和阿富汗人不要再分彼此。"诗人希望所有的穆斯林都要以伊斯兰教为旗帜,从坚定的穆斯林信仰和辉煌的伊斯兰历史中汲取力量,创造新的世界和秩序。他的目光已经关注到整个穆斯林群体。他考虑的是伊斯兰的明天。迫于当时的实际情况,这是任何一位伊斯兰哲人都会反思、考虑的最实际的民族问题。

伊克巴尔回国一段时间以后发现,与欧洲相比,伊斯兰世界已失去了昔日的辉煌。于是他写了一些述说伊斯兰衰落的诗篇,以使广大穆斯林警醒,将民族复兴付诸行动。这些诗歌是作者痛苦的呻吟,是诗人绝地悲哀的呐喊。其中分别写于1910年和1913年的《诉怨》和《答诉怨》最有代表性。前一首主要写仿佛被真主抛弃的穆斯林所要面对的种种衰落,诗人要向真主诉说穆斯林世界的悲惨状况及自己的哀怨,以表达穆斯林的心声。后一首是写真主仿佛听到诗人的诉怨而对诗人的答复,指出穆斯林衰落的原因,以及振兴的道路。诗人在《答诉怨》中借真主之口批评年轻一代穆斯林,赞扬穆斯林前辈,态度尤为鲜明。"你们互相斗争,他们相互宽让;/你们互相挑剔,他们相互包容。""你们自我毁灭,他们自信自尊;/你们蔑视友爱,他们为友爱献身。"他在诗中借真主之口赞美穆斯林前辈那种"追求真理,公正无私,知晓廉耻和勇敢顽强"的操守和品德,批评年轻一代穆斯林贪图享乐,不尊礼教,舍弃传统,自立门派等陋习。诗人认为在当前,年轻一代穆斯林之所以动摇了伊斯兰信仰,是因为受到无神论和唯物主义的挑战。诗人一再告诫世人只有坚守伊斯兰信仰才是振兴穆斯林的正途,这恰恰表明他的伊斯兰情怀在回国以后正在他心中逐渐充盈。

伊克巴尔创作的波斯诗歌约占他诗歌创作的半数以上,其中后期创作的叙事诗《自我的秘密》(1915年)和《非我的奥秘》(1918年)最为重要,比较难以理解。伊克巴尔创作的这两首叙事诗是具有波斯传统的叙事诗。与以往波斯描写战争和爱情故事的叙事诗不同的是,波斯语叙事诗明显表现出一种诗化小说的特点。如描写叙述的是有故事情节的人物和场景等，而在这两部叙事诗中，这些则表现得很不突出。这两首叙事诗既没有清晰的结构故事的痕迹，也没有主要人物和情境描写，它们主要以叙事化的形式表达了作者的宗教哲学思想。因此，学界也有将其视为伊克巴尔哲学著作的观点，是他思想深入探索的结果。

作为一个具有深刻哲学背景的诗人，他在自己的诗歌里贯穿了一个重要的哲学概念，即"自我"。"自我"是波斯语和乌尔都语中的"Khudi"，音译为"呼谛"。通观伊克巴尔众多诗歌中对"自我"的阐释，可知"自我"有着多重含义。如在《永生》一诗中诗人写道："若是呼谛能够自监，自生和自我省察，即使死神降临，死亡也不能把你牵累！"在这里诗人认为，人类修炼好"自我"，不仅可以改变现实，还可以永生。在《侍酒歌》中，诗人认为："什么是呼谛？呼谛就是生命的内在奥秘！/什么是呼谛？呼谛就是整个宇宙的觉醒！"很显然，诗人在这里说的"呼谛"即"自我"，强调的是人类精神的觉醒。在《致巴勒斯坦的阿拉伯人》一诗中，诗人坦陈："我听说，民族要从奴役下得到解放，/必须培养栽植呼谛的志趣！"这句诗里的"呼谛"是诗人希望人们要自我觉醒，振奋民族精神，争取民族解放的呼声。

在这些诗里，诗人认为"呼谛"是自我个体对生命的认知和体悟，其核心即"理性"。个人必须努力去获得"自我"，他一旦获知了"自我"，就应该将"自我"的所有献给民族利益的需要。"自我"与"非我"是两个相互依存、相辅相成的概念。"非我"（Bekhudi）音译为"贝呼谛"，"非我"是从肯定"自我"中诞生的。如果说"自我"是针对个体而言，那么"非我"则是针对民族而言的。对穆斯林来说，"自我"即个人内在的精神追求；"非我"即外在的以伊斯兰教义来规范个人的精神。"自我"是诗人哲学思想的理论支柱，"非我"则是其人生哲学追求的目标。在这两部叙事诗集中，诗人传达了这样的思想，个人在融入民族之前要不断地增强"自我"、获取"自我"。一旦他融入民族，则必须达到"非我"的境界，穆斯林就必须遵守伊斯兰教义和传统。个人在与民族成员的接触中要了解诸多生命个体的有限性并理解宗教中爱的博大含义。这些高扬生命价值、讴歌"自我"意义的思想是伊克巴尔哲学思想的核心，一直为后人所称道。

伊克巴尔的代表性著作《自我的秘密》出版以后，不仅在印度穆斯林中引起很大震动，同时也引起人们的争相解读与争论，其根本原因都与伊克巴尔理解的伊斯兰精神有关。首先，"自我"在波斯语和乌尔都语中既有"自私""自负"的贬义倾向，也有"自己""人格"的意义。在伊克巴尔为该书写的序言中，他为"自我"下了一些定义。"如生命的感觉，本性的确定，觉悟的闪光点，神秘的东西，观察事物的动因等。"[①] 可以发现，诗人认为"自我"的存在很广泛，可以理解为人的理性。它不仅是自然人生命与本质的表现形式，更重要的是社会人思想与行为的动力。他理解的动力是人与生俱来的权利，人有了动力才能使生活充满意义。这种思想可以引领穆斯林的思想发生现实性变化，成为带有入世思想倾向的一种行动的哲学。这是对尚在启蒙状态下的印度穆斯林保守思想的严肃挑战，犹如对死气沉沉的穆斯林思想的一针强心剂。其次，书中有批评波斯中古著名诗人哈菲兹的内容。在印度穆斯林传统中，哈菲兹一向被认为是有苏非主义思想倾向的诗人。伊克巴尔则认为他不应被完全纳入苏非主义范畴，因为哈菲兹的诗歌总的倾向是厌世，而非入世，这不仅和自己的行动哲学主张不符，而且他更不愿人们认为自己是一个反苏非主义的穆斯林哲学家。伊克巴尔这种内心的矛盾，表现在作品里时便使世人难以理解。正是由于诗中的这些奥秘很费解，人们产生了争相研读的兴趣。

《自我的秘密》篇幅短小精悍、内容丰富，包括序诗和 18 章正诗。全篇虽没有主要角色，但始终围绕着叙述"自我"而展开。由于诗人运用了拟人的手法，所以无论是抽象的"自我"，还是具象的"自我"，都被描绘得很生动。书中穿插的各种小故事、寓言和对话都为了揭示"自我"的哲理内涵，分别涉及"自我"的本源、"自我"生命的确定、"自我"的丧失和柏拉图的影响、培养"自我"的要素、检验"自我"的尺度，以及对自己的叹息和对真主的祈祷等七部分内容。从这首诗中，人们不仅可以看到诗人充分肯定"自我"的社会价值，即人的价值和生命价值的进步意义，而且不难发现诗人提倡穆斯林想实现"自我"，就必须遵从伊斯兰教义并充当真主代言人的主

---

① 刘曙雄：《穆斯林诗人哲学家伊克巴尔》，北京大学出版社 2006 年版，第 96 页。

张，还可以清晰地找到诗人追述伊斯兰往日的辉煌，表达复兴伊斯兰强烈愿望的写作主线。《自我的秘密》这篇立意深刻、通俗易懂的哲理诗歌，给作者本人带来了世界性的声誉。

伊克巴尔这些优秀的作品，既反映了他强烈的爱国主义、民族主义激情，也表现出他对伊斯兰哲学的深刻反思与探索。其中充分而系统地阐述他伊斯兰哲学思想的作品甚至成为整个伊斯兰世界的里程碑。客观地评价伊克巴尔文学，应该说它不仅丰富了伊斯兰精神的宝库，而且成为人类文化宝库的重要组成部分。

普列姆昌德文学的乡土气息

———

普列姆昌德（1880—1936 年）是印度现代著名的现实主义作家，也是印度现代文学的奠基人，有印度"小说之王"的赞誉。他不仅是印度现代一位具有国际影响的作家，而且是中国人民最真挚的朋友。他始终支持中国人民反帝反封建的正义斗争，曾多次写文章批判日本帝国主义对中国的侵略，表达了对中国人民的深切同情，在中国的危难之际，给了我们难能可贵的巨大支持。

普列姆昌德，出生于印度北方邦贝拿勒斯（现瓦拉纳西）北郊拉莫希村一个普通农民家庭。1957 年更名的瓦拉纳西是印度教的圣地，也是印度最富有本土特色的城市。其郊区的农村又是印度最能代表农耕文化的典型地域。这种生活经历奠定了他对世俗生活的眷恋，也使他的创作充满了乡土气息。其家庭信奉印度教，种姓属于刹帝利的亚种姓。其父是邮政局职员。在父亲送他到镇上正规小学学习期间，他对文学产生了浓厚兴趣。在大量阅读作品的基础上，他开始练习写作。他 17 岁时结婚，父亲病逝后，为分担家务，他边学习边做辅导教师，因中学毕业后未能获取免费大学资格而任小学教师。他 22 岁在阿拉喀巴德师范学院进修时开始进行文学创作，随后便一发不可收。

一、从改良主义到反封建主义

普列姆昌德一生用印地语和乌尔都语共创作了 15 部中、长篇小说（包括未完稿的小说），300 篇左右的短篇小说，近 700 篇论文或文章，还创作了其他作品，如电影文学脚本和儿童文学作品等。充满乡土气息的现实主义风格，始终是他创作生涯的主流，并为他赢得了巨大声誉。其主要原因就在于"他真实地反映了生活，刻画了一系列栩栩如生的人物，并且寓以深刻的含义"①。其创作可以分成三个时期。

从 1903 年到 1907 年是他创作的初期，也可称为他步入文坛的尝试期。这一阶段他主要创作了处女作《圣地的奥秘》（1903—1905 年）、《伯勒玛》（1906 年）、《吉希娜》（1906 年）和《生气的王公夫人》（1907 年）。这 4 部中篇小说从思想性和艺术性上来看都显得比较稚嫩，主要反映的是社会现实问题，即使是描写历史的小说《生气的王公夫人》也借古喻今，以振奋民族精神。这些作品开始触及印度当时社会的各种弊端，主要涉及封建的旧传统习俗以及印度教上层的胡作非为。作品中开始出现改革社会的人物形象，这是作者早期受"圣社"②思想影响，主张在复兴印度古代文化优秀传统的基础上进行社会改革的结果，改良主义思想在他这一时期的作品中有明显的反映。

这一时期的小说《伯勒玛》相对早期的几部中篇而言是一部较好的作品，1906 年在《时代》杂志上发表。女主人公伯勒玛和从事社会改革活动的律师阿姆勒德订了婚，由于达那纳特从中破坏，保守的父亲解除了他们的婚约。在阿姆勒德与寡妇布尔娜结婚后，已嫁给达那纳特的伯勒玛仍深爱着阿姆勒德。达那纳特出于妒恨谋杀阿姆勒德，被早有防备的布尔娜击毙，而布尔娜也被达那纳特的子弹击中。最后，伯勒玛和阿姆勒德终成眷属。这个故事结构虽有人为的痕迹，但情节艺术符合逻辑。小说中批判旧的婚姻制度，提倡男女自由恋爱，赞成寡妇改嫁，这些都反映了反封建的中心思想，表明了作者正在形成的正确的人生观和成熟的创作思想。

1908 年 6 月短篇小说集《新国的痛楚》的出版，标志着他的创作进入到中期，直至 1918 年底。这十年是普列姆昌德创作走向成熟期的准备阶段。这期间他除写了一部中篇小说《恩赐》（1912 年）外，其余都以短篇小说为主，约有 70 篇。

---

① ［印］普列姆昌德：《普列姆昌德短篇小说选》，刘安武译，湖南文艺出版社 1996 年版，第 1 页。

② "圣社"又名"雅利安社"，印度教社团之一，于 1875 年创建，主张改革印度教，建立"吠陀社会主义"。

《新国的痛楚》中包含《世界上的无价之宝》《这是我的祖国》《对悲哀的奖赏》《谢克·默克穆尔》和《世俗的恋情和爱国热情》5篇小说。它的结集出版，在读者中引起强烈反响，受到当时文坛领袖马哈维尔·普拉萨德·德维威迪的热情赞扬，但也遭到了英国殖民当局的查禁。那些被当局称为"很能蛊惑人心的煽动性言论"主要就是指小说中强烈的爱国主义思想。《世界上的无价之宝》讲述当年轻的求婚者在历尽艰辛取来"为了保卫祖国而流尽的最后一滴血"时，女主人公才履行诺言嫁给他，因为他为她带来了"世界上最宝贵的东西"。《这是我的祖国》写一个年轻的印度人到美国经商，成家立业，生活幸福，但是念念不忘自己的祖国，并终于在90高龄时抛弃一切回到祖国和家乡，再不回去，死后也要做祖国的泥土。小说抒情色彩很浓。《世俗的恋情和爱国热情》虽然是一篇以外国历史人物为题材的小说，但是其鼓舞印度人民的爱国主义精神的创作意图还是显而易见的。主人公是19世纪意大利人马志尼。他在解放自己祖国和民族的理想与纯洁无私的爱情的两难抉择之际，选择了后者，最后壮志未酬地离开人间。总之，《新国的痛楚》如同书名一样，明显地反映了作者对祖国、对人民深沉的爱。这一思想主脉通过不同的艺术形式表现在其后的创作中。

除此而外，这一时期的短篇小说创作开始涉及另外一个重大的时代主题，即反对封建主义的思想。它们植根于印度广袤的农村大地，反映农民的疾苦，充满乡土气息。以《高尚》（1910年）、《穷人的哀号》（1911年）、《残酷无情》（1914年）等小说为代表，这些作品从不同角度，不同程度地触及封建社会的一些弊端：农村中的阶级对立、种姓制度的罪恶等。《高尚》在描述地主与农民的矛盾对立中，赞扬了农民的高尚，抨击了地主的罪恶。农民德赫达·森赫是地主赫拉姆尼幼时的救命恩人。他宁愿忍受着赫拉姆尼的欺压，在穷困中度日，也不愿求他施舍。夫妇二人守着救人的秘密，先后凄惨地死去，但他们的精神是高尚的。他们做好事不求报答的高尚情操，正如刘安武评价说："小说《高尚》对此有完美的体现。而且更体现了'贫贱不能移，威武不能屈'的精神境界。"[①]《穷人的哀号》中寡妇老人孟伽的一点养老金被财主侵吞，

---

① ［印］普列姆昌德：《普列姆昌德短篇小说选》，刘安武译，湖南文艺出版社1996年版，第6页。

她到长老会中申冤。长老会不主持正义，却偏袒财主。她在绝望之中精神失常，惨死在财主的门前。穷人求助无门，富人为富不仁的思想表明了作者强烈的爱憎。《残酷无情》描写一个在逃荒中失去父母的儿童，被基督教教会收养。孩子长大后虽找到生身父母，但因印度教传统认为，这孩子实际已成了基督徒而失去种姓，沦为不可接触者。由此可见印度种姓制度的腐朽和罪恶。普列姆昌德在揭露社会黑暗的同时，表现自己探索社会出路的努力，如经常用"善恶有报"作为小说的结局，或宣扬传统文化中的美好因素等。这也是作者接受近代印度文化复兴运动影响的结果。

二、从现实主义到反映农村生活

1918 年，长篇小说《服务院》的发表，标志着普里姆昌德的创作进入成熟期。从 1918 年到 1936 年近二十年的时间内，他先后发表了长篇小说 8 部，中篇小说 2 部，短篇小说 200 余篇。无论从作品的数量和质量，从反映生活的深度和广度，还是从人物塑造和艺术特色上，都表明作者已确立了现实主义的创作方法并进入创作的高峰和高产期。他创作的长篇小说有《服务院》（1918 年）、《博爱新村》（又译《仁爱道院》，1922 年）、《战场》（又译《舞台》，1925 年）、《新生》（1926 年）、《贪污》（又译《一串项链》，1931 年）、《圣洁的土地》（1932 年）、《戈丹》（1936 年）、《圣战》（未完稿，1948 年）。中篇小说有《妮摩拉》（1926 年）、《誓言》（1927 年）。著名短篇小说代表作有《如意树》（1927 年）、《割草的女人》（1929 年）、《可番布》（又译（《裹尸布》，1936 年）等。

著名短篇小说《割草的女人》中的主人公穆里亚出身于不可接触的皮匠族，丈夫是车夫。她虽然生得美丽，但为了生计，每天不得不去田里割草。她婉拒了高种姓追求者，使企图侮辱她的青年变得正直善良。她以崇高的品德维护了穷人的尊严。"穆里亚作为一个美丽、正派、忠贞的女子，她的性格特点在于她待人总掌握一定的分寸。"[1]这一女性形象在印度现代社会中颇有代表性。

---

① 刘安武：《普列姆昌德评传》，中国国际广播出版社 1999 年版，第 352 页。

《服务院》是作者创作的第一部长篇小说，这部小说使他在此领域获得巨大声誉。女主人公苏曼由于家境清贫嫁给一个不要嫁妆的小职员，一次参加晚会深夜回家被丈夫拒之门外，不久沦落红尘。一位从事社会改革的律师将她救出火坑，安置在寡妇院。她因身份暴露被迫离开寡妇院，与妹妹一起生活，后来她遭到周围环境的歧视而出走。最后她被送进律师兴办的"服务院"，负责教育妓女所生的女孩的工作。这是一部反映印度妇女悲惨命运的小说，是作家对以往短篇小说所涉及妇女问题的进一步深化与探索。小说通过苏曼这样一个被侮辱与被损害的女性形象的遭遇和性格发展，揭露了当时男权社会中伪君子们的庸俗、卑鄙，描述了女性的逐渐觉醒。小说致力于描绘改革的正面人物，具有理想化成分，小说结局因之而显得不够真实。

《博爱新村》是作者创作的第一部以农村生活为题材的长篇小说，也是他书写农村社会、乡土人情的重要作品。一个地主家庭中年轻的兄弟俩，在哥哥普列姆·辛格尔赴美留学期间，弟弟葛衍纳·辛格尔大学毕业后回乡管理田产，他野心勃勃又贪婪成性，千方百计地压榨、剥削佃农，为夺取岳父遗产而投毒谋害他，为鲸吞哥哥的财产而罗织罪名将其逐出家门，无所不用其极。接受了新思想的普列姆放弃产业，同情并帮助农民，想尽办法救助无辜被捕的农民，最后建立了"博爱新村"，使农民过上了新生活。葛衍纳由于众叛亲离、梦想破灭而投河自杀。普列姆昌德以广大农民代言人的身份，控诉了封建土地制度对农民的种种迫害，为受压迫、被剥削的农民发出反抗的呐喊，这是作者前期反封建思想的延续。普列姆昌德研究专家刘安武评论说："作为一部现实主义的小说，《博爱新村》最大的成功之处正在于如实地反映了农村中的尖锐的阶级斗争。"[1]小说现实主义地描写了农村社会问题的残酷，但又以建立"博爱新村"的方式进行调和，这种叙事诉求显示出作者的理想主义或改良主义思想是很明确的。

三、农村书写中的乡土气息

长篇小说《戈丹》是普列姆昌德的代表作。至今，读者和评论家一致认

---

[1]　刘安武：《普列姆昌德和他的小说》，北京出版社 1992 年版，第 63 页。

为《戈丹》是印地语文学中最优秀的小说，几乎没有一部可与《戈丹》媲美的印地语小说。究其原因，就是作品中浓郁扑鼻的乡土气息，以及真实生动的农村书写。

小说中的"戈丹"是"献奶牛祭"或"献奶牛礼"的意思。主人公何利原是个自耕农，有十来亩有耕种权的土地。他和妻子、儿女终年劳动，勉强可以维持温饱。他有个理想，就是买一头奶牛，因为它不仅可以供奶，而且是吉祥和致富的象征。由于他赊购的奶牛被其弟希拉因嫉妒而毒死，他又不愿弟弟被拘捕，所以受到宗教祭司、"长老会"头人、警察及其他管事的多方敲诈勒索。后来何利又收留了未正式结婚而怀孕的儿媳裘妮娅，更引起轩然大波。他们一家不断受到打击、迫害和掠夺，由自耕农降到半自耕农的地位。接着何利又成了雇工，后来竟至变相卖掉自己的小女儿。何利还继续梦想为孙子买头奶牛，他拼命地做苦工，终于在刮热浪的一天晕倒在地里，结束了他悲惨的一生。而身后留下的 20 个安那也被婆罗门当作戈丹（即施舍奶牛）的礼金搜刮而去，否则他的灵魂不能进入冥界。这部小说揭示了农村中尖锐的阶级矛盾，塑造了何利这个典型人物，被认为是描写印度农村生活的一部史诗。

《戈丹》反映的不仅是何利个人的苦难史，也是当时印度农村广大农民普遍的苦难史。在英国殖民主义统治下的印度农村，广大农民不仅政治上无独立自由可言，还深受封建主义的种种压迫。无论是地主老爷、村中头人、高利贷者、资本家、警察，还是警察局、法院、传统礼法、宗教桎梏，无一不是针对广大贫困农民的统治机器。他们不仅榨干了广大农民的汗水，还变相地夺去了他们的生命。小说揭露和批判了印度封建农村这些形形色色的压迫者和剥削者的丑恶嘴脸，以反映他们吃人的本质。小说借从城里回家的何利之子戈巴尔的口说出了作家的感受："村里没有一个人不是愁眉苦脸的，仿佛他们的躯体内没有灵魂，只有痛苦，他们好像木偶似的跳来跳去；只知道干活、受苦，因为干活受苦是命中注定的。他们的一生没有任何希冀，没有任何志向，仿佛他们的生命的源泉已枯竭，靠源泉滋养的一片青春草木也同时萎谢了。"这种场景是当时印度广大封建农村的真实写照。

何利是印度封建农村中受苦农民的典型。他的遭遇代表了印度普通农民的悲惨命运。他勤劳善良，富有同情心，宁肯自己受损失，也不让别人吃亏。对什么事他都肯忍让。他终生受着地主和高利贷者的压迫和剥削，甚至变相卖女儿，至死也不明白自己受苦的原因。由于宗教思想的束缚，他还相信宿命论，认为"命中注定享福的才能享福"。他胆小怕事又很软弱，害怕地主和官府，无力反抗社会上的种种压迫，凡事逆来顺受。他一生梦想买一头奶牛，终未如愿，也毫无怨言，死后居然还要向奶牛施舍，这真是绝妙的讽刺。他的遭遇是印度广大农民贫苦生活的缩影。他的破产死亡是印度上层压迫和剥削的结果，作者借此无情鞭挞了农村地主、官吏、高利贷者、婆罗门祭司等无恶不作的罪恶行径。

《戈丹》反映了作者对农村社会问题的探索精神，以及对农村社会的深刻理解。普列姆昌德已经认识到何利这个封建农村的农民之所以有这样的悲惨命运，是社会制度造成的，在小说的描写中，何利必然的悲剧命运与周围富人对他态度有直接的因果关系。作者逐渐认识到要使广大农民脱离苦难生活，只依靠富人伸出仁慈之手，并办几个"服务院"与"仁爱道院"是不行的。作者借书中人物梅达之口说出："要砍倒一棵树，必须用斧头斩它的根，光是揪掉一树叶是无济于事的。在有钱人里面，偶然也出现这样的人，他们抛却一切，虔心敬神，可是有钱人的统治还是照样巩固，一点不会动摇。"这表明作者对农村社会矛盾的认识深刻了许多。虽然他还没有找到改造农村、解决农村矛盾的正确途径，但《戈丹》中对农村社会弊病的探索已不同于以前创作中的改良主义主张，他已经看到了变革农村社会的曙光。

《戈丹》的巨大声誉不仅源于其深刻的思想性，而且与小说成熟的艺术风格分不开。无论是全篇构思、人物塑造，还是运用气氛烘托，都有引人入胜的艺术效果，尤其是扑面而来的乡土气息，让众多读者感同身受。著名的普列姆昌德研究专家刘安武高度评价说："《戈丹》所展示的印度农村生活是一幅不朽的图画，所刻画的主要人物是些不朽的典型。它取得的成功是作者其他任何一部长篇作品或短篇作品所不能比的。至今读者和评论家还一致认为，《戈丹》是印地语文学中最优秀的小说，在他之前，没有产生过这么优秀的小说，在他去世后半个多世纪的今天，也还没有一部小说可以与《戈丹》媲美，更谈不上超过它了。"①

　　总之，普列姆昌德文学的乡土气息，是一位优秀的现实主义作家不可或缺的创作风格。他擅长从社会生活中，尤其是农村生活中提炼素材、凝练主题、剪裁故事，以多角度的叙事方法塑造人物，不仅能使人产生情感共鸣，而且能使人感受到其中的深刻含义和教诲启示。普列姆昌德文学的乡土气息，就是接地气，就是贴近生活，尤其是普通人的生活。普列姆昌德认为，"文学的基础是生活""文学的素材是人类的生活""文学的根本基础是真、善、美"。他主张："实际上，真正的乐趣从美和真中才能得到，而表现和创造这种乐趣则是文学的目的。"② 这就是普列姆昌德文学中充满农村气息的根本原因。

---

① 刘安武:《普列姆昌德评传》，中国国际广播出版社 1999 年版，第 444 页。
② ［印］普列姆昌德:《普列姆昌德论文学》，唐仁虎、刘安武译，漓江出版社 1987年版，第 73、76 页。

交流篇

《罗摩衍那》与荷马史诗的美学

————

《罗摩衍那》是印度"最初的诗",被奉为印度古典文学中最光辉的典范。荷马史诗作为"一种规范和高不可及的范本",也一直被西方人认为是最伟大的史诗。这两部史诗以各自民族的独特风格展现了东西方古代人民丰富多彩的历史画卷,"显示出永久的魅力",在世界文学史上占有崇高的地位。这两部史诗中众多英雄人物的思想情感、伦理道德、精神风貌已渗透到东西方文学以及人民生活的各个领域之中,产生了历久不衰的巨大影响。分析比较这两部史诗的主题思想,对于探讨古代东西方人民的生活观点和审美情趣、认识史诗的美学价值和文献价值,都有一定的意义。

一、两种生活理想美

两部史诗都比较深刻、真实地反映了当时的社会现实。印度史学家N.K. 辛哈和 A.C. 班纳吉在《印度通史》中指出:"《罗摩衍那》故事的要点很可能在历史上是真实的。"苏联学者兹拉特科夫斯卡雅在《欧洲文化的起源》一书中指出,19 世纪后半叶德国古物学家亨利·谢里曼的考古发现,证明了特洛伊战争的可能性。两部史诗中的故事尽管都很久远,却都高度概括了古代社会生活的本质,深刻揭示出古代英雄人物极其丰富的内心世界,显示了重要的美学价值。史诗中的美集中、升华了古代英雄诸多美的因素,因而引起历代读者强烈的审美感受,史诗本身也作为审美对象发挥了巨大的社会作用。它们都着重表现了古代民族童年时代所进行的残酷战争,以及由战争所引起的英雄人物的爱情和家庭的悲欢离合,通过广博的内容,表现不同的人生价值与追求,抒发了不同的人生理想。

《罗摩衍那》描写被流放的罗摩王子因贤妻悉多被罗刹王罗波那抢劫，率众攻打罗波那巢穴楞伽岛的大战；荷马史诗则描写斯巴达王艳美绝世的妻子海伦被特洛伊英雄帕里斯王子诱拐，希腊联军远征特洛伊的大战。两部史诗都描写因维护女性尊严而进行的正义战争。《罗摩衍那》主要阐述的是印度的一种带有私有观念性质的情欲。印度人把现实中的"法""利""欲"和非现实的"解脱"作为必须遵守的人生法则。其中，"解脱"被认为是最高的、至福极乐的目标，只有极少数人在特殊的生活方式中才能达到。于是"法""利""欲"便成了人们在现实生活中努力争取的目标。在三者不可齐美兼得的情况下，首先要选择"法"。这与孟子所说的"生亦我所欲也，义亦我所欲也，二者不可得兼，舍生而取义者也"相类似，只是"法"比"义"的含义要深广得多。"法"梵文音译"达磨"，曾在《罗摩衍那》中反复出现。约在公元前2世纪至公元2世纪成书的古代印度著名的《摩奴法典》指出："吠陀、传承、良习、知足，被贤者宣布为义务体系的四源。"[1] 这个"义务体系"就是"法"，是印度人信奉的人类社会赖以生存的永恒的道德价值与人生追求。在《罗摩衍那》的正面人物中，英雄罗摩尊奉达磨、依傍达磨、躬行达磨才完善了自己的德行，受到人民拥戴并获得王位。女主人公悉多依"法"忠于丈夫，才成为后世传颂的贤妻良母。楞伽大战结束后，罗摩对悉多说："我曾努力去战斗，并非为你的缘故……为了保护我尊严，为了避免人们谴责，我们家庭久传名，不能让它受指摘。"这明显表明，在妻子、美女、家族和责任的面前，遵法重视个人的名誉和家族的名声，重视道德的价值被放在首位。"法"如同真理一样至高无上，遵循者能成正果。它寄托了人们在日常生活中认识事物本质的美好愿望和生活理想，渗透了封建社会的思想意识。

荷马史诗突出地表现了古代希腊人对物质和情欲的追求。它从古希腊人的喜、怒、哀、乐等心理出发，大胆表现现实生活中的人追求物质财富的人生乐趣。在《伊利昂纪》中，英雄阿喀琉斯两次发怒，都为了财富和女人。第一次是因分配在他名下的战利品和爱欲对象女俘被统帅阿伽门农所夺。第

---

① [法]迭朗善译：《摩奴法典》第2卷，马香雪转译，商务印书馆1982年版，第26页。

二次是特洛伊人夺去了他借给朋友的传家宝铠甲。他之所以息怒，还让赫克托耳的老父赎回尸体，主要还是因为珍贵的礼物和大量的赎金。在《奥德修纪》中，英雄奥德修不受仙女的羁绊是因向往故国的至尊荣华。他凶狠的复仇是因向他妻子求婚的无赖几乎荡尽他的家财。对个人财富的过多关注，正是奴隶制度萌芽时期奴隶主思想的反映。在荣誉、地位和美女面前，英雄帕里斯采取了与罗摩截然相反的态度，宁肯要美人而舍弃其他。古希腊人对于财产和女人虽含有自私的成分，但在奴隶社会初兴时期，这种争取财富与爱欲的冒险精神、重物质及现世享受的功利目的，无疑是对客观世界的刻意追求与不断探索的表现。

两部史诗中的英雄生活理想美是不同的，这除了表现在人生价值与主观追求的不同之外，深层结构中的抒情基调和结局处理方面也明显不同。

《罗摩衍那》开篇就描写道：由于听到雄鸟被射死后雌鸟的哀鸣，诗人才脱口吟出四名有韵律的伤感诗句，并决心写出悲悯的诗。这种诚挚动人的情感贯穿始终。特别是英雄罗摩和悉多夫妻二人离散所产生的悲哀、感伤的气氛尤为动人。悉多被劫后，罗摩奔走呼号，伤心询问飞禽走兽、花草树木。两军对垒的决战时刻，也常穿插抒发罗摩、悉多的缠绵情愫。罗摩无故怀疑悉多的贞洁而迫使她离去后，内心又充满了矛盾和孤独的哀伤。这种悲悯之情是印度古代文艺理论"情味说"中的一种美学内涵，即只有人的真情实感才能使文学艺术产生巨大的感染力量。

在荷马史诗里，则见不到这种凄婉哀怜的情思。通篇洋溢着民族崛起时的蓬勃热情和乐观情绪，表现出一种悲壮情绪和阳刚之美。即使是英雄赫克托耳和妻子安德洛玛克的生离死别，也给人以感奋的力量和壮美的享受，显示出古希腊人依靠自己的力量、智慧去争取荣誉、功勋和幸福的积极进取精神与勇敢拼搏精神。

两部史诗的结局也反映出其英雄不同的生活理想和审美要求。

《罗摩衍那》早出部分的结局是夫妻团圆、皆大欢喜。即使在后窜入的《后篇》中，作者写完悉多无法取信于民只好回到地母怀抱的悲剧结局之后，还有意让主神大梵天预言英雄罗摩全家在天上团圆，以调和悲悯气氛，表现悲喜剧因素相辅相成造成的一种和谐与均衡的美，一种在失望中透出一线光明与希望的理想化的审美效果。荷马史诗《伊利昂纪》的结局以英雄赫克托耳隆重的葬礼结束,在英勇壮烈的气氛中表现出悲壮美。在《奥德修纪》中,英雄奥德修与妻子佩涅罗佩的团圆结局是经过生死搏斗、流血屠杀争取到的。无论是复仇者奥德修还是求婚者众贵族,都显示出勇猛顽强的战斗精神,并在激动、悲壮的环境里表现一种不调和的冲突美。

两部史诗中的英雄人物所表现的不同,反映出它们在继承各自民族文化遗产的基础上展现的社会内容和美学特质。《罗摩衍那》发扬了印度神话重伦理的特点,宣扬一套具有封建色彩的思想;荷马史诗继承了希腊神话表现功利与情欲的传统,歌颂为建立奴隶制文明进行的扩张冒险,"替暴力掠夺财富的行为辩护"[①]。两部史诗描写战争的相同点是偶然的,因为战争几乎是古代任何一个民族都采取过的求生存、图发展的手段,而反映不同的民族精神和心理倾向,以及各自对人生价值与理想追求的相异点则是必然的。别林斯基指出:"一个民族的诗歌是一面镜子,在这面镜子里,反映出它的生活,连同全部富有特征的细微差别和类似的特征。"[②]两部史诗都如实地记录了古代英雄人物对现实生活及其发展趋势与发展规律的认识,记录了他们对现实生活美的最初感受及稚嫩的理想美。无论是残酷的战争场面、崇高的英雄行为、生死搏杀的奋斗精神,还是严格的道德规范,也无论是"悲悯",还是崇高的美,都给人以真情实感和追求理想美的审美感受。这些英雄人物从自身的生活和斗争的实践中认识自己的力量,对未来生活大胆设想,表现对人生的热烈追求和对生活理想美的享受。

二、两种女性人情美

两部史诗在表现纷纭复杂的社会生活时,也描摹了进行社会实践的人物,并通过人物的刻画与塑造表现了作品的思想倾向和美学情趣。史诗中的英雄

---

① 《马克思恩格斯文集》第4卷,人民出版社2009年版,第125页。
② 中国社会科学院外国文学研究所外国文学研究资料丛刊编辑委员会编:《外国理论家、作家论形象思维》,中国社会科学出版社1979年版,第55页。

形象，集中表现了古代人民不同的审美要求与美学情趣。黑格尔曾经指出，"性格就是理想艺术表现的真正中心"，只有深刻、多方面地表现人物性格，作品才能产生感人至深的教育作用，而"特别适宜于表现这样完整性格的是史诗"。① 在东西方这两部著名史诗中，除了男性英雄以外，主要女性形象之间也存在着明显的可比性。分析、比较、研究悉多和海伦、佩涅罗佩三位女性人物性格的异同，可以发现古代东西方人民在道德、贞操、勇武等方面相同或相异的美学意识。

悉多和海伦都和丈夫分离过，悉多被暴力胁迫，但守身如玉不改初衷；海伦被诱拐私奔，对丈夫极为不忠。尽管如此，两人的结局却恰恰相反。只被劫持了十个多月的悉多被救回后，在丈夫和世人都怀疑其贞操是否清白的情况下，被迫蹈火自明贞洁，与寡妇自焚表忠贞的陋习相类似。在后人的《后篇》中，怀孕的悉多被放逐后携子回到罗摩身边，仍无法取信于民，只好求助地母收留。悉多屡受考验，不仅说明由奴隶社会向封建社会过渡时期王公贵族对妇女道德规范的要求愈来愈高，也表明统治者对继承权的关心。因为嫡传后裔直接关系到世袭政权的正统与巩固。和忠贞不渝的悉多相比，海伦私奔十年之久，自称是"不要脸的女人"，显然缺少内心世界的美。但是战争结束后，她被平安地带回故乡，并依然受到尊敬。她在来客面前承认自己的过错，还受到丈夫的称赞，没有悉多那样不幸的结局。虽然传说其夫墨涅拉俄斯死后，海伦被逐出斯巴达，死在罗德岛，但那只能说明她是被看作战争灾难的祸源，而不是出于道德原因，否则她早就会有如悉多一样的遭遇了。由此可见，在对待女性的问题上，《罗摩衍那》异常看重女性的贞操，表现出更多的封建伦理观念。悉多被刻画成具有卓越女性美德的东方女性。荷马史诗则表现了对妇女过失的一种宽容、放任与原谅。海伦被描绘成具有非凡美貌的西方女性，成为女性美的象征。但是不论具有怎样特殊的女性美，她们的社会地位都很卑微，都只被看作男性的私有财产，如果其中尚有爱情因素可言，也只是寄托了人民的美好理想而已。

《罗摩衍那》中的悉多和荷马史诗中的佩涅罗佩都聪明美丽、善良多情，

---

① 伍蠡甫主编：《西方文论选》下册，上海译文出版社 1979 年版，第 294、297 页。

都被塑造成对丈夫忠贞不贰的妇女典型。她们的社会地位十分低下，在家庭里处于从属地位，既无权参与社会活动，也无权处理家庭与社会间的矛盾。悉多面对被遗弃的厄运，虽然不满也只能忍辱服从，成为封建道德规范的牺牲品；佩涅罗佩独守空房20年，丝毫没有择善而嫁的自主权，成为奴隶制初期贵族家庭中的管家婆。但两个人也有不同。悉多在表现对丈夫忠贞顺从的同时，又在争取一夫一妻制的家庭幸福中不断挣扎反抗，但终究未能摆脱证明自己贞洁的局限，和当时的其他妇女一样，"其立足点依然是丈夫的利益"[1]。季羡林先生曾经指出："整个《罗摩衍那》，如果说有一个主题思想的话，那就是悉多对罗摩的无限爱情、顺从与忠诚。"[2]佩涅罗佩在表现爱情专一美德的同时，不像悉多那样伴有平民少妇般的反抗性，而是表现了宫廷贵妇式的聪慧与狡黠。在苦等杳无音信的丈夫归来时，她先以为年迈公爹织布做寿衣为借口拖延时间，哄骗那些觊觎王权的求婚者，继后又提出用奥德修留下的强弓举行射箭比赛，寄希望于求婚者的失败。最后当奥德修拉开硬弓杀死求婚者并说明真相后，她仍怀戒心不急于相认，并用话试探，直到奥德修说出只有他们两个人知道的隐秘时，她才真正相信。其立足点明显是基于自己个人的名誉和利益，为保护自己而动用心计。悉多和佩涅罗佩同是忠贞的贤妻形象，却表现出不同的美学意义。悉多温柔的性格中具有平民的反抗性，她内心的矛盾和情感更接近于封建社会里受压迫、受侮辱的妇女的现实。佩涅罗佩多情坚韧的性格中透出狡黠，更多地反映出私有观念形成时期西方妇女为保护自身权益所进行的多种形式的斗争。史诗通过想象和虚构，运用艺术概括的方法，在这几位女性英雄人物形象上既集中了东西方古代妇女各自的美德，又恰如其分地表现出这些人物的多方面特性和女性的人情美。

对女性人情美的不同理解还表现在两部史诗的另一个相似的情节中：悉多因罗摩拉断神弓而嫁给他，佩涅罗佩因奥德修力挽强弓杀死求婚者而夫妻团圆。这个相似点曾被中外一些专家学者视作两部史诗相互交流、影响的佐证，其实不尽然。《罗摩衍那》早出的部分中，这一情节在《阿逾陀篇》里是

---

[1] 金克木：《梵语文学史》，外国文学出版社1964年版，第112页。
[2] 季羡林：《〈罗摩衍那〉初探》，外国文学出版社1979年版，第61页。

由悉多本人向苦行女苏耶自述的，内容简单。讲到国王"让女儿自己挑选女婿"，悉多说"我自己选了丈夫决定终身"。女性比较自由地选择男性的这种恋爱婚姻方式，保留了上古人民的遗风，说明当时妇女的地位还比较高。在后窜入的《童年篇》中，这段小插话才被演绎成一个重要情节，主要渲染罗摩拉断强弓的神威和婚礼盛况。罗摩认为"老婆是父亲所送"，这时的悉多已无自主婚姻的权利，只能听凭"父母之命"、神的旨意和命运的安排，具有浓厚的封建意识。悉多和罗摩被说成转世前即是吉祥天女和大神毗湿奴，让悉多具有了神性。而佩涅罗佩的性格更多地表现出了人性，她用家藏的大弓捉弄求婚的无赖，目的在于维护自己的荣誉，苦等丈夫归来。这一点体现了奴隶制初期的私有意识。《罗摩衍那》从萌芽到写成都比荷马史诗要晚，却反映出比荷马史诗更早的社会形态，因此相互影响的说法值得商榷。这个相似的情节表明，在女性人情美方面，悉多表现得更无权、更被动，具有人为的神性因素，而佩涅罗佩则表现得感情细腻，在追求幸福时更为大胆、更具有人性特征，体现了荷马时代以人为本的时代精神。但是，悉多和佩涅罗佩对于拉弓英雄那种健与美的喜爱，对于男性那种粗犷的勇与力的渴望，表明了古代东西方人民即使是女性也具有对男性英雄的崇拜心理，犹如男性爱女子的艳媚一样，女性也爱男性的勇武。

三、主题思想中美、真与善的异同

这两部史诗都符合亚里士多德在《诗学》中的规定，一篇史诗必须是简单的或复杂的，必须描写性格或有悲惨遭遇的故事。这两部史诗之所以至今"仍然能够给我们以艺术享受"，从美学角度分析，是因为史诗中的英雄所表现的真、善、美熔于一炉。仔细体味一下，人们就可以发现：《罗摩衍那》和荷马史诗在表达美的时候侧重点是不同的，两者都代表了各自民族的审美意识。代表古代东方审美情趣的《罗摩衍那》着重通过主题思想中的"善"传达美；而荷马史诗则主要通过主题思想中的"真"来表露美，反映了西方的审美观。

《罗摩衍那》重点宣扬了善。史诗的主题思想突出了善与恶的斗争，并说明"善的必然胜利，恶的必然灭亡"①这样一种信条。史诗通篇描写的是正义战胜邪恶、光明战胜黑暗、善良战胜暴虐的内容。其中的正面人物或为战胜恶魔而降临人世，或为实现"法"即达磨而积德修身，几乎都是"齐家、治国、平天下"的善者仁人。罗摩和悉多一样都成了善的化身。史诗突出表现了主人公罗摩作为忠臣孝子、良师益友的美德。他转世人间为济世救民；蒙受屈辱遭遇迫害时，他大度忍让；对待爱情，他一往情深，坚持一夫一妻制的家庭。悉多身上也不乏女子的美德。她善良贤惠、温柔美丽，为了自身的贞洁不向邪恶势力屈服。罗什曼那择善而从，见恶即除，追随罗摩一心向善。神猴哈奴曼坚持正义、机智勇敢的优点主要集中在勇于并善于战胜邪恶上。这些正面形象的行动轨迹紧紧地围绕着《罗摩衍那》全书扬善罚恶的中心思想。从人类社会发展的整个历史进程来看，只有与社会发展规律相一致并且推动社会发展的普遍利益才是真正的善。《罗摩衍那》中的"善人是新兴力量的代表，恶人是反动力量的代表"②，以善为前提的美，是在社会实践中对于人类改造世界的创造性、才能、智慧和力量的现实的肯定，也是对客观世界规律性认识的总结。《罗摩衍那》通过描写正面人物的思想和行动中的善德和善行突出美，并通过描写反面人物的恶德和恶行来反衬美，这正是古代印度人民认识世界、改造自然时认识自身力量与价值的表现。他们对于美的本质的认识，寄托了人民不断深化的美好希望与理想。

荷马史诗着重描写主客观事物的真，并通过追求真与美的统一，继承和发展了希腊神话传说中的美学思想。古希腊思想家赫拉克利特首次提出艺术模仿自然，德谟克利特继而又提出全面模仿人物的看法，"模仿坏人而甚至不愿模仿好人，是很恶劣的"。从柏拉图开始，才正式提出"从荷马起，一切诗人都只是模仿者"③，但是他认为文学艺术是模仿的模仿，只有亚里士多德才直接提出"史诗和悲剧、喜剧……这一切实际上都是模仿"，而"人对于模仿的

---

① 季羡林：《中印文化关系史论文集》，生活·读书·新知三联书店 1982 年版，第 462 页。
② 季羡林：《中印文化关系史论文集》，生活·读书·新知三联书店 1982 年版，第 462 页。
③ 伍蠡甫主编：《西方文论选》上册，上海译文出版社 1979 年版，第 4 页。

作品总是感到快感"。①荷马史诗就给人这样一种美感。它以自发的现实主义
对荷马时代的政治、军事、经济和道德等多方面的现实进行了模仿，真实地
再现了荷马时代的全貌。别林斯基针对普希金的第五篇论文中对荷马史诗的
评价指出："最使你惊讶并使你感兴趣的是，荷马的诗中泛溢出来的古希腊的
世界观和这古希腊世界本身。"特别是对流血战争的真实描写、对英雄人物的
生死搏杀和个人英雄主义精神的逼真反映，都使人感到惟妙惟肖模仿的美感。
史诗还细腻地描绘了日常现实中的和平生活，既有新婚大宴的欢乐、葡萄园
中的轻歌曼舞，也有隆重的葬礼、祀神仪式的细节，还有纺织、航海冒险的
真情实景。史诗通过模仿活灵活现的现实生活，把真与美统一了起来，给人
以美的享受，使其中蕴含的艺术美发挥出万古长新的感人力量。

两部史诗侧重从善与真两方面表现主题思想是有原因的。在《政治经济
学批判·导言》中，马克思曾针对希腊神话和史诗提出了人类童年时代"有
粗野的儿童，有早熟的儿童"的看法，并认为"希腊人是正常的儿童"。荷
马史诗就表现出一个人类童年时代的"正常儿童"的"模仿的本能"和天真、
幼稚的心理状态，即看重物质利益并受其支配，而且个人欲望易于显露，行
动任性并带有某种功利目的，表现出私有观念初兴时期人们的思想意识。与
希腊人是"正常的儿童"的比喻相对应，我们不妨这样认为：古代印度人是
"早熟的儿童"。在《罗摩衍那》中就可以发现"早熟儿童"的明显特征。他
们善于思考、有理智、感情含蓄，不太看重物质利益。他们的行动往往受到
理性和情感的束缚，表现出私有制巩固时期人们冷静观察、追求精神完善的
探索精神。

除此而外，宗教影响也是两部史诗表现主题思想时侧重点不同的一个重
要因素。由于印度宗教是入世与出世并重，形成又比较早，而宗教宣传尤为
重视艺术领域，文学艺术便随同宗教流传。因此，"整个《罗摩衍那》浸透了
印度教的精神"②。它着重宣扬了一整套合乎印度教精神、符合封建道德与统

---

① 中国社会科学院外国文学研究所外国文学研究资料丛刊编辑委员会编：《欧美古
典作家论现实主义和浪漫主义》，中国社会科学出版社 1981 年版，第 23 页。
② 季羡林：《〈罗摩衍那〉初探》，外国文学出版社 1979 年版，第 61 页。

治者利益的善行、善德。这些善行、善德中有不少体现了人民朴素的审美心理以及对理想化的美的多方面渴望。在奴隶社会末期至封建社会初期，它们无疑具有很高的美学价值。史诗《罗摩衍那》这种充溢着印度教精神的艺术构成，既宜于流传，又能打动人的感情，是传播艺术美与宗教观的最佳途径。因此，史诗中的罗摩、悉多都被奉为神，受到广泛的、长时期的传颂与崇拜，《罗摩衍那》也成了印度教的经典之一。荷马史诗则不同，它虽然描写了神，但是神和人同形同性。他们热爱现世中的幸福与享受，不重来世的祸福，热烈追求现实中的美。其中许多神并未受到崇拜，即使像雅典娜一样被尊奉为某一部族的保护神，也带有原始拜物教的色彩，但并未达到人为宗教的程度。这说明荷马时代的社会形态比《罗摩衍那》时代要早。尽管荷马史诗中的神有比英雄大得多的勇力和法力，但也不过是人的情欲的人格化身。"神"这个词的非宗教用法，在荷马史诗中表现得格外突出。他们不但参与人间的争斗，而且还做出一些人类都认为是可耻的丑行，奸淫、偷盗、欺诈、嫉妒等。荷马史诗强调模仿与写实的做法，虽使希腊诸神与英雄的形象性格逼真而且酷肖，却根本找不到像《罗摩衍那》所表现的那种美化神的化身一样的人为宗教成分。因此，印度史诗中的英雄是被神化的，荷马史诗中的英雄是被人化的。

在史诗时代，无论是印度还是希腊都没有可以充分表现史诗英雄主题的完整的美学理论。但从上述分析比较中，似乎依稀可辨地发现了一些东西方美学思想的萌芽已经浸润到史诗中的蛛丝马迹。它们无疑为后世史诗美学的研究发展奠定了一定的基础，也为史诗的主题思想研究增加了审美成分。

《暴风雨》和《沙恭达罗》的美学品格

────────

　　《暴风雨》为英国杰出戏剧家莎士比亚的"压卷之作",《沙恭达罗》是印度大诗人迦梨陀娑"最伟大的作品"。这两部剧在世界戏剧史上享有盛誉,分别代表了西方和东方戏剧史上两个不同发展阶段的高水平。印度著名作家泰戈尔曾撰文《沙恭达罗》(1902 年),比较了《暴风雨》和《沙恭达罗》两部作品。文章重点分析它们的不同之处,并认为:"这种差异有助于我们理解两个剧本的思想。"本文则重点用对比分析的批判方法,考察两部作品的相似之处。虽然两者创作时空差距之大,令人难以相信会有机缘"相会在一个鸟巢里"[①],但是在没有任何材料可以证明其相互之间有某种事实联系的情势下,它们却存在着某些共同点。譬如,社会与自然的对立、速成式的爱情、皆大欢喜的结局等。从美学层面剖析这些相似点,可以深掘出两部戏剧在意境上的巨大差异,以及作者运用丰富艺术想象力在表现这些意境时所反映出的东西方迥然不同的美学特质的方法。

一、社会与自然的冲突美

　　《暴风雨》以被篡位放逐的米兰公爵掌握呼风唤雨之术征服小岛,并最后惩罚恶人为故事核心,剧情在现实社会与自然界之间穿插交织进行。苏联文学史家阿尼克斯特指出:"真实性与幻想性的结合使这个作品具有象征色

────────

① 　孟昭毅:《比较文学探索》,吉林大学出版社 1991 年版,第 35 页。

彩。"①莎士比亚将空灵变幻、奇谲的自然界与阴沉、污浊的丑恶现实相对照。米兰公爵运用知识和智慧探索魔法，征服了盘踞在荒岛上的邪恶势力，将那里变成一个和谐奇妙的世界。爱丽儿是个优美、轻飘的精灵，象征着自由、理想和精神之美。米兰公爵使之成为钳制一切邪恶的力量，并让它将仁爱、和谐、安谧的种子撒满人间。米兰达和腓迪南的青春之恋，充满脉脉温情与令人心醉的挚爱，给人以美妙的遐想。然而另一世界却成为阴谋、仇杀和钩心斗角的犯罪场所。作者从意大利米兰公国篡权的安东尼奥一直写到小岛上斯丹法诺、凯列班等人的愚蠢恶毒，以及安东尼奥等人的新罪恶，使原本平静的米兰公国和后来纯净的小岛受到玷污。在这些人的心灵中，邪恶和堕落控制了理智和美德，使他们自身充满了无穷无尽的痛苦与怨恨。作者十分巧妙地将两个对立境界同置于一个小岛之上，在那里社会和自然、现实与幻想、实体与精神等浑然一体。这种构思在虚构中给人以实感，在实际中杂糅着虚幻，形成一种朦胧美的艺术意境。英国文学史家艾弗·埃文斯指出：《暴风雨》"有一种神奇的性质，因为它充满了独创性"②。

《沙恭达罗》中社会与自然的对立则另有一番情趣。它描写了一个悲欢离合的爱情故事。剧情发生在净修林、王宫和仙界3个环境中，净修林与仙界相连，是更高层次的大自然。因此从总体上看，作品也写了现实社会和自然界、现实世界和理想世界的对立。净修林是个圣洁寂静的美的世界，是个花木繁盛的自由王国。沙恭达罗和女友、树木、蔓藤及小鹿和谐相处，十分快活，不知恶为何物。在那里，严格的宗教清规戒律支配一切，而大自然却赋予了沙恭达罗东方女性的美。剧中所描绘的大自然完全不同于《暴风雨》中的存在于客观外界，存在于人的精神之外，而是同沙恭达罗的清纯天衣无缝地融为一体，存在于她的心灵深处。但是当她离开净修林得到现实中的爱情时，灾难便接踵而至，先是遭到仙人的诅咒，而后便是要去宫廷寻找丈夫。

---

① ［苏］阿尼克斯特：《英国文学史纲》，戴镏龄译，人民文学出版社1959年版，第140页。

② 苏联科学院高尔基世界文学研究所编：《英国文学史（1789—1832）》，缪灵珠等译，人民文学出版社1984年版，第185页。

等待她的不是爱情和幸福，而是欺骗与遗弃。她一切天真烂漫的美好理想在残酷的现实面前只能化作一场幻灭的春梦。

现实与理想之间的矛盾，几乎成为任何一个严肃作家都会探索的永恒主题。他们紧随时代前进的步伐，具有比常人更高的精神追求。他们以先知先觉的超前意识和思维站在现实与理想的交界处俯视人生，关注人民与民族的命运，希望世界和人类变得更美好。但是当发现现实中的种种不足与弊病之后，他们便想竭力改变现实中那些不合理的东西，将美好的愿望付诸实现。这种崇高理想与改变现实的渴望不仅成为文学创作的动力，也是经典作品的基本思想倾向。由于东西方文化传统的不同，以及创作个性的差异，作家在描绘现实与理想的矛盾时总会有自己的视点。莎士比亚和迦梨陀娑正是从社会与自然对立的角度来表现这一核心思想的。

莎士比亚生活在欧洲文艺复兴时期。在这新旧交替、文化转型、思想解放的时代潮流中，他接受人文主义新思潮的影响，希望祖国能早日结束封建落后状况，建立统一富强的民族国家。但是现实中的暴虐与专制、野蛮与掠夺、是非颠倒与道德沦丧等现象，使他的人文主义理想屡屡面临危机。在被人们称为莎翁"诗的遗嘱"的《暴风雨》中，尔虞我诈、篡权害命等恶行，正是作家对现实罪恶的真实写照。但是他也运用浪漫主义的神奇手法，充分展示了自己的社会追求和道德理想，以此来对抗丑恶的现实，并把实现理想的热望寄予超自然的神奇力量。迦梨陀娑大约生活在古代印度笈多王朝时期的四至五世纪之间。《沙恭达罗》创作于"印度历史已经进入封建剥削制高度发展的阶段"[1]。当时去印度求法的东晋高僧法显在《佛国记》(又名《高僧法显传》)中，曾对笈多王朝国泰民安的盛景进行过具体描述。迦梨陀娑这位相传是超日王朝廷九宝之一的宫廷诗人，既要为国王歌功颂德，又要表现理想化的火热爱情，于是通篇洋溢着热情、明朗、乐观的基调。剧中男女主人公一见钟情，偷吃"禁果"，即使是面临失恋的种种痛苦，其中也透出希望之光。这种明快的氛围，正是印度封建社会蓬勃发展时期时代气息的反映。作

---

[1] 季羡林:《中印文化关系史论文集》，生活·读书·新知三联书店 1982 年版，第466 页。

家希望印度能出现圣主明君当政、人民安居乐业的局面。正如剧中说：国王应该"不图安逸日日夜夜辛勤为人民""排难解纷，有力量保卫你的臣民"。现实当然不尽如人意，国王始乱终弃、背信弃义。作者在剧中以戒指丢失这种委婉而多讽的艺术手法，对封建统治者的荒淫无耻和专横统治进行了批评，并安排男女主人公在理想的仙界相会，这无疑都曲折地表达了作者的愿望。

理想之所以成为理想，就是因为它异于现实、超越现实。因此，理想总是作为现实对立面而存在，并且有了更深刻的内涵。理想的实现即意味着变革现实，否定现实中那些不合理想的成分。在作品中描写理想境界也是如此。这两部作品的作者有自己追求的理想，但他们并未否定现实，也没有提出变革现实的问题。只是在现实世界之外构筑了另一个想象的世界，并在那个世界里寄托了自己的理想，希图实现理想中的美好的东西。因此，这两部作品对于现实的批评都采取了比较温和的态度。原因在于他们都生活在上升期的"盛世"，他们看到现实中一些不尽理想的现象，但并不想以此来全盘否定现实，只是希望能按照自己的理想来改良现实，并对其实现的可能性抱有充分的信心。他们想象能够通过自己的作品对美好理想的描绘，来说服现实中的人们接受这一理想，并努力促使其实现。《暴风雨》和《沙恭达罗》之所以出现社会和自然两个境界，并且着重描写理想境界的颇具匠心的艺术构思，是因为作者希望读者能够通过剧中两个境界的对比，看清理想的美好和现实的不足，进而激起改变现实的愿望并付诸行动。

二、爱情与女性的艺术美

爱情是文学的永恒主题，无论东西方概莫能外。这两部作品都以女性为重点描写对象，着力突出了她们对爱情的执着追求，以及一见钟情并以身相许的速成结合方式。但是由于她们各自不同的时代追求，以及各异的文化心理结构，因此，她们的爱情又表现出独具特色的美学内涵。

《暴风雨》中的米兰达是其父在特殊的环境中养育出来的具有人文主义思想的新女性。她美丽、单纯、富有同情心，对爱情一往情深。泰纳在论述莎士比亚作品时虽不免流露出实证主义美学的观点，但还是客观地评论了米兰达的爱情："密兰达（米兰达）看见荽弟南（腓迪南）以为看见了一个'天赐之物'。在这个突然会见的时刻，她的内心深处浮起了一片和谐的圣乐曲，她一动不动地待在那里了。……这种无法抑制的突然袭上心来的爱情，改变了她们的整个性格。"①当米兰达看到腓迪南因接受考验而搬运笨重的木头时，心疼得潸然泪下，甚至想用自己一双白皙娇嫩的手去代替他劳动。由于爱情驱使，她不想再遵守自己的诺言，要说出父亲禁止说的话。于是她说："要是你肯娶我，我愿意做你的妻子；不然的话，我将到死都是你的婢女。"米兰达这一形象表现出新兴资产阶级追求个性解放，勇敢冲击宗教禁欲主义，打破封建伦理道德对人性的束缚，反对金钱门第婚姻等人文主义者的生活理想，反映了文艺复兴时期的时代精神。

《沙恭达罗》中的同名主人公是净修林中修道仙人的养女，生长在远离尘嚣的自然环境中，秀色天成。在温柔、羞怯的外表下面，她的内心深藏着一团渴望自由爱情的烈火。当她和豆扇陀邂逅之后，"爱情在剧烈地燃烧"。她没有，也不善于克制这突然迸发出的感情，就和他私订终身，并用自由恋爱的"天界乐师"式（即"干闼婆"式）的婚姻②和豆扇陀结合。她不顾净修林的清规戒律，打破苦行苦修等枷锁的禁锢，争取爱情婚姻的幸福，无疑都具有反封建的意义。与米兰达相比，她更具平民色彩。她敢爱、敢恨，爱时，"玉容憔悴，胸围减却了丰满"；恨时，"双眉倒竖，眼睛变成了红色"。面对被抛弃的命运，她怒斥豆扇陀对她的欺骗行为，并不顾社会习俗的成见，愤然离开丈夫出走，表现出独立生活的勇气。比较这两种爱情后可以发现，米兰达主要表现了资产阶级追求个人幸福的思想，具有强烈的时代特色；沙恭达罗则是对印度古代社会男尊女卑等落后传统的一种反抗。

这两部作品中对女主人公爱情描写的不同，表现了作者各自的美学追求。莎士比亚始终将美视为一种抵抗丑恶社会的理想来描写。他在十四行诗中写道："'美、善和真'，就是我全部的题材，'美、善和真'，用不同的词句表

① 张可：《莎士比亚研究》，上海译文出版社1982年版，第126页。

② ［法］迭朗善译：《摩奴法典》第3卷，马香雪转译，商务印书馆1982年版，第57页。

现。"他对美的总的看法是："灵魂的善，必然表现为外表的美，待人接物的真；相反，灵魂的恶也必然表现为外表的丑，待人接物的虚伪。善就是心灵的美，它的基本内容则是仁慈。"[1]因此，《暴风雨》中说："恶不可能居住在这样一个美好的宙宇（身体）内"（第一幕第二场）。他在这部剧中把人文主义的理想寄托在俊美的贵族青年身上，把丘比特之箭射入他们的心田。米兰达就是形体俊美，而且"精神的美"和"灵魂的美"都很突出的资产阶级新女性。迦梨陀娑也对主人公之间的爱情进行了美化。他清楚地知道，豆扇陀爱沙恭达罗不过是逢场作戏，是为了得子继承王位，事后就会忘记以前的海誓山盟。然而他是宫廷诗人，因此他还是想方设法地将豆扇陀这位国王描写成忠于爱情的"情种"，借以表达广大人民对真挚爱情的渴望。因此，"诗人所着重描写的还是国王豆扇陀和沙恭达罗之间的爱情。在当时的社会情况下，这种爱情是合乎理想的，无可非议的"[2]。在《暴风雨》中，腓迪南爱上米兰达，他经受的最严峻的考验是繁重的体力劳动。米兰达虽然也曾为爱情而流泪，但没有受到太大的精神打击。由于她的一切事均由父亲作主，因而身心之美的发展受到外部条件的限制。她因海船在暴风雨中遇难不胜悲伤，从这一善良的心理出发，她与腓迪南的爱情有了更深的基础。但是这种爱情在她的人生之旅中，尚处于不谙世情的纯情时期。在《沙恭达罗》中，豆扇陀爱上沙恭达罗"正如一个厌恶了枣子的人想得到罗望子一般"，主要是为了猎艳和子嗣。沙恭达罗因有同龄女友可以交流思想情感，因而在爱情问题上比米兰达显得成熟。她曾狡黠地试探过国王的真心，但轻信他人还是给她带来不幸与痛苦，在经历了磨难和变故之后，她变得更加坚强、容忍与善良。因此，米兰达与腓迪南之间圣洁、甜蜜的爱情，是一见倾心式的热恋，是青春、生命和人性之美的表现。他们纯洁高尚的情操，象征了人类的未来和希望，使全剧洋溢着紧张优美、生气蓬勃的气氛。而沙恭达罗和豆扇陀之间奇妙和激动人心的结合，直到后来在仙界意外和愉快的重逢，则显示了产生于美丽的

---

[1] 杨周翰：《攻玉集》，北京大学出版社 1983 年版，第 31 页

[2] 季羡林：《中印文化关系史论文集》，生活·读书·新知三联书店 1982 年版，第 475 页。

自然界之爱，是如何升华到美和善的永恒天堂的。泰戈尔曾重复歌德的话说："在《沙恭达罗》中，青春的美达到了一个更高的高度，把人间天上结合到了一起。"①

三、大团圆的结局美

《暴风雨》"是以皆大欢喜的结局收场的"②。剧终时，米兰公爵宽恕了所有的人（包括尚未表示悔过的篡位者安东尼奥），并让爱丽儿获得完全自由，他自己也决定放弃魔法重新执政。所有人都准备去参加米兰达和腓迪南的婚礼。米兰公爵公开宣称："虽然他们给我这样大的迫害，使我痛心切齿，但是我宁愿压服我的愤恨而听从我的更高尚的理性；道德的行动较之仇恨的行动是可贵得多的。"《沙恭达罗》也是以和解、宽恕结局收场的。季羡林先生指出："沙恭达罗爱自己的丈夫，国王也爱沙恭达罗。经过一些意想不到的曲折，两个人终于团圆。"这两部作品都运用丰富的浪漫主义想象，将原来的悲剧处理成大团圆的结局。原因如前所述，作者都沐浴着"盛世"的阳光。他们不可能直接描写尖锐激烈的、不可调和的矛盾冲突。即使在作品中表现出对某些丑恶现象有批评，但态度也较温和。从揭露现实的深度与广度的角度来分析，两剧的程度是有区别的，《暴风雨》比《沙恭达罗》的力度要大，因为莎士比亚所处的时代比迦梨陀娑要进步得多，思想要先进得多。因此，这两部作品都以调和、善良、宽恕、仁爱为基本精神，来处理其中的矛盾冲突，并在剧中留下一个"光明的尾巴"。但是不同点在于，《暴风雨》中的团圆结局是理想化的，是当时社会理性的胜利，具有人文主义理想的感召力。而《沙恭达罗》则预示着世俗人间的团圆，他们过着追求子嗣、财富和义务的幸福生活，表达了当时印度人民对现实生活的热望。

莎士比亚认为："一旦人们按照自然法则生活，丑行恶习将呜呼哀哉。它

---

① ［印］泰戈尔：《泰戈尔论文学》，倪培耕等译，上海译文出版社 1988 年版，第 166 页。

② 廖可兑：《西欧戏剧史》，中国戏剧出版社 1981 年版，第 134 页。

是祛除人们一切不幸的伟大力量,一切人类福祉的源泉。"①他不仅以团圆结局的艺术结构表达自己热烈向往的美好世界,而且以剧中人贡柴罗为自己的代言人,描绘出心目中理想之国的蓝图:那里没有私有土地、继承权和税收,没有君主和贫富,没有叛逆和刀兵,没有压迫和奴役等。这些思想带有否定不合理的现存社会生活的意义,也表明了作者对美好理想充满信心。评论家认为,虽然《暴风雨》的故事情节有所本,"但一经莎士比亚改造加工,就变成富有浪漫主义气息的杰作"②。"在迦梨陀娑看来,豆扇陀和沙恭达罗只有历尽长期的折磨之后方能真正结合在一起"③,他"在自己的剧本里用忏悔的泪水熄灭了残忍目的之火",即是指作者人为地为女主人公沙恭达罗安排了一个幸福的归宿。精通于西方戏剧创作规律的泰戈尔认为:"我相信,当杜虚扬达(即豆扇陀)从渔夫手中得到戒指恢复记忆而悔恨不止的时候,欧洲的诗人们一定会把《沙恭达罗》这个戏在这儿徐徐闭幕的。……因为在《沙恭达罗》剧本的一开始所播下的种子,分离是它的必然结果。后来杜虚扬达与沙恭达罗重逢只不过是上帝的慈悲这一外部因素所促成,从剧情的内部发展和杜虚扬达与沙恭达罗的活动中找不出任何重圆的线索与途径。"④确实,戏剧发展到第六幕,沙恭达罗遭遗弃已成定局,第七幕补缀的另一原因仅仅是这样的结构情节更符合印度人民的文化心理和审美情趣。沙恭达罗作为一个追求爱情的女性,一个历经磨难的母亲,与豆扇陀重逢,这在结构上充分体现了印度民族的特性。"要知道印度人对于一个作母亲的妇女永远给予崇高的地位。……沙恭达罗最初以情人的身份想获得杜虚扬达的永久爱情而失败。最后是婆罗多母亲的合法地位才满足了希望。"⑤这种美学韵味使全剧得以善始善终,即以美好的愿望出发,得出圆满完美的结局,达到淡化悲剧冲突,平衡观众审美

---

① [苏]阿尼克斯特:《莎士比亚传》,安国梁译,中国戏剧出版社1984年版,第302页。

② 陆谷孙:《莎士比亚专辑》,复旦大学出版社1984年版,第3页。

③ [印]泰戈尔:《泰戈尔论文学》,倪培耕等译,上海译文出版社1988年版,第163页。

④ 石真:《泰戈尔论〈沙恭达罗〉》,《光明日报》1957年1月5日。

⑤ 石真:《泰戈尔论〈沙恭达罗〉》,《光明日报》1957年1月5日。

心理的"团圆之趣"。

从主题学角度分析这两部作品情节结构的处理，它们都经过了四个步骤，即生活在乐园、因某种外因失去乐园、好事多磨、返回乐园。无论是米兰公爵在意大利米兰宫廷的闲适生活，还是沙恭达罗在净修林里无忧无虑的生活，在严酷的社会现实面前，都显得如此脆弱和不堪一击。这种人为歌颂的乐园生活虽然很美并令人向往，但不可能久远，很可能像露珠一样转瞬即逝。因而人们会顿悟，这种孤芳自赏式的美是应该被抛弃的。因为它不会给人以长时间的充分满足和享受。当社会上的某种邪恶力量像一头狂暴的猛兽突然闯进乐园之后，一切美好与平衡都被破坏了。虽然米兰公爵和沙恭达罗属于不同时代、不同民族、不同环境，也有着不同的性别、性格和身份，但是他们原来赖以生存的乐园受到破坏，自己也被逐出的境遇，以及他们被迫离开福地时心理上所产生的失落感与惋惜之情，是普遍存在的。它们曾经或仍将打动读者或观众的心灵，引起人们的无限怅惘。两位作者正是为了迎合这种思想共鸣，才又在自己的理想世界里，营造了一个新的乐园，一个永恒的乐园。它是以精神上的苦痛、忏悔、苦修和完善为代价，才恢复并得到的，最后也赢得人们心理上的认同。因此，圆满的结局就这样被作者构思出来了。

"艺术，尤其是戏剧艺术，跟人生类似。"[①]莎士比亚在《暴风雨》中说："人生来自无生，复归于寂灭，和永恒比较，不过是一个短暂的瞬间。"泰戈尔在阐述《沙恭达罗》时也指出："人生也是如此。孩童们居住的纯洁世界是美的，富有意义，但是它太小了。如果脱离童年的乐园般的世界以后，而不遇到成年期的矛盾和动荡，那么休想在暮年得到安宁。"[②]这两个剧本都描写了现实中脆弱的东西会被恶的力量击得粉碎，而精神世界中永恒的东西正经历磨难而诞生的意境。东西方这两位大作家跨越时空的阻隔，为世人破坏了一个现实中的乐园，建立起了一个理想中的乐园，其功绩是不朽的。

---

① ［苏］阿尼克斯特：《莎士比亚传》，安国梁译，中国戏剧出版社1984年版，第305页。

② ［印］泰戈尔：《泰戈尔论文学》，倪培耕等译，上海译文出版社1988年版，第164页。

《沙恭达罗》和《长生殿》比较的启示

―――――

《沙恭达罗》是印度最著名的古典戏剧,《长生殿》是中国古代优秀的传奇剧目。通过对这两部剧作的比较研究,从主题思想、主角形象、戏剧结构、演出程式等方面分析它们的异同现象,可以从民族心理和创作规律上得到某些启示。

一、两剧不同的历史内涵

《沙恭达罗》创作于公元四五世纪,取材于印度最古老的史诗《摩诃婆罗多》以及历史传说《莲花往世书》,描写印度古代国王豆扇陀打猎时,遇到净修林中的美女沙恭达罗,两人一见钟情。婚后国王回城,留下一枚戒指做信物。当沙恭达罗怀着身孕进京寻夫时,丢失了戒指,由于修道仙人的诅咒,国王不予收留。她走投无路,被生母天女接走。找到戒指以后,国王才忆起前情,并在至高无上的净修林里找到妻子和儿子,破镜重圆。

《长生殿》创作于 17 世纪末。唐代白居易的《长恨歌》经过宋人笔记小说《杨太真外传》、元杂剧《梧桐雨》、明传奇《惊鸿记》等一系列的演绎,才形成《长生殿》的创作题材。这部剧写唐明皇李隆基和杨贵妃的爱情传说:杨玉环被册封为贵妃以后,经过几番波折,李隆基才以金钗、钿盒定情。马嵬驿兵变杨贵妃被迫自杀,李隆基悲痛欲绝,上下求索,终于飞升月宫,两人团圆。

两剧的作者分别是迦梨陀娑和洪升,他们在继承各自民族文化遗产的基础上,对以往陈旧的故事内容进行思想艺术诸方面的新的概括加工,发扬其中积极的思想因素,用理想方式处理现实生活中的人和真实情感,并最终创作出表现悲欢离合爱情主题的优秀作品，尤以其特有的东方色彩，焕发出经久不衰的艺术魅力。

同样是描写爱情的戏剧，由于作者所处的时代和创作思想不同，剧中流露出相异的情调。《沙恭达罗》创作于"印度历史已经进入封建剥削制高度发展的阶段"[①]，当时去印度求法的东晋高僧法显在《佛国记》(即《高僧法显传》)中对笈多王朝国泰民安的盛世景象，进行过具体描述。作者迦梨陀娑相传是超日王朝廷上的九宝之一，是宫廷诗人。因此，他笔下的《沙恭达罗》既要表现具有平民意识的火热爱情，又要为国王歌功颂德，于是通篇洋溢着热情、明朗、乐观的基调。在安谧、圣洁的净修林里，"年貌相当"的青年男女迸发出火一般的爱情，他们追求诱人心醉的"爱情的享受"，对青春之恋充满美妙的憧憬。"爱情在剧烈地燃烧"，使相思的苦果中含有甘甜，即使是失恋的离愁别绪，也透出希望的光明。这种感发向上的力量和欢乐的情绪，正是印度封建社会上升时期时代气息的反映，深刻表现出一代青年，特别是妇女争取个性解放和爱情自由的迫切要求正在觉醒。《长生殿》创作于中国清代初年，正值"夕阳无限好，只是近黄昏"的封建社会末期。作者洪昇既有深怀亡明之恨的师友，又有身为朝官的亲朋，思想上有矛盾。他选择帝妃之间的爱情题材绝非偶然。一方面，以帝妃之间魂牵梦绕的爱情，劝诫封建统治者不要"弛了朝纲，占了情场"；另一方面，又借帝妃之间悲欢离合的情愫反对程朱理学，也抒发了亡国之感。因此全剧气氛凄婉、低沉，充满感伤情绪，剧中娇艳无双的杨贵妃和行将就木的李隆基之间已经没有奔放的青春热恋和高亢的激情，只有相依为伴、顾影自怜的愁绪。剧情多描写倦懒的"春睡"、独眠的"夜怨"、遗恨无穷的"情悔"、凄楚万状的"雨梦"、求仙访道的"觅魂"等，这种"天长地久有时尽，此恨绵绵无绝期"的生死之恋，恰似对封建社会末期回光返照的余晖短影的留恋；而凄凉纷乱、动荡不安的场景，缠绵悱恻的氛围，表明封建社会已走上风雨飘摇、日薄西山的穷途末路。

由此看来，描写同一主题的作品，尽管时代、思想、基调各不相同，表

[①]　季羡林：《中印文化关系史论文集》，生活·读书·新知三联书店 1982 年版，第466 页。

达作者思想观点也时常隐晦曲折、含而不露，但只要真实地反映当时的社会现实和矛盾，反映人民的要求和情感，作品的思想倾向就能达到各自的时代高度。

二、两剧不同的爱情处理方式

两剧都着力描写男女主角对爱情的执着追求，但方法和目的大不相同。沙恭达罗是修道仙人的养女，生长在远离尘世的净修林。她秀色天成、天真纯朴，在美丽、温柔、羞怯的外表下面深藏着一团渴望自由爱情的烈火。她和国王从邂逅相遇到私订终身，爱情发展得异常迅猛。她也曾狡黠地试探过国王的真心，一旦决定，就毫不犹豫，以身相许，用自由恋爱的天界乐师式（即干闼婆式）结合。[①] 这种既无父母之命，又无媒妁之言的婚姻方式，在封建社会无疑是进步的，是对印度古代社会男尊女卑传统的一种反抗。她冲破净修戒律和苦行枷锁的束缚，大胆追求自主的恋爱婚姻。她敢爱、敢恨，爱时，"玉容憔悴，胸围减却了丰满"；恨时，"双眉倒竖，眼睛变成了红色"。她怒斥国王是"卑鄙无耻的人"，指责他的欺骗行为"实在是一口盖着草的井"。面对被抛弃的命运，她不顾习俗的约束，愤然离开丈夫出走，表现出独立生活的勇气。杨贵妃出身官宦，位列嫔妃，对李隆基的爱有恃娇争宠的因素，这实际是封建社会一夫多妻制和妃嫔媵嫱的合帏制度所造成的。她作为一个有个性、有追求的女子，要获得真正的爱情无可非议。她动用心机，左猜右忌，多愁善感，都是这种身份的妇女表露爱情的方式。兵变时，她为报李隆基宠幸深恩，"一代红颜为君尽"，死后亡魂也要重归黄旗之下。她万事可悔，至死放不下对李隆基的痴情。对两种爱情进行比较后发现，沙恭达罗外柔内刚，带有平民少女追求炽烈爱情的那种勇敢与果断；杨贵妃感情缠绵、细腻，表现出宫廷贵妇依附他人的忠贞不渝。沙恭达罗的爱情排他性小，依附性小，表明她单纯、善良，独立生活能力强，有平民色彩。从追求个性自

---

① ［法］迭朗善译：《摩奴法典》第3卷，马香雪转译，商务印书馆1982年版，第20、21、32页。

由，反对封建礼教的意义上讲，沙恭达罗比杨贵妃更具有封建社会妇女的代表性和典型性。

从两位男主角的角度来看，豆扇陀国王看中沙恭达罗的美貌而一见钟情。他认为"假如这个在后宫里也难找到的佳丽在净修人中间竟然可以找着，那么，野林中的花朵就以天生的丽质超过了花园里的花朵"，正如剧中丑角嘲弄国王说："正如一个厌恶了枣子的人想得到罗望子般，万岁爷享受过了后宫的美女，现在又来打她的主意。"直到找到戒指，他的爱情才得到净化。李隆基从册封杨贵妃开始，就"三千宠爱在一身""从此君王不早朝"，贪恋美色。继后，他用情不专，又和虢国夫人、梅妃打得火热。杨贵妃死后，他的爱情才剔除了色欲的杂质。因此可以看出，在两剧的前半部，两位男主角都未能摆脱风流天子的情欲冲动。不同的是，豆扇陀谈情说爱的目的在于需要儿子继承王位、继承事业，否则对不起家族和祖先；李隆基则"愿此生终老温柔"，快活一世，最终"弛了朝纲，占了情场"，险些丢了江山。两个作者一个暗写，一个明说，各自从不同侧面表示出对巩固封建统治的关心，为了维护封建统治阶级的利益，而表现出他们思想矛盾中落后的一面。

两剧中男女主角的爱情冲突，在感情和方式上真实地反映了中印两国人民向往幸福美好的婚姻爱情和争取个性自由的精神面貌。作为统治阶级的帝王滥施爱欲，理应受到批判，作为钟情的男子又该受到赞扬。作者对他们的批判和美化看似矛盾，但主要还是寄托了人民的理想和愿望。

两剧都运用了丰富的浪漫主义想象，把爱情悲剧处理成大团圆的喜剧结局。区别在于，《沙恭达罗》中造成男女主角生离的原因是仙人的诅咒和不可抗拒的命运，而《长生殿》里男女主角之间的死别是由于兵变逼宫这一社会历史条件。前者用超意志的命运作为造成爱情悲剧的根本因素，表明迦梨陀娑时代的生产力水平还很低，人们对社会的认识还很肤浅，相信命运决定一切。后者是社会原因造成的爱情悲剧，反映了社会动乱给人民生活带来的灾难，以及人民对美好幸福生活的渴望，因而具有了更广泛、更深刻的社会意义和认识意义。两剧虽然同是大团圆结局，但《沙恭达罗》是在具有现世性的人间团聚，《长生殿》则是在脱离凡尘的月宫相会。豆扇陀是可以随意驰骋天上地下的国王仙人，沙恭达罗是天女的女儿，他们被描写成人格化的神。

作者把充满神话色彩的人物安排在既不是仙境，也不是净修林的世俗人间团圆，并过着追求子嗣、财富和义务的幸福生活，表达了当时印度人民对现世幸福生活享受的热望。李隆基和杨贵妃是被神化的历史人物。作者有意把他们写成是下凡的神仙，一个死后在蓬莱仙境恋情不灭，一个活着在月夜飞升，到月宫团圆，同入仙列。剧作流露了向往超凡脱俗的虚幻的佛学思想，以及逃避残酷现实的消极反抗情绪，从中可以看出印度佛教对我国思想和文化的影响。

三、两剧相同的戏剧美

《沙恭达罗》和《长生殿》虽然在创作时间、地点、文学传统、审美趣味等方面多有不同，却也表现出几点相同之处。

首先，《沙恭达罗》在演出正剧之前，有个"序幕"，由舞台监督上台诵读一段献诗，表示颂贺，然后介绍主角出场。德国伟大诗人歌德在《浮士德》中运用《舞台序曲》的形式正是从《沙恭达罗》的"序幕"中得到的启发。《长生殿》开场第一出"传概"，即"家门引子"，也相当于序幕。它由末角吟诵两首歌词，说明创作缘起和剧情概要，引出主角来。两剧终场都有四整句尾诗，起着缓冲戏剧冲突余波的作用。《沙恭达罗》的尾诗祝愿君主贤明、人民快乐安康，祈祷神灵的庇佑。《长生殿》的尾诗再次高度概括全剧的情节，起到画龙点睛的作用。

其次，两剧都有相爱的男女主角和丑角。主要的戏剧冲突在男女主角，也就是生角与旦角之间展开。《沙恭达罗》中的丑角是国王的侍从摩陀弊耶，《长生殿》里的丑角是宫廷太监高力士，两人各以插科打诨的方式调节戏剧气氛，讲出生角与旦角不宜说出的思想。两剧所用的语言各为两种。有身份地位的角色如主角用典雅语，地位卑下的角色如丑角用俗语，显然这都是封建社会森严的等级观念在戏剧艺术中的反映。

最后，构成两剧的主要戏剧元素虽然名称各异，但实际内容都是科、白、曲三种。特别是对白和独白，既能自由抒发感情，又能表露内心的思想活动，使人物的整体形象显得饱满。科、白、曲相间的表演艺术，不仅标志着戏剧形式日趋完美和逐渐发展，而且扩大了表演空间，载歌载舞、声情并茂、光彩夺目，具有很强的艺术感染力。两剧中情景交融、借景抒情的气氛，充满诗情画意的意境，都使剧中充满浓淡相宜的情趣。

具体的戏剧组织内容和形式上的相似之处，不仅说明两剧存在着可比性，而且表明其中可能存在着中印文化交流的因素。北宋末年，南方港口温州地区的杂剧发展为南戏；元代，印度教一度在商港泉州很有影响，商人从海道带进印度剧的形式也未可知，况且还有"梭康特拉（沙恭达罗）剧文曾经被传在天台山的一个庙里"①的说法，更说明有这种可能性。民国初年梁启超在《印度与中国文化之亲属的关系》一文中曾提及中国歌舞剧和印度戏剧的关系，但也无确凿证据可以说明。以后的学者众说纷纭，莫衷一是。本文提及的可能性，确实与否，还有待专家学者的进一步发现与研究。

尽管存在着上述可能性，并且学界也公认佛经故事或弘扬佛法的变文对杂剧和传奇等有种种影响，但仍不能武断地说印度《沙恭达罗》剧中的一些情节，比如，邂逅相遇式的爱情、痴心女子负心汉的结构、进京寻夫的遭遇、见子认妻的团圆等，就一定对中国某些剧目有具体事实上的影响。因上述情节，虽国度有别，但尽是人之常情、事之常理，相通之处，不能皆以影响论之。因此，《沙恭达罗》和《长生殿》两剧的相同点，就更不能都以影响与接受的关系来看待了。

---

① 苏雪林：《中国小说史略》，国立武汉大学 1938 年版，第 107 页。

《云使》和《室思》的云意象

————

　　海外著名诗词评论家叶嘉莹先生曾指出："中国文学批评对于意象方面虽然没有完整的理论，但是诗歌之贵在能有可具感的意象，则是古今中外之所同然的。"①印度古典梵文抒情诗《云使》和中国建安文学著名诗人徐干的《室思》，都将抽象的情意概念化为可具感的意象——云来表情达意。云是一种常见的自然现象，它飘忽不定、自由自在，由于灵动而有了灵性，因为高远而可以飞扬，是古人寄托自己情思重要的对象之一。人们看云、写云，其实都是在思念怀故，或思念家乡父母，或怀念恋爱情侣。由于写云的心境和情态不同，云在作家们的眼中和心中各有不同。中印诗人让云彩像信使一样传递了自己的生命情怀。透过白云，人们寻觅到的是中印两国人民不同的文化心理结构和审美情趣。通过对云意象的探讨与阐释，我们会发现中印两国古代诗人相近的美学理想，他们就像"整个世界相会在一个鸟巢里"②一样，表现出异质同构的艺术想象力。

一、中印诗歌中的云意象传统

　　印度《云使》讲述了一个玩忽职守的药叉被贬谪到南方的山中，已与爱妻分别数月，雨季北行的雨云激起他的相思之情。他托雨云带去自己对爱妻的眷恋与爱意，感情真挚、纤细，分外感人。建安诗人徐干的《室思》是中

————

① 叶嘉莹：《迦陵论诗丛稿》，中华书局 1984 年版，第 240 页。
② ［印］克里希那·克里巴拉尼：《泰戈尔传》，倪培耕译，漓江出版社 1984 年版，第 333 页。

国传统的思妇诗，它委婉细腻地描绘了一位妇女对身在远方的丈夫的深切思念。其中一章生动地摹写了她将自己的相思之苦托浮云传递给远方的丈夫，情感缠绵悱恻，摄人心魄。这两首诗在各自的民族文坛中都享有盛誉，代表了印中两国诗史上不同发展阶段的高水平，但它们之间也明显存在着创作上的时空差距。尽管如此，它们都将自然现象人格化，将云作为倾听自己诉求的叙述客体，将个体自我的生命意识投射到习以为常的而又具有特定蕴涵的物象上以至形成意象。于是云意象成了一种寄托，一种文人内心的某种程式化的又难以排解的想象材料。这种审美的情绪定式一旦形成，云意象就出现在印中许多诗人的作品中，并表现出历时性和共时性的特点。

就印度方面而言，其历时性特点表现在，古代诗人通过云意象表达自己喜怒哀乐等爱憎情感的诗不胜枚举。意象，就其发生学意义进行分析，往往同原始思维有联系，有初民时期原始心态的遗痕。这种遗痕就其人类学、美学建构整合的层面进行分析，有时的确会成为一些神话元素较明显作品的一种创作契机。尤其在古代印度这样的神话想象异常发达的国度，云自然会成为不少诗人笔下经常描写的意象。

在印度上古的诗集《梨俱吠陀》中就曾以火（阿耆尼）、朝霞、雨云、大地、水、蛙、苏摩酒、夜、森林、风等自然景物为诗中歌咏的意象。它们实际是作为外在的物象经心理表象折射映照后被固定化的，也是物化了的内心观照物。《雨云》写道："请用这些颂歌召唤那强大的雨云／请赞颂他，以敬礼去求他。""在他的支配下，草木茂盛／雨云啊！请赐我们洪福。"[①]这只是众多诗句中的一些例句，但足以表明雨云是古代印度人民在诗中寄托情感的重要意象，具有吉祥、美好的意味。在约生于公元后不久的诗人伐致呵利的《三百咏》中，雨云也是人们在诗中祈福的意象。诗句有："云也不待请求就下雨／善人是自愿为人尽力。""顶上有浓密的乌云／旁边山上有孔雀欢鸣／大地上一片草木滋生／旅人的眼光何处能停？"在《云使》出现以前，以云为意象的诗已不乏其例。虽然这些云意象尚无《云使》中被赋予的那种"信使"的职能，但其受人祈祷，能给人以幸福的内涵早已具备。这是印度古代泛神

---

① 季羡林、刘安武选编：《印度古代诗选》，漓江出版社 1987 年版，第 4—5 页。

的思维意识在诗歌中的反映。在诗人心目中,每一棵草、每一片云、每一种色彩、每一点声响,几乎都是与人的心灵、人的命运相互感染、紧密相连的。具有浓厚泛神论思想的泰戈尔就曾深刻地指出:"人与自然的关系就犹如感情和理智的关系。这种不同凡响的矛盾统一,在印度之外的任何一个国家里是不可能、也不会见到的。"①

云意象的历时性特点在中国与在印度的表现相似。中国古代诗人通过云意象抒写自己的情志,认为云是一种思想与情感容量较大的具象性意象,并且同形成神话的原始思维关系密切,所不同的是中国古代神话不够系统化而且过早的历史化,加之诗、骚以来广泛流播传扬的根系发达的文学传统,遂使个别的文学意象形成传统。云意象在《室思》出现以前就已成为不少诗人笔下常常摹写的对象。

在《诗经》中就有《谷风》《风雨》等以风雨起兴,引出男女之情的诗句。《离骚》有"吾令丰隆乘云兮,求宓妃之所在"的诗句,是说屈原让雷神乘云霓去寻找宓妃在何处。云开始有了连接男女感情的作用。在屈原对神歌颂礼赞的《少司命》一诗中,又有"入不言兮出不辞,乘回风兮载云旗"的诗句,意为神从来到去未说一句话,便乘风驾云而逝。在这里,云意象又具有了一种随风飘浮的不确定性。荀子曾写过《云》赋。在汉代古乐府诗《行行重行行》中,"浮云蔽白日,游子不顾返"的诗句,是讲游子在外可能会别有所恋,不想回家,像日光被浮云遮住一样,句中的云意象又有了移情别恋的比喻意。汉赋名篇,相传为宋玉所写的《高唐赋》中有"妾在巫山之阳,高丘之阻,旦为朝云,暮为行雨,朝朝暮暮,阳台之下"的描述。因此,后世所用"云雨"就有了男女幽欢的寓意。云意象不断得到丰富。《室思》出现以前,在中国古典诗赋中就已出现不少以云意象为物象的,表示男女感情联系的诗句。中国诗中云意象的内涵已经与印度诗中的有了差别。云意象在中国古代诗人心目中,由于民族集体无意识的作用,不需要诸多个性化的情感及表达方式,而是依靠本体的某种心理定式去自觉地运用前人的叙事抒情手法,如

---

① [印]泰戈尔:《泰戈尔论文学》,倪培耕等译,上海译文出版社1988年版,第154页。

比兴等，将云意象的内涵延续下去。尚古而重吟诵的中国古代诗人依靠传统的心理定式和审美经验，依靠自己的记忆和触景生情时的感发而得出前人对云意象的经验是顺理成章的。正如美国学者苏珊·朗格所说："回忆是一种特殊的经验，因为它是由经过选择的印象组成的，……记忆筛选了所有的材料，再把这些材料用一种由有特色的事件构成的形式再现出来。"①这种经验就是中国诗、骚传统中的意象，云意象即其中之一。

在印中古代诗歌中，云意象的共时性特点表现得也很突出。在印度古典抒情诗典范《云使》的作者迦梨陀娑的另一首著名抒情诗《时令之环》（又译《六季杂咏》）中，诗人以抒情短诗的形式，描绘印度夏、雨、秋、霜、寒、春六季的自然美景、男女欢爱和相思之情。在《雨季》中，乌云、雷鸣、大雨、急流、花草树林等意象均成为激发恋人情爱的物象，激发了游子闺妇的愁思："饱含雨水而低垂的乌云黑如青莲／在微风吹拂下偕同彩虹缓缓飘游，／旅人的妻子因与丈夫分离而忧愁，翘首凝望／心儿仿佛已被乌云带走。"②此处云意象又被赋予了表现恩爱夫妻离愁别绪的生命力，它可以带给人们希望与幸福。云这种给人以希望，给人以幸福，获得人们寄托某种情愫载体的美学意义，在迦梨陀娑时代终于形成了一种有着较为固定内涵的意象。

云意象这种共时性的特点同样也表现在中国古代建安文学的诗歌中。曹丕的《燕歌行·其二》是思妇诗，在描写游子和思妇二人相会无期时，诗中写道："郁陶思君未敢言，寄声浮云往不还。"由于二人久别离后，苦苦相思，满腹愁肠，往事不堪回首，忧思之深之苦，可以想见。诗中进一步强调音讯不通，寄去的书信如同浮云一样，一去不复返，相会更是不可能，苦中更苦，悲中更悲。云意象在这里起到强化悲苦的作用，它不仅没有赋予寄托相思之情的意义，而且成为一去不复返、杳无音信的象征。曹丕在拟古诗《杂诗》二首之二中，以浮云比喻游子，以车盖即车篷随车而动来形容浮云的无依无靠，以浮云被吹拂比喻游子四处漂泊。这些云意象表现了游子漂泊不定的生

---

① ［美］苏珊·朗格：《情感与形式》，刘大基、傅志强、周发祥译，中国社会科学出版社 1986 年版，第 305 页。

② 季羡林：《东方文学史》，吉林教育出版社 1995 年版，第 186 页。

活及其久居异乡的抑郁之情。诗中写道："西北有浮云，亭亭如车盖。惜哉时不遇，适与飘风会。吹我东南行，行行至吴会。吴会非我乡，安能久留滞？"诗中感叹浮云即游子未遇良机而遭遇狂风，只好从西北一直漂泊游荡到东南，而吴会不是故乡，岂能是久居之地？诗中的云意象强化了诗人思乡而不得归的那种无可奈何之状，给人以言已尽而意无穷之美感。

中印古代诗歌中云意象在形成过程中的这种历时性和共时性的特点表明，纵向分析，它具有一种传统性，甚至会形成意象史，影响后人；横向分析，它又反映了时代的风尚，也激发和强化了人的一种从众心理。

二、《云使》和《室思》的云意象

云意象到了迦梨陀娑和徐干笔下已形成一种意象符号。它先在的规定性于复杂纷纭的情感心态和接受情境中，虽然有时会出现一些细微的变异，但新的情思恰恰是在新的情境中重新陶铸了旧有的云意象，以至于形成一种"前理解"，使之有一种亲切感。印中文学史上的后起之秀，在依傍前代云意象的同时，赋予它所借重的符号以新的情味价值。这就形成了从绝对化的角度分析，每一次旧有的云意象被因袭重复时又都有了创新的意味。在这种逻辑推理分析中，印中两位诗人笔下的云意象便各自有了增殖性的新意。

印度诗人迦梨陀娑在自己的得意之作《云使》中，描述药叉将自己对爱妻的无限眷恋寄托在一片由南向北飘去的雨云上，诗中生动地写道："云啊 / 你是出身雨云、卷云的名族，/ 你是焦灼者的救星 / 请你到我所居住的阿罗迦城，/ 带信给我那由俱毗罗发怒而分离的爱人。"[1] 诗中借"云"意象的描写，表现出印度古代"自然人"的特征，充满人性美、自然美的艺术光辉，大胆率直又质朴热烈，没有丝毫禁欲主义的痕迹。徐干则在《室思》中写道："浮云何洋洋，愿因通我辞。飘摇不可寄，徙倚徒相思。人离皆复会，君独无返期。自君之出矣，明镜暗不治。思君如流水，何有穷已时。"这几句诗写思妇的相思之苦。她与丈夫天各一方，山高路远，望不到，盼不来，仰望空中舒

---

[1] 参见［印］迦梨陀娑：《云使》，季羡林译，人民文学出版社1956年版。

卷的浮云，突发奇想，托浮云传话给远在天涯的丈夫，寄去她思念的一片衷情。片片浮云飘摇而去，她只好依然悲苦凄凉地企盼着、思念着。诗人利用云意象，使思妇相思难寄、无处宣泄的思想情感有了依傍，也使自然景物染上感情色彩。思妇最后表达了空守闺房无欢乐的幽、哀、怨，无心容颜思不归的愁绪。云意象在徐干生活的建安时代已经被赋予了较为固定的审美价值取向。

在迦梨陀娑的《云使》之后，不断出现模仿之作，比如，《风使》《月使》《鹦鹉使》《蜜蜂使》《天鹅使》《杜鹃使》《孔雀使》等，形成印度文学史家统称的"信使诗"的诗歌模式。其中，风、月不仅同云一样成为一种意象，鹦鹉、蜜蜂、天鹅、杜鹃、孔雀等也成为一种意象，极大地丰富了印度古典诗歌的表现力和美学内涵。14世纪印度诗人维德亚伯迪在写男女主人公相思的诗中曾多次以云意象为抒情对象。比如，"啊，乌云／请你让天黑下来／我会拿珠宝重重谢你""八月里雨云来临／我的家却空无人影"[1]。云意象在这里成为男女相会之必需。

同样，步徐干之后尘，傅玄的征妇诗《青青河边草》中有"回流不及返，浮云往自还。悲风动思心，悠悠谁知者"的诗句；他的《云歌》一诗写道："白云翩翩翔天庭，流景仿佛非君形。白云飘飘，舍我高翔。青云徘徊，为我愁肠"，皆以云为意象，巧妙构思，语简情深。唐代吴融诗《云》中有"南北东西似客身，远峰高鸟自为邻"的诗句；李白有"长吁望青云"的慨叹，有"摇笔望白云"的潇洒，也有"直上青天挥浮云"的豪迈。宋代苏轼《和文与可洋川园池·望云楼》中有"出本无心归亦好，白云还似望云人"的诗句；宋代词人贺铸《踏莎行·芳心苦》中有"返照迎潮，行云带雨，依依似与骚人语。当年不肯嫁春风，无端却被秋风误"的诗句，写尽思妇之怨。清代李念兹《天》中有"片片浮云去，愁人正望乡"的诗句。在这些诗句之中，云意象总是与游子和他乡异客形影相随。

托马斯·门罗在将同一题材的多种艺术形式进行比较时曾指出："诗的价值并不存在于表现抽象观念的诗行或散文诗中，而在于通过意象的美妙编织，

---

① 季羡林、刘安武选编：《印度古代诗选》，漓江出版社1987年版，第4—5页。

能唤起情绪和沉思。然而，观念在这里是作为一种组织原则在发生作用的，它帮助我们在一种既是理性的，又是情感的方式中去把握整个的意义。"① 印中两首古典诗歌《云使》和《室思》在通过云意象的"美妙编织"，在"唤起情绪和沉思"方面是相同的。究其原因，主要是印中人民的审美意识、印中文学的独立意识乃至印中诗歌的自觉意识在长期发展过程中已经成为某一特定历史阶段的思维产物。

在印中两国特定的历史条件下，两国人民和自然的关系，大体经历了"异化"、"神化"、"人化"和"情化"这四个不同的阶段。对于印中两国而言，在对云意象的描摹上又有了"人同此心，心同此理"的"同化"倾向。揭开印度早期历史帷幕的印度河流域的哈拉巴和摩亨佐·达罗的文明还处于自然崇拜阶段，到吠陀时代开始进入祖先崇拜阶段。而中国早期历史的殷文化和周文化，也是由自然崇拜转向祖先崇拜阶段。印中两国早期社会农耕文明的自然崇拜和两国初民时期原始意识所产生的"万物有灵论"是密切联系在一起的，也就是把诸多的自然现象当作神来崇拜。虽然这种现象和原始社会早期由于不了解自然，而使自然与人类为敌，即"异化"的情况已经迥然有别，但这种泛神论的自然观仍然使印中古代人对自然保持着相当的距离，并产生敬畏感。

随着人类意识和文化的发展，印度自进入史诗时期，中国自进入春秋战国时代，印中两国人的自然观就从"神化"进入到"人化"阶段。这种自然观一方面已经使自然从与人为敌转化为与人为友，另一方面这种"人化"的自然观还不是马克思所说的那种"人化"，而是对自然物的某种本质属性的联想和对人的某种品德和人格的比拟，实际上只能说是拟人化，它和西方诗学的"移情说"也有所不同。西方的"移情说"是从人到物，而印中两国的"人化说"则是从物到人。因此，这种自然观主要表现的不是审美意识而是伦理意识，不是感官的而是精神的，是人类意识积淀中依然存留的自然崇拜痕迹与社会意识相渗透、杂糅的表现。但是这种情况到印度的古典梵文文学时

---

① ［美］托马斯·门罗：《走向科学的美学》，石天曙等译，中国文联出版公司1985年版，第346页。

期和中国的魏晋时代，由于受到各自历史、社会和文化环境的影响而发生很大变化，即印中人民的自然观已经由"人化"（实际上是拟人化）转变到"情化"阶段。这种"情化"才是马克思所说的"人化"，这时也只有这时，自然美才真正成为人们的审美对象。因为它既有了自然的人化和人的自然化的特殊形态，又有了审美主体对它发现、选择与创造的审美愉悦。而代表印度古典梵文文学水平之一的抒情诗《云使》和中国魏晋时代备受激赏的抒情诗《室思》，皆以云意象为抒情之所，并使之有了深层的审美意义。

云作为一种意象，从历时性角度分析，在印中两国各自文学传统中具有某些不同的美学内涵，但是从共时性角度分析，它们则表现了同处于"情化"阶段，即诗人对云意象的刻意描摹，是作为理想的寄托、人格的写照和自我的化身。迦梨陀娑和徐干向外发现了大自然之云，向内则发现了自己的情。他们在追寻和描摹云这种自然现象时，形成了一种四维的文化审美心理。第一个层次是以云为寄托，第二个层次是对云的向往和迷恋，第三个层次是由吟咏云而引发的幽怨之情，第四个层次则是超越云而走向印度的"梵我合一"和中国的"天人合一"。他们最终完成了一种审美感受，即从世外宏观的立场观照律动的大自然，并以自己的心灵去映射自然万象，代云立言。正如著名美学家宗白华先生所言："它所表现的是主观的生命情调与客观的自然情景象交融互渗，成为一个鸢飞鱼跃，活泼灵珑，渊然而深的灵境。"[1]云意象终于在印中两位大诗人的笔下得到审美层次的升华，具有了相同的自然美的内涵。

---

[1] 宗白华：《艺境》，北京大学出版社 1987 年版，第 151 页。

中印古典戏剧叙事对话点滴

———

　　中国戏剧正式形成于 12 世纪，成熟并繁荣于 13 世纪，这种观点已被中外学者普遍接受。与印度戏剧艺术相比较，中国戏剧成熟时间较晚。正值印度古典梵文戏剧（梵剧）日薄西山走向衰落，中国戏剧却像初升的旭日一样，将自己的光芒撒向东方艺术的舞台。

　　中国歌舞有很古老的历史，但与歌舞并行的戏剧，魏晋以前却无从考见。近至世界史中古时期才成熟的中国戏剧，不可避免地受到域外一些戏剧艺术因素的影响，尤其是受到与中国文化交流频繁的国家和地区的影响。但是，如果武断片面地认为，"中国戏剧的理想完全是希腊的，它的面具、歌曲、音乐、科白、场次、动作，都是希腊的。……中国戏剧的思想是外国的，只有情节和语言是中国的"①，则显然是令人难以接受的。主张中国戏剧艺术"输入说"的也有中国学者。著名文学史家郑振铎先生（1898—1958 年）在探讨传奇的渊源问题时就认为："当戏文或传奇已流行于世时，真正的杂剧似尚未产生。而传奇的体例与组织，却完全是由印度输入的。……则印度的戏曲及其演剧的技术之由他们（商贾们——笔者注）输入中国，是没有什么可以置疑的地方。……其实，就传奇或戏文的体例或组织而细观之，其与印度戏曲逼肖之处，实足令我们惊异不止，不由得我们不相信他们是由印度输入的。"②郑先生的观点由于没有提供更充分的论据，尚不能完全令人信服。中国现代印度文学专家许地山先生（1894—1941 年）在深入研究了印度文学艺术对中

———

① 转引自余秋雨：《戏剧理论史稿》，上海文艺出版社 1983 年版，第 105 页。
② 郑振铎：《插图本中国文学史》第 3 册，北平朴社出版部 1932 年版，第 748—750 页。

国文学，尤其是中国戏剧的影响之后，提出了自己的观点。他虽然也倾向于
"输入说"，并在著名论文《梵剧体例及其在汉剧上底点点滴滴》①中举出诸多
印度古典戏剧对中国戏剧产生影响的实例与可能，但他还是极其谨慎地指出
这种影响只是"点点滴滴"而已。梵剧体例对汉剧影响的点点滴滴，最终只
能深入中国戏剧艺术发展史的长河之中，而绝不会使其本来特色面目全非。
这种较为持中的观点既有一定的道理，也易于被学术界接受。著名学者季羡
林对此就曾表示："他的结论我们虽然不能全部同意，但是其中有一些意见是
站得住的，这一点大家都会承认。"②那么这些"点点滴滴"，及其与之有种种
关联的边缘因素究竟有哪些，这显然需要进一步梳理与分析。

一、造型艺术：中印傀儡戏关系略考

傀儡戏是东方戏剧艺术发展史上最早出现的戏剧艺术形式之一，在其基
础上还出现了皮影。中印两国都有这两种古老的戏剧形式，相互之间的关系
扑朔迷离。现代艺术史家常任侠先生认为："中国与印度的傀儡历史最早，两
者互有传播的关系。"③可惜的是，文中语焉不详。

印度古代很早就有关于傀儡的记载，在神话传说中就曾涉及它的起源问
题。舞王（Nataraja）是大自在天湿婆的称号之一。他创造了刚、柔两种舞
蹈。印度舞蹈与戏剧关系密切。据传湿婆的妻子帕尔瓦蒂（Parvati，雪山神
女）自己做了一个美丽的小娃，怕湿婆发现就带到摩罗耶山（Malaya）供养。
随后赶来的湿婆看到小娃，顿生爱感，给了它生命。另一种神话版本说湿婆
赠与妻子的小娃乃是他撕下的一角衣襟所化。舞蹈和傀儡在湿婆神话中仿佛
已结前缘。在大史诗《摩诃婆罗多》中，提及傀儡是木制的，名为"修多罗
婆罗吒"（Sutraprata），并且还多次用傀儡受线操纵来比喻人受命运的摆布。

---

① 许地山：《梵剧体例及其在汉剧上底点点滴滴》，载李肖冰等编：《中国戏剧起
  源》，上海知识出版社 1990 年版。
② 季羡林：《中印文化关系史论文集》，生活·读书·新知三联书店 1982 年版，第
  133 页。
③ 常任侠：《东方艺术丛谈》，上海文艺出版社 1984 年版，第 86 页。

佛经中也有关于傀儡的故事。西晋竺法护（约230—308年）译的《生经·佛说国王五人经》中有："衣服颜色，黠慧无比。能工歌舞，举动如人。"在汉译《杂譬喻经》中，有一则名画师被名木师所做木偶女戏骗的故事，该木偶女"端正无双，衣带严饰，与世女无异；亦来亦去，亦能行酒、看客，唯不能语耳"[①]。可见当时随佛经的传入，有关木偶的记载即已传入中国。据印度学家黄宝生撰文，"巴利语佛经《上座尼伽他》中有一首关于比丘尼苏芭的诗，以舞蹈木偶易于拆散比喻人生虚妄"。[②]11世纪印度梵文诗人月天（Somadeva，音译"苏摩提婆"，生卒年不详）在依据后世已失传的印度古代神话传说故事集录《伟大的故事》改写的长诗《故事海》中，也述说大技师阿修罗摩耶（Asura Maya）制作了一筐能动、能舞，甚至能言的木傀儡等。可见，印度的傀儡戏不仅从文字上，而且从实际演出的技巧上也很早就传入中国。因此，许地山推断："今日福建泉州底傀儡戏还很有名，其原始想与印度底傀儡有关系。"[③]

中国本土的傀儡也很早就出现了，原为驱邪除祟的偶人，约于汉代开始形成可表演的傀儡戏。时间肯定在印度傀儡传入之前。贾谊（公元前260—前168年）《新书·匈奴》中就载有："上使乐府幸假之但乐，吹箫鼓鼗，例挈面者更进，舞者、蹈者时作。少间击鼓，舞其偶人。"[④]考察中国造型艺术的一般发展规律，会发现其先发生于民间，后被纳入宫廷的特点。由此可推知，舞偶人的表演至迟在汉文帝时已成为民间和宫廷的娱乐形式之一。《旧唐书》载："窟礧子，亦云魁礧子，作偶人以戏。善歌舞，本丧家乐也，汉末始用之于嘉会。"[⑤]傀儡戏始于汉末当无疑，其作为一种流传甚广的艺术，至南北朝时才融会了印度傀儡戏的某些特点，并发生许多变化，继而以成熟的戏剧艺术形态，向东亚的朝鲜和日本传播。

---

① 张友鸾选注：《古译佛经寓言选》，人民文学出版社1988年版，第65页。

② 黄宝生：《印度戏剧的起源》，《外国文学评论》1990年第2期。

③ 许地山：《梵剧体例及其在汉剧上底点点滴滴》，载李肖冰等编：《中国戏剧起源》，上海知识出版社1990年版，第103页。

④ 《贾谊集》，上海人民出版社1976年版，第71页。

⑤ 《旧唐书》卷二十五，志第九，音乐二。

皮影戏也是东方历史悠久的戏剧艺术形式之一。它以平面的傀儡取影，本质上也是一种傀儡艺术。皮影戏较傀儡戏因有旁白而多了叙事的成分。皮影戏最初产生于印度还是中国，尚无定论。据常任侠先生考论："皮影以中国最早，……是世界公认的。"[①]13世纪以后，随着军事力量的渗透，蒙古人将中国的皮影戏带往波斯、阿拉伯、土耳其，继之又传入德、法、英等国。后又转徙影响到埃及、突尼斯等地。在围绕着印度的西亚地区，形成如此广泛的传播路线，它进入印度的可能性是很大的。

印度的皮影戏梵名为"车耶那托迦"，即"阴影游戏"。早期主要演《罗摩衍那》中罗摩与悉多的故事，其中神猴哈奴曼的故事最多。印度皮影戏伴随着商业往来，向东流入缅甸、泰国、越南、马来、爪哇、巴厘、菲律宾等国，这些地区都有演神猴哈奴曼的影戏。中国南宋时期皮影戏盛行，沿海的影戏中也有个神通广大的猴王，现在福建漳州、泉州一带，仍称影戏为"皮猴戏"。美国学者梅维恒（Victor H. Mair）在1988年出版的《图画与表演——中国的看图朗诵和它的印度源头》一书中，曾对皮影戏在中亚、东南亚、印度尼西亚等地区的流传情况做过详细的描述。东南亚地区的皮影戏犹如其他文化艺术门类一样，可能同时受到来自印度和中国的双重影响，最早的传入者实难考定。无论如何，中印两国的皮影戏在不计时空条件的情况下，肯定有过某些接触，而其中的叙事内涵是它们之间沟通的重要基础。

中国曾有孙楷第先生（1898—1986年）的"戏剧出于傀儡"之说，在印度也有梵剧源于傀儡之说。这种观点虽为少数学者所持，但而后两国戏剧表演中的某些夸张的舞蹈动作，都残留着傀儡与皮影表演的痕迹，这恐怕也是世人有目共睹的事实。傀儡和皮影毕竟是在民间传唱了千百年的戏剧艺术形式，蕴藏着丰富的叙事传统。中印两国产生各自民族戏剧的历史，也是如此地悠久。伴随着两国之间的文化交流，两国戏剧在叙事方面互相取长补短完全有可能。

---

① 常任侠：《东方艺术丛谈》，上海文艺出版社1984年版，第87页。

二、印度歌舞对中国戏剧形成过程的影响

中国戏剧艺术的发生，有它的种种条件，换言之，它有自己的发展规律。它绝不是也不可能是印度移植来的域外艺术，而只能是中华民族艺术之花。但是，在它由发源地流向大海的过程中，印度戏剧艺术的影响就如同汇入其中的支流水系，壮大了它的声势，美化了它在戏剧艺术大舞台上的演出，自然有不容抹杀的历史功绩。

中印两国的戏剧同为载歌载舞的艺术。它们和歌曲与舞蹈自发生之时起，就产生了难解之缘。中印两国倾慕对方的歌舞艺术由来已久，其事实早已为人所共知。中国唐代著名的《秦王破阵乐》驰名域外，东传日本，西达印度，致使古印度羯若鞠阇国（曲女城国）戒日王（590—648 年，也是诗人、剧作家）曾向赴印求法的玄奘（602—664 年）询问此舞。中国唐代同样有名的《霓裳羽衣舞》初名《婆罗门曲》，约 4 世纪末传入西域，后从西凉乐曲改制而成，被唐玄宗改成此名。当时天竺舞乐几乎一统艺坛，西域诸舞，几无不受其影响者。《霓裳羽衣舞》中渗有印度的艺术成分，亦属必然。

印度的"戏"字从"舞"字而来。公元初期，印度最早总结戏曲表演的书就称为《舞论》，其准确的译法应是"戏剧论"，因为它论述的是有关戏剧表演中的音乐、舞姿、台词、舞台、动作等问题。无独有偶，日本戏剧史家青木正儿在论及中国戏剧发生时说："戏剧起源，出于歌舞，殆为各国戏剧史所趋之同一路径。中国亦然。"[①]他指出："王国维氏以巫风为戏剧之源泉，……其说虽甚动听，然尚无名征。以余观之，宁认倡优为戏剧之正统，而以巫为旁系。苟就歌舞之点较之，则二者毫无相异。"[②]倡优为乐人，是为贵族娱乐的人。青木的观点是以歌舞为考察戏剧发生的支撑点的，和他认为戏剧源于歌舞的观点相一致。实际上，歌舞在中国戏剧形成过程中确实发挥过很大的作用。

南北朝末期，北朝以输入西域文化为先导，使音乐、歌舞别开生面。北

---

① ［日］青木正儿：《中国近世戏剧史》，王古鲁译，作家出版社 1958 年版，第 1 页。
② ［日］青木正儿：《中国近世戏剧史》，王古鲁译，作家出版社 1958 年版，第 3 页。

齐时开始出现以歌舞表演现实中的事。见诸文献者有大面（代面），拔头（钵头、拔头），踏摇娘（苏中郎、苏郎中）等几个舞曲，《旧唐书·音乐志》《乐府杂录》《教坊记》等均有载。此三舞曲，拔头扮演西域人事，大面和踏摇娘扮演北齐人事，都处于西域文化氛围的笼罩之下，而西域文化艺术的主宰，无疑是天竺。梁启超（1873—1929 年）曾在《印度与中国文化之亲属的关系》一文中，提出中国戏剧的输入，始于南北朝的"拔头"。据王国维（1877—1927 年）考证，"拔头"来自南天竺的拔豆国，后来的大面（代面）戏《兰陵王》《踏摇娘》等剧本，都是从"拔头"演化而来。《北史·西域传》中说南天竺之上有"拔豆国"。王国维在《宋元戏剧史》中说："隋唐二《志》，即无此国，盖于后魏之初一通中国，后或亡或隔绝，已不可知。如使'拔头'与'拔豆'为同音异译，而此戏出于拔豆国，或由龟兹等国而入中国，则其时自不应在隋唐以后，或北齐时已有此戏；而《兰陵王》、《踏摇娘》等戏，皆模仿而为之者欤。"[1]

唐代被称为"合生"的胡戏，据专家学者考证，其中也有不少印度古代笑剧的特征。据《新唐书》卷九载，修文馆直学士武平一[2]见宫宴上，"胡人袜子、何懿等唱合生，歌言浅秽"，而上书谏曰："伏见胡乐施于声律，本备四夷之数，此来日益流宕，异曲新声，哀思淫溺。始自王公，稍及闾巷，妖妓胡人，街童市子，或言妃主情貌，或列王公名质，咏歌蹈舞，号曰合生。"文中所形容的有关"合生"演出时的种种形态，颇类印度古代的梵语笑剧。笑剧本是印度古代广泛流行的一种戏剧形式，公元前后成书的印度古代最早的文艺理论著作《舞论》，就曾对笑剧进行了种种规定。这是一种极易通过民间渠道向外传播的戏剧形式。印度学家黄宝生对印度笑剧和中国"合生"两者间关系进行了考证，认为："'合生'可能就是梵语 Prahasana（笑剧）一词的音译略称。此词可以音译为'波罗合生'。它是由名词 hasana（'合生'，义

---

[1]　王国维：《王国维戏曲论文集》，中国戏剧出版社 1984 年版，第 9 页。
[2]　武平一，名甄，以字行。《新唐书》有传，曰："博学，通《春秋》，工文辞。"《全唐诗》《全唐文》存有诗文。

为笑）加上前缀 Pra（'波罗'）组成的。"①

中国汉代以前的古舞，又分为文舞和武舞，直至唐代的坊乐舞，又分为软舞和健舞。关于健舞名称的来源，常任侠先生阐释说："健舞的名称，我曾在古梵文中，找到根源。梵文健舞的姿态，叫做 Tandava-Laksanam，在古梵文《乐舞论》（即《舞论》——笔者注）中，有一章专述这个问题。……这些健舞的姿式，在今日京剧舞台的打武场中，杂技场中，尚有不少存在。"②常先生在此不仅指出关于唐代健舞的印度渊源，而且进一步指出它对中国京剧艺术的影响，使人感到，印度的舞技在与中国固有的舞技融会以后所具有的艺术生命力。

唐代不仅在舞蹈技艺上可以发现印度乐舞的影响，而且随着各种乐器、乐曲的传入，印度梵语中有关乐舞的一些词语渗透到中国戏剧术语之中。据学者考证，梵文 Tandava 一词所指的舞蹈为健舞，Natana 一词为舞蹈，而 Nata 意为舞蹈者。唐宋之际的戏剧界称引舞（即领舞者）为"旦"，与梵文上述词音 Tan、Nata 很相近，极可能是受梵文有关词语影响而形成的。至宋代，"引舞"变为"引戏"（即有司仪作用的演员）。元杂剧中又称引戏为"姐"，这是因为引舞者多为女性，在"旦"音外加"女"字旁后变为姐。后可能因为女角可由男演员来担任，姐字又复原为旦。至今仍有"旦"角之称谓。这说明自唐代以来，印度以及西域歌舞大量传入，从各方面冲击了中国传统的文化艺术，并留下种种印迹。

三、天竺音乐对中国戏剧音乐变革的影响

中国戏剧艺术除了离不开舞蹈以外，还和音乐的发展变化有很大关系。作为戏剧的一大构成因素，音乐有它独到的艺术意蕴。

中国的音乐发展到汉代，基本保持了上古的传统，独树一帜。音乐是由乐器演奏出来的，因此，乐器的变化是音乐变化之先导。在这些领域，中国

---

① 黄宝生：《印度古典诗学》，北京大学出版社 1993 年版，第 21 页。

② 常任侠：《东方艺术丛谈》，上海文艺出版社 1984 年版，第 114 页。

也接受了西域，尤其是印度的某些影响。印度佛教时代出现的乐器箜篌，是印度古代很有代表性的乐器。因此，在印度文学、汉译佛典、云岗石刻和敦煌壁画中，均能发现这种乐器。箜篌在汉代得到仿制，传入中国类似现代的竖琴，因此诗有《箜篌引》和"十五弹箜篌"句（见《孔雀东南飞》）。箜篌盛行于隋唐，后传入朝鲜、日本。琵琶是西域的又一重要乐器，为古代印度和波斯所共有，谁为先出难以考证，据说也在汉代传入中国。琵琶又分多种，和箜篌等乐器一样，在《隋书·音乐志》中均有记载。

琵琶的传入导致了印度琵琶调于北周武帝时（560—578年在位）传入，其中介与桥梁是龟兹（今新疆库车）音乐家苏祗婆（生卒年不详）[1]。龟兹是西域丝绸之路和中印文化交流的中转站。其"琵琶七调"的名称皆为梵语译音，经中外学者考证，源自印度。4世纪中叶琵琶传入中国后，风靡朝野，对中古音乐影响很大。向达先生曾撰文指出："佛曲源出龟兹乐部，尤其是龟兹乐人苏祗婆所传来的琵琶七调为佛曲的近祖。而苏祗婆琵琶七调又为印度北宗音乐的分支与流裔，所以佛曲的远祖实是印度北宗音乐。"[2]汉代从西域传入中国的还有印度军乐。据考证，在古代战场上最先使用乐队鼓舞士气的国家是印度，所使用的乐器有打击乐和管弦乐两种。张骞（？—前114年）通西域后，得到印度一种以大喇叭为主旋律乐器的军乐曲《摩诃兜勒》。"鼓吹饶歌"就是在印度音乐影响下，形成于汉代的中国军乐。

中印音乐经过由汉到南北朝数百年的融合，以弘扬佛法为契机，在提倡佛教的帝王的支持下，"述佛法"的歌曲被引入宫廷。《隋书·音乐志》载："帝（梁武帝）既笃敬佛法，又制《善哉》《大乐》《大欢》《天道》《仙道》《神王》《龙王》《灭过恶》《除爱水》《断苦轮》等十篇，名为'正乐'，皆述佛法。"通过"南朝四百八十寺，多少楼台烟雨中"的情景，可以想见寺院中佛曲之盛，法乐歌舞，梵音绕梁，余韵广远。北朝因与西域地近，所受影响更为显著。据《洛阳伽蓝记》卷三《景明寺》载："于时金花映日，宝盖浮云，幡幢

---

① 即白智通，公元568年随突厥皇后进入中原。其父为西域人，知乐音，世代相习。
② 周绍良、白化文编：《敦煌变文论文录》上册，上海古籍出版社1982年版，第14页。

若林，香烟似雾。梵乐法音，聒天动地，百戏腾骧，所在骈比。"西域一带的《亢利在让乐》《远服》《永世乐》《于阗佛曲》等，以及变龟兹之声而后成的西凉乐等，都乘机而入中原。这些以天竺乐曲为基调的中国乐曲，对中国戏剧中的乐曲产生了间接的影响。

西凉乐中的佛曲源于六朝，在隋代已进入宫廷。至唐代，乐府曲调中已列入《普光佛曲》《弥勒佛曲》《释迦牟尼佛曲》《阿弥陀佛曲》等 26 种佛曲的名称。向达先生在《论唐代佛曲》一文中指出："佛曲者，是由西方传入中国的一种乐曲，有宫调可以入乐。内容大概是赞颂诸佛菩萨之作，所以名为佛曲。大约为朝廷乐署之中所有，不甚流行民间。"① 这些佛曲"不甚流行民间"，除宫廷所需娱乐之作外，在寺院的乐舞中是必不可少的。这是因为寺院里的乐舞本质上就与佛音梵乐有血缘关系。佛曲对借用印度佛教声律，以梵呗曲调来歌唱佛经故事的"俗讲"的曲调，也有一定影响。

东晋高僧法显（342—424 年）于 399 年赴印求法 14 年。在他归国后所撰写的《佛国记》（又名《高僧法显传》）中曾记述印度众僧大会说法的一些情况："说法已，供养舍利弗塔，种种香华，通夜然灯，使伎乐人作舍利弗本婆罗门时，诣佛求出家，大目连、大迦叶亦如是。"这段文字表明自马鸣（约一二世纪）创作了《舍利弗》以后，以舍利弗、大目连（即目犍连）或大迦叶（又译摩诃迦叶）为题材的戏剧在印度佛教僧伽（即僧团）历演不衰。这些有关弘扬佛法的宗教戏剧的乐舞曲也经过西域地区的文化过滤，借手传入中原地区。黄宝生先生指出："我国唐代的两种乐曲名'舍利弗'和'摩多楼子'（即目犍连同名异译）可能与这类戏剧（尤其马鸣的《舍利弗》）传入中土有关。"②

唐代可以说是中国戏剧正式诞生前的一个孕育时期，歌舞、音乐小说故事、滑稽表演等，都很兴盛。戏剧艺术萌生所必需的乐、舞、表演和事件等要素，几乎都已准备就绪，戏剧即将水到渠成、瓜熟蒂落地诞生。由于中国

---

① 周绍良、白化文编：《敦煌变文论文录》上册，上海古籍出版社 1982 年版，第 13 页。
② 黄宝生：《印度古典诗学》，北京大学出版社 1993 年版，第 10 页。

戏剧艺术载歌载舞的美学特质，决定了音乐在其形成过程中的重要催生作用，由于印度传入中国的多是带有叙事特征的文艺内容，这也决定了中国戏曲形成时的叙事成分。

首先，音乐不断丰富着自身艺术的表现领域。它自南北朝边疆各族人民移居中原以后，有了更大的发展。以天竺乐为主体的丰富的西域音乐文化资源，在汇入中原音乐以后，为秦汉以来的以汉族为主体的音乐传统，带来了变革性的影响。它们"推翻旧制""更造新声"，使音乐可以表现更多、更广、更深的情感内容。其次，在音律的运用上也有很大的变化。从苏祗婆的琵琶八十四调理论的形成开始，至燕乐二十八调的实际运用，这一系列关于宫调的理论与实践，直接作用于宋代说唱艺术的形成，如"诸宫调""唱赚"之类，进而又诞生了元代杂剧唱腔中的音乐。最后，音乐形式上有许多继承和创新。比如，"大曲""法曲""佛曲"等各类舞曲和歌曲的曲调，对后世的戏曲也有极大的影响。其中许多曲调经过若干变化，成为戏曲曲调中的组成部分。另外，由于乐器的增加，演奏技巧有了很大发展。比如，唐诗名篇《琵琶行》中的描述，表明乐器演奏几近精纯。而歌唱技巧也由于多民族的融会，有了很多扩充和发展。这为后世戏曲中的器乐演奏、伴奏和演唱，积累了丰富的经验。

四、变文：印度古典戏剧叙事对中国戏剧叙事文体影响的转介作用

中印戏剧都是以歌舞表演故事为主体的艺术。戏剧中的舞、曲都富有叙事的功能，能协助戏剧叙事表达情感。被称为动作语言的舞者的手足头身等体位，也都包含着丰富的戏剧语言。但戏剧必须有语言推动其发展，需要有讲说故事情节的台词。在早期被称为戏剧（或戏曲）表演的乐舞中，台词是有说有唱的文体。中印很早就有台词，可惜流传下来的书面记录不完全，也不明确。许多诗文可能原本是兼歌舞表演，而后来独存歌词时要吟唱的，最后失去乐舞的配置，而独独留下了体例。因此，无论是动作语言还是对白台词，都要服从叙事的需要。

金克木先生就认为："《史记·滑稽列传》中关于优孟和孙叔敖的儿子和

楚王的故事是比较完整的戏，是司马迁根据楚国的传说写下来的，唱白和表演俱全，仿佛是小说形式的戏曲底本。"①20世纪初，在中国新疆吐鲁番发现了署名为佛教诗人马鸣的3部梵语戏剧残卷，是印度现存最早的戏本。其戏本是散韵杂糅的叙事文体。剧中角色根据地位高低说梵语或俗语，剧终还有祝福诗等。这表明文体作为戏剧叙事的重要组成部分，具有不可小觑的地位。正如有些学者指出的："中国和印度的戏曲起源不论有多少说法，戏曲性的兼具乐、舞、唱、白的表演活动与文体的发展是明显有关的。"②可以这样理解，叙事文体的发展要与戏剧的戏剧性相统一，既不要滞后，也不能超前，只有与歌舞表演异体同功的文体出现，戏剧艺术才能达到成熟。否则歌舞表演永远处于浅表层次，而难以表现深层的戏剧矛盾与冲突。戏剧艺术成熟的标志——叙事文体，呼之欲出。

没有适于歌舞演出的叙事文体，就不会产生真正意义上的戏剧文学，那么戏剧艺术也就难以称得上是成熟的艺术。离开戏剧文学来分析戏剧艺术的发生、形成，是缺乏实际意义的。

中印两国古代都有不少对话体和歌诀体的作品流行。比如，中国的《论语》《孟子》，印度的《梨俱吠陀》《奥义书》等。金克木先生就曾提出如下问题："如果说诗体的独白、对话、'会话'能在应用中表演，结合到独唱、对唱、轮唱、合唱等等形式，既发展了音乐、歌曲、戏曲，又发展了文学散文，是不是合乎上古社会情况以及文学史实际？"③答案显然是肯定的。因为实际上这种诗体与对话体的叙事形式，对后世中印戏剧艺术的成熟，都产生了不小的影响。在印度，无论是否具有戏剧本质的作品，广泛运用诗体和对话体的传统，一直延续至今，对中国诗体和对话体的影响也不小。宋元南戏中的念白、杂剧中的宾白，明传奇剧中的念白和定场白等，其中明显有继承固有传统的因素。真正使中印两国在形成戏剧叙事文体方面出现联系的是"变文"。

---

① 金克木：《旧学新知集》，生活·读书·新知三联书店1991年版，第192页。
② 金克木：《旧学新知集》，生活·读书·新知三联书店1991年版，第192页。
③ 金克木：《印度文学研究》，上海译文出版社1984年版，第17页。

在戏剧的底本尚未正式产生之前，中印诗人的作品中有相当大的部分是为演唱而创作的。在佛经传入的情势下，口头叙事文学"变文"，在中国应运而生。《楚辞章句》注《九辩》说："辩者，变也。"当文学作品中对白的"辩"，发展为艺术表现形式中的"变"时，绘画可称为"变相"（变佛经为图相之意），如佛教壁画《地狱变》《净土变》等；而口语文词可称为"变文"，如《降魔变文》《大目乾连冥间救母变文》等。变文是一种将汉末、晋、宋以来僧尼转读（即咏经）佛经经文，演变为讲唱佛经故事的通俗新文体。其叙述形式为散韵结合、讲唱相间。讲述故事的散文部分，或用浅近文言，或用口语白话，或用四六骈语。演唱的韵文部分，以七言为主，间或杂有三言、五言、六言句式。变文的曲调明显受到域外佛曲的影响。

僧尼俗讲佛经，将佛理通俗化、故事化，颇受佛教信徒欢迎。至隋唐时代，这种"俗讲"之风颇为盛行，甚至出现专门从事此工作的"俗讲僧"。早期的俗讲僧较为拘谨，宣讲佛理未敢发挥过多。后为吸引听众，俗讲僧就对所讲唱的佛经进行演绎铺陈。如仅凭《维摩诘经》中"佛告文殊师利，汝行诣维摩诘问疾"14个字，就能渲染成一篇人物众多、情节曲折生动的，长达三五千字的俗讲《维摩诘经讲经文》。唐太和元年（827年）以后，变文的说唱文学色彩更为浓烈。据晚唐人赵璘（生卒年不详）记中唐以后逸闻趣事的《因话录》载："有文淑（系淑字之误）僧者，公为聚众谭说，假托经论所言，无非淫秽鄙亵之事。不逞之徒，转相鼓扇扶树。愚夫冶妇，乐闻其说，听者填咽寺舍，瞻礼崇奉，呼为和尚。教坊效其声调，以为歌曲。"文淑（"淑"之误）和尚是当时俗讲中的佼佼者，他曾以俗讲所得布施装修寺庙，可见其受欢迎之程度。文中提及"教坊效其声调，以为歌曲"，可见宫廷音乐官署对其重视。乐工黄米饭依其念四声观世音菩萨，撰曲称《文叙子》，足见其影响十分深远。

变文在自身的发展过程中，由初时俗讲佛教故事，逐渐扩展到非佛教故事的内容。比如，中国古代神话、历史传说、民间故事，乃至现实人物等。变文慢慢摆脱了异域的宗教色彩，而表现出民族艺术的强大生命力。较为重要的变文对后代的诸宫调、宝卷、鼓词、弹词等讲唱文学和杂剧、南戏等戏曲文学，都有积极的影响。《伍子胥变文》之后，元代有《说鱄诸伍员吹箫》

《伍子胥弃子走樊城》《采石渡渔父辞剑》《綄纱女抱石投江》等杂剧，明代有传奇《举鼎记》，至今犹有《文昭关》戏。《孟姜女变文》之后，有金院本《孟姜女》、宋元南戏《孟姜女送寒衣》、元杂剧《孟姜女送寒衣》、明传奇《长城记》、清代"时剧"《孟姜女》等，至近代仍有孟姜女戏在上演。《王昭君变文》之后，元杂剧有《破幽梦孤雁汉宫秋》，明传奇有《和戎记》，清有杂剧剧本《昭君梦》等。

变文这种叙事文体对中国戏剧艺术的形成所做的最大贡献，主要是它以中介者的姿态，以传媒的手段，将印度古典戏剧那种传统的散韵结合、讲唱相间的文体传播给中国的戏剧艺术。从宋、元间所产生的诸宫调、戏文、杂剧等唱白体式中分析，无论是可观赏的戏剧，还是可阅读的剧本，其中都可发现印度古典戏剧中散韵结合的文体，通过变文的形式进行影响的痕迹。当然散韵相同的叙事方式并非印度古典戏剧所独有，而是印度古典文学所共有的特点。但是从中印两国文学艺术的对应关系，以及中印两国戏剧发展的实际来分析，否认印度戏剧这种文体对中国戏剧艺术的影响，是不够明智的。

五、综论

中印两国的戏剧都是成熟的艺术形态，对两者之间所表现出的主题思想、戏剧结构、演出形式等方面进行分析比较就会发现，它们虽然在时空定位、文化传统、审美趣味等方面多有不同，但也有不少相似之处。这些异同，有些是中印两国文化艺术交流的结晶，有些则是中印两国文化阻隔的遗憾。季羡林指出："印度古代一些梵剧曾流传到新疆，马鸣菩萨的几种剧就发现在新疆。这一部吐火罗文 A 剧本残卷（《弥勒会见记》——笔者注）也发现在新疆。这样产于印度的剧本以及戏剧结构及出场人物，也大有可能通过河西走廊进入内地。"[①]上述影响主要在北方，对宋元杂剧的渗透是显而易见的。随着海路的发达，印度古代的戏剧又从海道由商人挟裹进来。印度剧本内容的组织形式又对宋元时南方的戏文（又称南戏）产生了影响。印度古代戏剧独特的叙

---

① 季羡林：《中印文化交流史》，新华出版社 1991 年版，第 103 页。

事成分，在传入中国的长期交融和转化过程中，已被吸收到中华民族戏剧的诸多剧种之中，但仍能依稀可辨地发现其"本来面目"。中印戏剧艺术的异同有宏观和微观之分。

从宏观的视界来扫描中印戏剧"异中有同，同中见异"的现象，可以发现以下叙事对话的特点。

首先，中印两国的戏剧都是古老的综合性艺术，两者均表现出兼容性与和谐性的统一之美。只是印度古典戏剧成熟得早，消亡得也快，从戏剧发展史上看呈一度辉煌之势。中国古典戏剧相比较而言，则成熟得晚，生命力顽强，连续创造出许多优秀的剧种剧目。从戏剧组织的内部来分析，印度戏剧主要是由歌曲、对话或独白，以及动作表演等3种叙事元素组成，歌者歌唱，说者说话，演者动作。这种演出形式和中国的戏文或传奇，以科、白、曲三种方式为主，几近相同。这些艺术因素在中印各自的戏剧艺术中，既各司其职，又统一为用，既五色纷呈，又融会一体。两者所不同的是，虽同属于舞剧型戏剧，印度古典戏剧的音乐歌舞在戏剧中以交错穿插的方式出现，相辅相成。音乐对舞蹈的制约具有间歇性、阵发性的特点。而中国古典戏剧的音乐歌舞是先后出现的，歌舞甚至表演，必须听命于音乐的节奏，才成为一台戏。如果失去音乐节奏的配合与调度，演员将难以表演。这种区别使印度戏剧表现出节奏更为舒缓的特征，而中国戏剧则有节奏较紧凑的特点。

其次，中印两国的戏剧都具有程式化、虚拟性的表演特点。它们都将原始的生活形态提炼为一种形式美的程式，久而久之将其固定化，并逐渐培养起观众固定的审美意向。演员无论是脸部化妆、服装颜色，还是举手投足的动作、头部各器官的定位等，都具有一定的叙事意义，使观众产生一种出神入化的审美感受。中印戏剧艺术这种程式化，都建立在虚拟性的基础之上。由于中印戏剧都不注重再现生活的真实，而注重艺术表现所造就的一种意境、一种氛围，演员往往习惯于采取一种超越时空的虚拟动作和熟练的程式化的艺术符号，将叙事内容暗示给观众。观众因为拥有特定的审美经验而有能力借助想象来感受并认同舞台上的叙事存在，于是演员与观众形成一种心理沟通的默契。将中印两国戏剧进行比较，可以发现中国的程式化、虚拟性的程度更为成熟、完善。印度古典戏剧主要依靠演员的眼睛、舌头、颈部、手指、足部等体位细腻的程式化动作，竭力将表情传达给观众。而中国戏剧则主要依靠演员的手和身体动作，以及脸谱、衣袖、冠带等程式化动作或色彩，表达自己的感情，或显示剧情的时空变化。印度戏剧有时是依靠演员的语言来交代剧情时空变化的，特色很明显。

最后，由于中印戏剧的上述共同特征，又导致了中印戏剧审美倾向上的写意性与抒情性。中印戏剧产生艺术美的动力不是激情，而是柔情。它们是在诗、舞蹈、音乐的基础上，靠情节的叙事性来勾挂并连成一体的。诗的艺术形式的重要性超越了动作，成为叙述故事的主要成分。诗还可以充分地表现人物的心理活动和情感。这种诗剧性或舞剧性的戏剧抒情性是自然形成的。写意性是中印两国艺术都较重写意传情、重神似的美学追求的必然结果。抒情性的戏剧表演一般都具有写意性，因为音乐性、舞蹈化、诗化的戏剧，难以追求一种逼真模仿的艺术效果。中印戏剧对写意性和抒情性的追求，远远超过对写实性和叙事性的渴望。由于印度古典戏剧对特殊的美学概念"味"，有极其细腻严格而且近乎呆板僵化的规定，因此，从某种意义上讲，它限制了演员艺术个性的发展。比起既注重写意抒情的静、动态变化，又注意内容和形式审美统一的中国戏剧，印度古典戏剧明显缺少变化。

从微观的视点来剖析中印戏剧艺术的异同，同样会有许多新的发现。

首先，印度古典梵剧在演出之前有个"序幕"，由班主或舞台监督登台朗读一段颂神祝福的献诗，以表示颂贺，对观众说明要演的是什么戏，然后介绍主角出场。中国的杂剧、戏文、传奇则有"副末开场""家门引子""传概"。二者的叙事性质与作用相同。印度古典戏剧于每出戏之后都有"尾诗"，内容大多是赞颂劝诫、祈福求神。唱念这些尾诗的都是剧中人，且往往是主角，具有缓冲戏剧冲突余波的作用。中国戏剧中也有这类性质的"下场诗"，内容大都是高度概括全剧情节的诗，起到画龙点睛的作用，比如《张协状元》《长生殿》等；也有以劝诫之语结尾的，如《杀狗记》等。这两种结尾的"诗"都明显具有叙事的性质。

其次，在印度古典梵剧中，主要角色"弩依伽"，相当于中国戏文中的"旦"；另外有一个男主人公的侍从"毗都婆伽"，大致与中国戏文中的丑角或净角的作用等同，具有喜剧色彩。比如，梵剧《沙恭达罗》中的丑角摩陀弊耶就是国王的侍从，清传奇《长生殿》里的丑角高力士是不离皇帝左右的宫廷太监。两人都以插科打诨的语言来调节戏剧气氛，讲出男女主人公不宜说出的思想，起到一种补充叙述的作用。这也是一种重要的叙事手段。

最后，在印度古典梵剧中，剧中人使用的语言文字，大致可分为两种。一种为雅语（即梵语），另一种为白语（即俗语）。地位高的人物、主角等多用梵语，地位较低的下层人多用俗语。这和传奇中角色的用语习惯相似，明显是两国古代社会森严的等级观念在戏剧艺术中的反映。早期传奇戏文用两种语言叙述的剧本难以见到，然而在明嘉靖年间（1522—1566 年）陆采（1497—1537 年）的《南西厢记》中，配角用苏白（俗语）。至今所演的《南西厢记》中，法聪的话仍然是苏白（俗语）。《长生殿》中也是如此，李隆基、杨玉环用雅语，而配角高力士用俗语。这明显又是一种戏剧叙事的需要。

另外，中印两国的戏剧还有许多相同之处，如剧中各幕之间的时间与地点可以随意变换；歌舞结合，只演一件事；结局基本都是大团圆；演剧舞台都呈方形（印度古代戏剧舞台还有长方形和三角形）等。

中印戏剧艺术的诸多相似之处，不由得使人得出二者间可能存在着文化艺术交流的机缘与因素的结论。题材的相同还可以认为是巧合、暗合，而内容组织的相似，绝不会是偶然而成。对两者内容上的叙事性和叙事内涵的探讨，肯定会以跨文化对话的形式继续存在下去。从主题、母题和题材的角度，对中印戏剧的叙事进行更深一步的研讨，也一定会得出更多新的结论。

中印文化交流中的藏族文学

千余年来，处于中印文化汇流与冲突中的藏族文学，在本民族文化的基础上接受、消解了外来文化的营养，再生出新的、独具特色的新文学，成为中国乃至世界文坛的一朵奇葩。这完全符合东方学者季羡林先生指出的一个国家、一个民族的文学发展规律："第一，根据本国、本民族的情况独立发展。在这里，民间文学起很大作用，有很多新的东西往往先在民间流行，然后纳入正统文学的发展轨道。第二，受到本文化体系内其他国家、民族文学的影响，本文化体系以外的影响也时时侵入。第三，形成以本国、本民族文学发展特点为基础的、或多或少涂上外来文学色彩的新文学。"[1]

粤稽载籍，中印文化交流迄今已逾 2000 年。中印双方的商人、使臣和僧侣等，以居间人的身份，使这两大文化有了接触，而青藏高原又从地理交通上成为这两大文化进行交流的中介与桥梁。很早以前，西域道、西藏道就是沟通中印文化的两个通道，唐高宗永徽元年（650 年），高僧玄照就是经吐蕃由文成公主关照前往天竺（印度）的。对藏族文学寻踪考察，从形式到内容，都可发现中印文化两方面影响的蛛丝马迹。正如有的学者所指："纵观藏族文学的发展史，无论是文学的体裁，无论是文学的内容，无论是文学的篇章结构，无论是文学的写作技巧，总是在自己原有的基础上，不断地从汉族文学和其他民族文学以及古印度文学学习一些新东西。"[2]

---

[1] 季羡林主编：《简明东方文学史》，北京大学出版社 1987 年版，第 8 页。

[2] 中央民族学院《藏族文学史》编写组编：《藏族文学史》，四川民族出版社 1985 年版，第 17 页。

一、汉、藏诗论与印度之关联

印度文化对中国古典小说、戏曲、诗歌的影响已久为人知，对古代文学理论批评的影响也不可低估，不仅佛学上的顿悟说和言语道断说开佛教理论诗的先河，而且用因明学理论论诗者也不乏其人。比如，清王夫之在《夕堂永日绪论内编》中说："'僧敲月下门'，只是妄想揣摩，如说他人梦，纵令形容酷似，何尝毫发关心？知然者，以其沉吟'推敲'二字，就他作想也。若即景会心，则或'推'或'敲'，必居其一，因景因情，自然灵妙，何劳拟议哉？'长河落日圆'，初无定景；'隔水问樵夫'，初非想得，则禅家所谓'现量'也。"[①] "现量"即感知觉，是古代印度逻辑学说中关于推理证明的学问，即"因明"中的一个概念。"现量"被古代印度哲学家认为是感觉器官对于事物个别属性的直接反映，是尚未加入概念的思维分析活动，不能用语言加以表达。据现存文献记载，因明传入汉地始自北魏孝文帝延兴年间（471—476年）吉迦夜和昙曜所译《方便心论》。继这部因明学专书后，又有《回诤论》（541年）和《如实论》（约6世纪中期）两部因明学译书问世，但直至唐代前期，因明在汉地几无影响。直至玄奘于贞观十九年（645年）自天竺携回因明论36部，并在所译《瑜伽师地论》中扼要介绍印度古因明的脉络时开始，因明才在汉地逐渐得以弘扬。玄奘早在求学印度期间就师从多人，反复研习因明，谙熟正理派、古因明、新因明各家学说，并于归唐前，由印度戒日王（590—647年）为他举行"无遮大会"。玄奘运用因明阐扬大乘唯识学说，据说连续18天无人敢于反驳。玄奘足音未远，其嫡传弟子窥基等竟相研学因明，使之蔚然成风，但由于唐武宗李炎（841—846年在位）灭佛，至五代末、北宋初，已见不到窥基所著《因明大疏》。明代明昱、王肯堂等承余绪研究因明，才使得清初王夫之又将因明用于诗论之举。

因明传入藏地是在公元8—9世纪，比传入汉地晚。据有的藏学家讲："早

---

① 郭绍虞、王文生主编：《中国历代文论选》，上海古籍出版社1979年版，第315页。

在赤松德赞时代（755—799年在位），就有十五部因明论著译成藏文。"①而藏传因明的形成与发展约在10世纪后半期，此时已有大量因明著作被译成藏文。至13世纪初，萨迦班智达·贡噶坚赞（1182—1251年）已完成藏人自己撰著的因明学经典《正理藏论》。继后，宗喀巴（1357—1419年）虽然不同意萨迦派将因明与内明（佛学）区分开来的观点，但从他那只有23页的《因明七论入门》一书的结构方式来看，他还是受了《正理藏论》的影响。《因明七论入门》共分《境》《有境》《境之分析》《证境之方法》四部分，形成藏传因明的特色之一，即讲"境"十分精细，甚至到了烦琐的地步。宗喀巴讲"境"紧紧联系认识主体，认为"境"有"显境""执境""取境"3种。而"取境"则为"比量"，即推理和论证所获的明确认识。而唐宋以降的诗论、词论中，提出"境"或"境界"的不少。唐代皎然在其诗论专著《诗式》中的《取境》一题中说："取境之时，须至难至险，始见奇句。成篇之后，观其气（一作风）貌，有似等闲，不思而得，此高手也。"在《辨体有一十九字》一题中说："取境偏高，则一首举体便高；取境偏逸，则一首举体便逸。"②皎然所说"取境"的"境"，指境界、意境之意，是客观存在的境，反映于主观意识中的艺术境界。它和藏传因明中的"境"已迥然不同。皎然之后，唐代王昌龄在《诗格》中也提及诗有"物境""情境""意境"三境。清末王国维在《人间词话》中也提出诗词有"造境"和"写境"之分等。

藏汉两地的这些文学批评理论都源于古代印度哲学，只是藏传因明学与汉地因明学所师承者属因明的不同流派而已。

藏族的文论与印度《诗镜》关系尤为密切。《诗镜》是古代印度文学理论的总结，是公元7世纪下半叶的诗学家檀丁或称优巴坚（意为执杖者）所著，传入藏地后影响深广。13世纪初，贡噶坚赞在《学者入门论》一书中结合藏文诗的写作需要，把《诗镜》的主要内容以译述的方式介绍到藏族社会。1277年，译师雄顿·多吉坚赞又将其全部译成藏文，后来其弟子（也是

① 罗炤等：《藏学研究文选》，西藏人民出版社1989年版，第32页。
② 郭绍虞、王文生主编：《中国历代文论选》，上海古籍出版社1979年版，第130页。

其弟）洛卓丹巴（1276—1342 年）率先以此书授徒讲学，使《诗镜》得以流传。重要的是，其后的藏族学者布顿·仁钦珠（1290—1364 年）在首次编订藏文大藏经《丹珠尔》时，将用藏文字母转写的《诗镜》原文和藏译文一并收入。此后，许多藏族译师、学者都对原文进行过仔细注释，并结合具有民族风格的藏文诗例，对原作进行增补、阐释、改造、创新和发展。比如，却炯桑布（1444—1528 年）、仁邦巴·阿旺计扎（1482—？）、素喀瓦·洛卓杰布（1509—？）、五世达赖罗桑嘉措（1617—1682 年）、山南学者米旁·格勒南杰（1618—？）、噶玛司徒丹贝宁杰（1700—1774 年）、康珠·丹增却吉尼玛（1730—1779 年）、久·米旁南杰嘉措（1846—1912 年）等。由此可见，《诗镜》作为文学理论和诗歌修辞理论，在与藏族文学融合的过程中，已成为藏族自己的专门学问，并被许多作家奉为创作的圭臬。他们遵循《诗镜》中的规定，用"韵文体""散文体""混合体"① 三种形式创作了大量具有高超修辞技巧的诗体论著、传记、宗教史、尺牍、道歌、格言和"鲁""谐"体民歌等。在修辞技巧与写作手法上，《诗镜》提出"韵文体由四句构成"，并把比喻修饰分成 32 类。在第 30 类对举喻中，四句诗分为上下两联，上联两句是本意，下联两句是比喻。在作家写的诗中，比如《萨迦格言》和《仓央嘉措情歌》中都大量采用了这种比喻手法。此外，"诗镜"是从梵文意译的，藏文读作"年阿买隆"。"年阿"意为"雅语"或"美语"，既可用于修辞，又可用来作诗，以此为例所写的诗，被称为"年阿体"。14 世纪的蔡巴·贡噶多吉、宗喀巴及其弟子，17 世纪的五世达赖罗桑嘉措等都是擅长用"年阿体"写诗的文人。

《诗镜》不仅是如何写诗的实用手册，也蕴含着印度古典美学思想。它认为"充满情和味""修饰得好的诗，能娱乐人们，将永存到劫尽"。它还指出："甜蜜就是有味，在语言中以及在内容方面都有味存在，由于这（味），智者

---

① ［印］婆罗多牟尼等：《古代印度文艺理论文选》，金克木译，人民文学出版社1980 年版，第 23 页。

迷醉，好象蜜蜂由花蜜（而醉）。"① "味"在《诗镜》中表现出的某种感染作用，大致相当于美感。早在纪元初出现的印度古代文论《舞论》中，"味"就已经基本纳入美学范畴。确切地说，如果诗中充满了"味"，即有了美感，就能使人产生强烈的审美感受。魏晋阮籍最早把"味"引入文艺理论范畴，他在《乐记》中，以《老子》的"道之出口，淡乎其味"为本，指出"道（一般规律）德（特殊规律）平淡"，则"五声（音乐）无味"，"味"在这里指称音乐的美感。继后，东晋书法家王羲之将"味"引入书论，刘宋宗炳又将"味"引入画论。西晋陆机在《文赋》中直接用"味"来说明作品的艺术感染力。梁代刘勰在《文心雕龙》的不少篇章中用了"遗味""余味""滋味""精味""义味"等概念，开始把"味"作为文学创作与批评鉴赏的标准，可惜这些概念的内涵均不十分明确与具体。梁代钟嵘在《诗品序》中说"五言居文词之要，是众作之有滋味者也"，这是文人第一次明确地以"味"论诗的尝试。唐代司空图也认为好诗必须有"味"。自唐代以后，"味"便成了文艺理论中使用频率较高的一个概念。

印度《诗镜》作为文艺理论著作，从功能上讲，能起到反映和刻画作品中所叙述的各种生动形象的作用，犹如能照出影像的镜子。它把各种诗体巨著的修辞技巧反映出来，故而取名《诗镜》。明代文艺理论家陆时雍即取此义撰《诗镜总论》，并在诗论中用"味"来评诗。他说："诗之佳者，在声色臭味之俱备，庾（肩吾）、张（正见）是也。诗之妙者，在声色臭味之俱无，陶渊明是也。"② 又说："古人善于言情，转意象于虚圆之中，故觉其味之长而言之美也。"这样论诗已表明"味"有美学上的深意了。

二、藏译文学中的汉、梵典籍

一种民族文学对其他民族文学的接受与影响，无论口头的或书面的，往

---

① ［印］婆罗多牟尼等：《古代印度文艺理论文选》，金克木译，人民文学出版社1980年版，第30页。

② 赵永纪编：《古代诗话精要》，天津古籍出版社1989年版，第764页。

往都是以翻译为媒介的。藏族文学与中印文化交流的联系，同样离不开翻译的沟通。而对梵文、汉文典籍的翻译之所以在藏族成为显学，又正如我国藏学研究先驱陈寅恪先生所指出的："因藏文与中文系同一系文字，如梵文之与希腊、拉丁，及美俄德法等之同属一系。……因藏文数千年用梵意字母拼写，其变迁源流，较中文的明显。"①

据《柱下遗教》和《贤者喜宴》记载，早在松赞干布时期，就有藏区、内地、印度、尼泊尔、克什米尔等地译师翻译了《宝集咒》《宝云经》《月灯经》《妙法莲花经》等20多部佛典。《西藏王臣记》载：吞弥"翻译了观世音二十一种显密法门等许多经典。这算是此间西藏最初翻译的正法典"②。据《巴协》等文史典籍记载，赤德祖赞（704—755年在赞普位）为了提倡佛教，曾派2人去印度求法，并带回一些佛典；后来又派5人到中原取经。其子赤松德赞（755—797年在赞普位）也效法其父，大力支持将汉地佛经和印度佛经译成藏文，并派名臣跋·塞囊先后赴印度和大唐迎请高僧并求取佛经。藏文历史著作《青史》载：赤松德赞时，"从中原迎请和尚多人，敬请佛法"。"王子（赤松德赞）幼年，派桑喜（其父为随金城公主入藏的汉人）往中原求取佛经，……唐皇赐予大批蓝纸金字写经。"③《西藏王臣记》载：赤松德赞"从印度等许地区迎请来一些班智达和有成就的人士，依照藏王所吩咐的命令，除了剔除不适合于西藏的其他三部律仪外，翻译了说一切有部宗观的《律藏》；此外，还翻译了《经藏》及《对法藏》等三藏，并翻译了《下密续部》等诸经典和经论"④。汉文史籍中也有相同记载。比如，"（建中）二年二月，以万年令崔汉衡为殿中少监，持节使西戎。初，吐蕃遣使求沙门之善讲者，至是遣僧良琇、文素，一人一行，二岁一更之"⑤。王锡著《顿悟大乘正理决》（敦煌写本）中载，赤松德赞曾"于大唐国请汉僧大禅师摩诃衍等三人。同会净

① 中央民族学院藏学研究所编：《藏学研究》，天津古籍出版社1990年版，第278页。
② 五世达赖喇嘛：《西藏王臣记》，刘立千注，民族出版社1983年版，第22页。
③ 佟锦华：《藏族古典文学》，吉林教育出版社1989年版，第149、151页。
④ 五世达赖喇嘛：《西藏王臣记》，刘立千注，民族出版社1983年版，第62页。
⑤ 《册府元龟》卷九八〇《外臣部·通好》，第11513页。

城，乐说真宗"①。藏汉文史典籍中这样的记载还有很多。

始于松赞干布时期（约 617—650 年）的佛经翻译，至 15 世纪已成绩斐然，基本都收集于藏文《大藏经》中。藏文《大藏经》的辑录，约在 14 世纪中叶，比汉文《大藏经》集成晚数百年。汉译佛经信而有征当始于东汉恒帝（刘志）元嘉元年（151 年）。《大藏经》编辑于唐、刻于宋，南北朝时称"一切经"，隋代以后才有此称，原指汉文佛教经典，后藏文佛典也用此称。就内容而言，藏文《大藏经》分为《甘珠尔》《丹珠尔》两部，同汉文《大藏经》一样，主要是经、律、论"三藏"。除此而外，还辑录了有关文学、艺术、天文、历算、医药等方面的作品，广博精深，尤其是《丹珠尔》中收录的印度文学作品较多。比如，本生部中有《菩萨本生如意藤》《佛所行赞》和剧本《龙喜记》《世喜记》等，声明部中有印度著名梵文抒情诗《云使》，因明和《诗镜》也是收于《丹珠尔》中的。

敦煌莫高窟的"藏经洞"中有不少藏文写本和印本。1910 年，在千佛洞十七号藏经洞的古藏文文献中就发现了印度史诗《罗摩衍那》的片断。《罗摩衍那》传入藏区是在吐蕃时期（7—9 世纪），有数种不同的译文。巴黎版《敦煌藏文选编》第一辑中的古藏文译本《罗摩衍那》，实际只是原作的缩写本和故事主干，与原作有两点重要的不同，一是罗摩和悉多结合后即做了国王；二是团圆的结局是由哈奴曼促成的，其他情节大同小异。②《罗摩衍那》较好的藏文译本是 15 世纪象雄·曲旺扎巴（1404—1469 年）的改写本。

《罗摩衍那》的汉译文片断大约于三国、北魏时就通过佛经的翻译为世人所知。三国吴康僧会译的《六度集经》第五卷第 46 个故事，即写一国王自动让国，与元妃逃往山林。后元妃被劫，国王四处寻觅时遇一大猕猴。最后猕猴帮助国王救出元妃，并复国。北魏吉迦夜和昙曜译的《杂宝藏经》第一卷第 1 个故事《十奢王缘》提及十奢王第三夫人要挟国王废罗摩而立婆罗陀（婆罗多），罗摩在流放 12 年后终于复国。季羡林先生经考证认为，"如果我们把这两个故事合在一起，就同《罗摩衍那》完全一致，连那些细节都无不

① ［法］戴密微：《吐蕃僧诤记》，耿昇译，甘肃人民出版社 1984 年版，第 3 页。
② 王尧、陈践：《敦煌古藏文〈罗摩衍那〉译本介绍》，《西藏研究》1983 年第 1 期。

吻合。"①此外，唐玄奘在所译《阿毗达磨大毗婆沙论》第四十六卷中说："《逻摩衍拏书》有一万二千颂，唯明二事：一明逻伐拿（逻被那）将私多（释多）去；二明逻摩将私多还。"其他汉译佛经中还多处提及《罗摩衍那》。比如，《婆薮槃豆怯师》、《大庄严论经》等。而《西游记》中孙悟空更不能说没有《罗摩衍那》中哈奴曼的影子。由此可见，藏译《罗摩衍那》基本是对原作的删减，而且不少诗人、作家在自己的作品中留下了借鉴《罗摩衍那》的痕迹。汉文学只是对原作进行片断的、间接的吸收。

在敦煌发现的古藏文残卷中，也有汉文典籍的翻译。在《尚书·周书》的藏译文中，有一段纣王杀比干的故事。《尚书》卷六中原文只有"斩朝涉之胫，剖贤人之心"一句。经译者依据汉文注疏和史料故事为素材而进行再创造之后，演绎成纣王和妲己荒淫无耻、妄杀无辜的故事。在有关《战国策》的数节译文中，有出自《魏策》三的魏王撤回使节的故事，有出自《魏策》二的惠施劝诫田需的故事，有出自《魏策》四的唐雎使秦游说秦王救魏、安陵君拒秦、"缩高死国"等故事，还有《史记·魏世家》十四的强秦灭魏的故事。这些藏译文并不拘泥于汉文字句，而是基本转达原故事的意思，有些还根据其他汉文史书做了增补。在敦煌古藏文写卷中还有《孔丘项橐相问书》的 3 种不同抄译本，文字上互有异同，可能是根据不同的汉文本编纂而成的。

元杂剧作家李行道写有包公明断二妇争子故事的剧本《灰阑记》（全名《包待制智勘灰阑记》），清初戏曲史家黄文旸认为"其事有无不可考"②，其实，《灰阑记》脱胎于印度《大藏经·贤愚因缘经》里的《檀腻䩭品》。《贤愚因缘经》的汉译本为北魏慧觉等人译于北魏太平真君六年（445 年）。后宋、元、明 3 种版本对校本的《贤愚因缘经》计有 13 卷 62 品，《灰阑记》中二妇争子的故事内核就在其第四十六品《檀腻䩭品》中。相似的故事在古希伯来文学总集《圣经·旧约》中的《列王记》里也有，描写著名的所罗门王明断二妇争子案。虽然目前尚难推断都含有这一故事内核的《大藏经》与《圣经》二者间的源流关系，但是因为藏族文学中也有二妇争子的故事，可以推断《灰

---

① 季羡林：《罗摩衍那初探》，外国文学出版社 1979 年版，第 26 页。

② 董康编著，北婴补编：《曲海总目提要》，人民文学出版社 1959 年版，第 91 页。

阑记》是受到《大藏经》相应故事的影响，当不会错。

在成书不晚于 11 世纪的藏族古典文学名著《巴协》中，有《金城公主的传说》一节，叙述唐朝金城公主嫁给吐蕃赞普（王）赤德祖赞为妃，所生子（赤松德赞）被另一妃子纳囊氏喜登夺去。赤德祖赞为判明王子的生母，令人将孩子放于平坝一端，让二妃从平坝另一端跑去抢，谁先得子就把王子判给谁。金城公主先至抱起儿子，喜登不顾王子死活拼命抢夺，公主心疼只得放手，王子终被喜登抢去。《巴协》中这则二妇争子的故事内核，明显源于《贤愚因缘经》的藏译本。其译者是赤热巴巾时期的管·法成（？—约 865 年）。因他精通藏、梵、汉三种文字，译时同时参照了汉、梵两种文本，所以藏译本与汉译本略有不同，仅 12 卷 51 品。二妇争子的故事内核在 39 品《檀腻骑品》中，见德格版《贤愚因缘经》第 237 叶。①《巴协》是藏族早期的文史名著，它以手抄本行世，而且有数种，所记二妇争子的故事颇似民间传说的采录，明显是受了佛经故事的影响。

三、藏戏中的外来文化因子

藏戏在藏语中称"阿吉拉姆"（"阿吉"藏语意为大姐或女性，"拉姆"意为仙女），汉译为"仙女阿姐"。演员称"拉姆娃"，意为"藏戏之人"。相传 14 世纪，噶举派僧人汤东结布（1385—约 1465 年）为了在河上架桥以利交通，特邀山南琼结一户人家的七姐妹组成一个歌舞演出团体，以募筹资金。演出时，两人扮演猎人，两人扮演王子，两人扮演仙女，一人击钹伴奏，始有藏戏。但究其渊源，藏戏乃源于祭祀歌舞"羌姆"，藏语作"Vchams"。于乃昌教授认为羌姆"源于相当久远的图腾崇拜的历史时期"②。有的学者认为藏戏起源和萌芽于"与舞蹈相结合的'鲁'体民歌和本波教'摇鼓作声'的巫舞"③。总之，藏戏是在"羌姆"的基础上形成雏形的，后来汉族的乐舞、服

①　卢蔚秋：《东方比较文学论文集》，湖南文艺出版社 1987 年版，第 201 页。
②　于乃昌：《西藏审美文化》，西藏人民出版社 1989 年版，第 51 页。
③　顾笃庆等编写：《西藏风物志》，西藏人民出版社 1985 年版，第 124 页。

饰、礼乐和藏族歌舞融合，并在此基础上兴起一种鼓舞。其舞蹈、表演、歌唱开始有了规范，为藏戏的程式化表演开了先河。公元 8 世纪后期，赤松德赞兴佛，修建桑耶寺，在落成典礼上，请来印度（今巴基斯坦）高僧莲花生导演了佛教酬神醮鬼的跳神仪式。据《莲花生传》载："译经师在桑耶寺'慈氏洲'译经完后，由长老手持译经绕'务孜'殿三周，排成行列，戴上假面具，击鼓跳舞，为所译经典开光。"①蒙古学者阿旺察珠认为："'羌姆'表演最早是由莲花生在藏南倡建桑耶寺之时首先组织表演的。"②这些歌舞表演，以及带有域外宗教色彩的跳神仪式"羌姆"，到了汤东结布生活的 14 世纪有机地合为一体，被用来表演佛教神话和民间故事，并加以戏剧化，藏戏的雏形已初见轮廓。至 17 世纪，五世达赖罗桑嘉措时，始将娱人性的藏戏表演与宗教仪式彻底剥离，成立了职业性剧团，藏戏才成为一种独立的艺术形式。

藏戏艺术与中印文化交流的关系最密切的契合点，莫过于表演中使用面具。藏戏面具从功能上可分为宗教面具和戏曲面具。前者可分为"羌姆"（跳神）面具和悬挂面具，后者可分为藏戏面具和曲艺面具。面具在许多民族戏剧中都存在，它是人类原始想象的产物，最早用于巫术这种交感仪式中。当它开始出现于歌舞表演的宗教仪式中时，就预示着将与戏剧结下不解之缘。至今我国的江西、湖南、浙江、贵州、四川、广西等地尚流行戴着面具演出的傩舞或傩戏。与此有关的历史记载自《周礼·夏官·司马下》中所载"傩祭"始，汉代刘向所著《列女传·孽嬖传·夏桀末传》载，夏代最后一个帝王夏桀"大进倡优""造烂漫之乐"，即人戴面具扮巨兽的假形舞蹈。东汉张衡在《西京赋》中所记"鱼龙曼延""总会仙倡""东海黄公"等，也是人戴面具的舞蹈表演。隋代《文康乐》也记载了人戴上面具模仿别人举止的表演。最早的面具戏是唐代描写北齐兰陵王破敌的《兰陵王入阵曲》。由此可见，到了唐代戴面具演出的歌舞表演已相当普遍，戏剧雏形已经出现。

印度戏剧形成过程中是否使用面具演出的问题，尚无定论。梵文学者金克木先生曾提供过一些信息："在公元前 2 世纪的语法书《大疏》里说到过去

---

① 赤烈曲扎：《西藏风土志》，西藏人民出版社 1982 年版，第 233—234 页。
② 王尧主编：《国外藏学研究译文集》，西藏人民出版社 1989 年版，第 241 页。

的事也可以亲眼看见过的时候，引的例证除图画外，还说有人表演、讲说黑天的故事，黑天和敌人双方还分了颜色，似乎有面具或脸谱。"① 保加利亚藏学家亚历山大·费多代夫则肯定地指出："'羌姆'作为一种宗教和社会现象，最早出现于印度。从远古的时候起，演员就要戴上特殊的面具，穿上特制的服装，扮作鬼魅和神灵表演。后来，西藏人知道了这种神秘的宗教舞蹈。"② 近人许崇灏在论印度文化"对于中国文化之影响亦非浅解"时也指出："音乐之'十部乐'，戏剧上之'脸谱'拨头，其所受于印度者，亦不在少。"③ 尽管这些学者都指出印度戏剧萌芽时期可能使用过面具和脸谱，但是在成熟的印度古典梵剧中，并没有留下任何痕迹。这主要因为产生于公元前后的印度戏剧理论专著《舞论》对梵剧表演的程式进行了许多规范化界定，对演员为表现不同情感所需运用的 7 种眉毛动作、9 种颈部动作，以及脸、眼、下巴、面颊、鼻子、嘴唇、牙齿、舌头等的动作与表情的关系都做了限制。遵循这些烦琐的规定，戴上面具演出是不可能的。由此可见，藏戏戴面具演出的形式在萌芽时期，即以"羌姆"形式表演时期，可能受到过在汉地流行的傩舞或假形舞蹈，以及印度古代宗教舞蹈的影响。

藏戏的传统剧目尚存的有十多种，其中最著名的，也是经常演出的是"八大藏戏"，从其剧情中也可以发现与中印文化交流的印迹。比如，历史剧《文成公主和尼泊尔公主》(或译《汉妃尼妃》)，因通常只演文成公王的故事而称《文成公主》，内容主要写松赞干布派大臣噶尔·东赞到唐朝求婚，他靠超群的聪明才智为松赞干布迎娶文成公主，艺术地反映了唐蕃联姻的千古佳话。藏戏中除翻译、改编了印度梵剧《龙喜记》(《云乘王子》)的《云乘王子》和印度史诗《罗摩衍那》的剧本《若玛囊》外，取材于佛经故事的剧本《诺桑王子》也很著名，也是"八大藏戏"之一。这个故事源于被译成藏文的《菩萨本生如意藤》中的《诺桑本生》，主要讲诺桑王子和仙女益超玛之间的忠贞爱情曾遭到后妃破坏的故事。18 世纪的次仁旺堆将其正式改编成剧本。

---

① 金克木：《梵语文学史》，人民文学出版社 1964 年版，第 253—254 页。
② 王尧主编：《国外藏学研究译文集》，西藏人民出版社 1989 年版，第 241 页。
③ 许崇灏编：《中印历代关系史略》，独立出版社 1942 年版，第 13 页。

考察藏戏这一颇具藏族特色的艺术形式和内容演变的规律，一方面可以发现其与汉地的戏曲艺术有许多共同点，如歌、舞、剧三者的有机结合，唱、念、做及面具的程式化，特殊的演出时空概念和虚拟写意的手法，尤其是像甘南等地因受汉族戏剧影响而采用了舞台演出的形式等。另一方面，由于印度文化艺术的影响，藏戏在文学剧本、故事内容、演出形式，抑或是唱腔、舞蹈、技巧等方面，又形成了与汉族戏剧和印度戏剧迥异的独立风格。藏族学者丹珠昂奔就明确指出："藏戏的'顿'（序幕式）、'雄'（正戏）、'扎西'（闭幕式）等借用了印度的戏剧艺术形式。"[①]但在演出时，藏戏也借鉴了不少内地的元素。

处于中印两大文化交流影响下的藏族文学，如今已成为学者耳熟能详的财富，仅从上述三例中可见一斑。文学的交流、影响与接受离不开文化的大背景，藏族文学自然也不例外。它在中印两大文化夹击之下顽强地表现出自己的文学个性和吐纳大方的胸怀，充满了神奇性与多质性的艺术魅力。

---

① 丹珠昂奔：《佛教与藏族文学》，中央民族学院出版社 1988 年版，第 63 页。

玄奘与那烂陀寺

————————

我们一行3人坐夜车于凌晨4点多钟到了离那烂陀最近的火车站。火车上又冷又没有安全感，也没有人报站名。天还黑着，我们从没有人看管的火车门向四周张望，漆黑的夜里，只有微弱的灯光在清冷的空气里闪烁。没有站台，我们只好从车厢里跳到地面上，左右一看，只有几个人下车，一打听还有好远的路要走。一位好心的中年男子将我们带出车站。我们顺着乡间小路走了近半个小时，5点多的时候，到了一个路口处，上面有一个牌坊，朦朦胧胧之中看到上面的文字是音译"那烂陀"的字样，欣喜若狂。若明若暗之中我们又看到了几个人影，走近才知是个卖煎糕的露天小店。我们给领路人和自己各买了一个，吃后又顺着路人指的道走向理想之地。支持我们的力量是想圆"那烂陀之行的梦"，是玄奘求法的情结。

走着走着，天色微明。在晨光熹微之中，突然间我们看到一个大铁门上面半圆形的拱门上写着几个中国字："中华寺"。我们高兴得不得了，这是我十几天来第一次看到中国字，而且写的是寺庙，真是喜出望外。我们赶忙上前去敲门，由于太早，里面的人可能还未起床。过了难耐的10多分钟，终于大铁门上的一个小门开了。我们说明情况后，被人带进庙里。寺庙不大，是一个小庭院，左面有一个带水池的小花园，池子里面有一个半立式的眼镜蛇雕塑，右边是两座两层的可以住人的禅房。面对着的一间屋里有一个佛陀像，从侧面过去就是住持的屋子了，里面有张床，还有许多照片挂在墙上。住持是缅甸人，不会说汉语。他的前任是个中国台湾人，他主持中华寺已有十几年了。他让人为我们准备了丰富的素膳，我们交了香火钱。告别后，天也大亮了，我们问明路径，就直奔那烂陀寺"杀"去。

一、那烂陀的佛教文化

那烂陀（梵语：Nālamdā），全称那烂陀僧伽蓝，是公元 5 世纪笈多王朝时期创建的。兴盛于戒日王朝和波罗王朝早期，衰落于波罗王朝晚期，700 余年来，它已成为古代印度佛教的最高学府和当时研究印度文化的中心。"那烂陀"是梵文的音译，其意一说是当地一种龙的名字，一说是"传授知识"，一说是"施无厌"，总之，都是褒义的内涵。它位于印度古摩揭陀国王舍城附近10 多公里处，[①] 也就是今天距印度比哈尔邦中部巴特那县拉查基尔约 11 公里处的巴腊贡（Baragaon）。神怪小说《西游记》中唐僧西天取经要去的"西天大雷音寺"所在地就是那烂陀，现在已是文化遗址。据载，辉煌的那烂陀寺毁于 1200 年前后的兵乱战火之中。伊斯兰历史学家敏哈吉（Minhaj-i-Siraj）在自己的书中记述："有一位伊斯兰的首领率兵打到了那烂陀，因为他们宗教信仰不同，就在当地大肆劫掠，并把当地的绝大部分居民，包括'削发者'（当然是指佛教徒）在内，统统处死，无数珍贵的佛经被付之一炬。"[②] 从此那烂陀寺一蹶不振，逐渐湮没。1812 年，欧洲人弗朗西斯·布昌南在这里发现了一些塔和大型宫殿遗址，他推断这里曾是祭祀之地和皇家宫殿。半个世纪后的 1861 年至 1862 年，亚历山大·康宁汉根据《大唐西域记》记载的距离和方向，推断这里就是那烂陀。1915 年印度考古监督局开始挖掘，揭开了那烂陀的真面目。

那烂陀寺的遗址很大，残垣断壁就有两三层楼那么高。其中有整齐的僧房和多座寺庙、佛塔等，常住僧众万人以上。作为印度古代的最高学府，它实际是一个大佛学院。它的建筑面积很大，挖掘出的遗址面积约 14 公顷，只占玄奘《大唐西域记》中记载的十分之一左右。从遗址现场上看，建筑材料为青石和红砖两种，建造于 7 世纪。遗址西南角的寺庙建筑共有 7 层，层层

---

① 摩揭陀国是古代印度 16 国之一，自公元前 7 世纪始非常强大。国都为王舍城，曾被毁，玄奘去时已重建，又称"新王舍城"。佛陀圣迹大多在王舍城附近，所以摩揭陀国一直是佛教圣地，有许多佛教文化遗迹和神话传说存世。

② 钱文忠：《玄奘西游记》下册，上海书店出版社 2007 年版，第 199 页。

叠加，犹如空中寺庙群。那烂陀寺不仅规模宏大，而且藏经丰富，分为"宝云""宝海""宝洋"三座藏经楼。那烂陀寺隆盛时期，大师云集，高僧辈出。许多知名的印度佛教大师和域外高僧都在那里学习过，比如龙树菩萨、莲花生大师、戒贤法师，以及65岁赴印度求法、78岁才回中国的法显和29岁出国、44岁载誉回国的玄奘等。可见那烂陀当年那些高僧、大德才华横溢、讲经论道的深厚素养与功底，真可谓佛教世界首屈一指的文化盛况。

遥想当年，上万名各国佛教徒在100多公顷的校园里穿梭往来，何等壮观。各处的讲课声、辩论声此起彼伏，回荡在旷野上空，那景象又是多么让人激动。站在高处的遗址上俯视四周，可以发现佛学院布局整饬、等级森严，但又充满了一切为了方便学生的学术氛围。求佛学生在这样的环境里潜心向佛、参佛修业，使印度古代形成的论辩之风在这里得到更好的发挥；师生互参互诘、教学相长，通过问答交流学问，至今令人向往不已。走出经堂之后，如有学生余兴未尽，仍可在宽广的庭院里和狭窄的甬道上讨论不止。那烂陀寺"僧徒数千。并俊才高学也。德重当时。声驰异域者。数百余矣"。他们"请益谈玄。竭日不足。夙夜警诫。少长相成"。他们每个人都有同样的共识："其有不谈三藏幽旨者。则形影自愧矣。"[1]这是多么难得的自觉学习精神。正是这种刻苦钻研的精神和佛理思辨才使这里精英汇聚、人才辈出。玄奘的老师戒贤法师的继承人是法称，后续的重要人物是寂护。寂护在西藏传教多年，直至762年圆寂。那烂陀的另一位高僧莲花生后来也到西藏传教，成为藏传佛教的创始人，名满佛学界。

近1400年前，唐贞观元年（627年）高僧玄奘冒着生命危险，悄悄从长安出发西行、昼伏夜行，偷逃出玉门关，到达高昌王城（今吐鲁番县境），再经铁门关（库尔勒）到库车（龟兹）西行阿克苏，翻过葱岭（帕米尔高原）北麓凌山，往西到达碎叶，再经康国撒马尔罕到乌兹别克西部（大夏）的铁门南下抵阿富汗之巴米扬，到今巴基斯坦白沙瓦和斯瓦特地区。他边走边学，走走停停，前后两年时间（629年），后经今巴基斯坦旁遮普，进入印度北部地区，到曲女城（恒河西岸之勒克），依然是边走边学，终于在贞观五

---

① ［唐］玄奘：《大唐西域记》，广西师范大学出版社2007年版，第139页。

年（631年）抵达了他朝思暮想的摩揭陀国的那烂陀。此时，玄奘已入印2年多。他在各地游历，早已在印度佛学界名声远播。那烂陀上百名僧人手持鲜花，以盛大仪式出城欢迎这位远道而来的异国僧人。当在20位僧侣的陪同下去拜见如雷贯耳的那烂陀住持、全印度大乘有宗的最高权威、正法藏戒贤法师（约528—651年，"戒贤"是梵文的意译，音译为"尸罗跋陀罗"）时，玄奘对他顶礼膜拜，行弟子礼，内心万分喜悦。

过去我已在中国境内走过玄奘的求法之路，现今又追寻他的足迹来到那烂陀，分享他实现梦想的喜悦，真是无比激动。虽然昔日辉煌灿烂的大学堂，如今已是一片荒凉，但我站在这些庞大宏伟的残垣断壁的红墙上，仿佛看到玄奘孜孜苦读经典、与群僧唇枪舌战、出门乘坐车舆的神态与身影；能够想象出他在那烂陀苦读5年的1800多个日日夜夜是如何废寝忘食，努力达到"语不惊人死不休"的境界的。贞观十年（636年）玄奘离开那烂陀到印度各地寻访高僧大德，参观龙树、护法和陈那等佛学宗师的故乡，拜师访学，悉心研习各种经典义理。学成后，戒贤大师聘请玄奘为众僧宣讲多门经典。641年初春，戒日王（606—647年执政）仰慕玄奘的才学，决定在曲女城举行讲经辩论大会，恭请玄奘做大会论主。当时五印（北印度、东印度、西印度、南印度、中印度）18个国王、精通大小乘的高僧3000余人，婆罗门和外道学者2000余人参加大会。玄奘从容登场，讲论异常精彩。在18天的辩论会上，玄奘任人问难，但无一人能予诘难。玄奘一时名震五印，并被大乘尊为"大乘天"（"摩诃耶那提婆"），被小乘尊为"解脱天"（"木叉提婆"）。当年，玄奘辞去戒日王让他留印的邀请，载誉回国。在历经千难万险之后，玄奘于645年正月回到长安，受到朝廷内外的隆重接待。此后，他译经不止，终于在664年，因劳累过度，力衰而亡。玄奘不平凡的一生，令人们不禁掩卷而泣。

二、那烂陀与中国

走出那烂陀遗址，我们驴友一行3人余兴未尽，决心再去寻访玄奘纪念堂，以便让我们游子的遐思有个归属之所。于是出了遗址的大门顺着土路向东逶迤而行。一路崎岖坎坷，我们不停问路，走走停停，将近1个小时，终于在路的左侧远远地看到葱绿的田野之中，隐隐约约有一座中国古典园林式的建筑。我们疾走到一座桥上，下面就是那烂陀河波光粼粼的水面，左侧河岸上在那宛如中国江南的景色中，有一座蓝黄相间的雕梁画栋式的殿宇，那就是新建的玄奘纪念堂。20世纪50年代，中印友好，互信度很高。印度政府因为那烂陀寺遗址是根据玄奘《大唐西域记》的记载而被发现的，所以决定在遗址附近玄奘原来在那烂陀学习时的住所原址上建造玄奘纪念堂。由于玄奘在中印文化交流史上的重要地位，中国政府也非常支持这一纪念两国友好往来、文化交流的大好事情，于1957年决定捐款30万元人民币——这在当时已是一笔巨款——玉成此事。为了表达诚意，中国不仅捐助了资金，还提供了建筑这个纪念堂的设计图纸。现在我们面前这座宏伟的宫殿式建筑，不仅是中印文化交流史和佛教发展史上的重要标志，而且是丝路文化交流史上永远矗立的里程碑。

进了纪念堂的大门，犹如身处幽静的禅院之中。迎面而立的是身材适中的玄奘背着行李箱迈步向前的雕像。这不就是背包客的原始形象吗！我们几个现代的背包客，激动地将背包整理好，略微侧身纷纷与之合影留念。但是玄奘另一个更重要的身份，就是求佛法的留学生。正是因为受到玄奘不远万里西行求学精神的鼓舞，我们才得以来到那烂陀寻找他的踪迹。雕像后面的高台阶上是以大雁塔玄奘大殿为原型而建的宽阔纪念堂的主体建筑，走进大殿顿时有一种空旷高远的视觉冲击力和一种庄严肃穆的神圣感。面前的案桌上摆放着只在重大场合才会点燃的香炉。案桌前供奉着玄奘从菩提伽耶带回国的佛陀脚印的复制品。对面高墙上吊挂着那烂陀高僧的画像，进门两侧是玄奘生平的彩绘，栩栩如生，令人望而生敬意。玄奘的精神在纪念堂里找到了归宿，他的魂魄仿佛萦绕在旷古寂远的空间里。他以一个真正求法人的肉身之躯，让中国人懂得了人性中的信仰与虔诚、梦想与追求、成功与毅力、聪慧与刻苦等品质的高贵。他让印度人从《大唐西域记》中发现了自己遗失的那烂陀历史，还给了印度人对他的所有馈赠。玄奘让中印两国人民都充满了对他的感激和敬佩，并成为两国人民心目中知名度极高的中国人。中国庆幸有了那烂陀，而印度庆幸有了玄奘。

那烂陀的佛教文化与中国结缘很早，而玄奘的到来使之达到了鼎盛期。

由于那烂陀寺"高才博物，强识多能，明德哲人，联晖继轨"，所以"众所知识，德隆先达"，以至吸引了周边各国的僧俗两众前来求学。其中，到过这个寺庙的、读过书的、访问过的、求过经的、学过法的中国僧人就有义净、慧轮、智弘、无行、道希、道生、大乘灯等一大批人。据说因为从中国来此地求佛的人太多，而在距那烂陀寺约50里处，曾建有一个名曰"汉寺"的庙宇。"在敦煌曾出土过一个古代写本，叫《西天路尽》，书中就有这样的记载：'寺东五十里有汉寺，汉僧在此也。'"①由此可见，因中土僧人来那烂陀学习的人多，他们甚至有了自己固定的住所，这也是中印佛教文化交流密切的又一真实写照。

那烂陀所在的摩揭陀国，自唐代开始就和中国有密切的官方往来。唐太宗曾专门派人到摩揭陀国去学习制作白砂糖的方法。此前中国只会做麦芽糖，是摩揭陀国人教会了唐朝人用甘蔗制作洁白、细腻、纯净的白砂糖。唐朝的大型宫廷音乐《秦王破阵乐》当时在印度传播广泛（唐太宗未登皇位前，曾被封为秦王）。《大唐西域记》载："今印度诸国多有歌颂。摩诃至那国秦王破阵乐者。闻之久矣。"②当时印度一代明君戒日王也对《秦王破阵乐》很感兴趣。他曾对玄奘曰："尝闻摩诃至那国有秦王天子。少而灵鉴。长而神武。……氓庶荷其亭育。咸歌秦王破阵乐。闻其雅颂。于兹久矣。"③戒日王和玄奘于贞观十四年（640年）下半年见面，促成了戒日王派人到唐朝去晋见。《旧唐书》和《新唐书》对戒日王派使节到中国都有言之凿凿的明确记载。贞观十五年（641年）唐朝还派了官员梁怀尽作为使臣将印度使臣送回印度，并顺便进行了回访。此段记载也见于《册府元龟》。可见玄奘到那烂陀访学为中印文化交流所做的巨大贡献。

最近我在报纸上看到一则消息，非常感动。印度那烂陀在时隔800年后要复建，将来会有来自40余个国家的多名学生陆续进入这所古老的学府进行深造。而印度和其他18个亚太国家，包括中国在内，将共同出资，在离旧址不远的地方建立那烂陀大学的新址。我们翘首以待印度那烂陀重现当日的辉煌。

---

① 钱文忠：《玄奘西游记》下册，上海书店出版社2007年版，第199页。
② ［唐］玄奘：《大唐西域记》，广西师范大学出版社2007年版，第148页。
③ ［唐］玄奘：《大唐西域记》，广西师范大学出版社2007年版，第67页。

中国古代文人的哲理摄取

————

中国佛学源于印度不言而喻，但印度佛学对中国文人哲学传统的影响则语焉不详。国内外学者对这一具体过程和现象的研究还有待深入。陈寅恪在《中国哲学史》审查报告中有句名言："其言论愈有条理统系，则去古人学说之真相愈远。"其意在告诫人们对学术史的研究要有深入的新意与详解。近年来，随着对学术史研究的反思，学术界对福柯提出的"知识考古学"现象也愈加重现。在对印度佛学与中国哲学传统关系以往被忽略的材料和问题的考察中，从"知识考古"的研究视角更注重差异性、断裂性等碎片化问题，以及对普通文人构建中国哲学传统等问题的"发现"，会表现出一些新意。"知识考古学"具有后现代主义特征，有某种局限性，但是就对印度佛学与中国哲学传统问题的关系研究而言还不失为一种有意义的探索。因为印度佛学在输入华夏的过程中，不仅有大量经典文献需要精选、阐释，还要关注般若与玄学、儒释道三教的关系，佛教礼仪、修行方式等诸多方面需要总结。其中不乏印度佛学如何与中国哲学传统相融合，如何浸润到中国文人"义理"治学方法中去，最终形成具有特色的中国哲学等根本问题。

一、印度佛学与中国魏晋玄学

印度佛教在小乘尚盛、大乘初兴之时，大约是在中国东汉末期到南北朝中期的 400 年间。它们几乎是同时传入汉地。东汉桓帝元嘉元年（151 年）来华的安息高僧安清所译禅法出于小乘一切有部。月支国高僧支娄迦谶，于汉灵帝光和、中平年间（178—189 年）传译的佛经多属大乘。继上述两位译经大家之后，相继又有天竺、西域高僧来华译出许多禅学佛典。但总体分析，两汉时期佛经及禅学在社会上影响有限，习禅者寥寥无几，更未达到建立僧团广为播扬的程度。从东晋初至南北朝中期，印度大小乘禅学才得以在汉地大行其道。究其原因主要是当时中原南北分裂、社会动荡，尤其是北方正值"五胡乱华"，人民生灵涂炭，迫切需要慰藉心灵的灵丹妙药，禅定修行与儒家修身有了契合点。虽然前者为了出世，后者为了入世，但是在外乱不止时企盼内静的心理是灵犀相通的。于是相对稳定的南朝就有了佛教蔚然成风的局面，以至达到了"南朝四百八十寺，多少楼台烟雨中"的盛景。

从此，佛教在中原民间大兴，又不断得到各民族统治者的尊崇与扶植。经过多年的磨合，它越来越适合中国封建统治思想的要求。在封建宗法制社会里，佛教禅理的著作逐渐被广大人民所接受。居家、出家两种主要的禅学修行方式也越来越迎合了人民的实际需求。释迦牟尼不再被汉人视为域外之人，佛教也不再被看作外来宗教。"到隋唐时期，佛教典籍数量超过儒家典籍百十倍"[①]，从此，不仅儒、释、道三教并称，而且研习者众多，佛学彻底中国化并成为华夏文化的重要组成部分，而且影响到中国的哲学传统。

印度佛教之所以能够在中国文化这块沃土上生根开花，甚至比在印度本土的境遇都要好，是因为它接受了中国文化的过滤和改造，成为中国佛教，即中国文化的一部分。印度佛教初入中国，也遇到抵制，被认为是夷狄之道，与中国传统文化相抵牾。因为印度佛教不讲五伦，还要出家，违背了君臣大义，破坏了儒家"无后为大"的纲常礼教。佛教为了给自己正名，不仅表明出家是"大孝"，可以"居家"修行，更有益于王化，是治国的保障，而且积极配合中国各个历史时期社会思潮的流行发展。因此，汉传佛教的一大特点就是居士佛教特别兴盛。晋代著名诗人谢灵运等就是居士。他们在世俗界有很高的地位，佛教僧人也对他们尊敬有加。他们既享受着世俗生活，又在佛学修养上达到高水平。这种"居士"生活非常适合汉族佛教徒的生活需要，又符合他们的心理需求。

印度《毗摩罗诘经》应该是大乘佛教中除《大般若经》以外最重要的经

---

① 任继愈：《佛教与东方文化》，见北京大学东方文化研究所编：《东方文化知识讲座》，黄山书社1988年版，第23页。

交流篇 | 295

典。其主人公名叫维摩诘，是个富有的居士。他佛学修养很深，在佛学界威望很高。《毗摩罗诘经》据说由释迦摩尼亲自讲述，所以很早就被多人译成汉文《维摩诘经》，对中国诗学界颇有影响。唐代中期著名诗人王维即其中之一。他也是居士，因喜欢维摩诘这个人物，自己又名王维，所以字"摩诘"。他将自己的诗集称为《王摩诘集》。王维不仅是著名诗人，还是重要的画家，堪称"南宗"画风的开创者。诗学传统中的"诗中有画，画中有诗"，即后人对他诗画的评价。由于他佛学造诣高深，所以其很多诗画作品中都带有明显的佛学印迹。比如他的名画《雪中芭蕉》，画的是雪地里的芭蕉树，画面违背自然规律，但哲理是让人悟出世间事物的短暂。

汉代，佛教与黄老信仰、祠祀相配合，所译佛经多比附于黄老之学，并常以黄老之词进行译述。比如，将"波罗密多"译为"道行"，将"如性"译为"本元"等。由于"译所不解，则阙不传"，因此与原文原意相比，译文多有脱失。例如《四十二章经》就是《阿含经》的编译汇编，其译文为了迎合汉人的阅读习惯，竟然多可与汉代流行的道术相通。这无疑为佛学中国化找到了一种途径。

例如，印度佛教早期历史上曾有两大著名"精舍"，即佛陀居住、弘法的园林场所，其中之一为"竹林精舍"，它不仅在佛教史上有重要意义，而且对中国文化思潮也发生过影响。陈寅恪先生曾撰文提出，他经过研究发现，魏晋时期著名的文学团体"竹林七贤"，在他们居游之地周围并没有竹林，他们为什么会称为"竹林七贤"呢，其实就是借用了佛教的典故，用"竹林"来指代像竹林精舍那样群贤毕集、名人荟萃的隐逸之地。由于魏晋时期清谈风盛，佛道风靡士林，佛教在中国非常盛行，对当时士人的影响很大。有七位才德出众的高洁名士经常聚集在一起，饮酒清论，隐逸游乐，世人就用了这么一个佛教典故，称之为"竹林七贤"。他们的精神状态在当时有一定的代表性。这种隐逸文化成为一种时尚、一种风格流派，为促进中国当时文化思潮的发展起到了一定的作用。

魏晋南北朝时期，玄学兴起，玄言诗盛行。玄学是当时一些哲学家用道家思想杂糅儒家经义而形成的一种具有唯心主义倾向的思潮。魏晋时的文人以道家的"清"为审美标准，区别于儒家"雅"的审美趣味，认为"老庄尚自然，周孔尚名教"。玄学用忘言得意的方法消弭了儒道之间名教与自然的矛盾冲突。言意之辨的方法使儒家之"雅"、道家之"清"、佛家之"空"融为一体，形成"静"的审美境界。这对佛教在中国的传播及其与儒道等本土文化的融合都起到了重要作用。言意之辨由顿悟说将禅宗发展到极端，比如，不立文字，靠棒喝和隐喻去体悟"自性真空"之义等，最终成为儒释道会通的根本方法。它对玄学建立、佛学在中国生根，以及宋明理学的形成，乃至中国哲学传统的完善等都产生了不可估量的影响。佛教与玄学相配合，佛教理论用来发挥玄学思想，也可以说玄学思想能够被用来解释佛学原理。因为两者在宇宙观和人生观方面的系统探讨有契合点。佛教信徒几乎是全力投入到当时哲学思想界的本末、有无、体用的大辩论之中的。应该说魏晋南北朝的佛学思想与当时社会的主流思潮，即玄学共同发展和丰富了中国哲学的发展，在文学史上亦然。刘勰在《文心雕龙·明诗篇》中说："宋初文咏，体有因革。庄老告退，而山水方兹。"当时文坛，玄言诗大行其道，它脱离实际，玄学味太浓，因缺乏形象思维，读来索然无味，具有贵族化倾向，而表现个人"性情"的山水诗一旦盛行，取代玄言诗则是必然之事。因为阅读山水诗时的听觉效果和形象思维的审美效果比阅读玄言诗时要唯美得多，客观上造成了在玄言诗为山水诗所取代的那一段时间，顺理成章地成为佛道思想自然融合的时期，也是玄理让位于佛理的时期，具有了诗化哲学的性质。

南北朝中后期，佛教学界提出"佛性论"，与中国哲学史上从魏晋时期的本体论发展而来的"心性论"相呼应。这使得从本体论进入心性论的中印哲学史的发展不仅同步，而且丰富了心性论的内涵与外延。在这种情况下，中国文人的思想得以和佛学产生沟通，相互之间有了认同。直至隋唐以后，中国化的佛教各宗派几乎没有不讲心性论的。心性论成为各个宗派共同关心的话题和深入探讨的理论。中国哲学思想史上的玄学本体论从此进入心性论的认知领域，为中国哲学的发展开辟了新的道路。

二、佛学与宋代理学

隋唐时期，佛学鼎盛，儒学相对沉寂，华夏儒释道三种文化的发展产生了不平衡。在这种形势下，由于释道两家之学的刺激，从晚唐起，儒家学说开始吸收佛道思想精髓形成新儒学。各种吸收佛道思想并予以世俗化的民间信仰，也从南宋时起勃兴于民间。宋代这种新儒学中已有理学的成分，尤其是程朱理学的兴起，这种客观唯心主义思潮与禅学相结合，使宋诗有了理学和禅学的色彩，表现出欧阳修所说的"深远闲淡"的意境。这种意境以儒家中庸敬恒思想为基础，杂糅道家自然无为的人生观和佛教无欲解脱的教义合流而成。它以"雅正"、"清虚"和"空灵"融为一体的"静寂"为寓意，有了诗化哲学的意味。于是宋诗中不仅透出理趣，而且显露出禅机的意境。深通佛学禅理的苏轼的《惠崇春江晓景》诗云："竹外桃花三两枝，春江水暖鸭先知"，禅悟：如人饮水，冷暖自知。他在《送参寥师》诗中以"阅世走人间，观身卧云岭"与参寥相勉，禅悟：体悟人生需到佛界。曾一度潜心于佛理的朱熹在《观书有感》诗中写下名句："问渠那得清如许，为有源头活水来"，禅悟：水清还需有源头活水等。这些禅理诗丰富了中国的哲学思想。

其实，宋诗的这些诗性诉求还源于"偈颂"的发展，"偈颂"是利用梵汉对举方法创制的词语。"偈"原为梵语"偈陀"的简称，译为汉语的"颂"，梵汉双举名为"偈颂"。它是印度古代表达歌颂赞叹的诗，类似于中土的诗歌。总体上分析，中土诗歌偏重抒情，偈颂侧重宣扬佛学。魏晋时偈颂不押韵。自唐中期以后，偈颂在形式上逐渐格律化。如诗僧寒山《重岩我卜居》："重岩我卜居，鸟道绝人迹。庭际何所有，白云抱幽石。住兹凡几年，屡见春冬易。寄语钟鼎家，虚名定无益。"这种偈颂发展到宋代已成偈颂体诗歌了。如雪窦禅师的《送僧》："红芍药边方舞蝶，碧梧桐里正啼莺。离亭不折依依柳，况有青山送又迎。"又如丹霞子淳的偈颂："长江澄澈印蟾华，满目清光未是家。借问渔舟何处去？夜深依旧宿芦花。"此类诗歌在格律和意蕴上已明显可以被视为七律诗了，其描写丰富了中国诗歌的表现形式，内容则蓄养了哲学的精神。

宋代以来，程朱理学认为"理"关乎世界而存在，并派生万物，具体而言是讲"修身"以求"觉"的，认为"仁即是觉，觉即是心。因心生觉，因觉有仁"。因此，与禅学的"修行"求"悟"有了契合点。禅学所谓人人皆有悟性，儒学所谓人人皆有觉性。觉悟之后，禅悟可不著言说，儒觉必托诸文字。因此，当时出现的大量具有禅理的诗，就表现了理学与禅学互参的这种倾向。比如，"小荷才露尖尖角，早有蜻蜓立上头"（杨万里《小池》），"不识庐山真面目，只缘身在此山中"（苏轼《题西林壁》），"近水楼台先得月，向阳花木易逢春"（俞文豹《清夜录》），"山重水复疑无路，柳暗花明又一村"（陆游《游山西村》），"踏破铁鞋无觅处，得来全不费功夫"（夏元鼎《绝句》），"不畏浮云遮望眼，自缘身在最高层"（王安石《登飞来峰》），等等。宋诗中这种思想上由儒学与禅学的结合，发展到理学与禅学的结合，形式上由"偈颂"延展到七律等，使得宋诗在美学上占据了中国诗学传统上的重要地位，在哲学上则占据了中国哲学传统的思想高度。这正是钱锺书写《宋诗举要》的重要原因。

此时，净土宗念佛禅日益盛行，禅门宗师亦多提倡念佛，曹洞宗尤多密修念佛，有关念佛禅及往生净土的著述出现不少。元代废除科举，不少文人学子在乱世时萧瑟孤寂地选择了隐逸之路，其中不乏参禅、净修的成分。这种倾向对艺术有积极的滋养作用，使元代的文人画或山水画、元曲与杂剧都表现出诗化和雅化的特征。宋代以来，文人居士中参禅之风亦盛。元中书令耶律楚材，因参禅得重用。明代大儒、激进的批判者李贽虽主张"童心说"，但是仍出入儒佛之间，雅好禅学。袁宏道曾从之学禅。瞿汝稷汇集禅宗语要，撰写《指月录》三十二卷，盛行于世。儒、佛、道三学互相磨合融摄以后，各自的文化形态都发生了深刻的变化。佛学的很多理念影响了儒学的发展，尤其是中国化的华严宗和密宗在佛学启示下形成的禅法与华严思想，注重探讨理和事、理和心的关系。其结果是从理论的基本概念和思维方式上，对儒家的宋明理学产生了深远影响，以至于继后又形成了王阳明的心学体系。

清代，由于特殊的社会原因，佛教在衰微数百年之后，作为传统思想中的异端，在儒学失学、道学衰微、西学东渐的情况下，被中国近代一批有革新改良及民族思想的文化人所关注。如龚自珍的《西郊落花歌》云："先生读书尽三藏，最喜《维摩》卷里多清词"；魏源的《庐山纪游》："松涛透骨松云寒，万声寂灭念无起"；苏曼殊的"忏尽情禅空色相，琵琶湖畔枕经眠"等。另外，由于维新派康有为、梁启超、谭嗣同等人推荐佛学，佛学为章炳麟、章太炎等近代思想家所崇信并提倡，佛教一度呈现出复兴景象。但是，传统佛教与现代化社会在何处找到共通点，仍是需要解决的问题。好在佛教及其禅学在中国影响深远，余绪尚存，底蕴深厚，遗留长久，并在中国哲学传统中留有不少思想印痕。

佛教禅学在中土的发展，大体上至南宋中期而停滞。这主要是因为佛教在印度本土已基本湮灭，佛经在中土已基本不再有新译。统观印度佛学在中国的发展轨迹，基本上是与中国封建制度的盛世气度和汉唐文化繁荣的宏大气象相适应的，表现出中国封建社会上升时期那种吞吐八方、涵盖四野的博大胸襟，致使佛教在中国能够形成八宗竞秀的状况。佛教禅学观点中精致细微的玄思冥想、活泼邃密的禅语机锋，不仅为文学创作提供了丰富的营养，也为中国哲学的百花园增添了诸多的勃勃生机。

南宋中期以后，天台、禅、净土三宗虽流传未绝，但是天台宗在禅行上趋于净土宗。禅宗渐衰，禅法也无甚大发展，中原净土一宗愈到后来愈显得兴盛，这也是人们关注生死的终极关怀等哲学问题在信仰上的一种心理反映。因为此宗仰赖他力救度"易行道""一心专念"阿弥陀佛名号，以及追求死后永生，往生极乐世界，尤其适合于下层社会苦难民众的信仰需求。修行如此简易即可解决生死问题，这又成为修行者历代不衰的又一原因。因此，明清之际，佛教禅学表现出一种从禅宗净土宗并行又进一步走向禅净交融，甚至是禅归于净的发展趋势。

总之，印度佛学入中土的历史，有案可稽者已近两千年。汉代初译佛经，魏晋南北朝时得以在中土大行其道，其后逐渐走上了汉传佛教的漫长之路。以至唐代后演化为中国儒释道文化的组成部分，并多生枝蔓。在这悠远的历史变迁之中，印度佛学与汉代的黄老之学，魏晋的玄学、心性论，唐代的儒学，宋代的理学，继后的王阳明心学等，多有交汇浸润，从而使中国的哲学传统，自秦汉时期开始确立之后，从思想到内容、从学理到形式、从理念到修辞，与佛教互相汲取，互为参照，相互激赏，交相辉映。印度佛学般若无意中成就了中国的"义理"，即言论或文章所阐述的主要意义和道理，到中国哲学传统的建构，极大地丰富了中国文化的范畴，使中国学术思想得以传承与发扬光大。

中国学界对泰戈尔的接受

———

　　泰戈尔是对中国现代文学影响最大的外国作家之一。据不完全统计，在他 1924 年访问中国之前，其作品（文章和书）的中译主要有：诗歌 54 种（含复译）、剧本 14 种、小说 27 种、论著 40 种。泰戈尔访华以后，这股译介之风虽有所减弱，但至 1984 年其作品的中译仍有：诗歌 14 种（含复译）、剧本 4 种、小说 24 种、论著 12 种。2000 年出版了 24 卷本的《泰戈尔全集》，2015 年又出版了全部译自孟加拉语的《泰戈尔作品全集》。由此可见泰戈尔的巨大影响。中国现代颇受泰戈尔影响的诗人徐志摩，对当时文坛的"泰戈尔热"，不无夸张地描述道："太戈尔在中国，不仅已得普遍的知名，竟是受普遍的景仰。问他爱念谁的英文诗，十余岁的小学生，就坚信不疑地会说太戈尔。在新诗界中，除了几位最有名的神形毕肖太戈尔的私淑弟子以外，十首作品里至少有八九首是受他直接或间接的影响的。这是很可惊的状况，一个外国的诗人，能有这样普及的引力。"①

一、泰戈尔与中国现代学人

　　1913 年，学人钱智修在《东方杂志》第 10 卷第 4 号上刊发了《台峨尔的人生观》一文，首次向中国读者介绍了泰戈尔的世界观。1915 年 10 月，陈独秀在《青年杂志》上刊登了根据泰戈尔诗集《吉檀迦利》选译的古文诗《赞歌》。这不仅是最早的译诗，也是最早评价泰戈尔的文章之一。陈独秀在译者注中高度评价说："达噶尔（即泰戈尔——笔者注），印度当代之诗人提倡东

---

① 徐志摩：《太戈尔来华》，《小说月报》1923 年第 14 卷第 9 号。

洋之精神文明者。曾受诺贝尔和平奖金（应为文学奖金），驰名欧洲。印度青年尊为先觉，其诗富于宗教哲学之理想。"①1916年天风、无我合译的《雏恋》（《归家》）、《卖果者言》（《喀布尔人》）、《盲妇》先后发表于当年《妇女杂志》第 3 卷第 6 期至第 9 期。1918 年，诗人刘半农在《新青年》第 5 卷第 2 期、第 3 期上发表了泰戈尔译诗《诗二章》《海滨》《同情》。同年底，韵梅翻译了泰戈尔的剧本《邮局》，载于《时事新报》的《学灯》副刊上。进入 20 世纪30 年代，这股译介之风更为一发不可收。

泰戈尔在此背景下于 1924 年访问中国。获悉他将来华访问的消息之后，北京、上海等地的多家报刊纷纷登载各种介绍性的文章和欢迎文章，将他视为恢复和发展中印两国传统友谊和文化的友好使者。泰戈尔在华近 50 天，先后访问了上海、杭州、南京、济南、北京、太原、武汉 7 座城市，所到之处受到梁启超、胡适之、郑振铎、徐志摩、梁漱溟、梅兰芳、齐白石、沈钧儒等的接待。孙中山邀请他赴广州，但未能成行。归国前，宋庆龄与之见面，并为他主持了隆重的欢送会。泰戈尔熟悉中国古典诗歌，读过不少英译的屈原、李白、杜甫、白居易的诗，并时常在其讲话中征引，以示钦佩与赞赏。他还对中国绘画倍感兴趣，中国画家齐白石等与之交流过创作体会。泰戈尔还表现出对中国戏剧《洛神》演出的极大兴趣，在赞美的同时，对有些布景的设置提出了宝贵意见。

泰戈尔访问中国期间，北京文化界还为他举行了 64 岁生日的庆典活动。在祝寿会上，梁启超赠给他一个中国名字：竺震旦。这个将两个国名联起来的名字，象征了中印两国人民世世代代团结友好的心愿。最后，中国友人用英语演出了他创作的名剧《齐德拉》。林徽因扮演女主角齐德拉，张歆海演王子阿俊那，徐志摩演爱神。泰戈尔能在异国他乡看到友人上演自己创作的戏剧，激动的心情是可以想见的。他离开北京前夕，曾用毛笔将他创作的一首孟加拉文的诗写在一柄纨扇上送给梅兰芳，以表示对其表演艺术的敬佩。泰戈尔在中国演说中，多次赞扬中国文化、艺术的巨大成就，强调中印友谊，

---

① ［印］达噶尔：《赞歌》，陈独秀译，《青年杂志》1915 年第 1 卷第 2 期。

"希望中印两国人士为精神之结合，共谋发扬东方文化"①。他出色地完成了他在讲演中表示的"他要重新开辟中印交通道路"的历史重任。1925 年，印度国际大学将他在中国的演讲整理为《泰戈尔在华演讲集》并出版，在印度产生广泛影响。

泰戈尔的作品在 20 世纪 20 年代已享誉中国。30 年代除《小说月报》《学灯》《觉悟》《文学周报》《东方杂志》等报纸杂志大量译介了他各种体裁的作品以外，许多出版社还出版了他的作品。如剧本《春之循环》(1921 年，商务印书馆)、论著《人格》(1921 年，大同图书馆)、诗集《飞鸟集》(1922 年，商务印书馆)、论著《生命之实现》(1922 年，商务印书馆)、《太戈尔短篇小说集》(1923 年，商务印书馆)、诗集《新月集》(1924 年，泰东图书局)等。这些作品极大地促进了新文学运动的发展，尤其是在新诗领域影响深远。郭沫若、谢冰心、徐志摩等著名作家都深受其惠。"在新诗界中，除了几位最有名神形毕肖的太戈尔的私淑弟子以外，十首作品里至少有八九首是受他直接或间接的影响的。"②这种说法虽不无过誉之嫌，但至少是部分地反映了当时新文学运动诗坛的实际情况。

泰戈尔访华将中印两国的文学文化交流推向一个新的历史发展时期，重新激活了中国知识界全面研究印度文学、哲学、历史、社会、文化等的热情。早在 1907 年，鲁迅先生就曾高度赞扬印度梵语文学所取得的巨大成就，并指出其对中国的影响。他评价说："天竺古有《韦陀》(《吠陀》)四种，瑰丽幽夐，称世界大文；其《摩呵波罗多》暨《罗摩衍那》二赋，亦至美妙。厥后有诗人加黎陀萨(kalidasa)者出，以传奇鸣世，间杂抒情之篇。"③他还指出："尝闻天竺寓言之富，如大林深泉，他国艺文，往往蒙其影响。即翻为华言之佛经中，亦随在可见。"④承其余绪，又有一批有关印度文学、哲学、佛学的研究论文，在各种杂志上发表。20 世纪 20 年代末 30 年代初，继 1916 年北京大

---

① 《太戈尔关于佛教之谈话》，《申报》1924 年 5 月 20 日。
② 徐志摩：《太戈尔来华》，《小说月报》1923 年第 14 卷第 9 号。
③ 《鲁迅全集》第 1 集，人民文学出版社 1973 年版，第 56 页。
④ 《鲁迅全集》第 7 集，人民文学出版社 1973 年版，第 458 页。

学开设印度哲学课以后，又有一些大学开设了印度文学、语言、佛学等课程。

当时的文坛，尽管对泰戈尔的哲学和文艺思想有诸家蜂起、百家争鸣之势，但对其作品的艺术性，尤其是诗歌中那种自由、清新、质朴的风格，几乎一致交口称誉。这对正处于开创时期的中国新诗，无异于吹进一股沁人心肺的清馨之风，人们学习、背诵、摹仿，其影响很快在中国诗坛上显露出来。

在中国新诗界，郭沫若是受泰戈尔影响最早也是较深的一位诗人。1914年，郭沫若在日本留学，风靡日本的泰戈尔的文名也吹进了他的耳廓。他在读到油印的英译泰戈尔诗集《新月集》中的《云和波》《婴儿的路》《睡眠的偷儿》等诗篇以后，立即被那纯真净美的诗的意境所深深吸引。他豁然开朗般地发现，泰戈尔诗之所以具有如此巨大的艺术魅力，主要在于："第一是诗的容易懂；第二是诗的散文式；第三是诗的清新隽永。"① 从此，泰戈尔的名字便深深地印在他的脑海里。1916 年秋天，他又在冈山大学图书馆意外地发现了泰戈尔的《吉檀迦利》、《园丁集》、《伽毗百吟》以及《暗室之王》等书。他追述当时的情景道："我真好像探得了我'生命的生命'，探得了我'生命的泉水'一样。每天学校一下课后，便跑到一间幽暗的阅书室去，坐在室隅，面壁捧书而默诵，时而感激的眼泪而暗记，一种恬静的悲调荡漾在我的身之内外。我享受着涅槃的快乐。"② 在对泰戈尔诗如此崇拜、陶醉的心态中，在提倡以浅白的语言改革旧体诗的国情下，郭沫若终于以模仿泰戈尔诗风为先导，开始了自己漫长的文学生涯。当时他"做的诗是崇尚清淡、简括"，可称之为"泰戈尔式"。

泰戈尔前期的诗风清新平和、光风霁月，在描绘大自然绚丽景色的同时，表达了诗人自由的、不受拘束而重在表现自我的思想倾向，如《暮歌》《晨歌》《孤独》《瀑布的醒来》等。郭沫若第一阶段的诗由于受泰戈尔的影响，也力求清淡、朴素，以描绘自然风光来张扬个性，抒发自己朦胧微妙的感受。他的诗在意象塑造上与泰戈尔前期的诗，有颇多相似之处。如《鹭鸶》《新月与白云》《鸣蝉》《岸上》《春愁》等，无不具有泰戈尔田园诗式的质朴和优美。

---

① 郭沫若：《太戈尔来华的我见》，《创造周刊》1923 年第 23 号。
② 郭沫若：《太戈尔来华的我见》，《创造周刊》1923 年第 23 号。

泰戈尔的剧本《春之循环》曾于1921年由郑振铎校对后出版。这是一部没有什么戏剧冲突，淡化情节，而重在表现一定哲理的戏剧。其中有这样一首诗："午夜的天空有无数的星辰，在天空中悬着没有什么意义。如果他们下降到地上，也许可以用来做街灯。"这首诗曾启发了郭沫若的想象力，使他写出了脍炙人口的诗篇《天上的市街》："远远的街灯亮了，好象是闪着无数的明星。天上的明星现了，好象是点着无数的街灯。……我想他们（牛郎织女）此刻，定然在天街闲游。不信，请看那朵流星，是他们提着灯笼在走。"

诗中以奔放驰骋的激情，将天上的明星与地上的街灯联系在一起，并融入中国民间牛郎织女的传说，别具一格而又引人入胜地将天上的流星比作牛郎织女会面时提的灯笼，使这首诗在吸收借鉴泰戈尔奇特的艺术构思、丰富的想象时巧夺天工，平添了许多本民族的审美情趣。正如郭沫若先生自己所承认的："我接近了泰戈尔、雪莱、莎士比亚、海涅、歌德、席勒，更间接地和北欧文学、法国文学、俄国文学，都得到接近的机会。这些便在我的文学基底上种下了根，固而不知不觉地便发出了枝干来。"①他"接近了"泰戈尔以后，在自己匠心独运的沃土上"种下了根""发出了枝干来"的现象，屡见不鲜。

郭沫若先生在留日期间即轻轻唱出新诗运动的最强音。至1921年结集出版诗集《女神》，则标志着他已成为新诗运动的急先锋。其中难以否认泰戈尔的启迪之功。当他完全投身于五四运动以后，他内心迸发的激情化作烈焰焚烧、死而复生的凤凰，于是熔铸热血写下《凤凰涅槃》一诗。早在1914年留日期间，他就大量阅读了印度的文学作品和哲学著作，并由泰戈尔认知了印度中古诗人格比尔，也接受了古代印度婆罗门教经典《奥义书》的影响，形成了他的泛神论思想。所以这首诗虽不属"泰戈尔式"之作，但是泰戈尔的泛神论思想带着新鲜的活力，夹裹惠特曼诗的狙犷、豪放的风格，融汇梅特林克的象征、神秘的意蕴，转化成郭沫若诗歌的血肉。《凤凰涅槃》描绘了一个理想的社会，没有你我的区分，没有你我的界限，我就是你，你就是我，也就是他，一切是那么和谐。这样一个亲密团结、融洽无间的"生动""自

---

① 《沫若文集》第7卷，人民文学出版社1958年版，第12页。

由""光明""欢乐""悠久"的新社会,即凤凰涅槃时所达到的最高境界,与泰戈尔诗中普遍存在的那种梵我合一、神人统一的泛神论意境,是何等相似。在《星空》和《瓶》等诗中,那种泛神的思想倾向,表现得尤为明显,虽然它们在新诗发展史上的影响不及《凤凰涅槃》,但是其中泰戈尔泛神论思想影响的痕迹却是很深的。郭沫若先生也曾直言不讳地自述道:"因为喜欢太戈尔,又因为喜欢歌德,便和哲学上的泛神论的思想接近了。——或者可以说我本来是有些泛神论的倾向,所以才特别喜欢有那些倾向的诗人的。我由太戈尔的诗认识了印度古诗人伽毕尔(Kabir),接近了印度古代的乌邦尼塞德(Upanjisad)的思想。"[①]

著名女作家谢冰心是五四时期勇于追求个性自由的新女性,但是封建专制的重压,使她感到现实犹如一道漆黑的围墙,而人生只不过是其中奔走呼号的灵魂,很难得到圈外的自由。正值她处于理想与现实的矛盾与困惑之中,并竭力探寻人生目的与生命价值的时刻,泰戈尔作品中的哲理使她久旱的心田得到了甘霖。泰戈尔那种"梵的现实""赞美人生与精神不朽"的境界、"扩大自我以溶于宇宙"的热爱现实人生的思想,无不深深打动她年轻的心房,促使她去积极追求,以期得到"生如夏花之绚烂,死为秋叶之静美"的人生。她在1920年发表的题为《遥寄印度哲人泰戈尔》的散文中,充分表现了自己阅读其作品后的真实感受:"在去年秋风萧瑟、月明星稀的一个晚上,一本书无意中将你介绍给我,我读完了你的传略和诗文,心中不作别想,只深深觉得澄澈……凄美。"[②]谢冰心早期的诗受泰戈尔《飞鸟集》的影响很深。《飞鸟集》中的诗形式自由、短小,犹如日本的俳句一样,注重描写诗人那种敏锐的、刹那间的思想感受,以及对人生哲理的感悟。谢冰心觉得这种抒情哲理小诗,恰恰最能触及和表现自己面对动荡的现实人生所生发出的飘忽不定的情怀。于是,她巧妙地运用这种小诗的写法,将自己1919年冬以后那些"零碎的思想"精心捕捉住,不时地用三言两语记录下来,先在《晨报》的"新文艺"栏发表,后整理、结集为《繁星》和《春水》,于1923年前后出版。

---

① 《沫若文集》第7卷,人民文学出版社1958年版,第58页。
② 《冰心著译选集》上册,海峡文艺出版社1986年版,第33页。

这 300 余首前无标题的格言式的自由体小诗，以清新自然、和谐明丽的笔调，抒写了作者对自然景物的新奇感受，以及对人生哲理的睿智思考。诗中歌颂了母爱、人类爱、自然之爱，意蕴隽永的文笔，显示出女性作家特有的纤细情感和审美意识。这些诗在"五四"新诗坛中别具一格，很有影响。谢冰心于 1979 年写的《纪念印度伟大诗人泰戈尔》一文中，清楚地写道："我接触泰戈尔的著作，是在 1919 年'五四'运动以后。我从中文和英文的译本中，看到了这位作家的伟大心灵，缜密的文思和流丽的词句，这些都把我年轻的心抓住了。我在 1921 年以后写的所谓'短诗'的《繁星》和《春水》，就是受着他的《离群之鸟》这本短诗集的启发。"①

泰戈尔在访华期间，就一再吁请中国学者到印度去研究和讲学，归国后又在印度大力提倡中国语言文学、中国文化等有关中国的学术研究，并在他创办的国际大学（1921 年）内设立中国学院。首任院长谭云山即为中国第一个赴印度从事文化交流的学者，他将毕生精力投入这项伟业之中，虽客死他乡终无悔意。前后去印度访问的学者和艺术家主要有徐志摩、许地山、高剑父、陶行知、徐悲鸿、常任侠等。

20 世纪 40 年代中期，在中印两国热衷于中印文化交流的学者的鼎力推动下，中印学会先后在印度和中国成立。泰戈尔和蔡元培（1868—1940 年）分别担任两国的会长。中印学会在帮助印度国际大学建立中国学院一事上立有殊勋，并使有志之士可以赴印度学习深造。据现有材料，第一个由中印学会选送到国际大学学习的是魏凤江。1933 年，年仅 22 岁的魏凤江从上海立达学院毕业后，由谭云山推荐，蔡元培同意，只身赴印度国际大学攻读印度历史和文学。他在泰戈尔身边生活学习了近 6 年的时间，深得其真传。泰戈尔对他关怀备至，令他终生难忘，并从中印文化交流的角度对他说："中国光辉灿烂的文化是我们国际大学要研究的重要学科。……你是第一只从你祖国飞来的幼燕，欢迎你到圣地尼克坦（国际大学所在地），同我们一起生活学习吧。"②泰戈尔之所以说这样的话，是因为他曾选择了"整个世界相会在一个鸟

---

① 《冰心著译选集》下册，海峡文艺出版社 1986 年版，第 265 页。
② 魏凤江：《我的老师泰戈尔》，贵州人民出版社 1986 年版，第 26 页。

巢里"这句古老的梵文诗，作为国际大学的座右铭，以表示任何人都可以在国际大学里，汲取到全人类最优秀的文化营养。1939年1月，魏凤江学成归来。近半个世纪的风风雨雨，使得中印两国人民重新认识到要进一步团结起来。1987年4月，应印度前总理拉吉夫·甘地的邀请，魏凤江以民间大使的身份重访印度，所到之处受到热烈欢迎，表现了中印两国人民渴望旧谊新交的迫切心情。

二、泰戈尔作品的翻译与研究

自20世纪50年代开始，中国在继续译介泰戈尔作品的同时，进入泰戈尔研究阶段。最近十几年，在出版的一百几十种印度文学作品中，泰戈尔的作品就有35种之多（内容包括他的长中短篇小说、诗歌、剧本、散文和文学论著）。据统计，仅在1980年至1986年7年里共出版他的作品22种，总发行量230万册，这在亚洲作家中占第一位。

刘安武先生是北京大学资深教授，也是中国著名印度文学研究专家和印度近现代文学翻译家。他翻译印度近现代文学的视域极为广阔，包括短篇小说、长篇小说、剧本、诗歌、文学史和理论批评等，其中尤以短篇小说和剧本成就最突出。

刘安武翻译的剧本主要是印度泰戈尔的创作。泰戈尔是近百年来在中国译介作品最多的几个外国作家之一。早在20世纪20年代前半期、50年代、80年代至90年代就曾在中国形成数次译介其作品的高潮，但是直至2000年8月，由河北教育出版社出版的刘安武、倪培耕、白开元3人主译的《泰戈尔全集》，才终于将泰戈尔作品的翻译进行了总结式收集，其中有三分之二是第一次译介给中国读者的。在这部长达24卷、近1000万字的《泰戈尔全集》的编辑出版过程中，刘安武的功劳是不能埋没的。他不仅付出了巨大的劳动和工作热情，对已有的译作进行了仔细的校正与修改，而且新译了不少剧本，主要有《国王与王后》《拜贡特的巨著》《天堂的笑剧》《国王》《邮局》《南迪妮》《独身者协会》《太阳女》《时代之旅》《邦苏莉》10个剧本，共约50万字。其中，《拜贡特的巨著》《天堂的笑剧》《独身者协会》《时代之旅》《邦苏莉》

5部剧本在中国是首次译出，可见刘安武在译介泰戈尔作品时所表现出的极大热情。当然，在刚刚开始翻译泰戈尔戏剧时，还有不少被动的因素。当时在主编《泰戈尔全集》时，许多译者都愿意翻译小说体裁的作品，而不愿意翻译戏剧体裁的作品，不仅因为其翻译有一定的难度，并且也很难找到泰戈尔的印地语戏剧的译本。在这种情况下，刘安武勇挑重担，在开始并不懂如何欣赏剧本的情况下，坚持翻译，最终在翻译实践的过程中发现了泰戈尔戏剧中的诸多美学因素。

在此之前，中国关于泰戈尔戏剧的翻译相对而言是不多的。1958年3月，新文艺出版社出版了石真根据1953年加尔各答国际大学出版部出版的孟加拉语本译出的《摩克多塔拉》。此外，1958年8月至1959年9月，中国戏剧出版社出版了根据英文版译出的4卷本《泰戈尔剧作集》。其中，第1卷收入瞿菊农译的《春之循环》，第2卷收入冯金辛译的《邮局》《红夹竹桃》，第3卷收入林天斗译的《牺牲》《修道者》《国王与王后》，第4卷收入谢冰心译的《齐德拉》和《暗室之王》。《泰戈尔剧作集》所收录的8个剧本中，除《红夹竹桃》和《暗室之王》两剧是分别根据伦敦麦克米伦有限出版公司1948年和1949年新版英译单行本之外，其余6个剧本都是翻译出版过的，这次又根据伦敦麦克米伦有限出版公司1955年出版的英译本《泰戈尔诗歌戏剧集》进行了重译。直至刘安武等人主编的河北教育出版社出版的《泰戈尔全集》问世之前，4卷本《泰戈尔剧作集》是唯一一套泰戈尔剧作的中文版选集。作为"中国大百科全书（戏剧卷）"亚洲、非洲戏剧副主编的刘安武，早就对印度戏剧尤其是泰戈尔的戏剧创作给予了极大的关注，这次他有机会在主编《泰戈尔全集》时，将泰戈尔戏剧进行编选，并对其中的10部根据印地语版本进行重译和新译，纠正了过去根据英文转译的错误，这是非常有必要的，也是非常明智之举。他将泰戈尔戏剧的翻译推向一个新的高度，为今后评论与研究泰戈尔的剧本准备了更加完整全面、更加翔实可靠、更加准确原始的文献资料，其精益求精的译学精神难能可贵。

为了能让中国广大读者更全面、深刻地了解泰戈尔其人及其戏剧创作，刘安武还在《泰戈尔全集》的戏剧部分，以"序言"的形式写了一篇长文《论泰戈尔的戏剧》。在这篇论文中，他全面、充分地介绍和评价了泰戈尔戏剧创作的内容特点，重点评论与阐释了其中有代表性的名剧，如《国王与王后》《国王》《邮局》《南迪妮》《太阳女》等，表现出作者对泰戈尔戏剧，尤其是那些难解其意义的象征剧，那种独到而准确的理解。另外，该论文还对印度的戏剧传统以及孟加拉语的发展状况进行了相当客观的论述，并直言不讳地指出中国多年来在泰戈尔戏剧研究和翻译等方面实际存在的问题，还进一步提出了解决办法。这不仅对泰戈尔作品的中文翻译起了良好的促进作用，而且对理解泰戈尔的全部作品都有极大的启发意义。正如《印度文学文化论》一书中所说："不难想见，24卷本《泰戈尔全集》的出版必将使中国的泰戈尔研究向前迈出一大步，必将丰富和发展我国的印度学研究。从这一点上说，刘先生（刘安武）等人在这方面的工作非同凡响，意义重大，是泽被后世之举。"①

　　除此之外，印度文学专家、资深翻译家董友忱先生几十年来孜孜不倦地从事译介泰戈尔作品的工作。他翻译了泰戈尔用孟加拉语创作的短、中、长篇小说37篇。董友忱早年毕业于圣彼得堡大学东方系。21世纪以来，他曾多次到印度各大学访问讲学。他曾写道："我是很喜欢泰戈尔的作品的，我更景仰泰戈尔的伟大人格。早在大学攻读孟加拉语文学时，我就深深地爱上了他的作品。我喜爱他那清新隽永的诗歌，我更喜爱他那充满崇高人道主义精神的小说。因此，二十几年来我一直利用业余时间研究和学习他的作品。"②他翻译的作品包括短篇小说《女乞丐》《河边台阶的诉说》《小媳妇》《拉姆卡乃的愚蠢》《破裂》《达拉普罗松诺的光荣》《移交财产》《一夜》《活着还是死了》《普通小说》《素芭》《莫哈玛娅》《报答》《隔阂》《判决》《笔记本》《乌云和太阳》《赎罪》《深夜》《姐姐》《客人》《加冕》《丢失的珠宝》《拜堂相见》《焦盖绍尔家的婚礼》《女邻居》《履行诺言》《海蒙蒂》《兄弟痣》《一号》《偷来的财宝》《老鼠的聚餐》等32篇，中篇小说《被毁之巢》1部，长篇小说《沉船》《家庭与世界》《王后市场》《贤哲王》4部。

　　此外，董友忱还翻译了泰戈尔的诗歌《画与歌集》、《刚与柔集》、《心声集》《春收集》、《莫胡亚集》（后四个诗集中的大部分），泰戈尔的剧本《大自

---

① 唐仁虎等编：《印度文学文化论》，北京大学出版社2000年版，第9页。
② ［印］泰戈尔：《家庭与世界》，董友忱译，山东文艺出版社1987年版，第3页。

然的报复》、《根本错误》、《秋天的节日》、《古鲁》、《迁居》、《讽刺剧本集》(包括《考学生》《肚子和后背》《迎接》《治病》《喜欢思考的人》《富有和贫穷》《病人的朋友》《声誉的烦恼》《雅利安人和非雅利安人》《大家庭》《精细研讨》《操办丧事》《诙谐的人》《师尊的话》14个短剧)、《赎罪》和《牺牲》等,泰戈尔散文《随想录》中的《脚走出来的路》《阴郁的一天》《话语》《云使》《竹笛》《黄昏和黎明》《顾老大宅第》《一瞬目光》《一天》《忘情的悲痛》《十七年》《最初的悲痛》《问》《小议》,以及泰戈尔的书信《俄国书简》。董友忱教授还曾经主编《泰戈尔小说全译》(7卷本,华文出版社2005年出版),选编过《泰戈尔诗歌精选》(6卷本,外语教学与研究出版社出版)。他还与郁龙余教授一起主编过《泰戈尔作品鉴赏辞典》等。尤为值得一提的是,以董友忱为主编,以中国国际广播电台孟加拉语译审白开元为诗歌卷副主编,以中国国际广播电台孟加拉语译审、口译石景武为戏剧卷副主编,以中国国际广播电台孟加拉语部主任于广悦为散文卷副主编的《泰戈尔作品全集》,于2015年10月由人民出版社出版,并于2016年5月5日泰戈尔诞辰155周年之际正式首发。该作品集全部直接译自孟加拉语原文,收录了泰戈尔的全部作品。全集共18卷33册1600万字,是目前世界上最翔实、最全面的关于泰戈尔作品的中文译本。全集由中国国际广播电台孟加拉语部、中共中央党校、外交部等多家单位的孟加拉语专家译审,历时5年合作翻译付梓,并得到国家"十二五"重点出版项目的资助。

北京大学南亚学系教授唐仁虎在泰戈尔翻译和研究方面也颇有建树,他从印地语译本翻译了泰戈尔的长篇小说《戈拉》(漓江出版社1998年出版)和《眼中沙》。唐仁虎翻译《戈拉》,也属于对已有译本的外国文学作品的重译。重译往往会成为费力不讨好的工作,在初译本已经具有一定影响力的情况下更是如此。重译的形成有两种情况:"第一,同一时期的不同译者不约而同,或有意重复翻译同一作品,形成面貌和品质不同的译作。第二,译者不满足于首译,在借鉴和继承前译本的基础上进行重新翻译,并改正误译,从而推出新的译本。"唐仁虎的复译就属于第二种情况。

《戈拉》是泰戈尔的长篇小说代表作,在印度被认为是现代的《摩诃婆罗多》,享有很高的地位,因此,中国的翻译家很早就注意到这部作品并进行了译介。在 1998 年之前，《戈拉》已有 2 个中译本，黄星圻译本 1959 年由人民文学出版社出版，刘寿康译本 1984 年由人民文学出版社出版。这两个译本在它们产生的时代也属于翻译的精品，在中印文化文学交流中发挥了重要作用。但遗憾的是，由于条件所限，两种译本都是从英译本转译的，从忠实于原作的标准来衡量，存在不少问题。唐仁虎曾认真比照了现有《戈拉》的 4 种版本中第 13 章同一部分的翻译，4 种译文中英译本的问题最多。黄星圻先生根据英语译本将其译为 1 段 317 字，刘寿康先生根据英语译本将其译为 1 段 303 字，唐仁虎根据印地语译本的译文将其译为 6 段 976 字。2005 年黄志坤、赵元春根据孟加拉语原文译出的译文共 6 段 935 字。可见，唐仁虎在 1998 年重新翻译《戈拉》，是为了更忠实地介绍泰戈尔的这部重要作品，2005 年才有了直接从孟加拉语译介的版本。经比较阅读会发现，唐仁虎的翻译达到了高度的"信"。

作为一个学者型翻译家，唐仁虎除了翻译，还强调深入的研究。他对于泰戈尔不仅仅是进行了翻译介绍，还进行了深入的研究，发表相关论文 10 余篇，并出版著作《泰戈尔文学作品研究》（合著）与《中印文学专题比较研究》。《泰戈尔文学作品研究》是我国第一部全面研究泰戈尔创作的著作。全书分为泰戈尔的诗歌研究、小说研究、戏剧研究、文艺思想研究，还包括泰戈尔与中国的关系研究，在泰戈尔研究方面做出了重要的探索。

2016 年底获得杰出印度文学奖的郁龙余先生对泰戈尔也有诸多研究。2003 年，郁龙余参与北京大学唐仁虎教授主持的教育部"九五"博士点研究项目《泰戈尔及其作品研究》，撰写第三章《泰戈尔诗歌的创作历程》和第四章《泰戈尔诗歌中的文化因素》。在项目转化的图书中，他分析泰戈尔诗歌中的自然观、真理观，浓厚的宗教意识和神秘的美学思想，以及对凡事包容、凡事调和的和谐原则和泛爱论的哲学理解。他写道："任何事物之间在本质上是一种和谐统一的关系，对立和矛盾也实际存在，但同一性是绝对的、永恒的。事物运动发展的动力主要不是靠对立和矛盾之间的斗争，而主要靠爱。惟有爱才能化解矛盾，使对立的双方联合起来，促进万事万物的前进和发展。

这就是与他的和谐原则相一致的泛爱论。"①

2008年，郁龙余主编《泰戈尔诗歌精选》（外语教学与研究出版社）6种，包括爱情诗、哲理诗、神秘诗、生命诗、自然诗和儿童诗，由孟加拉语文学和泰戈尔研究专家董友忱教授选编。郁龙余在《序》中写道："善良、正直是诗人永恒的本质。睿智、深邃和奔放是诗人不死的魂魄。泰戈尔赢得一代又一代中国人的尊敬和喜爱。"②

2011年1月，郁龙余邀请印度"莲花奖"得主、印度研究中心顾问谭中和诺贝尔经济学奖获得者阿马蒂亚·森，共同撰写"文明对话与文化比较"专栏文章，发表于《深圳大学学报》。该组文章围绕1924年泰戈尔访华引发争议一事，从提出问题到阐释、解答问题，互为发明，逐步深入，体现这一课题研究的最新进展。作为特邀编者和作者，郁龙余在《1924年泰戈尔访华引发争议的根本原因——答国际知名学者阿莫尔多·沈之问》中借阿马蒂亚·森之问，探寻泰戈尔访华引起激烈争论的深层次原因。他指出原因在于中印两国独立解放的道路不同，中国走的是革命道路，印度走的是非暴力道路；打倒推翻的对象不同，中国要打倒推翻反动政府，印度要赶走英国殖民者；对传统文化的态度不同，中国是彻底批判传统文化，印度以传统文化为武器。"泰戈尔的倡导、维护东方传统文化的身份，与中国社会的前进方向，显得极不协调。这就是1924年泰戈尔访华引发争议并导致一系列不愉快事件的根本原因。"③

2016年郁龙余、黄蓉等著《中国外国文学研究的学术历程·印度文学研究的学术历程》，郁龙余在此书《绪论》中说："1958至1959年，出版了4卷本《泰戈尔剧作集》，1961年，又出版了10卷本的《泰戈尔作品集》。2000年，24卷本的《泰戈尔全集》出版是泰戈尔的作品译介过程中的一个高潮，它收集了泰戈尔的全部诗歌、小说，绝大部分的剧本和论述等内容，这套书

---

① 唐仁虎等：《泰戈尔文学作品研究》，昆仑出版社2003年版，第234页。

② 郁龙余、董友忱主编：《泰戈尔诗歌精选·生命诗》，外语教学与研究出版社2008年版，第5页。

③ 郁龙余：《1924年泰戈尔访华引发争议的根本原因——答国际知名学者阿莫尔多·沈之问》，《深圳大学学报（人文社会科学版）》2011年第1期。

籍所包括的泰戈尔的作品最多最全。最近，在之前翻译出版的基础上，一套更为全面的、作品多译自孟加拉语的《泰戈尔作品全集》正在翻译编辑之中。直至今日，仍然有各种版本的泰戈尔诗歌出版，可以说，泰戈尔是一位深受中国读者喜爱的外国诗人，当泰戈尔的全部作品呈现在中国读者面前的时候，人们对这位作家的了解将会更全面，更能体会他和他作品的魅力。"①第二章"泰戈尔及孟加拉语文学研究"从"诗圣泰戈尔及其作品研究"和"泰戈尔中国接受史述评"两方面来回顾泰戈尔作品在中国的研究情况。2016年7月，郁龙余所撰《〈泰戈尔作品全集〉中文版面世的意义》在中国外国文学学会全国理事会暨"新世纪外国文学与当代中外文学互动关系"学术研讨会上发表，并刊载于《湖南科技学院学报》2016年第37卷第8期。文中指出："在中国百年泰戈尔接受史上，其作品的翻译出版起到至关重要的作用。"

在中国国内泰戈尔研究方面作出贡献的，还有青岛大学侯传文教授。他从本科、硕士、博士阶段的求学过程中都与泰戈尔结下不解之缘，先后出版过《寂园飞鸟——泰戈尔传》(1998年)、《〈泰戈尔诗选〉导读》(2001年)等。2010年由中国社会科学出版社出版的侯传文专著《话语转型与诗学对话——泰戈尔诗学比较研究》，以泰戈尔诗学本身为研究对象，探讨了泰戈尔诗学思想的发展历程和逻辑体系。全书纵向比较研究了泰戈尔诗学对印度传统诗学的继承和发展，横向比较研究了泰戈尔诗学与中国诗学、西方诗学的关联。全书架构宏阔，阐发细腻，是国内深度研究泰戈尔不可多得的著作，代表了当前中国泰戈尔诗学研究的最高水平！

此外，国内将泰戈尔视为"世界公民"的研究多集中于泰戈尔与中国的关系上，尤其以谭中、魏丽明的《泰戈尔与中国》以及孙宜学的《诗人的精神——泰戈尔在中国》为代表。另外，中国社会科学院研究员刘建曾经写过《泰戈尔与苏联》一文，该文章以1930年泰戈尔访问苏联为历史事实依据，重点探讨泰戈尔对苏联十月革命的态度以及他对在这一社会变革中"人性"的讨论。四川大学南亚研究所的尹锡南研究员曾经撰写《泰戈尔与维多

---

① 郁龙余、黄蓉等：《中国外国文学研究的学术历程·印度文学研究的学术历程》，重庆出版社2016年版，第8—9页。

利亚·奥坎波的跨文化情愫》以及《泰戈尔诗歌在西班牙语世界的传播与接受》两篇文章，为我们研究泰戈尔与西班牙语文学发展的关系打开了思路。北京大学魏丽明教授的著作《"万世的旅人"泰戈尔——从湿婆、耶稣、莎士比亚》，以专门的一章来介绍泰戈尔文学创作所受到的英国文学尤其是莎士比亚的影响。

泰戈尔不仅在中国颇有影响，而且是一位有世界影响的大作家。1878年至1932年，泰戈尔的足迹遍至欧亚非美四大洲，特别是1913年泰戈尔获得诺贝尔文学奖后，东西方国家争相邀请，1912年至1931年的20年间，泰戈尔曾先后6次访问英国，到访美国5次，到访法国、德国各3次。1916年，泰戈尔踏上日本的土地，1924年泰戈尔到访中国。泰戈尔每到一处，发表演说，与当地文化名人、民众沟通交流，在很多国家和地区一度引起思想文化界的大地震。由于泰戈尔的家族发展与英国有密不可分的关系，而且泰戈尔最初也是从英国评论家的认可中走向世界的，泰戈尔与英国的关系尤为引人注目。因此，在国际上泰戈尔的研究者们多以事实史料为依据，深入分析泰戈尔的对外交流与世界主义思想，产生了不少研究成果。

作为"世界的诗人"，泰戈尔探索了20世纪以来人类进入现代社会许多哲人和作家都在思考的一个共同的人类命题，即"我们是谁，我们从哪里来，我们又向哪里去，我们如何才能抵达幸福的彼岸"。泰戈尔在自己浩繁的作品里，始终以东方古老的精义阐释着现代人所面临的困惑与迷惘。在人类远航的海洋上，他像指引航行的灯塔，为人类感知多彩的世界指明了方向，也为东方世界认识自我树立了一座丰碑。

谭云山：中印文化交流的友好使者

谭云山（1898—1983 年）和唐代大德高僧玄奘一样，为中印文化交流作出了卓越的贡献。两者不同之处在于玄奘是"西天取经"，谭云山是"东土送经"。玄奘取回的是 74 部 1335 卷佛教之经，而谭云山送去的是博大精深的中国文化之经。玄奘将印度佛教的精华在中国发扬光大，谭云山则将汉语和中国文化在印度广泛播扬。几千年来，中国僧俗两众以做学生的心态虚心学习印度的学问，而谭云山则以做先生的"圣者"之姿，赢得了广大印度人民对汉语和中国文化的推崇。谭云山一生在印度的努力真正实现了中印两国间文化的相互交流，开创了当今印度蓬勃发展的汉语教学和中国文化研究的大好局面。谭云山在中印人民心中"白马投荒"的精神永存。

一、谭云山与印度泰戈尔

谭云山是湖南茶陵人，早年在长沙第一师范学校求学时就接触到新文化和新思想。他曾受到以毛泽东为首的追求进步的热血青年的思想影响，立志要到法国去"勤工俭学"，然后参加中国的革命运动。恰逢其时，许多自幼被当作"猪仔"卖到东南亚为殖民者当劳工的华裔逐渐富裕起来，他们希望国内的教师去教他们子女学习中国文化知识。长沙是国内知识分子酝酿去南洋教华侨子女学习汉文化的中心之一，谭云山也参与其中[①]。他的计划是先去南洋工作几年，然后继续西行去欧洲。1924 年，他到南洋教书、办报，但对当

---

① 同时参加的还有长沙乡下两姐妹陈乃蔚和陈莱笙，后来陈乃蔚在南洋和谭云山恋爱结婚。

时在中国掀起"泰戈尔热"的主角早已慕名已久。1927 年 7 月，他有幸在新加坡见到了印度"诗圣"泰戈尔。"他一见到这位诗圣，一听到诗翁的谈吐，那脑海里的星光就被一轮明月遮盖，使他想起了玄奘，想到了天竺，他觉得泰戈尔是天竺的真正象征。他向泰戈尔谈及自己的人生理想，也谈及对天竺的向往。泰戈尔很喜欢这位热情有理想的年轻中国人，就真挚地邀请他去印度参加国际大学的工作，他就满口答应了。"他于翌年到了孟加拉邦"和平乡"的国际大学。泰戈尔对他关怀备至，给他特殊待遇，把他安排在和平乡最豪华的塔塔招待所住下，还吩咐庶务先生，如果他吃不惯印度饭，就做考究的西餐给他吃。可是，谭云山到印度同事家一看，一些学术造诣极高的印度长老，生活都很艰苦。他就想："我们生当现世，应当抱一种吃苦精神。尤其是我看了一些印度教授们那种清苦的生活，就是要吃西餐也会吃不下去。"于是他毅然选择了吃印度饭。①

1928 年 9 月，谭云山来到泰戈尔创建的国际大学，从此他为中印两国的文化交流事业贡献了毕生的精力和心血。他先在国际大学学习梵文并研究佛学和印度文化，并开设了中文课程。同时，他不断给国内报刊写文章，介绍印度政治、文化，不仅为国内的印度研究提供了及时而又准确的资料和信息，而且由于他有关印度时局的评论文章写得很深入精彩，许多普通人也对印度有了初步了解。1931 年，他走访了印度的许多地方，次年即完成《印度周游记》一书，并于 1933 年出版。他在《印度周游记》的《记前》中写道："我来印度，还是在四年前。原来的计划，是想纵不能如玄奘大师留居那么久，至少也要以五六年的时光消费在印度：先以五年住学，从书本研究印度之语言、文学、哲学、宗教、文化等学问；后以一年或半年周游，作实地考察印度之古迹、名胜、社会、风土、人情等状况。在五年住学之中，他又打算以三年在东印度诗哲泰戈尔之圣地尼克坦国际大学，以两年在西印度圣哲甘地先生之沙坝麻地（Sabarmati）真理学院（Satyagraha Ashram）；然后再实行中印民族之结合与中印文化之沟通，一面恢复两国过去的旧情谊，一面创造两

---

① 谭中编：《谭云山与中印文化交流》，香港中文大学出版社 1998 年版，第 34 页。

国未来的新关系。"① 也就是说，他到印度后，就下定决心以玄奘为榜样，学习研究印度的文化，终生致力于中印文化交流的伟大事业。书中还有这么一段话："中印这两个姊妹国家，这是我自幼读书以来，即念念不忘的。我总觉得：印度这块地方，是不可不到的，印度这个民族，是万不可不注意。而印度与中国的关系，更是特别重要中的特别重要。"②

1931 年，谭云山离开印度。离开前，他和印度朋友商量了一个计划，想多招收几个中国学者到印度，在国际大学办个中国学院，其性质即现在孔子学院一类的海外学校，目的在于讲授中文和传播中国文化。在国际大学开展中印文化交流活动是泰戈尔 1924 年到中国访问时就提出的计划，当时没有办成，现在这个重任落到了谭云山的肩上。谭云山先到马来亚，携带家眷回国，然后到上海任教，并不断在报刊上发表文章介绍印度的情况，同时他还不停地为积极开展中印文化交流活动而四处奔波。

1933 年，在谭云山的努力和倡议下，在国民政府和各界名流的积极支持下，首先成立了"中印学会"。首任理事长由蔡元培担任，谭云山任秘书，负责处理具体事务。泰戈尔听到这一消息，喜出望外。他于 1934 年 4 月 18 日写了一封给"中印学会"创办会员（包括蔡元培、戴季陶、于右任、太虚法师、梁漱溟、周谷城、徐悲鸿等知名人士）的英文信，先寄给谭云山，然后由谭云山翻译分发。泰戈尔这样说，"诸位发起中印学会，以图恢复中印文化之沟通与人民之联合，此实为吾辈毕生所致力之事业""唯此伟大学会，所以保持两国文化之永远交流""宜速即于此间建一中国学院"等。泰戈尔再一次表达了在国际学院建立中国学院的热望。

1934 年春，谭云山再次赴印，带去了中国政府方面的信息，并与泰戈尔具体商谈建立中国学院事宜。4 月，泰戈尔写信给戴季陶，提出建一座"中国大厦"及所需费用问题。同时，他还写了两封热情洋溢的信，分别给中国人民和中印学会。对于这两封信，谭云山先生的子嗣谭中先生评论说："除了对他本国以外，印度诗圣泰戈尔从来没有对任何国家表示过他对中国的这么热

---

① 谭中编：《谭云山与中印文化交流》，香港中文大学出版社 1998 年版，第 34 页。
② 谭云山：《印度周游记》，新亚细亚学会出版 1993 年版，第 28 页。

情洋溢的友谊。"①5月，戴季陶写信回应泰戈尔，表示要逐步实现中印交流的计划。同年10月，谭云山回国，并带回泰戈尔的四封信，分别致国民政府主席林森、司法院长居正、中央研究院院长蔡元培和戴季陶。谭云山用了一年多时间，在中国募集到足够建筑中国学院的款项，购买了约10万卷中文图书，以及捐助的图书约5万卷。

1935年，谭云山的《印度丛谈》出版，书中介绍了印度政治、经济、思想、文化、宗教、社会等各方面的情况，为中国学者进一步了解印度提供了宝贵而丰富的第一手资料。林承节先生说："谭云山可以说是我国近代以来第一位对印度了解最全面最深入的人，他的介绍很好地起到了帮助中国人民较多地了解印度的作用。"②

二、谭云山与印度中国学院

1936年，谭云山先生带着所筹集的款项和书籍回到印度。国际大学立即选择了一块最好的位置开工兴建中国学院。1937年4月14日，正值孟加拉新年，中国学院建成并正式揭幕。至今浅黄色的中国学院大楼仍然是整个国际大学最好的建筑。泰戈尔不仅亲自主持揭幕式，还发表了激动人心的长篇讲话。甘地和尼赫鲁都写信对中国学院的成立表示热烈祝贺，并因不能出席开幕式而向泰戈尔表示歉意。甘地在给泰戈尔的信中说："如果我不是要在当天去贝尔高姆，我一定会去看开幕式同时也探望你与圣地尼克坦的……尽管这样，我在精神上会同你们一起。祝愿中国学院成为中印两国当今来往的象征。"他同时也给谭云山写了信，说："我们希望开展两国之间的文化交往。你做了有价值的努力，祝你成功！"③尼赫鲁在给泰戈尔的信中写道："生病竟会使我不能参加明天在圣地尼克坦举行的中国学院开幕仪式，使我不能实现我的诺言，对此我感到非常惭愧。我很少遇到这种情况，我答应时是抱着充

---

① 谭中编：《谭云山与中印文化交流》，香港中文大学出版社1998年版，第44页。
② 林承节：《中印友好关系史：1851—1949》，北京大学出版社1993年版，第232页。
③ 谭中编：《谭云山与中印文化交流》，香港中文大学出版社1998年版，第49页。

分信心能参加到这伟大典礼中来的——它的伟大在于它勾引起对远古往昔的回忆，伟大也在于它使我们寄望于将来的同志关系，能使中印两国更紧密联系起来。过去我们有那长久的友好交往和相互影响的历史，从未受到政治冲突和侵略行为的干扰！我们一直是在思想、艺术、文化方面进行交换，取长补短，彼此丰富各自的文化遗产。"[1]

在中国方面，当得知中国学院已正式建成揭幕的消息，蒋介石特地发电报给泰戈尔表示祝贺："中国学院成立，曷胜欣慰，愿共同努力发扬东方之学术与文化，以进人类于和平幸福之域而谋大同世界之实现，谨电驰祝，并颂先生健康。"[2]蔡元培、戴季陶、陈大齐也联名给泰戈尔发去贺电，其文字与蒋电大意相同，只是最后增加一句："谨以至诚祈中印文化合作伟大之成就，并祝先生暨诸同志健康。"[3]我们注意到，尼赫鲁的信和蔡元培等人的电报中，都不约而同地使用了"同志"一词，这说明，中印两国政治和文化界的确有志同道合的认同感。

印度国际大学中国学院的建立在中印文化交流史上具有划时代的意义。这座中国学院可以说是印度国土上的一块中国文化试验田。在大楼柜子里的图书都是中文书，人们之间的交流也以汉语为主，直到现在一切都没有大的改变。如果说杭州灵隐寺的"飞来峰"（原武林山）是"梵来之峰"（指"中天竺"摩揭陀灵鹫山），那么，印度西孟加拉邦圣蒂尼克坦的中国学院就是"飞去峰"即"华去之峰"，堪称文化昆仑。这是近代以来中印关系发展的重要里程碑，它在实现两个伟大民族相互了解、增进友谊的强烈愿望上迈出了实质性的一步。从此，两国学者的交流有了一个重要的基地，并为培养两国文化研究的人才和深入开展相互研究提供了必要的场所。事实也确实如此，在以后的岁月中，不断有中国学者到那里去学习印度文化，那里也培养出了一批又一批学习中国语言、研究中国文化的印度专家学者。至今中国学院制定的办学宗旨"研究中印学术，沟通中印文化，融洽中印感情，联合中印民

---

① 谭中编：《谭云山与中印文化交流》，香港中文大学出版社1998年版，第50页。
② 谭中编：《谭云山与中印文化交流》，香港中文大学出版社1998年版，第54页。
③ 谭中编：《谭云山与中印文化交流》，香港中文大学出版社1998年版，第54页。

族，创造人类和平，促进世界大同"，作为匾额还题写在最醒目的墙上。谭云山为此做出了长期艰苦卓绝的努力，其汗马功劳，赤诚心志，将为后人永记。

中国学院建立以后，谭云山在学院任教。但是，不久之后卢沟桥事变发生，全面抗日战争爆发。谭云山于1938年回国，带回了泰戈尔致蒋介石的信，还带回了国大党主席鲍斯的信，声援中国的抗日战争。1939年，谭云山将夫人和两个孩子接到国际大学中国学院，全身心地投入那里的工作。同年，他为促成尼赫鲁访华做了重要的准备工作。1940年，他极力促成戴季陶访问印度，并陪同戴季陶会见圣雄甘地，同年又促成以老朋友太虚法师为首的中国佛教代表团访问印度。1942年，蒋介石访问印度期间，他还安排尼赫鲁与蒋介石见面，并陪同蒋介石夫妇参观国际大学。谭中先生评价父亲时说："谭云山在抗战时期经常在印度和中国的报纸上发表文章，使印度朋友了解抗战的真相，不被日本和其他法西斯宣传引入误区，也使中国同胞了解印度朋友对中国抗战的支持与同情。"[1]

1944年，谭云山通过中印学会还促成时任贝拿勒斯（瓦拉纳西）印度教大学校长、印度著名哲学家拉达克里希南到中国重庆等地讲学。由于谭云山在抗战期间对国家和民族作出的贡献，所以在1945年抗战胜利以后，他回国接受了国民政府颁发的"胜利勋章"。1947年，谭云山回国在长沙创办的大同学校至今还在，成为中印文化交流的又一基地。1948年，他被国民政府任命为文化专员，又回到印度圣蒂尼克坦工作。

新中国成立以后，谭云山先生继续为中印文化交流工作贡献力量。

1950年4月1日，中印正式建立外交关系。谭云山以长沙第一师范老同学的身份从印度给毛泽东主席写信，提出三点建议：第一，国际上不要"一边倒"；第二，加强中印团结友好；第三，国共和平解决纠纷。没有等到回音。1952年，中国驻印度大使袁仲贤到圣蒂尼克坦看望谭云山，再次促使谭云山成为中印文化交流的风云人物。

1956年9月，谭云山应邀回国访问并参加国庆观礼。这是新中国成立后他第一次回国。在长达两个月的时间里，他走访了许多城市。最令他难忘的

---

① 谭中编：《谭云山与中印文化交流》，香港中文大学出版社1998年版，第82页。

是，他在中南海见到了毛主席。毛主席说，当时接到信以后，怎么也想不起你谭云山这个人，后来想起来了，还说："当时你的三点建议，我考虑了，但只能接受你的第二条。"谭云山在北京还见到了刘少奇、周恩来和李维汉。他和周总理谈话时间最长，周总理让他为增进中印友谊出谋献策，他就提了几条具体建议：一、由杭州丝织厂制作甘地、尼赫鲁和泰戈尔的织锦像；二、庆祝泰戈尔的诞辰；三、周总理接受国际大学的荣誉学位。这些都被采纳，并一一落实。1957年1月30日，周总理由贺龙元帅陪同来到圣蒂尼克坦，接受了国际大学授予的荣誉学位。

1959年9月，谭云山再次应邀回国观光。行前，他特地印制了一本《观光祖国诗及其他》的小册子，作为中华人民共和国成立10周年的献礼。他在《后记》中说："今后只有更加努力，益增奋勉，以求对中印学术研究、文化交流，和友好团结等事业，有更多的成就与更大的贡献！"

谭云山先生于1967年从国际大学退休，但仍居住在那里。谭中及其后代子承父业，都成为当前在印度传播汉语和中国文化的骨干力量。1983年谭云山先生仙逝。他逝世后，英迪拉·甘地总理特地写了悼念信，说："泰戈尔师尊和我父亲都爱戴他。他把自己和圣地尼克坦结成一体，并且对印度与中国这两大文明间增进了解作了极大的贡献。"[1]的确，他一生为中印友好和文化交流贡献巨大，著述颇丰。他的著作分英文和中文两部分，主要有约30余种[2]，是研究中印文化交流的宝贵财富。可以说，谭云山先生是古代玄奘之后，现代中印文化交流上贡献最大、影响最深远的人，是当之无愧的现代玄奘。

---

① 谭中编：《谭云山与中印文化交流》，香港中文大学出版社1998年版，第182页。

② 谭中编：《谭云山与中印文化交流》，香港中文大学出版社1998年版，第301—302页。

《中外文学交流史・中国—印度卷》述评

————

　　20 世纪以来，中外文学交流开始进入新的发展时期，其主要表现为交流的广度和深度在不断拓展，内容的丰富性和复杂性在日益增加，可以说已进入文学交流的绵密期。中外文学交流的研究也发生重大变化，研究的时间开始从古代进入当代、交流的主角也由古人转移到今人、交流的向度由一维发展到多维、交流的程度由浅层进入深层、交流的方式由文本书写到直面对话、交流的渠道从间接变为直接。文学交流使相互怀疑隔阂的对方，成为谅解融通的朋友。在这种发展的大趋势下，文学交流与研究的文字记录，即文学交流史研究的书写风起云涌。在汗牛充栋的同类著作中，山东教育出版社出版的由中国著名学者钱林森和周宁主编的煌煌 17 卷逾千万字的《中外文学交流史》横空出世，令人耳目一新。其中由著名印度学学者、中印交流史家郁龙余担纲，和刘朝华共同撰写的《中外文学交流史・中国—印度卷》（下文简称《中国—印度卷》）以 70 余万字的篇幅，生动具体地书写了中印文学交流 2000 余年有案可稽的历史长卷。

　　此书开本大气，装帧精美，淡雅不俗，诱发读者的阅读兴趣。在愉悦轻松的心态里通读全书后，透过字里行间，不难看到撰写者的精心构思和春秋笔法。在娓娓道来的叙事中，隐含着诸多鲜为人知的历史事实。尤为突出的是中印文学交流研究的写法与同类著作相比，颇多新意。在看似不经意的叙事中，却能发现独具史家风范的匠心。中印文学交流史的著作此前有多种写法，包括研究专题型的、论文集录型的、提纲挈领型的，以及文学文化综合型的，等等，像《中国—印度卷》这种图文并茂、注释新颖、面面俱到但又专攻文学交流的著作还属首次面世。仔细分析研究，可以归纳出该书在书写与研究方法上的诸多独到之处。

第一，全书的结构颇具新意，呈现出丝线串珠、集腋成裘的写作特点。作者根据中印文学交流史发展的总趋势，即其历史事件的发展时隐时现、忽明忽暗、曲折逶迤的特点，实事求是地用纵向垂直的历时性线索，串起一个又一个重要的思潮、作品、作家或文学交流史绕不开的重要人物，犹如丝绸之路上的绿洲，被穿梭其中的商旅编织串联成一条又一条的通衢大道。具体而言，全书以佛典汉译、印度向中国传输古代文学信息为中印文学交流史的起始点，以中国文学作品在印度的译介、中国向印度传输当代文学信息为终结点，不仅串起一个又一个的文学"绿洲"，而且向世人揭示出古代主要是印度向中国传播文学文化，而现当代主要是中国向印度传播文学文化的双向交流的大趋势。尽管这种双向交流还有着诸多的不平衡，但是它毕竟显示出一个重要的历史趋向，即只有互相吸纳融摄的文学交流才是世界文学健康发展的大方向。作者对这些"绿洲"不只进行了细致入微的描述，更重要的是进行了由表及里的分析，研究总结出不同的特点，给人一种学术史研究和思想史研究的高度和理论建构。

这条线索串联起的各个文学"绿洲"主要有：以佛典为代表的佛教文学对中国古代文学体裁的形成、题材的变化、形象的塑造、语言的表达等方面的影响；佛教文学与中国翻译学理论与实践的关系，以及中国翻译学由此所形成的特点；印度的《佛本生》和《五卷书》等叙事文学在中国的传播、影响与变异等的研究；印度两大诗《摩诃婆罗多》和《罗摩衍那》在中国的传播、衍变情况与研究；印度古典梵剧和中国戏剧的多种源流之间的联系与发生共鸣的关系等研究；印度现代文学巨擘罗宾德拉纳特·泰戈尔和普列姆昌德在中国的介绍、翻译与研究等。这些文学"绿洲"成为中印文学交流历史长河上的重要节点和驿站，成为研究者难以逾越的学术生命之源。它们自然而然地被作者信手拈来，用作连缀中印文学交流的辞彩华章，用来提升中印文学交流研究史的学术深度，使中印文学交流有了继续向纵深开掘的可能。

《中国—印度卷》中被中印文学交流史上的这些文学"绿洲"串接起来的，还有身体力行于文学交流的中国大师——季羡林、徐梵澄、金克木、刘安武、黄宝生等，他们以筚路蓝缕以启山林的精神，将印度文学翻译介绍的成果奉献给广大的中国读者；将自己对印度文学文化的理解与研究告知于中国学术界，使印度文学文化在中国得以深入人心。另一方面，认同中国上述学者的主张，同样倡导文学交流的印度大师主要有谭云山、谭中、师觉月、奥修以及拉贾·拉奥等，他们笔下的中国、中国人和中国文学文化，都让印度学术界尽可能多地了解中国，并使之成为中印文学文化昆仑的一个重要的组成部分。其中谭云山和谭中父子，虽为华裔，但在向印度介绍中国文学和汉学并使之发扬发光大成为"中国学"方面，更可谓是同舟共济、砥砺前行的历史巨人。他们的光辉业绩彪炳史册，成为后人难以望其项背的历史坐标。中印文学交流史上的这些标志性人物，让原来模糊不清的历史遗存，变成清晰可辨、鲜活可感的形象，并化为鼓舞后人进行不懈努力的阳光雨露，使"一花一世界，一叶一菩提"的感悟，变为"天雨曼陀罗"的行动。

第二，《中国—印度卷》既然是中外文学交流史之一种，就要有明显的史学研究与史学著作的写法。全书写作非常重视中印文学交流的史实材料，其中既有文字的，也有实物的，还有图像的，多重证据共同指认。材料异常丰富，观点、论点颇具说服力，给人一种论从史出的厚重感。书中在写到"谭云山与印度现代汉学开拓"一节时，无论是对谭云山的生活细节还是文字记载材料，都是目前学界最权威而又最前沿性的观点。其中许多文献都出自原稿——现存于深圳大学谭云山中印友谊馆藏的《谭云山文献》。另外对于谭云山"募集图书，建印度首个中文图书馆"一事，作者郁龙余不仅引用了大量文献资料，而且在2011年初春应印度文化关系委员会（ICCR）邀请赴印度考察讲学期间，还专程去了圣蒂尼克坦国际大学的中国学院。他反复翻阅了它的图书目录，仔细查看其中的藏书，流连忘返。当他发现其中不少藏书都是国内罕见的善本书和孤本书以后，非常感慨，并摄影留念。这一切都成为作者写作这一节文字的重要依据。

在书的后记中，作者还记述了自己写作中的一个"尊重史实，穷搜不舍"的花絮。

《中国印度文学交流史》的写作，史料极为重要。当读到《季美林全集》第10卷时，发现了《〈中国普列姆昌德研究论文集〉序》一文，心中十分惊喜。《中国普列姆昌德研究论文集》是我未掌握的一本印地文论文集。于是，打电话给北京的陈力行老师。他说：印象中出过此书，但是他手头没有此书。他答应替我向在外文局印地语组做过负责人的陈士樾老师打听一下。过几天，他来电话说：陈士樾老师也有印象，但时间已久，具体记不清了。他手头也无此书。

于是，我打电话问北京大学刘安武老师，情况出现了转机。他告诉我，印象中有这本书。自己的一篇文章被收入书中，他应该有此书。要我给他一点时间，好好找一下。结果，第二天晚上，他打电话来告诉我：的确出过这本书，时间是1988年6月，他还收到过160元稿费。这些都有文字记录，所以不会有错。刘老师答应，好好在家里找一找，找到书，就什么都清楚了。

过了两天，还没等我打电话，刘老师又来电话，说书没有找着，但情况更确实了。他还说，收了他的文章《普列姆昌德的文学观》，印地文是他自己译的，稿费是800元，不是160元。因为当时怕钱的来路不明不好，所以都一一记录在册。他已给一位同班同学打了电话，仍无头绪。但是，他还会再努力，叫我等他消息。

一天，刘老师来电话，说情况有进展，此书的编者之一是钱永明，比我高五个年级，也有了外文局人事处的电话。但是，钱永明出差去了，人事处又不肯告诉钱的电话，说是隐私云云。过了两天，我打电话给外文局人事处，一位先生接的电话，说认识钱永明，并把他的座机、手机号码告诉了我。挂了电话，我立即按约定，将钱永明的电话告诉刘老师。于是，事情进入了快车道。

又过了两天，刘老师来电话，说和钱永明联系上了，他家里就有此书，但只有一本，不能送人，只能复印。我说，你们年纪都大了，路又远，最好请我的学生，在北大念博士的朱璇跑一趟。刘老师同意这个办法。第二天下午四点，朱璇来到刘老师家，取得了钱永明的地址和电话。在外文局复印是可以不要钱的，但是朱璇借到书后到专门商店复印了两本。刘老师依然是一身正气，两袖清风，一定要出18.5元的复印费。朱璇拗不过他，只得收下。她来电话向我说起此事，不无感慨。我告诉她，刘老师一贯如此，时间长了会习惯。时值第三届中国—南亚（文化）论坛在四川大学召开。谭中先生从美国赶到北京，再飞成都与会。朱璇就托谭中先生将复印的《中国普列姆昌德研究论文集》带到成都。11 月 24 日晚，谭先生在四川大学红瓦宾馆房间郑重地将此书交给我。

这样，历经数月，我们顺藤摸瓜，穷搜不舍，终于如愿以偿。至于为什么这样做，我们都基于这样一种认识：尊重历史，尊重事实。我们不禁想起一句名言："世界上怕就怕认真二字"。[①]

《中国—印度卷》的作者就是这样，以事实为依据，将中印文学交流中点点滴滴的信息汇集起来，通过一些具体可感、图文并茂，甚至是口述史式的书写表达，使人看到了一幅波澜壮阔的中印文学交流的历史画卷。这种写法既保留了文学交流史的真实痕迹，又合乎史学研究与写作的学术规范；不仅富有创意，言犹在耳，而且使人感觉历历在目，豁然开朗。

第三，此书的写作方法具有探讨元点理论的实践特色。"元"为初始之意，元点即为最初的发生学意义上的"此点"。这种理论在此书的写作实践过程中主要表现出三个层面的意义。首先，作者写作时非常注重"原点"，即原来的本色的那一点，那是一些未经过人工雕琢的原发性的素材和观点。作者以此为依据展开论述和写作，刨根问底，溯本求源，找到最原始的材料。正如《文心雕龙》所说："振叶以寻根，观澜而索源。"例如玄奘到底是否奉推崇老子的唐太宗李世民之诏将《道德经》译汉为梵的公案，历代有争议。书中有极为详尽的论证，从《广弘明集》到《佛祖统纪》，从《大正藏经》再到《续高僧传》，作者旁征博引，最终表明了玄奘翻译了《道德经》的观点。《道德经》译成梵语后是否传到印度，并无明文记载，也不见印度有传本。作者认为"《道德经》译成梵文之后传到印度，毋庸置疑"[②]，并提出三点令人信服的理由："至于在印度不见传本，原因并不复杂。印度历来不重文本，气候炎热潮湿，纸质文本不易保存。更重要的原因是，《道德经》的译汉为梵，是当时

---

① 郁龙余、刘朝华：《中外文学交流史·中国—印度卷》，山东教育出版社 2015 年版，第 604—605 页。
② 郁龙余、刘朝华：《中外文学交流史·中国—印度卷》，山东教育出版社 2015 年版，第 429 页。

政治和外交的需要，传到印度后作为外道的经文，是很难传之久远的。"①作者的立论审慎且具有说服力。

其次，《中国—印度卷》的作者写作时还非常注重"源点"，即"问渠那得清如许，为有源头活水来"的那个"源头"。只有从源头流出的活水才能汩汩不断地流到尽处。作者运用了大量取自"源头"的鲜活材料作为自己观点的佐证，将自己要表达的思想说清楚、讲明白。在书中的"师觉月与现代印度文学开拓"一章中，作者对师觉月的研究可谓材料翔实、评价中肯。尤其是对师觉月的学习经历、师承传统、学术成就等材料，信手拈来，连缀成篇，使我们发现并认识了一位印度汉学大家。作者对师觉月在巴黎大学师从著名汉学家赛尔万·列维攻读博士学位期间的毕业论文《中国佛教圣典》这一现代印度学者第一部以汉文资料为主的专著进行了客观的分析与评价，对深为国际汉学界推崇的师觉月的汉学著作《中印千年文化关系》这本298页的英文论著、共8章的内容逐一进行了概括性的论述，认为"师觉月在他的这部作品中，从宗教文化等角度探索了中印文化交流的奥秘，有助于两国人民理解和梳理两国的文化遗产"②。由此可见作者对这些源点的材料是非常重视的。

最后，本书写作时非常注重"原典"中的材料。作者注重原始文本中的经典实例，不是主观猜测、臆想天开，也不是道听途说、信口开河，而是注重文本阅读，寻找事出之因，有理有据。作者坚持在阅读原典中发现蛛丝马迹，在分析考证的基础上得出真知灼见，真正做到"米淘三遍出清水，书读三遍露真容"。印度文学在中国的传播，自佛教传入以来，始终没有停息。20世纪以来，关于印度文学对中国文学文化的影响之研究蓬勃发展，盛况空前。作者经过仔细考量，仅举从原典中读出的一例来说明，即从印度民间故事国王误杀取水青年演变成中国二十四孝中郯子的故事来看印度文学在中国的流

---

① 郁龙余、刘朝华：《中外文学交流史·中国—印度卷》，山东教育出版社2015年版，第429页。

② 郁龙余、刘朝华：《中外文学交流史·中国—印度卷》，山东教育出版社2015年版，第409页。

传和演变过程。①在印度史诗《罗摩衍那》中，年轻的十车王因天黑打猎，一箭误杀取水青年。死前青年告诉十车王他父母皆为盲人，请他告之。青年父母最后跳进儿子的火葬堆而升天。这样一个孝道思想并不突出的故事，随佛经《六度集经》《睒子经》《佛说睒子经》《杂宝藏经》等和《法苑珠林》而传入中国，"睒子经"也成为该故事最早的汉文译名。魏晋时期，睒子故事在中国化的过程中日渐成为孝子故事的典范。"南北朝时期在寺院流行的'唱导'和唐五代时期流行的'俗讲'将睒子故事传播益广。"②到了宋代，勾栏瓦肆和"说话"艺术的兴盛，使去佛教化的睒子故事基本定形。"到了宋金时期，睒子故事已经是二十四孝中没有争议的一部分了。"③作者在论证这一问题时，除了运用了书籍"原典"以外，还举出石窟壁画、敦煌残卷、书画合璧的藏画、石棺线刻、砖雕、墓道壁画等材料为佐证，用以说明这一印度故事发展成中国孝道故事的复杂衍变过程。

第四，作者将本书写作放在线形的"一带一路"和圆形的"文化圈"互相交叉的历史背景下进行，注重其中形成的某些文学交流的交感区域，即你中有我、我中有你的兼容区域。在这些交感区中有许多中印文学交流的汇合点，将作家作品置于这样的地理历史坐标上，进行多维的立体考察，作者得出了使人难以置疑，又令人认同可信的新结论。例如，中印戏剧艺术文化交流历史悠久、内容丰富，多年来一直是中国学者非常关注的一个领域。本书作者认为："中印间存在两千年以佛教为载体的文化交流，将中印古代戏剧交流史研究清楚了，就几乎完成了中国古代戏剧交流史的一半任务。"④这种观点不为过誉之说，因为中国戏剧文化作为世界三大戏剧体系之一，古代主要是

---

① 郁龙余、刘朝华：《中外文学交流史·中国—印度卷》，山东教育出版社 2015 年版，第 457 页。

② 郁龙余、刘朝华：《中外文学交流史·中国—印度卷》，山东教育出版社 2015 年版，第 459 页。

③ 郁龙余、刘朝华：《中外文学交流史·中国—印度卷》，山东教育出版社 2015 年版，第 459 页。

④ 郁龙余、刘朝华：《中外文学交流史·中国—印度卷》，山东教育出版社 2015 年版，第 154 页。

和印度戏剧文化进行交流，而中西戏剧之间实质上的交流则从近现代才开始。中印戏剧文化交流古代主要以陆路丝绸之路为通道，而后海上丝绸之路又成为两者相互关联的渠道。原本中印分属以儒道思想为信仰的东亚文化圈和以印度教佛教为信仰的南亚文化圈，而"一带一路"恰恰成为连接和贯通两大文化圈的重要通道。在这相互串联的诸多交汇点上，中印戏剧艺术上演了一幕幕颇为壮观绚丽的场景。

　　印度古典梵剧出现的时间比中国戏剧要早，印度戏剧理论著作《舞论》自然也比中国古代戏剧理论出现要早。《中国—印度卷》的作者从"形象"一词在两国戏剧文化中的内涵、使用及相互关系入手，钩沉索隐地梳理中印戏剧文化交流史，而后又从《舞论》和歌舞、佛教剧本、梵剧剧本等入手，阐发"中国戏剧印度输入说研判"的问题。作者从 20 世纪上半叶许地山的《梵剧体例及其在汉剧上底点点滴滴》和郑振铎的《戏文的起来》论起，又论及台湾地区学者裴普贤的《戏剧起源中所受印度的影响》和王国维的《宋元戏曲史》，最后论及黄宝生的《印度古典诗学》和季羡林的《吐火罗文 A（焉耆文）〈弥勒会见剧本〉与中国戏剧发展之关系》。作者得出结论，认为在戏剧发生和起源时"中印戏剧应该还没有机会发生交流""但是也不应无视中国戏剧在发展过程中，所受到印度戏剧和整个印度文化的巨大影响"。[1]

　　中印在"一带一路"和"文化圈"形成的交感区域中，另一个交汇点是印度现代的"汉学"发展为"中国学"，这也是中印文学交流双向性的一个重要表现。作者认为，印度的汉学最早可追溯到 20 世纪初戈达达尔·辛格的日记《在中国的十三个月》。[2]他以被英印当局派到中国镇压义和团运动的士兵身份，真实记录了自己的所见所闻。印度汉学作为教学与研究的内容诞生于 20 世纪初的加尔各答大学。在印度，中国文学作品的译介与研究，属于中国学范畴。作者认为："谭中是印度汉学向中国学转变的重要见证人和操盘手。

---

① 郁龙余、刘朝华：《中外文学交流史·中国—印度卷》，山东教育出版社 2015 年版，第 138—169 页。

② 郁龙余、刘朝华：《中外文学交流史·中国—印度卷》，山东教育出版社 2015 年版，第 483 页。

——研究好谭中，对于了解印度的汉学和中国学转型及其取得的成就，至关重要。"①而作者郁龙余则是中国目前最了解谭中，并与之相识互信的人，所以书中的不少材料都出自与谭中交往的第一手资料。作者不仅详尽搜集到印度学者的大量汉学研究成果，而且对于印度中国学和佛学的研究重镇国际大学所支持的一大批学者的重要成果也耳熟能详。此外，继国际大学之后兴起的研究中国学的重要阵地——德里大学和尼赫鲁大学的研究成果，作者也是了如指掌。从 20 世纪 90 年代之后，印度中国学中的文学研究的比重在不断增加，而"鲁迅作品研究就是其中的一个强项"②。书中列举了历次学术会议和会议论文中的主要内容，重点介绍了印度著名的鲁迅研究专家和中国学专家马尼克博士的研究成果。书中还极为翔实地历述了作为郁龙余好朋友的印度当代著名汉学家和中国学家，如墨普德、邵葆丽和狄伯杰等。这些人的学术成就颇让人刮目相看。他们的特点是都有多部专著、译著问世，有诸多学术论文发表，并在大学任教，是当代印度中国学研究领域的领军人物和主力军，颇有代表性。

由上述可知，《中国—印度卷》一书有重要的学术价值，而该书作者堪称中国的印度学大家。领衔撰写者郁龙余教授深得北京大学做学问的真传，面对古代中印文学交流的复杂局面，他尊重历史，以史籍为立言之根本，书写了中印两国历史上文学交流的不朽篇章。他在现当代中印文学交流中以在场者的身份，亲力亲为地如实记录了中印文学交流中一次次生动的场面。他曾多次往来于中印两国之间直接进行文学文化交流活动，不愧为新闻报道所称的中印"民间大使"。作者既是研究印度文学文化的专家学者，又是文学交流史践行者的双重身份，保证了《中国—印度卷》一书丰富的学术含量，和令人信服的真实性。作为读者，我们渴望今后在中外文学交流史研究的领域里见到更多质量如此上乘的同类著作问世。

---

① 郁龙余、刘朝华：《中外文学交流史·中国—印度卷》，山东教育出版社 2015 年版，第 484 页。

② 郁龙余、刘朝华：《中外文学交流史·中国—印度卷》，山东教育出版社 2015 年版，第 488 页。

世纪绝响："后理论"时代的《〈舞论〉研究》

————

21世纪以来，学术界逐渐进入"后理论"时代，人们习惯于对各种"后学"的研究与思考，并表现出两种倾向。一是渴望通过丢弃现有的东西，催生出一种新的元素，以激活学术研究动力；二是希望通过对传统的某种认同，达到一种对新的理论范式的建构。这两种倾向汇聚成"后理论"时代的建构性的思潮，产生了不计其数的研究成果。其中由著名印度学专家尹锡南教授撰写的煌煌140万字、上下两卷的《〈舞论〉研究》，给中国东方学，尤其是印度学的诗学理论研究增添了极其重要的成果。

古代印度婆罗多的梵语名著《舞论》、希腊亚里士多德的《诗学》、中国古代刘勰的《文心雕龙》是世界公认的三大古典文艺理论名著。《舞论》堪称印度古典文艺理论的集大成之作，是戏剧艺术表演的百科全书。印度古典梵剧出现的时间比中国戏曲要早，因此，印度戏剧理论《舞论》自然是比中国古代发现的戏曲理论出现要早。那么，《舞论》为什么会出现呢？尹锡南在针对东西方的《舞论》译本与研究进行全面系统的论述与分析之后，得出结论，"关于《舞论》的创作目的，国内外学者较为一致的说法是，《舞论》可以视为一部'印度古代的戏剧工作者实用手册'"①。他借用中国著名梵语学者黄宝生先生的话，说出了自己在做了大量的调查与辨证，并用一章的篇幅论述后得出的结论。由此可见，作者运思缜密、下笔谨慎的写作态度。

全书体大精深，建构性强，不仅以发生学的理论对《舞论》的编订史、写本和整体结构进行了证伪、辨析与实事求是的分析，而且还以"振叶以寻根，观澜而索源"的精神对《舞论》产生的文化土壤，即层叠式的纵深型的

————

① 黄宝生：《印度古典诗学》，北京大学出版社1993年版，第43页。

文化内涵，尤其是宗教哲学底蕴进行了不厌其烦而又大行其道的阐释。其中对《舞论》主要涉及的戏剧，以及诗歌格律或音乐韵律均有论述，对古代乐舞、绘画造像与建筑艺术，以及古代语言学、天文学、数学、医学等，也都有所涉猎。在"依据国内外研究成果对四大吠陀和两大史诗为代表的吠陀语和梵语文学进行简介"的基础上，《〈舞论〉研究》以吠陀文献和两大史诗等的记载为例，"简介了印度古代乐舞、绘画造像和建筑艺术的卓越成就"，又以吠陀、大史诗、《摩奴法论》、《爱经》和《利论》等为例，"介绍了《舞论》成型前后印度宗教哲学发展的一般情况"。①总之，这一过程表现了作者对《舞论》发生学意义上的高度认同与深刻理解。

由于《舞论》是戏剧写作和演出时所使用的规定，所以其"戏剧论"部分的内容最丰富，作者用力也最勤。他详细论述了戏剧的起源与功能、剧场的建造与祭祀、戏剧的情味、戏剧的情节、戏剧的类型、戏剧的角色与剧团、戏剧的语言、戏剧的风格、戏剧的表演、戏剧的化装与道具以及戏剧的效果与鉴赏等十几个方面的内容，事无巨细、包罗万象。其中戏剧的情味阐释说明得最为细致和充分。作者清楚地认识到"没有味论，整个印度古典文艺理论，甚至是印度现当代文艺理论批评，都将是完全不同的一番面貌"②。但是他也认为："从婆罗多的相关叙述看，味论虽然先得以介绍，但它的基础是情论。"③因此，作者"既考虑婆罗多情味论的逻辑体系，也照顾中国学者先情后味的'集体无意识'，先介绍情论，再介绍味论"④。在这里，作者非常谦虚地用了"介绍"一词，实则是有理有据、中外文结合的穷尽式论述与阐发，给人们留下了极其深刻的印象。

作者在针对《舞论》进行了极其详尽的阐释之后，又对其"实用手册"的实践操作层面进行了理论提升，即从文化诗学的层面上，提出关于"《舞论》的诗学论"问题。面对古典文艺理论中的这一深邃的探索问题，作者从

---

① 尹锡南：《〈舞论〉研究》，巴蜀书社 2021 年版，第 201 页。
② 尹锡南：《〈舞论〉研究》，巴蜀书社 2021 年版，第 237 页。
③ 尹锡南：《〈舞论〉研究》，巴蜀书社 2021 年版，第 237 页。
④ 尹锡南：《〈舞论〉研究》，巴蜀书社 2021 年版，第 237 页。

"诗律论"（合适的韵律）到"庄严论"（准确的语言修辞），而后又进入"艳情心理论"（近似文艺心理学），逐层加深，具有很强的说服力。尤其是在剖析艳情心理时，作者明确指出艳情味"这一命题触及古今中外共同的文学主题，也触及人类心灵最敏感、最丰富的领域，同时还体现了古典梵语文艺理论与印度教文化传统的特殊关系"[1]。这种真知灼见为作者高屋建瓴地构建自己理论体系奠下了坚实的基石。在进一步论述"庄严论和中国古代诗律关系"的问题时，作者表现出自己厚重的历史语言学功底和实事求是的学术立场。美国学者梅维恒（Victor H. Mair）等人"十分震惊于这个事实，诗律原则与诗理论竟然能够跨越中印文化与语言之间的鸿沟而得以传播"[2]。他们由此得出结论："总而言之，在公元488年到550年之间，沈约等人受到梵语诗病理论的影响，为使汉语诗歌也能取得与梵语格律同样美妙的语音效果，他们做了种种尝试，并最终创立了声律规律。"[3]尹锡南教授对此观点大胆提出质疑和挑战。他首先指出"这些观点并非定论，完全值得中国学者在深入研究的基础上与之商榷"[4]。接着他用大量的诗律实践指出"这种非常别扭、牵强的跨文明词语溯源却是一种误解"[5]，然后又指出："中国文学史的'文病'论是梵语诗学诗病论所催生的异文化产物。考虑到中国古代与印度的佛教文化联系是如此紧密，这种说法自然有其诱人的一面甚或包含某些正确的因素，但如仔细分析，它仍然有其牵强附会的色彩。"[6]最后，他指出："这种文不对题的附会比较，导致作者（梅维恒等——笔者注）推测'蜂腰'是对'腰带叠声'的'一次不很成功的模仿'。"[7]作者在文后总结时，态度鲜明地指出："除非我们在未来发现更真实、更丰富的考古证据与文献资源，否则就不能像梅维恒先生等人那样，仅凭表面的相似，不对影响的源头即梵语文艺理论进行仔

---

① 尹锡南：《〈舞论〉研究》，巴蜀书社2021年版，第395页。
② 尹锡南：《〈舞论〉研究》，巴蜀书社2021年版，第391页。
③ 尹锡南：《〈舞论〉研究》，巴蜀书社2021年版，第391页。
④ 尹锡南：《〈舞论〉研究》，巴蜀书社2021年版，第391页。
⑤ 尹锡南：《〈舞论〉研究》，巴蜀书社2021年版，第392页。
⑥ 尹锡南：《〈舞论〉研究》，巴蜀书社2021年版，第393页。
⑦ 尹锡南：《〈舞论〉研究》，巴蜀书社2021年版，第394页。

细而审慎的'考古发掘'，而做出貌似合理，实则与真理相隔十万八千里的结论。"①作者为追求学术真理而敢于挑战权威的求实精神，难能可贵，也突出了这部学术巨著的创新价值。

《舞论》作为印度古代戏剧表演艺术的百科全书，自然离不了舞蹈表演。因此，作者在《舞论》的"舞蹈论"一章里，对舞蹈的原理、刚舞与柔舞的差异、舞蹈手势表演、步伐的表演、眼睛和面部的表演、行坐躺姿势的表演等，都进行细微但不烦琐、众多但不杂乱的描述与说明，表现了作者精益求精的探索精神。尤其是对"nṛtta""nṛtya""nāṭya"这3个印度古典文艺理论非常重要但又不易区分的关键术语，进行了从最早出现到在中国被一些学者援引的梳理。他认为："这些学者似乎将戏剧表演视为纯舞、情味舞即所谓'戏剧性舞蹈'、语言和音乐等各种要素的结合。然而，这3个概念的内涵要比这种包含与被包含的关系更为复杂。"②为了厘清"有的观点容易产生歧义，由此导致学界认识混乱，从而影响人们对婆罗多《舞论》原文的准确理解"③作者运用了一节的篇幅，"对这三个关键词进行简析和辨识"④。

作者首先对上述3个关键词的7种主要观点进行了全面细致的介绍与评析，并在钩沉辨异之后提出："印度文艺理论家对于nṛtta、nṛtya、nāṭya3个概念的历史理解，恰好说明了印度古代文艺理论发展的一个非常重要的侧面，也揭示了传统和经典从知识精英阶层向普通大众传播过程中的一些特殊规律。"⑤不仅如此，作者在进一步深入辨析婆罗多及其以后的诸家对上述3个概念一直存在认识论上的分歧与差异的原因后指出，"nāṭya"一词的含义在历史发展过程中"逐渐失去了表示戏剧的传统意义，进而演化为表现传奇故事的、常有浓厚戏剧表演色彩的舞蹈艺术"⑥。正是从这一角度和意义上，作者将其创新译成"叙事舞"，而非其他学者所认可的"剧舞"。作者的立论基点

① 尹锡南：《〈舞论〉研究》，巴蜀书社2021年版，第395页。
② 尹锡南：《〈舞论〉研究》，巴蜀书社2021年版，第442页。
③ 尹锡南：《〈舞论〉研究》，巴蜀书社2021年版，第443页。
④ 尹锡南：《〈舞论〉研究》，巴蜀书社2021年版，第443页。
⑤ 尹锡南：《〈舞论〉研究》，巴蜀书社2021年版，第448页。
⑥ 尹锡南：《〈舞论〉研究》，巴蜀书社2021年版，第451页。

是 "nātya 的主要目的在于语言叙事"，因此 "坚持将 nātya 译为 '叙事舞'（其实在合适的地方干脆译为 "戏剧" 也未尝不可），将 nrtya 译为 '情味舞'"①。作者不厌其烦地运用了大量的原文材料梳理印度古典梵语文艺理论中这 3 个关键词，其实质就是对印度古典梵语文艺发展，以及其后各个方言区文学与艺术的演变等历史轨迹进行通释，为的是 "通古今之变，立一家之言"。

在继后的论述中，作者主要针对《舞论》里的音乐论、新护对《舞论》各方面的阐释以及《舞论》的历史影响等问题进行了全面深入的阐发。读后有一种体大精深的感觉。在如此缜密的构思之后，作者最后通过比较诗学的立场和文化诗学的角度对《舞论》和《文心雕龙》《闲情偶寄》《诗学》的比较研究，为后学推开了一道新的学术之门。作者清楚地知道，"《舞论》与《文心雕龙》的比较研究，历来是部分中国学者所关注的问题，这也是中国学者朝着 '总体诗学' 或曰 '共同诗学'（common poetics）研究努力的证明"②。这是需要有 "明知山有虎，偏上虎山行" 的勇气的。作者以极大的魄力对两书的某些重要范畴和核心命题进行分析，"以消除一些既有的定势思维和可能存在的文化误读"③。在 "异中见同" 部分，他指出："公元前后的印度古代表演艺术（传统戏剧）发达，而同一时期的中国则抒情文学（诗歌为主）发达，这大致造成了两部巨著一为泛剧论、一为泛文论的特色分野。"④在 "同中有异" 部分，他对比分析婆罗多和刘勰的 "味论"，指出其 "核心的差异" 在于两点："首先是论述的方式与思维逻辑不同，其次是接受影响的内容略有差异。"⑤在 "历史影响与跨文化传播" 部分，他在列举了大量的事例之后认为，"与《舞论》的历史影响相比，《文心雕龙》似乎有些相形见绌"。"从跨文化传播的地域看，《舞论》和《文心雕龙》的差异更加明显"。⑥最后，作者指出："《文心雕龙》与《舞论》的跨文化对话，应该成为 21 世纪中印学术界有识之

---

① 尹锡南:《〈舞论〉研究》，巴蜀书社 2021 年版，第 451 页。
② 尹锡南:《〈舞论〉研究》，巴蜀书社 2021 年版，第 743 页。
③ 尹锡南:《〈舞论〉研究》，巴蜀书社 2021 年版，第 744 页。
④ 尹锡南:《〈舞论〉研究》，巴蜀书社 2021 年版，第 750 页。
⑤ 尹锡南:《〈舞论〉研究》，巴蜀书社 2021 年版，第 755 页。
⑥ 尹锡南:《〈舞论〉研究》，巴蜀书社 2021 年版，第 761—762 页。

士共同追求的理想境界。"① 由此看来，比较诗学视角下的东方诗学之间的研究，也将是大有可为的学术领域。

尹锡南教授在《〈舞论〉研究》的余论部分，总结出《舞论》的主要特色对后学意义重大。他认为，《舞论》"不可避免地打上了印度宗教文化的历史烙印"，"创造了一系列彪炳世界古代文艺理论史的重要范畴与核心话语"，"婆罗多的文艺理论有非常明显的形式分析亦即数理思维色彩"。② 而上述三点就读者看来，一定是对《舞论》特色非常精准的归纳与总结。作者在此基础上，总结出《舞论》的世界意义，主要在于"向世人昭示了原生态的民族传统如何古为今用"；"给当代世界的文明对话提供了一个极好的范例"；"为21世纪中印两大文明古国的直面对话和当代中印人文交流提供了艺术和理论的桥梁"；"为中国与印度的南亚邻国、东南亚各国的文艺心灵对话、人文交流提供了一个非常隐蔽，但却十分珍贵的学术视角"。③ 作者以世界文学的大格局、大视野发现了《舞论》重大的建构意义和实践的可行性，具有十分重要的现实意义。

作者在余论部分的最后，提出"当下确实有必要展开'舞论学'的理论建构和学术批评实践"的问题。他曾在2003年"提出'泰学'（'泰戈尔学'——笔者注）的概念和学科建设构思"，近年越来越引起相关学者的注意。他认为，"舞论学"与"泰戈尔学"相比，"其难度、深度、广度都有过之而无不及"④。此言不虚，此论绝非危言耸听。因为这项研究需要太多的学术储备和资金投入。其中最重要的是文献校勘和版本整理。这需要在南亚各地搜索相关的写本文献，建立相应的数据库，组织精通梵语的各国学者进行文献释读、勘误和通校。作者充分估计到上述的困难，以及当前印度的相关研究止步不前的困境，大胆提出："面对当前的许多实际困难，采取中印梵学界跨国合作不失为可行之道。"⑤

---

① 尹锡南：《〈舞论〉研究》，巴蜀书社2021年版，第770页。

② 尹锡南：《〈舞论〉研究》，巴蜀书社2021年版，第811页。

③ 尹锡南：《〈舞论〉研究》，巴蜀书社2021年版，第812—813页。

④ 尹锡南：《〈舞论〉研究》，巴蜀书社2021年版，第815页。

⑤ 尹锡南：《〈舞论〉研究》，巴蜀书社2021年版，第815页。

最后，作者重申了自己在 2015 年曾提出的学术主张："一段时期内，少数学者研究印度古典文论或印度美学，往往将佛学美学思想视为其中的核心要素。……如欲在当代语境下拓展和深化印度文学、东方文学乃至中国的世界文学研究，必须首先设法破除上述思想的障碍或危害。"① 作者大胆批评了当下国内学者研究印度的偏颇与不良倾向，并指出只有破除这种思想倾向，中国的域外文学研究才可踏上正途，"或许前景可期"②。作者"愿学界斟之酌之，思之虑之"的赤子之心，世人可鉴。

纵观全书，作为《舞论》研究的集大成之作，有两个重要的研究特色非常突出，即"语文学"研究和"跨界"研究。

所谓"语文学"研究，就是格外重视历史语言学的研究方法。即在史学有一分材料说一分话的前提之下，重视语言、文本、文献之间互证对勘的分析研究。《〈舞论〉研究》的作者，无论是有意还是无意都是运用这种方法研究《舞论》的典范。他重视文本文献的翻译，在自己动手翻译印度古典文论典籍《表演镜》③的基础上，对《舞论》和《舞论注》进行文献释读、校勘或编订、通校，并与在印度或西方已出版的相关典籍进行从内容到结构的比对研究与分析，主要包括《舞论》的现代发掘、校勘、整理及当代翻译和研究概况"④。他在梳理印度古典文艺理论发展史的基础上，针对《舞论》在世界范围的译介和研究，对印度和西方学者关于《舞论》的写本的校勘和编订过程进行历史溯源与流变辨析。这种对文献史料严格的去粗取精、去伪存真的过程，追求的是对其所承载的历史文化内涵的准确、全面的理解。面对文本，作者以个人立场、写作背景等所进行的细致入微的检讨，恰恰是语文学之所谓"高等批评"实践的最重要的内容。

所谓"跨界"研究，亦可称跨学科研究，就是科际整合式的研究。由于《舞论》涉及戏剧、诗歌、音乐、舞蹈、建筑等诸多文学艺术门类，也涉及情

---

① 尹锡南：《〈舞论〉研究》，巴蜀书社 2021 年版，第 816 页。

② 尹锡南：《〈舞论〉研究》，巴蜀书社 2021 年版，第 816 页。

③ 参见［印］宾伽罗等：《印度古典文艺理论选译》下册，尹锡南译，巴蜀书社 2017 年版。

④ 尹锡南：《〈舞论〉研究》，巴蜀书社 2021 年版，第 26 页。

爱艺术、数学、天文学、医学等各门学科，所以对于印度古代文化的多学科研究，"自然是保障《舞论》研究或文本校勘顺利进行的基本前提"①。《舞论》的这种"跨界"研究趋势，其实质是戏剧研究时其张力外溢的结果。作者在《舞论》研究时，涉及与戏剧相关的诸多学科和范畴，形成它们相互之间的诸多互渗互参、叠加交叉的兼容部分，即"交感区域"。《舞论》研究因为属于这种复杂多样的"第三空间"里的研究，所以正如作者所言："这就需要对印度古代梵语文化经典进行较为系统的翻译或研究。这也是最艰难的一环。"②但是我们在通览全书以后发现，作者巧妙地融汇了诗歌、戏剧、舞蹈、音乐、宗教等不同文艺体裁于一炉，娴熟地运用多学科诸领域的研究方法，对《舞论》进行了深入而系统的、立体而全方位的研究，取得了令人叹为观止的成功，具有了让继后研究者不可视而不见的学术史意义。

在"后记"中，作者借书后附录四"角天《乐舞渊海》"结尾的句子表达了自己和古代先贤一样心境："我编著此书并非出于炫耀知识，相反，我只是为那些想要接近并住在智者心中的人准备一处居所。"③我相信作者写作的初衷完美地达到了。正如尹锡南教授在"余论"中表示的宏愿"重视《舞论》研究，提倡建设面向未来的'舞论学'，应不为过"④。我们拭目以待尹锡南教授后续研究的辉煌。

---

① 尹锡南：《〈舞论〉研究》，巴蜀书社 2021 年版，第 815 页。
② 尹锡南：《〈舞论〉研究》，巴蜀书社 2021 年版，第 815 页。
③ 尹锡南：《〈舞论〉研究》，巴蜀书社 2021 年版，第 1030 页。
④ 尹锡南：《〈舞论〉研究》，巴蜀书社 2021 年版，第 816 页。

余　论

可以思议的印度

　　"不可思议的印度"这一评价具有明显的广告宣传色彩，为印度带来了世界性的关注。从旅游宣传的角度来考察，"西藏的神秘""新疆的神奇""印度的不可思议"已成为世界顶尖级的广告语。

　　"不可思议"原为佛教专用语，本义是指理的深妙、事的希奇，不可以用心去思考，也不可以用语言去议论，泛指普通思想和语言所难以达到的某种境界。"不可思议的印度"在这里形容对印度事物的状况、发展变化或言论等，无法理解、无法想象和难以表述的一种心态。它是通过一个个单体的人的特殊感觉，经过形象思维所创造出的"盲人摸象"式的形象比喻。它并非单一的符号所指，而是同时集中了众多审美经验与本民族对异域异质文化的想象产物，是一种文化的所指。即是说，印度作为一种异国形象，属于人们对另一种文化和社会的想象。因此，"不可思议的印度"这一异国形象的生成，代表了评论者及其隶属的文化对异国印度的总体认知。但是这一评价不是一成不变的，它会随着人们对这一形象全面、系统、深刻的认知而改变。到那时，印度就成为可以思议的异国形象了。它的一切也就自然而然地成为完全可以理解的了。

　　初始认识印度，你可能会发现很多匪夷所思的事情，那是一般人依据常理所难以想象并理解的。例如，渴望物质享受的世俗欲望，可以和崇尚修行苦守的宗教信仰相结合；内心的洁净、安宁可以和外表的肮脏、动荡相结合；彬彬有礼、优雅式的机敏可以和浪漫幻想、天真型的轻信相结合。在研究印度文化的过程中，不难发现诸多令人目瞪口呆的论据，按照正常的思维逻辑分析，不可能得出准确的结论。例如，宗教信仰中的禁欲苦修和纵欲享乐并行不悖、先进的理念和落后的方法融通交汇，训诫启蒙式的教谕和放浪形骸似的行为共存一体等。

这些二元对立的事情，人们难以接受，却让印度人以采取多元共存的生活态度平衡了。例如，印度的本土文化与伊斯兰教信仰、印度教信仰和外来文化等和平共处、取长补短。东部主要以地域文化为特征的生活和西部主要以移民文化为特色的生活杂糅一体，相安无事。这种融合互通的文化形态使印度成为世界上颇为"不可思议"的地域。

印度从古代到现代都堪称"世界人类学博物馆"。古代印度次大陆生活的居民到底是什么人种还不十分清晰。学术界根据考古发掘的骨骼分析断定，这里的人种很多，有尼格里陀人、原始澳大利亚人、达罗毗荼人、蒙古人等。这些人种在什么时间、什么地方来到印度，孰早孰晚，相互之间是什么关系，尚无定论。但印度的确是赤道人种、蒙古人种和欧罗巴人种的交汇之地。现代印度人又因为地域分为北印度人、南印度人、东印度人、西印度人。各种地域的人又分为多种人种类型。这些人种形成大小 300 多个民族，百万人口以上的民族约有 24 个之多，他们拥有各自的语言和文字。有 82 种语言的使用人数超过 10 万人，主要民族运用的语言也多达 200 多种，再细分多达 1600 余种。官方正式规定的语言就有 15 种之多，印度发行的百元钞票上就印有 15 种语言的名称。1965 年，印度政府曾下令废止英文，引起非印地语地区人民的反对，尤其是南印度人民的不满，于是印度政府只好将印地语和英语同时作为官方语言，推迟将印地语作为全国性唯一官方用语的实施时限。当前，印地语使用率占全国总人口的 57%，是官方语言；英语使用率占第二位，是辅助官方语言。

印度是个世俗国家，却几乎人人都笃信各种宗教，历来就有"宗教博物馆"的赞誉。社会的世俗性表现在印度不设立国教，各种宗教平等。因此，若要了解印度，首先要了解印度宗教。印度宗教种类很多，教派繁杂，几乎囊括了世界上所有主要的宗教教派。信徒比较多的宗教是印度教、伊斯兰教、基督教、锡克教，其他还有佛教、耆那教、祆教、犹太教和巴哈伊教等。其中有印度传统的宗教主要是印度教、佛教、耆那教、锡克教，而从域外传入的宗教主要有伊斯兰教、基督教、祆教、犹太教和巴哈伊教等。印度之所以会形成如此壮观的宗教信仰盛况，主要是因为与世隔绝的地理环境便于人们在绝处寻求保护，变幻莫测的自然现象促使人们扩大自己想象的空间，丰富多样的神话传说为人们提供了顶礼膜拜的偶像，无法认知的动荡苦难让人们只好寄希望于来世。因此，人们在印度不难发现：户外可以随处见到寺庙，户内家家都供奉着神龛，堪称"三步见一神，五步过一庙"。印度人始终处于丰富的精神生活与贫瘠的物质生活之间，可以达到某种内心平衡和外物和谐的生存状态。

种姓是印度社会的痼疾。印度人80%以上都信奉印度教，而种姓是印度教最典型、最重要的社会集团。建立在人与人之间不平等基础上的种姓等级制度是古代印度教社会的显著特征。印度独立以后，虽经过70余年的明令禁止和消除，但是它仍然以极强的适应能力存活至今。现在凡讨论印度社会问题必涉及种姓，研究印度宗教文化必涉及种姓，探索印度人的行为和心理必涉及种姓，谈论印度的历史和现实问题，也要涉及种姓。从这个意义上讲，称印度社会为种姓社会、印度文化为种姓文化毫不夸张。印度社会的上层建筑，包括政治制度、意识形态、文学艺术、宗教哲学、伦理道德等，它们无不受到种姓制度的影响。从经济基础分析，人们的衣食住行、婚丧嫁娶、生老病死、风俗习惯，甚至喜怒哀乐等都浸润着种姓制度的阴影。种姓意识几乎决定了人们的精神状态和生活模式，达到无孔不入、潜移默化的程度。而在印度，凡作为异域的外来者既看不见又摸不着它的真实情况，只是觉得这种不平等现象根深蒂固、奇怪得很，让人莫名其妙，如坠入云雾一般。

牛在印度的地位"至高无上"，也是让印度不可思议的一个原因。世界各地都有作为动物的"牛"，当它被人类驯化以后，成为人类须臾不可离开的家畜。但是只有在印度，牛才能享受到至尊的神圣地位。印度河、恒河是世界上农耕文明的发源地之一，牛是其最重要的象征。牛是印度人世俗生活的尊者，助人耕田犁地、牛奶被饮用、牛粪被用于火，人死后牛还被用于祭祀。远古时雅利安人和达罗毗荼人之间的战争，被称为"夺牛"，可见牛是地位和财富的象征，是小康人家之必需，是达官显贵之荣耀。牛在印度宗教信仰中是天神和魔怪阿修罗搅乳液所生。它是湿婆坐骑瘤牛南迪的母亲。因此牛又代表了母性和繁育,有"如意神牛"之誉,是丰饶和生殖的象征。印度神话传说中不乏牛的形象和变形的故事。千百年来,牛始终神圣不可侵犯。至今,牛在印度各地依然悠闲自得,超然物外。它们或行或卧,旁若无人,"横行霸道"、唯我独尊,成为印度一景。印度人不仅与之和睦相处,而且敬牛如敬神一般。他们将感恩和至爱推及"神牛"一身,已成为世人心中的普遍信念。

印度是一个多人种、多民族、多信仰、多样式等构成的命运共同体。社会的多重性、复杂性,都因为印度社会的共生性,而被印度人理解和包容。文化的宗教性和世俗性很好地杂糅在一起,艺术的开放性和保守性融于一体,个人的出世信仰与入世生活也常集于一身。这种"共生"现象,在印度社会的共生系统中是人对环境影响的一种积极适应。它可以从人的主观上予以调整,本质上是印度社会自身的生态平衡和自我调节的表现。因此,人们不难看到印度社会表面很躁动,而感到印度人内心却很平静;到处都很脏乱差,但是他们个人很讲卫生;贫富悬殊,但人们很平和。人与动物杂处却都相安无事,比如,四处闲逛的瘤牛、脚下躺着的狗、到处乱窜的老鼠、有时会跑进你住处的猴子、沿街徐行披挂艳装的大象、广场上时飞时降的鸽子等。这一切充分体现了印度人和动物的和谐共存。正是这些看似矛盾的现象,迷惑了外来人们的眼睛,使人很难看清印度社会的本质,而认为印度真的令人难以理解。

印度不应该,也不可能永远成为"不可思议"的异域之邦,成为"不可思议"的"他者"形象。人们要变"不可思议"的印度为"可以思议"、可以理解的印度。这就要求人们去深入实践,由走马观花窥视,到下马看花正视。只有真正走进印度,才能看清"庐山的真面目"。印度是如此之广阔,如此之奇妙,去感受它吧!让自己遐思漫想的情丝,快些附着在印度这片长满奇花异草的广袤大地之上。只有这样,才能不断地发现一个真实存在的印度、一个"可以思议"的印度!

后 记

　　我梦寐以求的事情就要实现了，尤其是在 2020 年至 2022 年这样一段不平凡的岁月里。能够在新冠疫情肆虐之际留下一些美好的记忆是那么难能可贵。这要感谢兰州大学毛世昌教授。

　　2019 年深秋在深圳大学召开的印度文学年会上，毛世昌教授向参会的同人赠送兰州大学印度研究中心的一些书籍，这让大家兴奋不已。毛先生是个不事声张的学者和实干家。他在印度尼赫鲁大学获得印度文学专业的博士学位，回国以后担任了兰州大学印度研究中心主任，出版了许多相关著作，为中国的印度学研究作出巨大贡献。会下，我和毛先生商议，我有一部关于印度文学文化研究的书稿可否在兰州大学出版。他非常爽快地说，太好了，他回去筹划以后再告诉我确信。我知道现在出版学术著作需要经费，是一件很困难的事，因此，必须有学校领导的支持。我只能静候音讯。没想到 2020 年春末疫情刚刚缓解，毛先生就让我将书稿发过去。月余后，毛先生来信告之，兰州大学社会科学处已同意资助出版。我非常高兴，积极准备好书稿，并按要求发给了毛先生。

　　印度是个历史悠久、文化多样的国家。中印友好往来已有 2000 多年的历史。无论是一带一路建设和人类命运共同体的构想，都和印度密切相关。但是相比较而言，中国人对印度的了解还是比较少的。拙著《丝路重驿印度的再发现》是我近 40 年来学习研究印度文学、文化的学术成果。其中绝大部分文章都是在书刊上发表过的，极少部分是我去印度访学的文化散文。尽管内容可能良莠不齐，但它们都是我的用心之作。在中印渴望互通互鉴、共同发展的今天，学校和出版社能有历史远见地出版这样的图书，是非常不容易的。

借书后一隅，我要再次感谢毛世昌教授给了拙著面世的机会，感谢兰州大学社会科学处的无私帮助，还要感谢至今尚未谋面的出版社编辑黄彩霞女士和李志刚先生，是他们精益求精的工作，使拙著能够得以出版。此外，我也不能忘记感谢帮助我整理和打印书稿的曲慧钰博士及查证资料的王晓琳博士。

目前中国的印度学研究正方兴未艾，拙著的出版只是躬逢其盛的小小花絮，可谓抛砖引玉，略表芹献之意。能在印度文学学会副会长毛世昌教授的支持下，为中国的印度学研究尽些绵薄之力，也是我不忧晚岁，笑看流年的一件幸事。书中"添足""续貂"之处，还望各位专家学者郢政。

壬寅年春于学者公寓小叩斋